Jetzt lerne ich

MySQL & PHP

Sven Letzel
Robert Gacki

Jetzt lerne ich MySQL & PHP

Dynamische Webseiten mit Open Source-Software professionell programmieren

Markt+Technik Verlag

Bibliografische Information Der Deutschen Bibliothek
Die Deutsche Bibliothek verzeichnet diese Publikation in der Deutschen Nationalbibliografie; detaillierte bibliografische Daten sind im Internet über <http://dnb.ddb.de> abrufbar.

Umwelthinweis:
Dieses Buch wurde auf chlorfrei gebleichtem Papier gedruckt.
Die Einschrumpffolie – zum Schutz vor Verschmutzung – ist aus umweltverträglichem und recyclingfähigem PE-Material.

10 9 8 7 6 5 4 3 2 1

04 03

ISBN 3-8272-6628-9

Lektorat: Boris Karnikowski, bkarnikowski@pearson.de
Fachlektorat: Wolfgang Drews, Trier
Herstellung: Kunigunde Huber, khuber@pearson.de
Satz: text&form, Fürstenfeldbruck
Coverkonzept: independent Medien-Design
Coverlayout: Sabine Krohberger
Druck und Verarbeitung: Kösel, Kempten
Printed in Germany

Übersicht

1	Hallo	13
2	Grundlagen	15
3	Einführung in PHP	43
4	Praktische Anwendungen	113
5	MySQL – die (Internet-)Datenbank	161
6	SQL mit MySQL	195
7	PHP und MySQL	257
8	Weiterführende MySQL-Techniken	301
Anhang: Antworten zu den Fragen am Ende der Kapitel		353
Stichwortverzeichnis		363

Inhaltsverzeichnis

1 Hallo 13

2 Grundlagen 15

2.1 Das Internet 15
2.1.1 Geschichte des Internets 15
2.1.2 Kommunikation mit TCP/IP 16
2.1.3 Anwendungen im Internet 18
2.1.4 HTTP unter der Lupe 20
2.2 Webserver, PHP und MySQL 25
2.2.1 Vom statischen zum dynamischen Web 25
2.3 Installation 27
2.3.1 Allgemein 27
2.3.2 Installieren des Apache-Webservers unter Windows 28
2.3.3 Installieren von PHP unter Windows 32
2.3.4 Schritt-für-Schritt-Anleitung für den IIS 34
2.3.5 Installieren von MySQL unter Windows 36
2.3.6 Installieren von Apache unter Linux 38
2.3.7 Installieren von PHP unter Linux 39
2.3.8 Installieren von MySQL unter Linux 41
2.4 Fragen 42

3 Einführung in PHP 43

3.1 Was ist PHP? 43
3.2 Grundlagen 44
3.2.1 Syntax 44
3.2.2 Variablen 48
3.2.3 Konstanten 52
3.2.4 Datentypen 53
3.2.5 Operatoren 56
3.3 Programmsteuerung 63
3.3.1 Beenden des Programms 63
3.3.2 Entscheidungen mit if 64
3.3.3 Entscheidungen mit switch 67
3.3.4 Schleifen mit while 69
3.3.5 Die do-while-Schleife 69

3.3.6	Die for-Schleife	70
3.3.7	foreach, die Schleife für Arrays	71
3.3.8	Besonderheiten bei Schleifen	72
3.3.9	Funktionen	74
3.4	Arrays	77
3.4.1	Indizierte Arrays	77
3.4.2	Assoziative Arrays	79
3.4.3	Array-Funktionen	82
3.5	Grundlegende PHP-Funktionen	88
3.5.1	Funktionen für mathematische Berechnungen	88
3.5.2	Funktionen zur Verarbeitung von Zeichenketten	89
3.5.3	Funktionen für Datum und Zeit	96
3.5.4	Reguläre Ausdrücke	98
3.5.5	Funktionen für Dateien und Verzeichnisse	102
3.6	Klassen und Objektorientierung	108
3.6.1	Grundlagen	108
3.6.2	Definieren einer Klasse	109
3.6.3	Eigenschaften und Methoden	109
3.6.4	Verwenden im Programmcode	111
3.6.5	Vererbung	111
3.7	Fragen	112
4	**Praktische Anwendungen**	113
4.1	Formulare und Parameterübergabe	113
4.1.1	Anlegen eines Formulars	114
4.1.2	Die Methoden POST und GET	115
4.1.3	Auswerten von Formulardaten	115
4.1.4	Parameterübergabe	120
4.1.5	Datei-Upload über Formulare	123
4.2	Cookies	128
4.2.1	Anwendungszwecke von Cookies	128
4.2.2	Definition der Cookies	129
4.2.3	Cookies unter PHP	130
4.3	Sessions	132
4.3.1	Einführung	132
4.3.2	Session speichern	133
4.3.3	Session-Funktionen	135
4.3.4	Implizites Erzeugen	136
4.3.5	Explizites Erzeugen	136
4.3.6	Werte speichern	136

4.3.7	Sessions-Informationen zurückgeben	137
4.3.8	Sessions-Variablen und Sessions löschen	137
4.4	Bilderzeugung	137
4.4.1	Funktionen zur Bilderzeugung	138
4.4.2	Deklarieren der Media-Typen	140
4.4.3	Dynamische Buttons	140
4.4.4	Automatische Bildvorschau	144
4.5	Mails & Co.	146
4.5.1	Benutzerdefinierte Header senden	146
4.5.2	Netzwerk-Funktionen	149
4.5.3	Prüfen einer E-Mail-Adresse	151
4.5.4	E-Mails senden	154
4.6	FTP-Zugriff mit PHP	155
4.6.1	FTP-Funktionen	156
4.6.2	FTP-Download	157
4.7	PHP Safe Mode	158
4.7.1	Allgemeines	158
4.7.2	Dateifunktionen	159
4.7.3	Externe Programme	159
4.8	Fragen	160
5	**MySQL – die (Internet-)Datenbank**	161
5.1	Einführung in Datenbanken	161
5.1.1	Rückblende	161
5.1.2	Grundbegriffe	162
5.1.3	Das Entity-Relationship-Modell	163
5.1.4	Das relationale Datenmodell	168
5.1.5	Erzeugen des relationalen Datenmodells	169
5.1.6	Normalformen von Relationen	171
5.2	Ein Votum entsteht	178
5.2.1	Erfassen der Problemstellung	179
5.2.2	Ein ER-Modell für das Votum	180
5.2.3	Finden der Entities	180
5.2.4	Definieren der Relationships	180
5.2.5	Erstellen der Relationen	182
5.2.6	Festlegen der Datentypen	184
5.3	Erster Kontakt	185
5.3.1	MySQL-Monitor	185
5.3.2	phpMyAdmin	188
5.4	Fragen	193

6	**SQL mit MySQL**	195
6.1	MySQL und SQL	195
6.2	MySQL-Datentypen	197
6.2.1	Numerische Typen	197
6.2.2	Zeichenketten-Typen	200
6.2.3	Datentypen für Datum und Zeit	204
6.2.4	Keys und Indizes	206
6.3	Anlegen der Datenbank	206
6.4	Erzeugen und Verwalten der Tabellen	208
6.4.1	Überarbeiten der Tabellendefinition	208
6.4.2	Überführen in eine MySQL-Tabellendefinition	210
6.4.3	Tabellen anlegen	211
6.4.4	Weitere administrative Tabellenoperationen	215
6.4.5	Tabellen ändern	217
6.4.6	Verwalten von Keys und Indizes	219
6.5	Tabellen mit Daten füllen	222
6.5.1	Einfügen von Daten mit INSERT	222
6.5.2	Einfügen von Daten mit REPLACE	223
6.5.3	Allgemeine Betrachtungen zum Einfügen von Daten	224
6.5.4	Einfügen von Daten in die Votum-Datenbank	225
6.6	Daten aus Tabellen abfragen	229
6.6.1	Einfache Abfragen	230
6.6.2	Operanden und Funktionen	231
6.6.3	Einschränken der Ergebnismenge	232
6.6.4	Sortieren der Ergebnismenge	234
6.6.5	Beschränken der Ergebnismenge	235
6.6.6	Mathematische Funktionen	236
6.6.7	Zeichenketten-Funktionen	237
6.6.8	Funktionen für Datum und Zeit	239
6.6.9	Verschiedene Funktionen	244
6.6.10	Aggregat-Funktionen und Gruppierung	244
6.6.11	Verbinden von Tabellen	247
6.7	Daten in Tabellen ändern	252
6.8	Daten aus Tabellen löschen	255
6.9	Fragen	256
7	**PHP und MySQL**	257
7.1	MySQL-Funktionen für PHP	257
7.1.1	Verbindung zur Datenbank	257
7.1.2	Befehle an die Datenbank schicken	259

7.1.3	Datensätze der Abfrage ermitteln	260
7.1.4	PHP-Funktionen für MySQL im Überblick	261
7.2	Eine PHP-Klasse für MySQL	265
7.2.1	Überlegungen	265
7.2.2	Anforderungen	266
7.2.3	Die Klasse mysql_db	266
7.2.4	Verwenden der Klasse	270
7.3	Der Votum-Administrator	273
7.3.1	Anforderungen	273
7.3.2	Die Startseite	274
7.3.3	Einen Besitzer hinzufügen	275
7.3.4	Login und Anzeige der Foren	277
7.3.5	Ändern der Farbeinstellungen	279
7.3.6	Ändern der Voten	281
7.3.7	Bearbeiten der Antworten	283
7.3.8	Erweiterungen	285
7.4	Das Votum-Frontend	286
7.4.1	Neue Daten	286
7.4.2	Anforderungen an das Benutzer-Frontend	287
7.4.3	Darstellung der Umfragen	289
7.4.4	Stimmabgabe	291
7.4.5	Grafische Auswertungen	292
7.4.6	Erweiterungen	299
7.5	Fragen	300
8	**Weiterführende MySQL-Techniken**	301
8.1	Tabellentypen	301
8.1.1	MyISAM-Tabellen	301
8.1.2	ISAM-Tabellen	303
8.1.3	MERGE-Tabellen	303
8.1.4	HEAP-Tabellen	304
8.1.5	BDB-Tabellen (Berkeley-Tabellen)	304
8.1.6	InnoDB-Tabellen	305
8.1.7	GEMINI-Tabellen	306
8.2	Transaktionen	306
8.2.1	Einführung	306
8.2.2	MySQL und Transaktionen	307
8.2.3	Sperren in MySQL	308
8.2.4	Richtige Transaktionen	310
8.2.5	Transaktionen steuern	311
8.2.6	Daten auf Transaktionen vorbereiten	314

8.2.7	Transaktionen und ihre Tücken	315
8.3	MySQL und Schlüssel	316
8.3.1	Indizieren von Attributen	316
8.3.2	Wählen geeigneter Schlüssel	317
8.3.3	Prüfen der Schlüssel	319
8.4	Sicherheit	319
8.4.1	Einführung	319
8.4.2	Sicherheit auf Verbindungsebene	320
8.4.3	Sicherheit auf Datenbankebene	323
8.4.4	Sicherheit auf Objektebene	326
8.4.5	Vergeben und Entziehen von Benutzerrechten	327
8.4.6	Anzeige der Benutzerechte	328
8.5	Datensicherung	329
8.5.1	Warum Datensicherung?	329
8.5.2	Dumpfiles	330
8.5.3	Verarbeiten von SQL-Dumps	331
8.5.4	Arbeiten mit CSV-Dateien	334
8.6	MS Access lernt MySQL	337
8.6.1	Die ODBC-Schnittstelle	337
8.6.2	Datenzugriff mit MS Access	340
8.6.3	Datenexport nach MySQL	344
8.6.4	Inkompatibilitäten und andere Probleme	348
8.7	Fragen	351

Anhang: Antworten zu den Fragen am Ende der Kapitel 353

Stichwortverzeichnis 363

Kapitel 1

Hallo

Längst sind Websites keine starren Ansammlungen von Textseiten mehr. Sie erlauben den Zugriff auf riesige Datenbanken, geben dem Besucher individuelle Informationen. Die Möglichkeiten der Websprache HTML reichen dazu längst nicht mehr aus.

Als beliebtes Gespann dynamischer Internetseiten hat sich die Kombination aus MySQL und PHP etabliert. Während MySQL ein mächtiges Datenbank-System ist, bietet PHP als Programmiersprache unzählige Möglichkeiten, Daten zu verarbeiten und zu verwalten.

Die Zweckehe eignet sich vor allem dort trefflich, wo eine Datenbank online zur Verfügung gestellt werden soll. PHP liest die Daten und erzeugt daraus dynamische HTML-Seiten, die dem Besucher individuell angezeigt werden. Als Rückkopplung kann PHP unter anderem die Zahl der Abrufe in die Datenbank eintragen, die sich wiederum in Form von Statistiken abfragen lassen.

Unser Buch wendet sich vor allem an Entwickler, die bereits die eine oder andere Programmiersprache beherrschen. Jedoch werden auch Einsteigern die notwendigen Kenntnisse vermittelt. Somit richtet sich das Buch an beide Gruppen: Novizen dient es als Lehrmittel; Umsteiger erhalten ein Nachschlagewerk.

Wie bei allen Programmiersprachen gilt für PHP: Die Grundlagen lassen sich auf dem Papier erlesen, doch die Routine, die notwendig ist, um größere Projekte in Angriff zu nehmen, erlangen Sie nur durch eigenes Probieren. Falls Sie Fragen zum Buch haben, können Sie über die Mailadresse *php@schreibfabrik.de* direkt mit uns Autoren Kontakt aufnehmen.

Bei der Arbeit an diesem Buch wurden wir vielfältig unterstützt. Besonders bedanken wir uns bei Knut Pfefferkorn von Adconsys für die Beratung und technische Unterstützung, bei Stefan Kurowski für den Abschnitt über Access-Anbindung und bei Kizi für die Illustrationen und die starken Nerven.

Wir wünschen Ihnen bei ihren Webprojekten viel Erfolg!

Sven Letzel und Robert Gacki

KAPITEL 2

Grundlagen

Dieses Kapitel macht Sie mit den Grundlagen des Internets vertraut. Begriffe wie Ports, Sockets und Schichten werden näher beleuchtet.

Außerdem erfahren Sie, wie Sie Apache, PHP und MySQL unter Windows und unter Linux installieren, und wie Sie PHP für den Internet Information Server konfigurieren.

2.1 Das Internet

2.1.1 Geschichte des Internets

Es waren einmal vor vielen Jahren einige Forschungsinstitute in den USA ... So oder so ähnlich könnte die Geschichte beginnen, die den Werdegang eines Systems beschreibt, das man heutzutage mit etwas gutem Willen als das achte Weltwunder bezeichnen kann. Die Rede ist vom größtem Rechnerverbund überhaupt – dem Internet.

Das Internet stellt kein Netz im herkömmlichen Sinne dar, vielmehr gilt es als Oberbegriff für eine unüberschaubare Zahl von miteinander verbundenen Netzwerken, Unternetzen und Rechnern. Dieses gewaltige Gefüge hält sich durch eine Unzahl von Standleitungen zwischen Millionen verschiedener Computer zusammen. Dabei sind fast alle Betriebssysteme vertreten, die in den letzten Jahren den Weg auf die Festplatten gefunden haben. Das zum Datenaustausch dienende Übertragungsprotokoll TCP/IP ist ihr einziger gemeinsamer Faktor.

Was heute Internet genannt wird, fand seinen Ursprung Ende der 60er Jahre im sogenannten ARPANET (ARPA = **A**dvanced **R**esearch **P**rojects **A**gency), dessen Netzkonzept ursprünglich zum Informationsaustausch zwischen Wissenschaftlern, für den militärischen Nachrichtenverkehr und dessen Sicherung beim Atomkrieg entwickelt wurde. Nach und nach schlossen sich immer mehr Universitäten und Behörden in den USA an. Im Laufe der Zeit breitete sich das Netz auf der ganzen Welt aus. Und nicht zuletzt erlebte es in den 90er Jahren einen Boom, als private Firmen und Privatleute das Internet als wichtiges Kommunikationsmedium entdeckten.

2.1.2 Kommunikation mit TCP/IP

Hinter dem Begriff TCP/IP verbirgt sich eine ganze Protokoll-Familie, die gewisse Standards definiert, wie Anwendungen im Internet kommunizieren und Daten transportiert werden.

Von Cerf und Kahn wurde TCP/IP in einem vierschichtigen Modell klassifiziert. Jede Schicht stellt dort jeder übergeordneten Schicht Dienste zur Verfügung und nimmt selbst Dienste der untergeordneten Schicht in Anspruch. Die Art und Weise, wie die Schichten miteinander kommunizieren, wird Protokoll genannt.

Abb. 2.1: Kommunikation zwischen einzelnen Schichten des TCP/IP-Protokolls

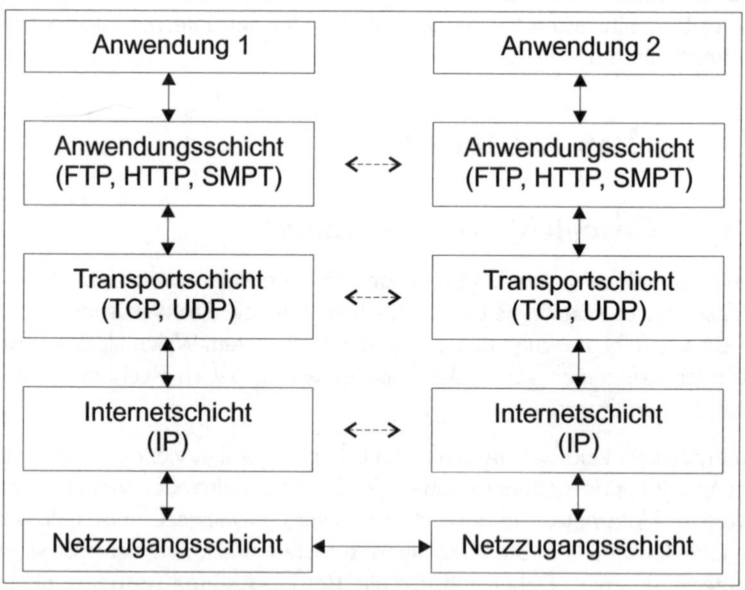

Es kommunizieren stets nur benachbarte Schichten direkt miteinander, der Datenstrom verläuft somit in vertikaler Richtung. Die logische Kommunikation findet dagegen stets nur zwischen Schichten der gleichen Ebene statt.

Das heißt, die Anwendungsschicht kommuniziert mit der Anwendungsschicht der anderen Anwendung, nicht aber mit der Transportschicht usw.

Die Anwendungsschicht

Die Anwendungsschicht steht an oberster Stelle, ist die direkte Schnittstelle zwischen TCP/IP und dem Programm und damit auch zum Benutzer. Beispiele für Protokolle der Anwendungsschicht sind HTTP und FTP.

Die Transportschicht

In der Transportschicht sind zwei mögliche Protokolle angesiedelt.

UDP	User Datagram Protocol (verbindungsloses Protokoll)
TCP	Transmission Control Protocol (verbindungsorientiertes Protokoll)

Für Internetübertragungen kommt TCP zum Einsatz.

Das sendende TCP hat die Aufgabe, den Datenstrom des Anwendungsprotokolls in einzelne Segmente zu teilen, die entsprechend zu nummerieren und mit einer Prüfsumme zu versehen und gegebenenfalls verlorengegangene Pakete wiederholt zu senden.

Das empfangende TCP prüft Pakete anhand der Prüfsumme, bestätigt den Empfang, setzt sie wieder in der richtigen Reihenfolge zusammen und stellt sie der Anwendungsschicht zur Verfügung.

Die Internetschicht

Die Internetschicht erhält die zerlegten Pakete von TCP und hat die Aufgabe, sie anhand des IP-Protokolls entsprechend zu adressieren und an die Netzzugangsschicht zu leiten.

Auf der empfangenden Seite hat die IP-Schicht entsprechend zu prüfen, ob das empfangene Paket überhaupt für den Rechner bestimmt ist, und in Abhängigkeit davon, es an die Transportschicht weiterzugeben.

Die IP-Schicht arbeitet verbindungslos. Es gibt keine Kontrolle darüber, ob Pakete ankommen oder nicht (erledigt die TCP-Schicht).

Unter Rechner, die zu einem Netzwerk gehören, werden IP-Pakete direkt verschickt, sonst (der häufigere Fall im Internet) über Router.

Die Netzzugangsschicht

Die Netzzugangsschicht arbeitet auf unterster Ebene und stellt die Schnittstelle zum physikalischen Übertragungsmedium dar, also letztendlich das Erzeugen von meist elektrischen Signalen zum Zweck der Datenübertragung.

Die Art der Datenübertragung kann vielseitig sein, z.B. Ethernet, Glasfaser, Funk oder ISDN.

2.1.3 Anwendungen im Internet

Als Anwendungen im Internet sollen an dieser Stelle Programme bezeichnet werden, die auf irgendeine Weise mit anderen Anwendungen im Internet kommunizieren. Klassische Programme sind beispielsweise Webbrowser (z.B. Internet Explorer) und Webserver (z.B. Apache) oder FTP-Client (z.B. WS-FTP) und FTP-Server. Aber auch andere Komponenten können wir als Internet-Anwendungen bezeichnen, so beispielsweise ein Registrierungsmodul, das die entsprechende Registrierung beim Hersteller vornimmt.

Sockets und Ports

Bevor eine Anwendung mit einer anderen im Internet kommunizieren kann, muss sie einen Socket öffnen. Darunter verstehen wir einen Kanal zum Zwecke des Informationsaustauschs, der zwischen den beiden Anwendungen existiert.

Zum Öffnen eines Sockets benötigt die Anwendung zwei Angaben:

- die IP-Adresse des Zielrechners
- den Port auf dem Zielrechner

Die IP-Adresse bestimmt den Computer (Host), auf dem die Zielanwendung läuft. Der Port ist die Adresse, auf der die Anwendung auf dem Zielsystem hört. Vergleicht man das Internet mit einem Verkehrsnetz, dann entsprechen die Hosts den Häusern einer Straße, und die Ports vergleichen Sie mit den Wohnungen in einem Haus.

Wenn die Anwendung einen Socket geöffnet hat, vergibt das Betriebssystem automatisch einen abgehenden Port, auf dem die Anwendung später ihre Antworten erhalten kann.

Die Portadresse darf 16 Bit umfassen. Damit ist die höchste Portnummer 65535. Die Portnummern 0 bis 255 sind für Standardanwendungen reserviert.

Protokolle und Ports

Für gängige Kommunikationsabläufe im Internet haben sich Standards etabliert. Damit Anwendungen verschiedener Hersteller auf unterschiedlichen Betriebssystemen miteinander kommunizieren können, verwenden sie Protokolle. In diesem Fall spricht man auch von Protokollen der Anwendungsschicht im TCP/IP. Gängige Protokolle der Anwendungsschicht sind in Tabelle 2.1 aufgeführt.

Protokoll	Verwendung	Standardport am Server
HTTP	**H**yper**T**ext **T**ransfer **P**rotocol: regelt die Übertragung von Dokumenten im WWW	80
FTP	**F**ile **T**ransfer **P**rotocol: regelt die Übertragung von Dateien	21
POP3	**P**ost **O**ffice **P**rotocol: Protokoll zum Abholen von E-Mail	110
SMTP	**S**imple **M**essage **T**ransfer **P**rotocol: regelt die Übertragung von E-Mail	25

Tabelle 2.1: Die wichtigsten Anwendungsprotokolle und ihre Standardports im Internet

IP-Adressen und Netzwerke

Um einen Host im Internet beziehungsweise einem TCP/IP-Netzwerk eindeutig zu identifizieren, wird ihm eine IP-Adresse zugewiesen. Die IP-Adresse besteht aus vier Acht-Bit-Zahlen, die durch einen Punkt getrennt werden.

Die Subnet Mask bestimmt gemeinsam mit der IP-Adresse, welche Hosts zu einem Netzwerk gehören. Um die Adresse eines Netzwerkes zu ermittelt, verknüpft man die IP-Adresse eines Hosts im Netzwerk durch bitweises AND mit der Subnet Mask. Alle Hosts, die auf diese Weise die gleiche Netzwerkadresse haben, gehören zu einem Netzwerk.

Die Netzwerkadresse darf an keinen Host vergeben werden.

Die Broadcast-Adresse darf keinem Host vergeben werden.

Mit Hilfe der Broadcast-Adresse erreicht man alle Hosts eines Netzwerkes. Sie wird wie Rundsprüche (Anfrage an alle Rechner) verwendet. Die Broadcast-Adresse eines Netzwerkes entspricht der höchstmöglichen in diesem (siehe Beispiele).

Die Anzahl der möglichen Hosts in einem Netzwerk ergibt sich aus der Operation `NOT (Subnet-Mask) - 1`.

Beispiel 1

Die IP-Adresse ist 192.168.0.1, die Subnet-Mask 255.255.255.0, daraus ergibt sich:

IP-Adresse (binär)	11000000.10101000.00000000.00000001
Subnet-Mask (binär)	11111111.11111111.11111111.00000000
Netwerk-Adresse(binär)	11000000.10101000.00000000.00000000
Netzwerk-Adresse	192.168.0.0
Broadcast-Adresse	192.168.0.255
Anzahl der Hosts (254)	00000000.00000000.00000000.11111110

Beispiel 2

Die IP-Adresse ist 192.168.4.212, die Subnet-Mask 255.255.255.224, daraus ergibt sich:

IP-Adresse (binär)	11000000.10101000.00000100.11010100
Subnet-Mask (binär)	11111111.11111111.11111111.11100000
Netwerk-Adresse (binär)	11000000.10101000.00000100.11000000
Netzwerk-Adresse	192.168.4.96
Broadcast-Adresse	192.168.4.127
Anzahl der Hosts (30)	00000000.00000000.00000000.00011110

2.1.4 HTTP unter der Lupe

Das **H**yper**T**ext **T**ransfer **P**rotokoll entwickelte sich zum wichtigsten Protokoll im Internet. Es regelt den Austausch von Dokumenten zwischen Webbrowser und Webserver.

HTTP existiert in zwei verschiedenen Versionen – 1.0 und 1.1. Letztere ist neuer und unterstützt gegenüber Version 1.0 auch persistente (erhalten bleibende) Verbindungen. Version 1.0 arbeitet ausschließlich verbindungslos.

Die Kommunikation zwischen Client und Server gliedert sich in Anfragen (Requests) und Antworten (Responses). Zunächst stellt der Client eine Anfrage, der Server arbeitet die Anfrage ab, schickt die Antwort und trennt die Verbindung (bei HTTP 1.0). Erst dann stellt der Client eine neue Anfrage mit Hilfe einer neuen Verbindung.

So funktionieren HTTP-Requests

Eine Anfrage des Client an den Server besteht aus einem URL (**U**niform **R**esource **L**ocator), der Methode, den Header-Informationen und dem Entity-Body.

Methoden

Tabelle 2.2: Methoden eines HTTP-Request

Methode	Beschreibung
GET	Holt ein Dokument vom Server ab.
HEAD	Holt Header-Informationen zu einem Dokument vom Server ab.
POST	Holt ein Dokument vom Server ab und übergibt Daten im Entity-Body
PUT, DELETE	Speichern und Löschen (fast nie verwendet)
TRACE	Für Testzwecke (hier unbedeutend)
LINK, UNLINK	Beziehungen zwischen Dokumenten (fast nie verwendet)

Die Methode steht als erster Begriff in der Anfrage, gefolgt vom URI (**U**niform **R**esource **I**dentifier) des Dokuments und der HTTP-Version und einem CRLF (neue Zeile).

In den folgenden Zeilen sind verschiedene Header-Informationen gelistet. An dieser Stelle sollen nur einige aufgeführt werden. Es ist zu beachten, dass nicht alle Header-Informationen von allen Servern richtig interpretiert werden. Der HTTP-Request wird letztendlich mit doppeltem CRLF (zwei Leerzeilen) abgeschlossen.

Tabelle 2.3: Header-Angaben in HTTP-Request oder -Response

Header	sendet	Beschreibung
Allow	Server	Nach einer falschen oder nicht erlaubten Methode werden die erlaubten Methoden gelistet.
Authorization	Client	Falls eine Seite Authentifizierung erfordert, werden hier Benutzer und Passwort übermittelt.
Content-Length	Server	Länge des Dokuments; auf dynamische Webinhalte nur bedingt anwendbar.
Content-Type	Server	Media-Typ des Dokuments.
Date	Server	Datum und Uhrzeit des Servers.
Expires	Server	An diesem Zeitpunkt (Datum, Uhrzeit) wird das Dokument ungültig.
Host	Client	Server, auf dem das Dokument liegt.

Header	sendet	Beschreibung
If-Modified-Since	Client	Datum und Uhrzeit der letzten Änderung. Normalerweise werden hier Datum und Zeit der lokalen Cache-Datei angegeben.
Last-Modified	Server	Letzte Änderung (Datum, Uhrzeit) des Dokuments.
Location	Server	Das Dokument ist an dieser Stelle zu finden.
Referer	Client	Dokument, von dem auf die gewünschte Seite verlinkt wurde.
Server	Server	Informationen über den Webserver.
User-Agent	Client	Informationen über den Webbrowser.
WWW-Authenticate	Server	Aufforderung an den Client zur Authentifizierung.

Beispiel für einen Request

Folgendes Beispiel zeigt einen typischen HTTP-Request, den Sie selbst mit *Telnet* ausprobieren können. Der Text ist in der Kommandozeile beziehungsweise im Telnet-Fenster einzutippen. Beachten Sie, dass *Telnet* den eingegebenen Text nicht am Bildschirm ausdruckt.

```
c:>telnet www.kizi.de 80 ↵
GET /test.html HTTP/1.0 ↵
HOST: www.letzels.de ↵
↵
```

Sie sollten daraufhin eine dem Folgenden ähnliche Bildschirmausgabe (Response) erhalten:

```
HTTP/1.1 200 OK
Date: Thu, 28 Feb 2002 23:04:38 GMT
Server: Apache/1.3.11 (Unix) mod_script
Last-Modified: Thu, 05 Jul 2001 13:25:22 GMT
Content-Length: 72
Connection: close
Content-Type: text/html

<html>
      <head>
            ...

Verbindung zu Host verloren.
```

Oft senden die Webbrowser zusätzlich das »If-Modified-Since«-Feld mit, um den Webserver nur dann zu veranlassen, die Datei zu senden, wenn sie neuer ist als das angegebene Datum. Sie können das leicht mit *Telnet* überprüfen, indem Sie so eine Zeile, die ein jüngeres Datum hat, das in der vorigen Antwort ausgedruckt wurde, zum Request hinzufügen wie zum Beispiel:

Beispiel für einen Request mit Datum

```
c:>telnet www.kizi.de 80 ↵
GET /test.html HTTP/1.0 ↵
HOST: www.kizi.de ↵
If-Modified-Since: Thu, 05 Jul 2001 15:30:00 GMT ↵
↵
```

Sie sollten daraufhin eine dem Folgenden ähnliche Bildschirmausgabe (Response) erhalten:

```
HTTP/1.1 304 Not Modified
Date: Thu, 28 Feb 2002 23:04:38 GMT
Server: Apache/1.3.11 (Unix) mod_script
Connection: close
Verbindung zu Host verloren.
```

Erfolgte die Übertragung des Requests erfolgreich an den Server, wird dieser nach einer kurzen Zeit antworten. Diese Response besitzt einen ähnlichen Aufbau wie der Request. Sie unterscheiden sich nur in der ersten Zeile. Hier gibt der Server anstelle der Methode den folgenden Status zurück:

```
HTTP/1.? <Code> <Text>
```

Anschließend folgen Header-Informationen, jeweils durch Zeilenumbrüche getrennt. Nach einer Leerzeile kommt der Entity-Body, der nur im Fall von Code 200 das gewünschte Dokument enthält. Einen Überblick über die wichtigsten Statuscodes gibt Tabelle 2.4.

Tabelle 2.4: Die wichtigsten HTTP-Response-Codes

Code	Meldung	Beschreibung
200	OK	Der Request wurde erfolgreich ausgeführt. Handelte es sich um einen GET- oder POST-Request, befindet sich ein Dokument im Entity-Body.
301	Moved Permanently	Das Dokument an angeforderter Stelle wurde verschoben. Das Feld »Location« gibt die neue Stelle an.
302	Found	Das Dokument an angeforderter Stelle befindet sich temporär an einem Ort. Das Feld »Location« gibt die neue Stelle an.
304	Not Modified	Das Dokument, das bei einem bedingten Request geforderte wurde, ist nicht verändert (z.B. bei »If-Modified-Since«).
307	Temporary Redirect	Das Dokument an angeforderter Stelle befindet sich temporär an einem Ort. Das Feld »Location« gibt die neue Stelle an.
400	Bad Request	Der gesendete HTTP-Request ist syntaktisch falsch.
401	Unauthorized	Das geforderte Dokument erforderte Authentifizierung.

Code	Meldung	Beschreibung
403	Forbidden	Der gesendete Request wurde verstanden, ist aber nicht erlaubt.
404	Not Found	Das Dokument wurde an angegebener Stelle nicht gefunden.
405	Method Not Allowed	Die angeforderte Methode ist für dieses Dokument nicht zulässig.
500	Internal Server Error	Beim Server ist ein unerwarteter Fehler beim Abarbeiten des Requests aufgetreten.
501	Not Implemented	Die geforderte Request-Methode ist dem Server nicht bekannt.
503	Service Unavailable	Der Server kann die Anfrage wegen Überlastung nicht ausführen.
505	HTTP Version Not Supported	Der Server versteht die geforderte HTTP-Version nicht.

Media-Typen

Anhand des Media-Typs (Feld: *Content-Type*) erkennt der Webbrowser, welchen Typ das angeforderte Dokument im Entity-Body hat, wie es darzustellen ist, ob ein Plug-in zu laden ist oder Ähnliches. Obwohl es viele Definitionen gibt, kommen meist nur wenige zum Einsatz. Kann der Browser den Media-Typ nicht anzeigen, öffnet er einen »Speichern als...«-Dialog.

Tabelle 2.5: Eine Auswahl verbreiteter Media-Typen

Media-Typ	verwendet für
text/plain	Reiner Text ohne HTML-Formatierung
text/html	HTML-Text
text/css	Stylesheet-Datei
text/javascript	JavaScript-Quelldatei
image/gif	GIF-Grafik
image/jpeg	JPEG-Grafik
image/png	PNG-Grafik
audio/mpeg	MPEG-Layer-3-Datei
audio/x-wav	WAV-Datei
audio/x-realaudio	Real-Audio-Datei
video/avi	AVI-Video
video/mpeg	MPEG-Video
application/pdf	PDF-Dokument

2.2 Webserver, PHP und MySQL

2.2.1 Vom statischen zum dynamischen Web

Täglich werden Millionen Internetseiten in die Webbrowser geladen. Sie werden von den so genannten Webservern bereitgestellt und über das HTTP-Protokoll übertragen. Der Webserver ist also nur eine einfache Dateischleuder?

Auf den ersten Blick wirkt das tatsächlich so, aber an die Webserver werden auch hohe Anforderungen gestellt:

- Unterstützung des HTTP-Protokolls
- Gleichzeitige Verbindungen mit mehreren Clients
- Zugriff nur auf die freigegebenen Verzeichnisse
- Stabilität
- Unterstützung von Add-ons

Für den Client sieht es aber freilich so aus, als ob der Webserver nichts anderes macht, als Dokumente hin- und herzuschicken.

HTML-Dateien können aber eben nur statische Inhalte aufweisen. Soll sich der Inhalt ändern, muss die HTML-Datei editiert und auf dem Server abgespeichert werden. Das ist für einfache Prozesse ein möglicher Weg, aber stellen Sie sich eine HTML-Seite wie die folgende vor:

```
<html><head></head>
<body>
Heute ist Sonntag, der 08. Juli 2001.
</body>
</html>
```

CGI

Das würde einfach zu weit führen, jeden Morgen diese Datei zu speichern. Dynamische Webseiten müssen her. Damit sind Webseiten gemeint, die entweder gar nicht oder nur zum Teil auf dem Server existieren. Sie werden erst in dem Moment erzeugt, in dem sie angefordert werden.

Zu diesem Zweck schuf man CGI – das **C**ommon **G**ateway **I**nterface. Es beschreibt die Verfahrensweise, wie der Webserver externe Programme aufruft und wie letztendlich die HTML-Seite entsteht, die im Client angezeigt wird.

Bevor ein Skript aufgerufen wird, werden im Umgebungsspeicher verschiedene Variablen angelegt, aus denen das Skript Einstellungen und Parameter lesen kann. Inhalte eines POST-Requests werden dem Skript auf der Standardeingabe bereitgestellt. Die HTML-Seite wird erzeugt, indem das Skript sie einfach auf die Standardausgabe schreibt, die der Webserver auf den Sokket zum Client umleitet.

Die klassische CGI-Sprache ist Perl. Sie erfreut sich großer Beliebtheit, da Perl Bestandteil der verschiedenen Unix-/Linux-Distributionen ist und dort selbst als Shell-Skriptsprache zum Einsatz kommt. Derzeit gibt es auch Portierungen von Perl nach Windows.

Auch binäre Dateien (ausführbare Programme) können als CGI-Programme zur Anwendung kommen. Sie haben sogar den Vorteil, dass sie schneller ausgeführt werden können, da sie im Maschinencode vorliegen. Das erkauft man sich allerdings auf Kosten der Systemunabhängigkeit.

Server Pages

Unter Server Pages versteht man HTML-Dateien mit variablem Inhalt. Dieser variable Inhalt wird durch eine Skriptsprache erzeugt. Zu diesen Skriptsprachen kann man neben Microsoft (ASP) Active Server Pages und JSP (Java Server Pages) auch PHP zählen. Wie Sie zu einer dynamischen Webseite mit PHP gelangen, lernen Sie in diesem Buch.

Datenbanken

Wenn sich die Inhalte, die dynamisch in die Webseite eingefügt werden, in Tabellenform speichern lassen, sind Datenbanken ein nützliches Hilfsmittel.

Datenbanken unterstützen aber nicht nur das tabellarische Speichern von Daten, sondern auch wahlfreien Zugriff auf die gewünschten Datensätze, und das gar noch von mehreren Benutzern gleichzeitig unter Verwendung ausgeklügelter Suchfunktionen. Ebenso werden Update-Mechanismen vereinfacht. In diesem Buch dreht sich alles um die MySQL-Datenbank.

Sicherlich lassen sich für fast jede Webseite Inhalte finden, die sich in eine Datenbank pressen lassen. Doch wie gelangen die Datenbankinhalte in die Webseite hinein? Da der Webserver selbst kein Datenbank-Client ist, wird hier eine Schnittstelle benötigt.

Diese Lücke wird von PHP geschlossen. Neben den Skripting-Eigenschaften eignet sich PHP als MySQL-Client, um die Daten in die Webseiten zu integrieren.

PHP

PHP ist eine Programmiersprache, die in der Syntax C und Java sehr ähnelt. Wer in diesen Programmiersprachen bereits Erfahrungen sammeln konnte, wird sich sehr schnell in PHP zurechtfinden.

PHP steht für **P**HP **H**ypertext **P**reprocessor. Dass die Abkürzung durch sich selbst erklärt wird, ist ein Scherz, der bereits bei **G**NU (**G**NU's **N**ot **U**nix) zur Anwendung kam. PHP bereitet HTML-Seiten (= Hypertext) zur Ausgabe vor (= Preprocessor).

Im Gegensatz zu C und Java findet in PHP aber keine Übersetzung in einen binären Objektcode statt. Die Programme liegen im Quelltext auf dem Server und werden in dem Moment, in dem sie aufgerufen werden, von einem Servermodul interpretiert. Man bezeichnet solche Programmiersprachen auch als Skriptsprachen.

Diese Vorgehensweise hat gegenüber binärem Code zwar Geschwindigkeitsnachteile, aber zwei wichtige Vorteile:

- PHP ist plattformunabhängig.
- PHP kann in HTML-Seiten eingebettet werden.

Im Internet läuft PHP in Verbindung mit einem Webserver. Dazu wird ein Modul geladen, das die PHP-Anweisungen ausführt. Voraussetzung ist demnach, dass man einen Webserver mit PHP-Modul besitzt oder ihn so konfigurieren kann. Andernfalls ist es auch möglich, PHP als CGI zu betreiben. Der Webserver ruft dann das PHP-Programm auf.

Letztere Variante ist im Webserver-Betrieb als ungünstiger zu bezeichnen, da sie mehr Ressourcen verbraucht und auch langsamer läuft. Die Variante als Servermodul ist dem vorzuziehen und wird auch hier im Buch behandelt.

2.3 Installation

2.3.1 Allgemein

Auf Servern im Internet wird oft Apache mit PHP und MySQL unter dem Linux-Betriebssystem betrieben. Sie können sich ein Linux-System auf dem eigenen Rechner nachbauen. Das erfordert aber zusätzliche Kenntnisse in den Systemabläufen von Linux, die hier nicht näher beschrieben werden sollen.

Wenn Sie noch kein Linux installiert haben, wohl aber Windows, ist die Festplatte vermutlich schon voll. Linux nachträglich zu installieren, würde ein Partitionieren der Festplatte erfordern und damit auch ein Neuinstallieren von Windows. Falls Sie Windows NT oder Windows 2000 installiert haben, können Sie unter Zuhilfenahme von VMWare (*http://www.vmware.com)* auch ein virtuelles Linux installieren.

Um ein Backup- oder Testsystem zu Hause zu betreiben, wird es vermutlich weitgehend genügen, diese Konfiguration unter Windows zu betreiben. Es gibt nur wenige Funktionen, die unter Linux und Windows verschieden sind.

Wenn Sie Windows benutzen, dann sollte

- es Windows NT (oder neuer) beziehungsweise Windows 98 sein.
- TCP/IP installiert sein.
- Wenn Sie Linux benutzen, dann sollte(n)
- es eine Linux-Version mit einem Kernel ab Version 2.2 sein.
- TCP/IP installiert sein.
- C-Compiler, Linker und entsprechende Bibliotheken installiert sein.

HINWEIS

Wenn in Ihrem Rechner keine Netzwerkkarte eingebaut ist, muss unter Windows 9x und Windows 2000 wenigstens das DFÜ-Netzwerk installiert sein, damit TCP/IP mit der IP-Adresse `127.0.0.1` und dem Alias `localhost` verfügbar ist. Unter Windows NT installieren Sie dazu den *Microsoft Loopback Adapter.* Unter Linux sollte Letzterer (das Loopback Device) standardmäßig installiert sein.

Die Zielverzeichnisse, die in diesem Buch für die Installation benannt werden, sind Vorschläge, die Sie nicht zwingend einhalten müssen. Wenn Sie mit den Konfigurationen aber noch nicht sehr vertraut sind, raten wir Ihnen, diese zu befolgen.

2.3.2 Installieren des Apache-Webservers unter Windows

Auf der beiliegenden Buch-CD-ROM finden Sie im Verzeichnis \SOFTWARE\WINDOWS\APACHE die Version 1.3.20 des Apache-Webservers als MSI-Distribution.

Eine aktualisierte Version des Apache-Webservers ist gegebenenfalls im Internet unter *http://www.apache.org* herunterzuladen. Für die Zwecke dieses Buches ist die vorliegende Version ausreichend.

Wenn Sie Windows 95, Windows 98 oder Windows NT installiert haben, ist es eventuell notwendig, den *Windows Installer* – das Installationsprogramm für MSI-Dateien – zu installieren. Dieses finden Sie auf der CD-ROM im Verzeichnis \SOFTWARE\WINDOWS\MSI. Starten Sie es in Abhängigkeit von dem Betriebssystem INSTMSIW9X oder INSTMSINT.

Abb. 2.2: Installieren des Windows Installer – notwendig unter Windows 9x und Windows NT

Das Setup-Programm für Apache starten Sie durch Doppelklick auf APACHE_1.3.20-WIN32-NO_SRC-R2.MSI.

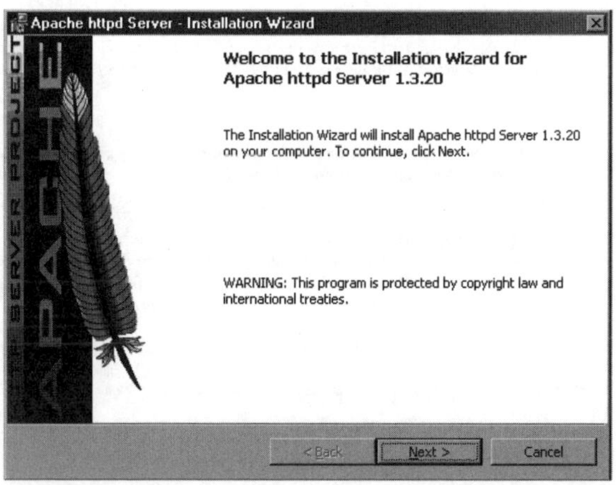

Abb. 2.3: Apache Setup

Folgen Sie den Anweisungen des Setup-Programms. Wir empfehlen Ihnen nachfolgende Einstellungen. Diese Einstellungen sind für den Betrieb eines lokalen Webservers geeignet.

Empfehlungen für die Apache-Installation

Tragen Sie unter *Server Name* nur den Netzwerknamen Ihres PC ein. Diesen erfahren Sie aus den Netzwerkeinstellungen.

Starten Sie Apache unter Windows 2000 oder NT als Service. Dadurch wird der Webserver beim Hochfahren des PC automatisch gestartet. Unter Windows 9x legen Sie das Startprogramm am besten im Autostart-Ordner ab.

Führen Sie eine benutzerdefinierte Installation durch und wählen Sie als Zielverzeichnis C:\WEB.

Nachdem die Installation beendet ist, ist gegebenenfalls ein Neustart des Systems erforderlich.

Testen der Installation

Testen Sie die Apache-Installation, indem Sie den Internet Explorer öffnen und in die Adresszeile `http://myhost/` eintippen. Ersetzen Sie dabei *myhost* durch den Namen Ihres Servers.

Abb. 2.4: Testseite des Apache-Webservers

Sollte die Testseite des Apache-Webservers nicht erscheinen, wurde offenbar der Apache-Dienst nicht richtig eingerichtet.

Apache als Dienst

Das können Sie wie folgt nachholen:

- Öffnen Sie eine Kommandozeile.
- Wechseln Sie in das Installationsverzeichnis des Apache-Webservers, hier: C:\WEB\APACHE.

- Geben Sie ein: `apache -i apache` ↵
- Geben Sie ein: `apache -k start -n apache` ↵
- Wiederholen Sie den Installationstest.

Apache unter der Lupe

Nach der Installation von Apache wurde eine umfangreiche Verzeichnisstruktur angelegt.

Dateien und Verzeichnisse

Datei/Verzeichnis	Zweck	Verweis in Konfigurationsdatei
C:\WEB\APACHE\CONF\HTTPD.CONF	Konfigurationsdatei	
C:\WEB\APACHE	Installationsverzeichnis	*Serverroot*
C:\WEB\APACHE\APACHE.EXE	Server-Kontroll-Programm	
C:\WEB\APACHE\HTDOCS	Internet-Freigabeverzeichnis (Wurzelverzeichnis), wird bei Eingabe von `http://myhost/` dargestellt	*Documentroot*
C:\WEB\APACHE\BIN	Hilfsprogramme	
C:\WEB\APACHE\CGI-BIN	Standard-Skriptverzeichnis von Apache	*ScriptAlias*
C:\WEB\APACHE\ICONS	Symbolverzeichnis für Verzeichnislisting	*Alias /icons/*
C:\WEB\APACHE\LOGS\ACCESS.LOG	Datei für Zugriffsprotokoll	*CustomLog*
C:\WEB\APACHE\LOGS\ERROR.LOG	Datei für das Fehlerzugriffsprotokoll	*Errorlog*
C:\WEB\APACHE\MODULES	Verzeichnis für Apache-Erweiterungen	

Tabelle 2.6: Beschreibung wichtiger Dateien und Verzeichnisse der Apache Installation

Der Apache-Webserver wird über die Textdatei HTTPD.CONF konfiguriert, die sich im Unterverzeichnis CONF des Installationsverzeichnisses befindet. Veränderungen an dieser Datei werden erst nach einem Neustart des Apache-Dienstes wirksam. Geben Sie in einer Kommandozeile ein:

Apache neu starten

```
c:\web\apache\apache -k stop -n apache ↵
c:\web\apache\apache -k start -n apache ↵
```

Unter Windows NT oder Windows 2000 und neuer können Sie dazu auch alternativ verwenden:

```
net stop apache ⏎
net start apache ⏎
```

Die Konfigurationsdatei HTTPD.CONF können Sie mit einem Texteditor – beispielsweise *WordPad* – öffnen, um Veränderungen vorzunehmen. In dieser Datei beginnen Kommentarzeilen mit dem Rautenzeichen (#). Auf eine Erläuterung der Konfigurationsmöglichkeiten soll an dieser Stelle verzichtet werden. Die Kommentarzeilen in dieser Datei beschreiben diese.

2.3.3 Installieren von PHP unter Windows

Auf der CD-ROM in diesem Buch befindet sich PHP in der Version 4.0.6 im Verzeichnis \SOFTWARE\WINDOWS\PHP in der Binärversion für Windows mit vielen Bibliotheken bereits eingebaut.

Schritt-für-Schritt-Anleitung für den Apache-Webserver

1. Kopieren Sie zunächst das Verzeichnis PHP auf die Festplatte nach C:\WEB, so dass das Verzeichnis C:\WEB\PHP existiert.
2. Kopieren Sie die Datei C:\WEB\PHP\PHP.INI-DIST in das Windows-Verzeichnis C:\WINDOWS bzw. C:\WINNT und benennen Sie sie in PHP.INI um.
3. Öffnen Sie die Datei PHP.INI in einem Texteditor und nehmen Sie folgende Änderungen vor:
   - Setzen Sie den Wert `max_execution_time = 60`, der es erlaubt, dass ein PHP-Skript bis zu 60 Sekunden laufen darf.
   - Setzen Sie `doc_root = c:\web\apache\htdocs`.
   - Setzen Sie `extension_dir = c:\web\php\extensions\`.
   - Aktivieren Sie (Entfernen des »;«-Kommentarzeichens) im Abschnitt *Windows Extensions* PHP_GD.DLL.
   - Setzen Sie `display_errors = On`, um Fehlermeldungen zu aktivieren.
4. Speichern und schließen Sie die Datei PHP.INI.
5. Verschieben Sie die Datei C:\WEB\PHP\PHP4TS.DLL in das System-Verzeichnis C:\WINDOWS\SYSTEM (bei Windows 9x und Windows Me) beziehungsweise C:\WINNT\SYSTEM32 (bei Windows NT und Windows 2000).
6. Öffnen Sie die Datei C:\WEB\APACHE\CONF\HTTPD.CONF in einem Texteditor, und fügen Sie (am Ende) folgende Zeilen an, die zum einen PHP als Module in Apache laden und Dateien, die auf .PHP, .PHP3 und .PHP4 enden,

auf den PHP-Parser umleiten. Sie können das auch für andere Dateierweiterungen einstellen (z.B. .HTML)

- `LoadModule php4_module c:/web/php/sapi/php4apache.dll`
- `AddType application/x-httpd-php .php`
- `AddType application/x-httpd-php .php3`
- `AddType application/x-httpd-php .php4`

7. Starten Sie den Apache-Webserver wie im vorhergehenden Abschnitt beschrieben neu.

Testen der Installation

Erstellen Sie mit einem Texteditor im Verzeichnis C:\WEB\APACHE\HTDOCS die Datei INFO.PHP, die folgenden Inhalt aufweist:

info.php: Gibt über den Webbrowser Informationen zur PHP-Installation aus.

```
<?php
    phpinfo();
?>
```

Geben Sie im Internet Explorer *http://myhost/info.php* ein. Wenn alle Schritte richtig vollzogen sind, sehen Sie die PHP-Info-Seite mit Angaben zur PHP-Installation.

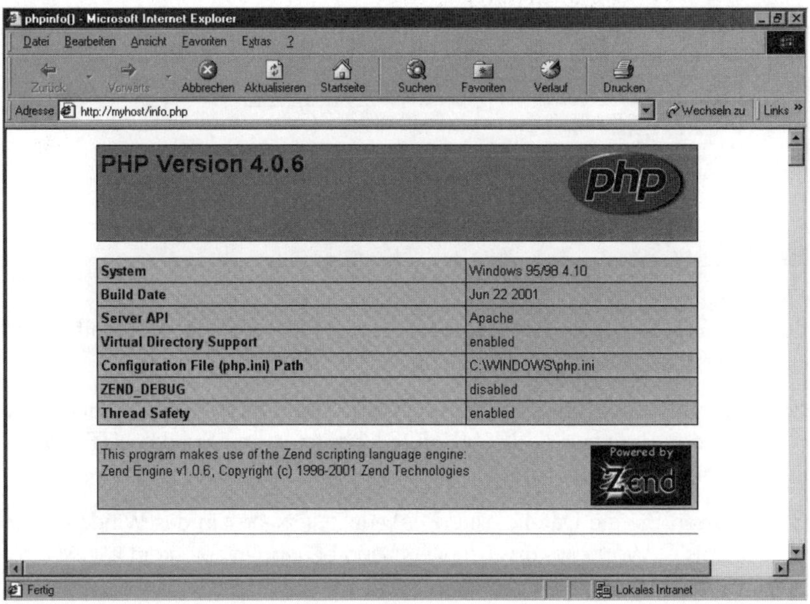

Abb. 2.5: Die Bildschirmausgabe von phpinfo() zeigt zahlreiche Systemoptionen an

2.3.4 Schritt-für-Schritt-Anleitung für den IIS

Unter Windows NT 4.0 und Windows 2000 besteht die Möglichkeit, PHP gemeinsam mit dem Internet Information Server (IIS) von Microsoft zu betreiben.

HINWEIS

Um Internet Information Server (IIS) unter Windows NT 4.0 zu betreiben, benötigen Sie Windows NT Server.

Abb. 2.6: Durch Eingabe von http://myhost/ sollten Sie im Falle von IIS eine ähnliche Webseite sehen, wenn Sie noch keine eigenen Inhalte hinterlegt haben

1. Kopieren Sie zunächst das Verzeichnis PHP auf die Festplatte nach C:\INETPUB, so dass das Verzeichnis C:\INETPUB\PHP existiert.
2. Stellen Sie sicher, dass das Verzeichnis C:\INETPUB\PHP Ausführungsrechte für den Benutzer *IUSR_MYHOST* besitzt, wenn Sie das NTFS-Dateisystem installiert haben.
3. Kopieren Sie die Datei C:\INETPUB\PHP\PHP.INI-DIST in das Windows-Verzeichnis C:\WINDOWS bzw. C:\WINNT und benennen Sie sie in PHP.INI um.

4. Öffnen Sie die Datei PHP.INI in einem Texteditor und nehmen Sie folgende Änderungen vor:
   - Setzen Sie den Wert `max_execution_time = 60`, der es erlaubt, dass ein PHP-Skript bis zu 60 Sekunden laufen darf.
   - Setzen Sie `doc_root = c:\inetpub\wwwroot`.
   - Setzen Sie `extension_dir = c:\inetpub\php\extensions\`.
   - Aktivieren Sie (Entfernen des »;«-Kommentarzeichens) im Abschnitt *Windows Extensions* PHP_GD.DLL.
   - Setzen Sie `display_errors = On`, um Fehlermeldungen zu aktivieren.
5. Speichern und schließen Sie die Datei PHP.INI.
6. Verschieben Sie die Datei C:\INETPUB\PHP\PHP4TS.DLL in das Systemverzeichnis C:\WINDOWS\SYSTEM (bei Windows 9x) beziehungsweise C:\WINNT\SYSTEM32 (bei Windows NT).
7. Starten Sie die IIS-Management-Konsole, um die Eigenschaften der Standardwebseite zu bearbeiten. Klicken Sie auf das Register BASISVERZEICHNIS und hier auf KONFIGURATION. Führen Sie die Zuordnung für die gewünschten Erweiterungen durch: `.php`, `.php3`, `.php4` mit
   - C:\INETPUB\PHP\SAPI\PHP4ISAPI.DLL, wenn Sie PHP als ISAPI-Filter installieren möchten.
   - C:\INETPUB\PHP\PHP.EXE, wenn Sie PHP als CGI-Anwendung konfigurieren möchten.
8. Überspringen Sie diesen Punkt, wenn Sie PHP als CGI-Anwendung konfigurieren. Klicken Sie im EIGENSCHAFTEN-Dialog der Standardwebseite auf das Register ISAPI-FILTER. Fügen Sie einen Filter mit dem Namen *PHP* hinzu, der auf die Datei C:\INETPUB\PHP\SAPI\PHP4ISAPI.DLL verweist.
9. Schließen Sie die IIS-Management-Konsole und wechseln Sie nach SYSTEMSTEUERUNG/DIENSTE (NT) beziehungsweise SYSTEMSTEUERUNG/VERWALTUNG/DIENSTE (Windows 2000). Führen Sie einen Neustart des WWW-Publishing-Dienstes durch.

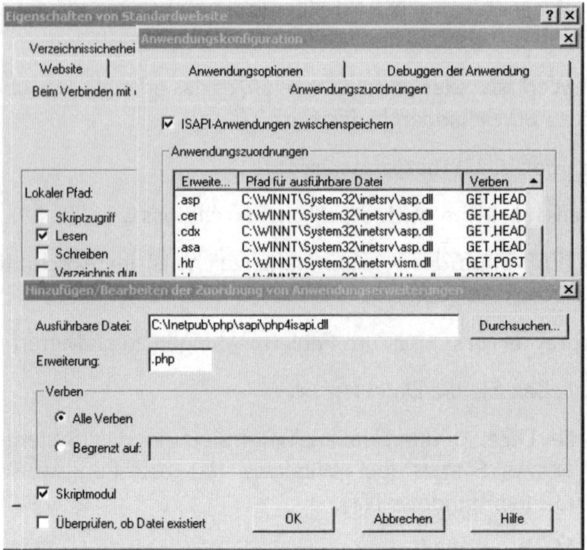

Abb. 2.7: Zuordnung der PHP-Erweiterung an den ISAPI-Filter

Testen der Installation

Erstellen Sie mit einem Texteditor im Verzeichnis C:\INETPUB\WWWROOT die Datei INFO.PHP, die folgenden Inhalt aufweist:

info.php: Gibt über den Webbrowser Informationen zur PHP-Installation aus.

```
<?php
   phpinfo();
?>
```

Geben Sie im Internet Explorer `http://myhost/info.php` ein. Wenn alle Schritte richtig vollzogen sind, sehen Sie die PHP-Info-Seite (vgl. Abbildung 2.5) mit Angaben zur PHP-Installation.

2.3.5 Installieren von MySQL unter Windows

Im Verzeichnis \SOFTWARE\WINDOWS\MYSQL befindet sich das Setup-Programm (SETUP.EXE), das zur Installation zu starten ist. Alternativ können Sie sich auch eine neuere Version aus dem Internet, `http://www.mysql.com/`, herunterladen.

In unserem Beispiel weisen wir das Setup-Programm an, MySQL in das Verzeichnis C:\WEB\MYSQL zu installieren.

Nachdem die Installation abgeschlossen ist, öffnen Sie mit einem Texteditor (Wordpad) die Datei C:\WEB\MYSQL\MY-EXAMPLE.CNF und entfernen das Kommentarzeichen # in der Zeile mit der Anweisung *basedir*. Tragen Sie als Verzeichnis hier C:\WEB\MYSQL ein.

Direkt unter dem Eintrag `basedir` tragen Sie folgende Zeilen ein, die das Funktionieren der InnoDB-Tabellen (mehr dazu später) ermöglichen.

```
innodb_data_file_path = ibdata1:250M;ibdata2:250M
innodb_data_home_dir = c:\web\mysql\ibdata
set-variable = innodb_mirrored_log_groups=1
innodb_log_group_home_dir = c:\web\mysql\iblogs
set-variable = innodb_log_files_in_group=3
set-variable = innodb_log_file_size=10M
set-variable = innodb_log_buffer_size=5M
innodb_flush_log_at_trx_commit=1
innodb_log_arch_dir = c:\web\mysql\iblogs
innodb_log_archive=0
set-variable = innodb_buffer_pool_size=80M
set-variable = innodb_additional_mem_pool_size=10M
set-variable = innodb_file_io_threads=4
set-variable = innodb_lock_wait_timeout=50
```

Wenn Sie diese Einträge vorgenommen haben,

- speichern Sie diese Datei als C:\MY.CNF,
- legen Sie das Verzeichnis C:\WEB\MYSQL\IBDATA und
- das Verzeichnis C:\WEB\MYSQL\IBLOGS an.

HINWEIS: Weiter hinten im Buch werden Sie mehr über die Optionen und Möglichkeiten der InnoDB-Tabellen lesen.

Öffnen Sie nun ein Kommandozeilenfenster, um in das Verzeichnis C:\WEB\MYSQL\BIN zu wechseln. Geben Sie hier `mysqld-max` [Enter] ein. Wenn Sie alle Optionen richtig eingegeben haben, sollte folgender Bildschirmausdruck bei Ihnen erkennbar sein:

Bildschirmausgabe nach dem ersten Start von MySQL

```
C:\web\mysql\bin>mysqld-max
InnoDB: The first specified data file c:\web\mysql\ibdata\ibdata1 did not exist:
InnoDB: a new database to be created!
InnoDB: Setting file c:\web\mysql\ibdata\ibdata1 size to 262144000
InnoDB: Database physically writes the file full: wait...
InnoDB: Data file c:\web\mysql\ibdata\ibdata2 did not exist: new to be created
InnoDB: Setting file c:\web\mysql\ibdata\ibdata2 size to 262144000
InnoDB: Database physically writes the file full: wait...
InnoDB: Log file c:\web\mysql\iblogs\ib_logfile0 did not exist: new to be created
InnoDB: Setting log file c:\web\mysql\iblogs\ib_logfile0 size to 10485760
InnoDB: Log file c:\web\mysql\iblogs\ib_logfile1 did not exist: new to be created
InnoDB: Setting log file c:\web\mysql\iblogs\ib_logfile1 size to 10485760
InnoDB: Log file c:\web\mysql\iblogs\ib_logfile2 did not exist: new to be created
InnoDB: Setting log file c:\web\mysql\iblogs\ib_logfile2 size to 10485760
010715  8:08:06  InnoDB: Started
```

MySQL-Start automatisieren

Unter Windows NT oder Windows 2000 können Sie MySQL als Service installieren. Tippen Sie dazu ein:

```
mysqld-max-nt --install
```

Zum nächsten Rechnerstart wird der Datenbankserver automatisch starten.

Unter Windows 98 und Millenium erzeugen Sie den AutoStart mit Hilfe des Registry-Editors. Fügen Sie unter HKEY_LOCAL_MACHINE\SOFTWARE\MICROSOFT\WINDOWS\CURRENTVERSION\RUNSERVICES eine Zeichenkette mit dem Namen *mysqld-max* und dem Wert C:\WEB\MYSQL\BIN\MYSQLD-MAX.EXE hinzu.

Testen!

Nach dem nächsten Neustart können Sie testen, ob der Eintrag zu dem gewünschten Erfolg geführt hat. Geben Sie dazu von Kommandozeile `c:\web\mysql\bin\mysqladmin ping` [↵] ein.

2.3.6 Installieren von Apache unter Linux

Auf der CD-ROM zum Buch liegt die Apache-Version 1.13.20 vor. Sie können diese verwenden oder sich eine aktuellere Version aus dem Internet unter *http://www.apache.org* herunterladen.

Apache soll in das Verzeichnis /WEB/APACHE installiert werden. Mounten Sie das CD-ROM-Laufwerk, um daraufhin einzugeben:

```
mkdir /web
cd /web
tar xvfz /cdrom/software/linux/apache/apache_1.3.20.tar.gz
cd apache_1.3.20
./configure --prefix=/web/apache --enable-shared=max
make
make install
```

Durch die letzte Anweisung wird der komplette Verzeichnisbaum angelegt und die notwendigen Dateien werden hineinkopiert. Die Konfigurationsdatei HTTPD.CONF befindet sich beispielsweise im Verzeichnis /WEB/APACHE/CONF. Diese können Sie noch entsprechend Ihren Erfordernissen anpassen (vgl. Abschnitt 2.3.2).

Sie starten den Webserver mit dem Hilfsprogramm *apachectl*, das sich im BIN-Verzeichnis befindet:

```
/web/apache/bin/apachectl start
```

Verwenden Sie *stop*, um den Webserver zu beenden.

Apache automatisch starten

Um Apache automatisch zu starten, geben Sie von der Konsole oder einem Terminalfenster ein:

```
cp /web/apache/bin/apachectl /etc/init.d
cd /etc/init.d/rc3.d
ln -s ../apachectl S21apache
ln -s ../apachectl K21apache
```

2.3.7 Installieren von PHP unter Linux

Die PHP-Version 4.0.6 befindet sich auf der Buch-CD-ROM. Eine neuere Version können Sie gegebenenfalls aus dem Internet unter *http://www.php.net* herunterladen.

Mounten Sie das CD-ROM-Laufwerk. Anschließend können Sie PHP mit folgendem Kommando installieren:

```
cd /web/
tar xvfz /cdrom/software/linux/php/php-4.0.6.tar.gz
cd /web/php-4.0.6
./configure --with-apxs=/web/apache/bin/apxs --enable-ftp
```

Unter Verwendung dieser *Configure*-Anweisung wird PHP hier konfiguriert mit

- DSO-Unterstützung für Apache (ladbare Module)
- FTP-Unterstützung

Eine Liste sämtlicher *Configure*-Anweisungen erhalten Sie, wenn Sie `./configure --help|more` eintippen. Vermutlich werden Sie die meisten Optionen selten benötigen. Auf eine weiterführende Erläuterung soll deshalb an dieser Stelle verzichtet werden.

Fehler bei Configure

Sollte das *Configure*-Skript einen Fehler ausgeben, kann PHP nicht mit der gewünschten Konfiguration übersetzen. Sie müssen den Fehler beheben und rufen dann anschließend auf:

```
cd /web/php-4.0.6
rm config.cache
./config.nice
```

Wurde das *Configure*-Skript ohne Fehlermeldung beendet, starten Sie den Übersetzungsvorgang für PHP. Geben Sie dazu ein:

```
make
make install
```

Nach dem Übersetzungsvorgang kopiert das Installationsskript die notwendigen Dateien selbst an die richtigen Stellen. Es ist allerdings noch erforderlich, die Datei /WEB/APACHE/CONF/HTTPD.CONF anzupassen. Öffnen Sie diese in einem Texteditor, um folgende Zeilen einzufügen:

```
AddType application/x-httpd-php .php
AddType application/x-httpd-php .php3
AddType application/x-httpd-php .php4
AddType application/x-httpd-php-source .phps
```

Die PHP.INI-Datei befindet sich als PHP.INI-DIST im Verzeichnis /WEB/PHP-4.0.6/SUPPORT-FILES. Kopieren Sie die Datei nach /USR/LOCAL/LIB und benennen Sie sie um in PHP.INI. Hier können Sie Änderungen nach Ihren Erfordernissen vornehmen, was allerdings vorerst nicht notwendig ist.

Die Änderungen in der Datei HTTPD.CONF werden erst nach einem Neustart des Apache-Webservers wirksam. Geben Sie dazu ein:

```
/web/apache/bin/apachectl restart
```

Testen von PHP

Die PHP-Installation testen Sie, indem Sie im Verzeichnis /WEB/APACHE/HTDOCS eine Datei INFO.PHP mit folgendem Inhalt anlegen:

```
<?php
    phpinfo();
?>
```

Rufen Sie diese Datei im Webbrowser auf, in dem Sie den URL `http://myhost/info.php` verwenden.

GD-Funktionen

Um die Grafikfunktionen der GD-Bibliothek zu nutzen, müssen Sie die folgenden Pakete – am besten in dieser Reihenfolge – übersetzen und installieren:

- ZLib
- LibJPeg (für JPEG-Unterstützung)
- LibPNG (für PNG-Unterstützung)
- GD (die GD-Bibliothek)
- Die entsprechenden Pakete finden Sie auf der CD-ROM im Verzeichnis \SOFTWARE\LINUX\PHP. Nach dem Entpacken der Dateien auf der lokalen Festplatte lesen Sie die entsprechenden README-Dateien, um Installationshinweise für das jeweilige Paket zu erhalten.

2.3.8 Installieren von MySQL unter Linux

Die Quelldateien von MySQL befinden sich in der Version 3.23.39 auf der CD-ROM. Gegebenenfalls können Sie sich eine neuere Version aus dem Internet unter *http://www.mysql.com/* herunterladen.

Mounten Sie das CD_ROM-Laufwerk, um anschließend von Kommandozeile einzutippen:

```
rpm -i /cdrom/software/linux/mysql/MySQL-3.23.39-1.src.rpm
cd /web/
tar xvfz /usr/src/packages/SOURCES/mysql-3.23.39.tar.gz
cd /web/mysql-3.23.39
```

Die MySQL-Quelldateien sind jetzt im Verzeichnis /WEB/MYSQL-3.23.39 installiert. Das Zielverzeichnis soll /WEB/MYSQL sein. Außerdem soll MySQL mit Unterstützung für innoDB-Tabellen installiert werden.

Zunächst ist das *Configure*-Kommando aufzurufen. Mehr Hilfe zu *Configure* erhalten Sie, indem Sie `./configure --help|more` eintippen.

```
./configure --prefix=/web/mysql --with-innodb
```

Nach erfolgreichem Ende dieses Skripts kann MySQL übersetzt und installiert werden. Dazu ist *Make* aufzurufen (kann bei langsameren Prozessoren mehrere Minuten dauern):

```
make
make install
/web/mysql/bin/mysql_install_db
```

Im Verzeichnis /WEB/MYSQL-3.23.39/SUPPORT-FILES befinden sich mehrere Konfigurationsdateien. Verwenden Sie zunächst MY-SMALL.CNF und legen Sie diese als MY.CNF im Verzeichnis /ETC/ ab.

Öffnen Sie die Datei /ETC/MY.CNF mit einem Texteditor, um im Abschnitt *[mysqld]* die Kommentarzeichen der InnoDB-Optionen zu entfernen (vgl. Abschnitt 2.3.5).

Es ist sinnvoll, die Verzeichnisrechte für MySQL anzupassen. Dazu sollte es den Benutzer *mysql* geben, der hier der Gruppe *daemon* angehört. Sie können sich auch einen beliebigen anderen Benutzer ausdenken, nur sollte MySQL nicht als *root* oder als ein Benutzer, der sich am System anmeldet, gestartet werden. Prüfen Sie dazu in Ihrer Linux-Distribution, ob es diesen Benutzer bereits gibt. Wenn nicht, legen Sie ihn an. Mit Hilfe folgender Kommandos passen Sie die Benutzerrechte an:

```
chown -R root  /web/mysql
chown -R mysql /web/mysql/var
chgrp -R daemon /web/mysql
```

MySQL starten

Wenn Sie alle Hürden überwunden haben, ist es an der Zeit, MySQL zu starten. Mit dem folgenden Kommando wird der MySQL-Dienst als Hintergrundprozess mit dem Benutzer *mysql* gestartet.

```
/web/mysql/bin/safe_mysqld --user=mysql &
```

MySQL testen

Mit Hilfe des Programms *mysqladmin* können Sie den MySQL-Dienst anpingen, nämlich mit:

```
/web/mysql/bin/mysqladmin -p ping
```

Sie erhalten die Ausschrift `mysql is alive.`

MySQL automatisiert starten

Auf ähnliche Art und Weise wie Apache wird auch der MySQL-Server automatisiert gestartet. Das entsprechende Startskript befindet ich im SUPPORT-FILES-Verzeichnis. Geben Sie dazu Folgendes ein:

```
cp /web/mysql/support-files/mysql.server /etc/init.d
cd /etc/init.d/rc3.d
ln -s ../mysql.server S21mysql
ln -s ../mysql.server K21mysql
```

Mehr über MySQL erfahren Sie weiter hinten im Buch.

2.4 Fragen

1. Wozu dienen IP-Adresse und Subnet Mask?
2. Wie heißen die beiden Methoden des HTTP-Protokolls, die ein Dokument anfordern und worin unterscheiden sie sich?
3. Wozu dienen Media-Typen?
4. Worin unterscheidet sich PHP zu konventionellen Programmiersprachen?
5. Wie wird der Apache-Webserver konfiguriert?
6. Bei welchen Dateierweiterungen ruft der Webserver das PHP-Modul auf, um den PHP-Code zu verarbeiten?
7. Welche Dateien der Festplatte können vom Webserver auf Anforderung ins Internet übertragen werden?

Kapitel 3

Einführung in PHP

Jetzt geht es los! Dieses Kapitel gibt Ihnen eine Einführung in die Programmiersprache PHP. Sie lernen anhand kleiner Beispiele die Syntax kennen und verstehen. Außerdem erhalten Sie einen Überblick über die grundlegenden Funktionen.

3.1 Was ist PHP?

PHP ist eine Skriptsprache, die serverseitig verarbeitet wird und deren Syntax direkt in HTML-Dokumente geschrieben wird. Um PHP-Skripts auszuführen, wird ein Server benötigt, der entsprechend konfiguriert ist. Wie Sie einen Server einrichten, wurde im vorhergehenden Kapitel bereits erläutert.

Die meisten Webserver sind so konfiguriert, dass Sie den PHP-Dateien eine bestimmte Erweiterung geben müssen. Ohne diese würde der Webserver die Datei nicht an den PHP-Prozessor weiterleiten. Für gewöhnlich werden die Dateierweiterungen .PHP, .PHP3, .PHP4 und .PHTML unterstützt.

PHP können Sie mit jedem Texteditor schreiben. Wir empfehlen Ihnen einen Editor, der die geschriebene Syntax farblich hervorhebt. So behalten Sie auch über lange Skripts einen besseren Überblick. Unsere Empfehlung ist der *EditPlus Text Editor*, den Sie auf der CD-ROM im Verzeichnis \SOFTWARE\WINDOWS\DIV finden. Eine neuere Version können Sie gegebenenfalls von *www.editplus.com* herunterladen. *EditPlus* ist Shareware und erfordert, dass Sie sich nach 30 Tagen registrieren.

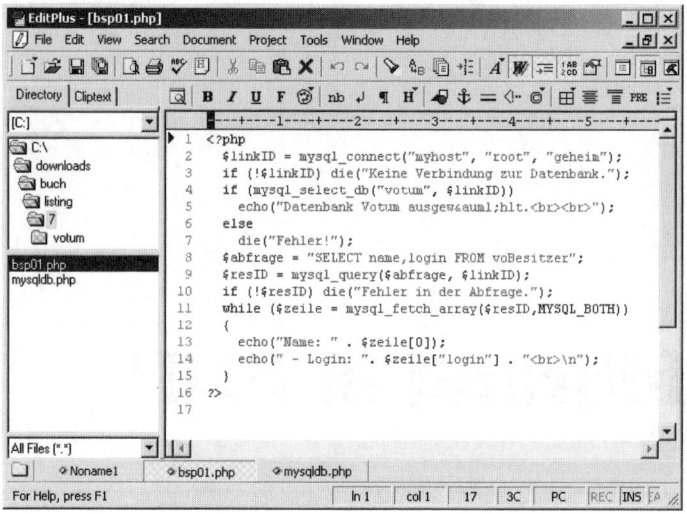

Abb. 3.1: EditPlus – komfortabler Editor mit Syntaxhervorhebung

3.2 Grundlagen

3.2.1 Syntax

Der PHP-Quellcode kann direkt in den HTML-Text geschrieben und zwischendurch von HTML unterbrochen werden. PHP arbeitet den Code von oben nach unten ab. Innerhalb der Begrenzungen darf kein reines HTML stehen. Sie benötigen eine Schreibweise, die dem PHP-Prozessor mitteilt, wann PHP beginnt und endet. Es gibt dafür vier verschiedene Schreibweisen.

Der XML-Stil wird in Zukunft am meisten verwendet:

XML-Stil

```
HTML-Quelltext
<?php
// PHP-Quelltext
?>
HTML-Quelltext
```

oder auch

alternativer XML-Stil

```
<?PHP
// PHP-Quelltext
?>
```

Der SGML-Stil ist eine kürzere Lösung:

SGML-Stil

```
<?
// PHP-Quelltext
?>
```

Eine weitere Variante bindet PHP ähnlich wie JavaScript in den Quelltext ein:

Script-Stil

```
<script language="php" runat="server">
// Quelltext
</script>
```

ASP-Puristen mögen die folgende Variante:

ASP-Stil

```
<%
// Quelltext
%>
```

ASP-Stil können Sie nur verwenden, wenn Sie in der Konfigurationsdatei PHP.INI eine zusätzliche Einstellung vornehmen.

```
; Allow ASP-style <% %> tags.
asp_tags = ON
```

Kommentare

Kommentare sind ein wichtiges Werkzeug für den Programmierer. Sie erleichtern ihm, den Überblick über seine Quelltexte zu behalten. Des Weiteren gestaltet sich das Austauschen von Quelltexten mit anderen Entwicklern einfacher.

Manchmal werden Kommentare auch nur genutzt, um kurzeitig einzelne Anweisungen des Programms zu deaktivieren.

Wollen Sie über mehrere Zeilen kommentieren, empfiehlt sich diese Variante:

lange Kommentare

```
<?php
/* Diese Zeichenfolge lässt einen Kommentar beginnen und die nun fol-
gende beendet ihn wieder. */
?>
```

Für kurze Kommentare verwenden Sie der Programmiersprache C entnommene Schreibweise:

kurze Kommentare

```
<?php
// kurzer Kommentar ohne Zeilenumbruch
?>
```

Kommentare dürfen auch abgeschlossenen Anweisungen folgen.

```
<?php
$zeitstempel = time();/* Kommentar */
echo($zeitstempel);// Kommentar
?>
```

Anweisungen

Anweisungen werden von oben nach unten abgearbeitet. PHP unterstützt

- Zuweisungen
- Funktionsaufrufe
- Bedingungen
- Schleifen

Jede Befehlskette wird mit einem Semikolon abgeschlossen.

Die erste Anweisung, die Sie im weiteren Verlauf häufig vorfinden werden, heißt echo. Das ist ein Befehl, der einen Text an den Browser ausgibt.

```
<HTML><HEAD><TITLE> Meine erste Anweisung </TITLE></HEAD>
<BODY>
<?php
echo ("Meine erste Ausgabe an PHP!");// Anweisung
?>
</BODY></HTML>
```

Ausgabe:

erste Anweisung mit PHP

```
Meine erste Ausgabe an PHP!
```

Es gibt eine alternative Schreibweise des echo-Befehls.

alternative Schreibweise des Befehls echo

```
<?php
echo "Auch diese Form von echo funktioniert.";
?>
```

Wir empfehlen Ihnen die Verwendung der ersten, übersichtlicheren Variante.

Unterdrücken von Sonderzeichen

Einige Ausdrücke können durch PHP fehlerhaft interpretiert werden, wie das folgende Skript demonstriert.

```
<?php
echo("$var ist eine "Variable".");
?>
```

Dieses Skript wird nicht ausgeführt, da die Anführungszeichen um das Wort *Variable* als PHP-Syntax gedeutet werden. Außerdem wird *$var* nicht ausgegeben, denn dieser Begriff wird als Variable interpretiert.

Um die Fehlinterpretation zu verhindern, setzen Sie den Backslash \ vor das Sonderzeichen:

```
<?php
echo("\$var ist eine \"Variable\".");
?>
```

Ausgabe:

```
$var ist eine "Variable".
```

Blöcke und Strukturen

PHP-Skripts werden durch Kontrollstrukturen gesteuert. Im Wesentlichen sind das Schleifen und Bedingungen. Wie schon bei den PHP-Begrenzungen `<?php ?>` müssen auch Strukturen begrenzt werden. Dazu verwenden Sie geschweifte Klammern `{ }`.

```
<?php
  $test = 1;
  if ($test == 1)
  {
    echo("Das ist eine Bedingung mit if.");
  }
?>
```

Jede Struktur, die von geschweiften Klammern eingeschlossen wird, ergibt einen Anweisungsblock. Auch dieser darf von HTML unterbrochen werden.

```
<?php
  $test = 1;
  if ($test == 1)
  {
    ?> Das ist eine Bedingung mit if.
    <?php
  }
?>
```

Achten Sie darauf, dass der Block ordnungsgemäß durch eine geschweifte Klammer beendet wird. Anweisungsblöcke dürfen auch verschachtelt werden.

```
<?php
  $test = 1;
  if ($test == 1)
  {
    if ($test != 0)
    {
      echo("Das ist eine Bedingung mit if.");
    }
  }
?>
```

PHP-Dateien einbinden

Soll ein PHP-Programm ein weiteres PHP-Programm einbinden, bietet PHP die Anweisungen `include` und `require`. Damit sind Sie in der Lage, Programmstrukturen auszulagern oder einfach Inhalte in Ihre Seite oder Ihr Skript zu implementieren.

Der Unterschied besteht in der Art der Einbindung. `include` ruft eine Datei nur dann auf, wenn es von Ihnen erwünscht wird. Steht diese Anweisung innerhalb eines Blocks, der nicht abgearbeitet wird, so wird auch die Datei nicht eingebunden, welche in `include` definiert wurde. Im Gegensatz dazu wird `require` immer ausgeführt, auch dann, wenn der Befehl innerhalb einer nicht abzuarbeitenden Struktur steht.

```
<?php
  include("Dateiname");
  require("Dateiname");
?>
```

Wird eine Datei durch `include()` an mehreren Stellen des Skripts aufgerufen, wird diese auch mehrmals ausgeführt. Dateien, die `require()` einbindet, führt PHP nur einmal aus.

3.2.2 Variablen

Eine Variable ermöglicht das Speichern eines Wertes an einer bestimmten Speicheradresse. Für bequemes Arbeiten mit diesen Adressen verwenden Programmiersprachen die so genannten Variablennamen.

Wie aus der Bezeichnung hervorgeht, ist der Inhalt variabel und kann jederzeit neu berechnet werden.

Wertzuweisungen

Variablen setzen sich aus einem vorangestellten $-Zeichen, dem Namen der Variablen und dem Operator = zusammen. Hinter dem Operator steht der Wert der Variablen.

```
<?php
  $variablenname = "Jetzt lerne ich PHP!";
  $ganzzahl = 10;
  $fliesskommazahl = 10.5;
?>
```

Um der Variablen einen numerischen Wert zuzuweisen, setzen Sie kein Anführungszeichen, sonst wird der Wert als Zeichenkette verarbeitet. PHP kann den Datentyp einer Variablen automatisch bestimmen.

An Variablen kann auch indirekt ein Wert vergeben werden.

Ausgabe:

```
<?php
  $a = 10;
  $b = $a;
  echo("Der Wert der Variable \$b ist: " . $b);
?>
```

```
Der Wert der Variable b ist: 10
```

Globale Variablen

Sobald Strukturen wie Schleifen oder Funktionen auftauchen, beachten Sie bitte Folgendes:

- Variablen, die Sie außerhalb von Funktionen deklarieren, sind innerhalb dieser nicht bekannt.
- Jede Variable, die Sie innerhalb eines Funktionsblocks deklarieren, ist außerhalb unbekannt.

```
<?php
  $a = 10;
  function zeige()
  {
    echo($a);
  }
  zeige();
?>
```

Diese Funktion gibt nicht, wie erwartet, `10` aus. Der Bildschirm bleibt leer, da die Variable `$a` in der Funktion nicht verfügbar ist.

Um die Variablen bekannt zu machen, verwenden Sie `global`. Damit können Variablen und deren Werte strukturübergreifend benutzt werden.

```
<?php
  $a = 10;
  function zeige()
  {
    global $a;
    echo("Der Wert der Variable \$a ist: " . $a);
  }
  zeige();
?>
```

Ausgabe:

```
Der Wert der Variable a ist: 10
```

Verwenden Sie das Komma, um mehrere Variablen als `global` zu definieren:

```
<?php
  global $variable1, $variable2, $variable3;
?>
```

Der Server wird diese Variablen in ein assoziatives Array laden. Mit `$GLOBALS[Schüssel]` rufen Sie eine global deklarierte Variable auf.

```
<?php
  global $variable_1, $variable_2, $variable_3;
  $variable_1 = 10;
  $variable_2 = 10.5;
  $variable_3 = "PHP";
  function zeige()
  {
    echo("Der Wert der Variable \$b ist " . $GLOBALS["variable_2"] .
    " und der Wert von \$c ist " . $GLOBALS["variable_3"]);
  }
  zeige();
?>
```

Ausgabe:

```
Der Wert der Variable b ist 10.5 und der Wert von c ist PHP
```

Mehr zu Arrays erfahren Sie im Abschnitt 3.4.

Statische Variablen

Normalerweise verlieren Variablen nach Verlassen eines Strukturblocks, zum Beispiel einer Funktion oder einer Schleife, ihren in der Struktur neu berechneten Wert. Ist das nicht erwünscht, können Sie die Variable mit `static` deklarieren.

Funktion ohne statische Deklarierung von $var

```
<?php
  function zeige()
  {
    $var = 10;
    $var = $var + $var;
    echo("Der Wert der Variable ist: $var <BR>");
  }
  zeige();
  zeige();
?>
```

Ausgabe:

```
Der Wert der Variable ist: 20
Der Wert der Variable ist: 20
```

Funktion mit statischer Deklarierung von $var

```
<?php
  function zeige()
  {
    static $var = 10;       // statische Deklarierung
    $var = $var + $var;
    echo("Der Wert der Variable ist: $var <BR>");
  }
  zeige();
  zeige();
?>
```

Ausgabe:

```
Der Wert der Variable ist: 20
Der Wert der Variable ist: 40
```

Die statisch deklarierte Variable behält ihren in der Struktur neu zugewiesenen Wert bei.

Dynamische Variablen

PHP bietet Ihnen die Möglichkeit, eine Variable in einer anderen zu speichern. Im folgenden Beispiel wird zuerst der Variablen `$a` der Wert `name` zugewiesen. Im zweiten Schritt wird eine neue Variable dynamisch erzeugt, in dem zwei $-Zeichen (`$$`) verwendet werden. Der neuen Variablen wird der Wert `lernen` zugewiesen. Der Variablenname der dynamisch erzeugten Variablen hat den Wert der Variablen `$a` angenommen. Das bedeutet, dass die dynamische Variable jetzt eigentlich `$name` heißt.

```
<?php
  $a = "name";
  $$a = "Lernen";
  echo($name);
?>
```

Ausgabe:

```
Lernen
```

Diese Art der Deklaration von Variablen ist auch mit Arrays möglich.

Variablenfunktionen

Durch die Funktion `isset()` wird eine Variable auf ihre Existenz überprüft.

```
<?php
  $test = "Jetzt lerne ich PHP!";
  $existent = isset($test);
?>
```

Ist die Variable `$test` nicht deklariert, erhält `$existent` den Wert 0, was auch FALSE, also falsch bedeutet. Anders in diesem Beispiel:

Hier wurde `$existent` der Wert 1 zugewiesen.

Um zu testen, ob der Wert einer Variablen existiert, wird die Funktion `empty()` benutzt. Diese Funktion gibt den boolschen Wert 1 oder 0 zurück.

Der Wert der Variablen $test ist 0, da $var einen Wert besitzt.

```
<?php
  $var = "Jetzt lerne ich PHP!";
  $test = empty($var);
?>
```

Variablen können mit der Funktion `unset()` gelöscht werden. Wenn Variablen nicht mehr benötigt werden, ist diese Funktion sinnvoll, da der Server entlastet wird.

Die Variable $var ist jetzt gelöscht.

```
<?php
  $var = "Jetzt lerne ich PHP!";
  unset($var);
?>
```

3.2.3 Konstanten

Konstanten sind Speicherplätze, deren Werte nicht verändert werden können. Ist eine Konstante deklariert, ist sie global im gesamten Skript verfügbar. Das ist sinnvoll, wenn Sie einen Wert an mehreren Stellen des Skripts benötigen. Damit Sie bei Änderung des Wertes nicht das gesamte Skript nach dem Wert durchsuchen müssen, lohnt sich die Definition der Konstanten, um dann nur diesen einen Wert zu ändern.

Deklaration von Konstanten

Konstanten werden mit `define()` deklariert.

konstante Bearbeiter mit Wert

```
<?php
  define("Bearbeiter", "Max Mustermann");
  echo("Ihr aktueller Sachbearbeiter ist " . Bearbeiter);
?>
```

Ausgabe:

```
Ihr aktueller Sachbearbeiter ist Max Mustermann
```

An erster Stelle wird der Name der Konstanten festgelegt. Im Beispiel lautet der Name `Bearbeiter`. Der Wert steht, mit einem Komma vom Konstantenname getrennt, an zweiter Stelle. Im Gegensatz zu Variablen muss beim Aufrufen einer Konstanten das `$`-Zeichen weggelassen werden.

Tabelle 3.1: In PHP vordefinierte Konstanten

Konstante	**Beschreibung**
NULL	`NULL` ist ein Wert, der angibt, dass kein Wert angegeben wurde; der Datentyp ist ebenfalls `NULL`.
TRUE	Der boolean-Wert ist wahr oder auch 1.
FALSE	Der boolean-Wert ist falsch oder auch 0.
PHP_VERSION	Gibt die PHP-Version zurück.
PHP_OS	Gibt den Namen des Betriebssystems zurück, auf dem PHP aktiv ist.
__FILE__	Gibt den Dateinamen des Skripts zurück, welches gerade ausgeführt wird.
__LINE__	Gibt die Zeile in dem Skript zurück, welches gerade ausgeführt wird.

3.2.4 Datentypen

In PHP ist es nicht unbedingt nötig, jeden Datentyp explizit zu deklarieren. Der Typ einer Variablen wird automatisch durch den zugewiesenen Wert bestimmt. Es gibt jedoch Situationen, in denen das Erzwingen von Datentypen erforderlich ist.

Die Datentypen

PHP kennt folgende Datentypen:

Tabelle 3.2: Die Datentypen in PHP

Datentyp	**Beschreibung**
integer (int)	Ganzzahl
double (real)	Fließkommazahl
String	Zeichenkette mit 0 bis 32.768 Zeichen
Array	Array
Boolean	Wahrheitswert (TRUE, FALSE)
Object	Objekt

Bestimmen von Datentypen

Zum Ermitteln des Datentyps einer Variablen stehen Ihnen folgende Funktionen zur Verfügung:

Tabelle 3.3: Funktionen zur Bestimmung von Datentypen

Funktion	Beschreibung
gettype()	Gibt den Datentyp einer Variablen zurück. Ist der Datentyp unbekannt, wird *unknown type* zurückgegeben.
is_long() is_int() is_integer()	Gibt den boolean-Wert 1 zurück, wenn der Datentyp *integer* ist, sonst `0`.
is_double() is_real() is_float()	Gibt den boolean-Wert 1 zurück, wenn der Datentyp *double* ist, sonst `0`.
is_string()	Gibt den boolean-Wert 1 zurück, wenn der Datentyp *string* ist, sonst `0`.
is_array()	Gibt den boolean-Wert 1 zurück, wenn der Datentyp *array* ist, sonst `0`.
is_object()	Gibt den boolean-Wert 1 zurück, wenn der Datentyp *object* ist, sonst `0`.
is_numeric	Gibt den boolean-Wert 1 zurück, wenn ein numerischer Wert vorliegt, sonst `0`.

Datentypen in der Praxis

Folgende Beispiele verdeutlichen Ihnen, wie PHP verschiedene Datentypen anhand der Wertzuweisung erkennt. Dabei wird der Variablen `$a` der Wert zugewiesen, der durch die Funktion `gettype()` erkannt werden soll.

Zuerst wird an die Variable `$a` eine Ganzzahl mit dem Wert `10` vergeben:

```
<?php
  $a = 10;
  $datentyp = gettype($a);
  echo("Der Wert der Variable \$a ist vom Datentyp: " . $datentyp);
?>
```

Ausgabe:

```
Der Wert der Variable a ist vom Datentyp: integer
```

Jetzt erhält die Variable `$a` den Fließkomma-Wert `10.5`. In PHP verwenden Sie einen Punkt anstelle eines Kommas.

```
<?php
  $a = 10.5;
  $datentyp = gettype($a);
  echo("Der Wert der Variable \$a ist vom Datentyp: " . $datentyp);
?>
```

Ausgabe:

```
Der Wert der Variable a ist vom Datentyp: double
```

Nachfolgend steht für die Variable `$a` eine Zeichenkette, die PHP durch doppelte Anführungszeichen erkennt.

```
<?php
  $a = "Das ist eine Zeichenkette.";
  $datentyp = gettype($a);
  echo("Der Wert der Variable \$a ist vom Datentyp: " . $datentyp);
?>
```

Das gleiche Ergebnis erreichen Sie wie folgt:

```
<?php
  $a = "10.5";
  echo("Der Wert der Variable \$a ist vom Datentyp: " . gettype($a));
?>
```

Ausgabe:

```
Der Wert der Variable a ist vom Datentyp: string
```

Wenn Sie unterschiedliche Datentypen miteinander verknüpfen, wird dem entstandenen Wert automatisch der sinnvollste Datentyp zugewiesen.

```
<?php
  $a = 10;    // Wert ist integer
  $b = 10.5;  // Wert ist double
  $c = $a + $b;
  echo("Der Wert der Variable \$c ist $c und vom Datentyp: " .
gettype($c));
?>
```

Ausgabe:

```
Der Wert der Variable a ist 20.5 vom Datentyp: double
```

Die Datentypen Integer und Double ergeben zusammen Double. Die Datentypen Integer und String ergeben String. Und die Datentypen Double und String ergeben ebenfalls String.

Umwandlung von Datentypen

Gegebenenfalls ist es erforderlich, den Datentyp einer Variablen umzuwandeln. Dazu dient die Funktion settype(). Im Beispiel ist der Wert der Variablen $a zunächst vom Typ *integer* und wird dann in eine Fließkommazahl umgewandelt.

```
<?php
  $a = 10;
  settype($a, "double");
  echo("Der Wert der Variable \$a vom Datentyp: " . gettype($a));
?>
```

Ausgabe:

```
Der Wert der Variable a ist vom Datentyp: double
```

PHP unterstützt zudem auch so genannte cast-Operatoren. Durch das Voranstellen der Operatoren vor eine Variable wird ebenfalls der Datentyp geändert. Alle cast-Operatoren finden Sie im Abschnitt über Operatoren.

```
<?php
  $a = 10;
  $a = (double) $a; // vorangestellter cast-Operator
  echo("Der Wert der Variable \$a vom Datentyp: " . gettype($a));
?>
```

Ausgabe:

```
Der Wert der Variable a ist vom Datentyp: double
```

3.2.5 Operatoren

Die Arbeit mit Variablen und Ausdrücken setzt die Verwendung von Operatoren voraus. Operatoren ermöglichen es Ihnen, grundlegende arithmetische Funktionen, Vergleiche oder Formationen auf Variablen anzuwenden. Einige dieser Operatoren haben Sie im Verlauf des Buches schon kennen gelernt.

Zuweisungsoperatoren

Mit dem Gleichheitszeichen = wird der Wert einer Variablen an eine andere Variable, dem Operanden, übergeben.

Tabelle 3.4: Der Zuweisungsoperator

Beispiel / Operator	Ergebnis
`$c = $a`	Der Wert der Variable $a wird der Variable $c zugewiesen.
`$a = 1` `$c = &$a`	Der Variable $c wird die Speicheradresse für den Wert der Variablen $a zugewiesen.

Arithmetische Operatoren

In PHP stehen Ihnen die vier Grundrechenarten zur Verfügung. Ein weiterer Operator ermittelt den Rest aus der Ganzzahldivision.

Tabelle 3.5: Arithmetische Operatoren

Beispiel / Operator	**Bedeutung**	**Ergebnis**
`$c = $a - $b`	Subtraktion	Differenz von `$a` und `$b`
`$c = $a * $b`	Multiplikation	Produkt von `$a` und `$b`
`$c = $a / $b`	Division	Quotient von `$a` und `$b`
`$c = $a % $b`	Modulus	Rest der Division von `$a` und `$b`

String-Operatoren

Verschiedene Zeichenketten lassen sich miteinander verknüpfen.

Tabelle 3.6: String-Operator

Beispiel / Operator	**Ergebnis**
`$c = $a . $b` `$a .= $b`	Verknüpfung von Werten

Dieser Operator ist in der Lage, mehr als zwei Variablenwerte miteinander zu verknüpfen.

```
<?php
  $a = "Ich ";
  $b = "lerne ";
  $c = "PHP!";
  $d .= $a . $b . $c;
  echo($d);
?>
```

Ausgabe:

```
Ich lerne PHP!
```

Kombinierte Zuweisungsoperatoren

Zudem ist es möglich, dass zwei Operatoren miteinander kombiniert werden.

Tabelle 3.7: Kombinierte Zuweisungsoperatoren

Beispiel / Operator	Ergebnis
`$a += $b`	Der Wert der Variablen $a wird durch Addition um den Wert $b erhöht. Das Ergebnis wird auf der Variablen $a gespeichert.
`$a -= $b`	Der Wert der Variablen $a wird durch Subtraktion um den Wert $b verringert. Das Ergebnis wird auf der Variablen $a gespeichert.
`$a *= $b`	Der Wert der Variable $a wird durch Multiplikation um den Wert $b erhöht. Das Ergebnis wird auf der Variable $a gespeichert.
`$a /= $b`	Der Wert der Variablen $a wird durch den Wert $b geteilt. Das Ergebnis wird auf der Variablen $a gespeichert.
`$a %= $b`	Der Wert der Variablen $a wird durch den Wert $b geteilt. Der Rest des Ergebnisses wird auf der Variablen $a gespeichert.
`$a .= $b`	Dem Wert der Variablen $a wird der Wert der Variablen $b angefügt. Es entsteht eine Zeichenkette, die auf der Variablen $a gespeichert wird.

Folgendes Beispiel zeigt die Verwendung der Zuweisungsoperatoren:

```
<?php
  $a = 6;
  $b = 5;
  $c = " DM";
  $a %= $b;  // Der Divisionsrest von $a und $b
  $a .= $c;  // Anfügen des Strings "DM"
  echo("Es bleibt ein Rest von $c");
?>
```

Ausgabe:

```
Es bleibt ein Rest von 1 DM
```

Zunächst wird der Divisionsrest aus `$a` und `$b` errechnet und in `$a` gespeichert. Nachfolgend wird der in `$c` gespeicherte String an die Variable `$a` mit dem Divisionsrest angefügt. Es entsteht ein neuer String, der auf `$a` gespeichert und mit `echo` ausgegeben wird.

Vergleichsoperatoren

Vergleichsoperatoren überprüfen zwei Variablen auf eine Abhängigkeit. Trifft die zu untersuchende Abhängigkeit zu, wird der Boolean-Wert 1 als wahr zurückgegeben, anderenfalls der Wert 0.

Tabelle 3.8: Vergleichsoperatoren

Beispiel / Operator	Ergebnis
`$a == $b`	Die Werte der Variablen $a und $b werden auf ihre Gleichheit überprüft.
`$a != $b`	Die Werte der Variablen $a und $b werden auf ihre Ungleichheit überprüft.
`$a > $b`	Für die Variable $b wird geprüft, ob ihr Wert kleiner ist als der Wert der Variablen $a.
`$a < $b`	Für die Variable $b wird geprüft, ob ihr Wert größer ist als der Wert der Variablen $a.
`$a >= $b`	Es wird geprüft, ob der Wert der Variablen $a größer oder genau gleich dem Wert der Variablen $b ist.
`$a <= $b`	Es wird geprüft, ob der Wert der Variablen $a kleiner oder genau gleich dem Wert der Variablen $b ist.
`$a === $b`	Die Variablen $a und $b werden darauf überprüft, ob ihre Werte UND ihre Datentypen übereinstimmen.
`$a !== $b`	Die Variablen $a und $b werden darauf überprüft, ob ihre Werte UND ihre Datentypen verschieden sind.

Vergleichsoperatoren bilden die Grundlage für Bedingungen, wie das folgende Beispiel zeigt.

```
<?php
  $a = "PHP";
  $b = "php";
  if ($a != $b) {
  echo("Die Werte der Variablen \$a und \$b sind unterschiedlich.");
  }
?>
```

Ausgabe:

```
Die Werte der Variablen a und b sind unterschiedlich.
```

Operatoren für In- und Dekrementierung

Durch Inkrementierung wird der Wert einer Variablen auf bequeme Art um den Wert 1 erhöht. Dekrementierung verringert den Wert einer Variablen um den Wert 1. Dabei kann der Operator der Variablen entweder vorrangestellt oder ihr nachgestellt werden.

Tabelle 3.9: Inkrementierungs- und Dekrementierungsoperatoren

Beispiel / Operator	Ergebnis
++$a	Der Wert der Variablen $a wird um den Wert 1 erhöht (inkrementiert). Der neue Wert der Variablen $a wird zurückgegeben.
$a++	Der Wert der Variablen $a wird zurückgegeben und dann um den Wert 1 erhöht (inkrementiert).
--$a	Der Wert der Variablen $a wird um den Wert 1 verringert (dekrementiert). Der neue Wert der Variablen $a wird zurückgegeben.
$a--	Der Wert der Variablen $a wird zurückgegeben und dann um den Wert 1 verringert (dekrementiert).

Von besonderer Bedeutung sind diese Operatoren bei Schleifen. Folgendes Beispiel demonstriert die Arbeitsweise eines Inkrementierungsoperators innerhalb einer Schleife:

Beispiel für Inkrementierung

```
<?php
  $i = 0;
  while($i < 10)
  {
    $a .= $i . ", ";
    $i++;
  }
  echo("PHP kann z&auml;hlen: $a");
?>
```

Ausgabe:

```
PHP kann zählen: 0, 1, 2, 3, 4, 5, 6, 7, 8, 9,
```

Sie erkennen, dass die Variable `$i` innerhalb der `while`-Schleife um den Wert 1 erhöht wird. Das passiert so lange, bis die Austrittsbedingung aus der Schleife erfolgt. Das ist der Fall, wenn `$i` größer als der Wert `10` wird. Da `$i` am Anfang der Wert `0` zugewiesen wird, wird die Schleife zehnmal durchlaufen.

Logische Operatoren

Logische Operatoren sind für das Formulieren von Bedingungen entscheidend. Mit ihnen verknüpfen Sie beliebige Ausdrücke logisch zu einer Bedingung. Trifft die Bedingung zu, ist sie wahr, ansonsten ist sie falsch.

Beispiel / Operator	Ergebnis
$a and $b	Ist wahr, wenn $a UND $b wahr sind
$a or $b	Ist wahr, wenn entweder $a ODER $b wahr ist oder beide wahr sind
$a xor $b	Ist wahr, wenn entweder $a ODER $b wahr ist, aber nicht beide wahr sind
$a && $b	Ist wahr, wenn $a UND $b wahr sind
$a || $b	Ist wahr, wenn entweder $a ODER $b wahr ist
! $a	Ist wahr, wenn $a NICHT wahr ist

Tabelle 3.10: Logische Operatoren

Bit-Operatoren

Diese Operatoren funktionieren nur mit Variablen vom Typ *integer*. Die Veränderung eines ganzzahligen Wertes erfolgt im Bit-Bereich.

Beispiel / Operator	Bedeutung
$a & $b	Binäre UND-Verknüpfung von $a und $b
$a | $b	Binäre ODER-Verknüpfung von $a und $b
$a ^ $b	XOR-Verknüpfung
~$a	»NICHT«-binärer Wert (NOT)
$a >> $b	Die Bits von $a werden um den Wert der Variablen $b nach rechts verschoben
$a << $b	Die Bits von $a werden um den Wert der Variablen $b nach links verschoben

Tabelle 3.11: Bit-Operatoren

Cast-Operatoren

PHP unterstützt so genannte *Cast*-Operatoren. Durch das Voranstellen der Operatoren vor eine Variable wird der Datentyp geändert.

Beispiel / Operator	Ergebnis
(int)$a (integer)$a	$a wird zum Datentyp integer umgewandelt
(real)$a (double)$a (float)$a	$a wird zum Datentyp double umgewandelt
(string)$a	$a wird zum Datentyp string umgewandelt
(array)$a	$a wird zum Datentyp array umgewandelt
(object)$a	$a wird zum Datentyp object umgewandelt

Tabelle 3.12: Cast-Operatoren

Operatoren und ihre Rangfolge

Die Rangfolge ist bei der Zusammensetzung von Operatoren und Operanden entscheidend. Jeder Operator muss in der richtigen Beziehung zu seinen Operanden stehen, ist also »assoziativ« mit seinem Operanden verknüpft. Das heißt, dass festgelegt ist, ob der Operator links oder rechts vom Operanden stehen muss. Es gibt auch Operatoren, die nicht assoziativ sind, sich also auf beide Operanden völlig gleichwertig beziehen.

Tabelle 3.13: Operatoren und ihre Reihenfolge

Beziehung	**Operator**
keine	new
rechts	[
rechts	! ~ ++ -- (int) (double) (string) (array) (object) @
links	* / %
links	+ - .
links	<< >>
keine	< <= => >
keine	== != ===
links	&
links	^
links	|
links	&&
links	| |
links	?:
links	= += -= *= /= .= %= &= != ^= ~= <<= >>= ^= ~=
rechts	Print
links	And
links	Xor
links	Or
links	,

Das folgende Beispiel erläutert den Sachverhalt:

```
<?php
  $a = 1;
```

Der Operator = bezieht sich auf den links von ihm stehenden Operanden `$a`.

```
  if (!$b) { echo("PHP "); }
```

Der Operator ! bezieht sich auf den rechts von ihm stehenden Operanden $b.

```
  if ($a == 1) { echo("ist spitze!"); }
?>
```

Der Operator == bezieht sich gleichwertig sowohl auf den Operanden $a als auch auf den Operanden 1.

Die Rangfolge ist besonders beim Formulieren komplizierter Bedingungen bedeutsam.

3.3 Programmsteuerung

3.3.1 Beenden des Programms

PHP stellt Ihnen zwei Befehle zur Verfügung, um die Programmabarbeitung an beliebiger Stelle sofort zu beenden.

exit

Der Befehl exit beendet die Abarbeitung aller PHP-Befehle der aktuellen Seite, nicht nur des aktuellen Blocks.

```
Ich werde ausgedruckt.<br>
<?php
  exit;
?>
Ich werde nicht ausgedruckt.
```

die

Ebenso wie exit, bricht die die Programmausführung ab.

```
Ich werde ausgedruckt.<br>
<?php
  die("Das ist der letzte Ausdruck.");
?>
Ich werde nicht ausgedruckt.
```

Zwischen exit und die können wir keinen Unterschied erkennen. Wird diesen Funktionen ein Parameter übergeben, druckt PHP diesen als Zeichenkette aus. Ist dieser Parameter nummerisch, erfolgt zusätzlich die Rückgabe dieser Nummer an das aufrufende Programm (Errorlevel), was aber praktisch nur selten nutzbar ist.

3.3.2 Entscheidungen mit if

Nach dem Vorbild der Programmiersprache C beherrscht PHP die `if`-Anweisung. Diese Form der Bedingung ist sehr effektiv und kurz. Sie setzt sich aus dem Befehl `if` und einem nachfolgenden in Klammern stehenden logischen Ausdruck, der Bedingung, zusammen. Danach beginnt ein Block von Anweisungen, der durch geschweifte Klammern begrenzt wird.

```
<?php
  if ($a == 1)
  {
    // Anweisungsblock
  }
?>
```

Trifft die Bedingung zu, erfolgt der Einstieg in den Anweisungsblock, der dann abgearbeitet wird. Bleibt die Bedingung unerfüllt, so wird der Anweisungsblock unbearbeitet übersprungen, bis das durch die geschweifte Klammer } bezeichnete Ende erreicht ist.

Mit dieser einfachen Struktur und Ihren schon erlangten Kenntnissen lässt sich bereits eine einfache Passwortabfrage programmieren.

```
<?php
  $eingabe = "PHP";
  $passwort = "PHP";
  if ($passwort == $eingabe)
  {
    echo("Du darfst hereinkommen.");
  }
  if ($passwort != $eingabe)
  {
    echo("Tut mir leid, du musst draußen bleiben.");
  }
?>
```

Ausgabe:

```
Du darfst hereinkommen.
```

In diesem Beispiel besitzen zwei Bedingungen die gleiche Kontrollfunktion. Ihre Zielsetzung ist aber verschieden. Die erste `if`-Anweisung prüft, ob der Wert der Variablen `$eingabe` mit dem der Variablen `$passwort` übereinstimmt. Die zweite `if`-Anweisung prüft, ob die beiden Variablen verschieden sind. Der Anweisungsblock der ersten `if`-Anweisung wird ausgeführt, der der zweiten nicht.

Diese zwei Strukturen lassen sich durch `else` (»sonst«) zu einer Struktur zusammenlegen.

```
<?php
  $eingabe = "ASP";
  $passwort = "PHP";
  if ($passwort == $eingabe)
  {
    echo("Du darfst hereinkommen.");
  } else
  {
    echo("Tut mir leid, du musst draußen bleiben.");
  }
?>
```

Ausgabe:

```
Tut mir leid, du musst draußen bleiben.
```

Auf den Befehl `else` folgt keine Bedingung, sondern gleich der Anweisungsblock. Der Anweisungsblock nach `else` wird ausgeführt, wenn keine vorhergehende Bedingung durch `if` oder `elseif` erfüllt wurde. Dieser Anweisungsblock ist gleichzeitig der Abschluss der Struktur.

Sind mehr Bedingungen in einer Struktur zu vereinen, muss `elseif` verwendet werden. Dieser Befehl steht immer im Zusammenhang mit einer Bedingung.

```
<?php
  $eingabe = "";
  $passwort = "PHP";
  if ($passwort == $eingabe)
  {
    echo("Du darfst hereinkommen.");
  }
  elseif (!$eingabe)
  {
    echo("Bitte gib dein Passwort ein.");
  }
  else  {
    echo("Tut mir leid, du musst draußen bleiben.");
  }
?>
```

Ausgabe:

```
Bitte gib dein Passwort ein.
```

Die `elseif`-Anweisung kann mehrmals hintereinander angewendet werden. Behalten Sie die folgende Grundstruktur immer bei.

```
<?php
  if (Bedingung 1) { Anweisungsblock 1 }
  elseif (Bedingung 2) { Anweisungsblock 2 }
  elseif (Bedingung 3) { Anweisungsblock 3 }
  else { Anweisungsblock 4 }
?>
```

Wenn keine Bedingung zutrifft und nichts ausgeführt werden soll, kann `else` entfallen.

Alternative Schreibweise

Anstelle der geschweiften Klammern wird der Anweisungsblock im folgenden Beispiel durch einen Doppelpunkt eingeleitet. Die letzte Klammer entfällt. Das Ende eines Blocks wird durch eine neue Bedingung angegeben. Der Befehl `endif` beendet die gesamte Struktur.

```
<?php
  $eingabe = "";
  $passwort = "PHP";
  if ($passwort == $eingabe) : echo("Du darfst hereinkommen.");
  elseif (!$eingabe) : echo("Bitte gib dein Passwort ein.");
?>
<BR>Der PHP-Code lässt sich sehr bequem an der gewünschten Stelle
    unterbrechen.
<?php
  else : echo("Tut mir leid, du musst draußen bleiben.");
endif;
?>
```

Ausgabe:

```
Bitte gib dein Passwort ein.
Der PHP-Code lässt sich sehr bequem an der gewünschten Stelle unter-
brechen.
```

Kurzschreibweise

Besteht Ihre Struktur aus

- einer Bedingung,
- einer Anweisung für den Fall, dass die Bedingung zutrifft, und
- einer Anweisung für das Gegenteil,

so lässt sich auch die folgende Kurzschreibweise nutzen:

```
<?php
  Bedingung ? Anweisung für wahr : Anweisung für falsch;
?>
```

Das Semikolon nach der ersten Anweisung entfällt:

```
<?php
  $a = 8;
  $a >= 9 ? $a = "a ist größer gleich 9" : print("a ist kleiner als
9<BR>a ist ");
  echo($a);
?>
```

Ausgabe:

```
a ist kleiner als 9
a ist 8
```

Die Funktion `print` wird für eine Bildschirmausgabe benutzt. Der Befehl `echo` funktioniert an dieser Stelle nicht, da er keine Funktion darstellt.

3.3.3 Entscheidungen mit switch

Muss eine Variable mehrfach getestet werden, wie im Passwort-Beispiel, so hält PHP eine elegantere Lösung bereit. Durch die Verwendung des Befehls `switch` ergibt sich folgende Syntax:

```
<?php
  $eingabe = "PHP";
  switch($eingabe)
  {
    case "PHP" : echo("Du darfst hereinkommen.");
    break;
    case "" :  echo("Bitte gib dein Passwort ein.");
    break;
    default : echo("Tut mir leid, du musst draußen bleiben.");
  }
?>
```

Ausgabe:

```
Du darfst hereinkommen.
```

In der Klammer nach dem `switch`-Befehl wird die zu untersuchende Variable deklariert. Jetzt werden nacheinander die gewünschten Fälle mit `case` abgearbeitet. Nach dem Doppelpunkt beginnt der Anweisungsblock, welcher durch ein neues `case` oder die geschweifte Klammer beendet wird. Ein Anweisungsblock, der unabhängig von einer Bedingung ist, wird einmalig mit `default` angegeben.

Aus dieser Struktur kann vorzeitig mit dem Befehl break ausgetreten werden. Wird der Austritt weggelassen, werden zwar alle folgenden case-Werte ignoriert, deren Anweisungsblöcke jedoch nicht. So eröffnen sich neue Möglichkeiten:

```
<?php
  $bewertung = 4;
  $text = "Dieses Hotel wurde mit ";
  switch($bewertung)
  {
    case 5: $text .= "* ";
    case 4: $text .= "* ";
    case 3: $text .= "* ";
    case 2: $text .= "* ";
    case 1: $text .= "* ";
      $text .= "Sternen bewertet.";
      echo($text); break;
    default : echo("Noch keine Bewertung!");
  }
?>
```

Ausgabe:

```
Dieses Hotel wurde mit * * * * Sternen bewertet.
```

Kann ein Anweisungsblock auf mehrere Fälle angewendet werden, so dürfen mehrere case-Befehle vor diesem Block stehen.

```
<?php
  $bewertung = 4;
  switch($bewertung)
  {
    case 1: case 2: case 3: echo("Dieses Hotel ist untere Preis-
    klasse."); break;
    case 4: case 5: echo("Das Hotel ist in der oberen Preisklasse.");
    break;
    default: echo("Das Hotel ist nicht bewertet.");
  }
?>
```

Ausgabe:

```
Das Hotel ist in der oberen Preisklasse.
```

Beachten Sie bei dieser Schreibweise, dass nach jeder case-Anweisung ein Doppelpunkt steht.

3.3.4 Schleifen mit while

Mit Hilfe von `while` definieren Sie einen Anweisungsblock, der in Abhängigkeit von einer Bedingung mehrfach abgearbeitet wird.

```
<?php
  $austritt = 10;
  $zaehler = 0;
  while ($zaehler < $austritt)
  {
    echo("$zaehler. Die Schleife wird 10x durchlaufen.<BR>");
    $zaehler++;
  }
?>
```

Solange der Wert der Variablen `$zaehler` kleiner als `10` ist, wird der Anweisungsblock ausgeführt. Erst wenn der logische Ausdruck (nach `while`) die Bedingung `FALSE` (falsch) ergibt, wird die Schleife nicht weiter ausgeführt. Im Beispiel erfolgt das, wenn die Variable *Zähler* den Wert `10` erreicht.

Alternative Schreibweise der while-Schleife

PHP kennt für die `while`-Schleife eine andere Schreibweise. Der Bedingung mit `if` ähnlich, wird der Anweisungsblock durch einen Doppelpunkt eingeleitet. Das Ende wird durch Befehl `endwhile` markiert.

```
<?php
  $austritt = 10;
  $zaehler = 0;
  while ($zaehler < $austritt):
    echo("$zaehler. Die Schleife wird 10x durchlaufen.<BR>");
    $zaehler++;
  endwhile;
?>
```

3.3.5 Die do-while-Schleife

Im Gegensatz zur `while`-Schleife wird hier die Austrittsbedingung erst am Ende des Anweisungsblocks untersucht. Das heißt, dass die Anweisungen mindestens einmal abgearbeitet werden.

```
<?php
  $austritt = 0;
  $zaehler = 0;
  do {
    echo("$zaehler. Die Schleife wird 1x durchlaufen.<BR>");
    $zaehler++;
  } while ($zaehler < $austritt)
?>
```

Durch do wird zuerst der Anweisungsteil durchlaufen. Danach wird die Bedingung bei while geprüft. Von ihrem Wahrheitsgehalt ist ein erneutes Durchlaufen der Schleife abhängig.

3.3.6 Die for-Schleife

Die for-Schleife wird auch als Zählschleife bezeichnet. Im normalen Verwendungsfall wird durch

- eine Zählvariable,
- die Bedingung und
- die Veränderung

des Zählers eine Laufzeit ermittelt.

```
<?php
for ( Zählervariable ; Bedingung; Anweisung )
  { Anweisungsblock }
?>
```

Ein einfaches Beispiel dient zur Veranschaulichung:

```
<?php
  for ($i = 1; $i <= 5; $i++) {
    echo("Die Schleife wird zum $i. Mal durchlaufen.<BR>");
  }
?>
```

Diese Schleife wird fünfmal durchlaufen. Der Zählvariable $i wurde der Startwert 1 zugewiesen. Sie wird durch die Bedingung überprüft. Solange die Bedingung zutrifft, wird die Zählervariable in dem Beispiel erhöht und der Anweisungsblock ausgeführt.

Diese Struktur ist nicht zwingend festgelegt. Auch mehrfache Zählervariablen, Bedingungen und Anweisungen sind möglich.

```
<?php
for ($i = 1, $j = 10; $i < 8, $j > 4; $i++, $j--, print("\$i ist $i /
\$j ist $j")) {
?><BR><?php } ?>
```

Ausgabe:

```
$i ist 2 / $j ist 9
$i ist 3 / $j ist 8
$i ist 4 / $j ist 7
$i ist 5 / $j ist 6
$i ist 6 / $j ist 5
$i ist 7 / $j ist 4
```

Durch diese Schreibweise kann die Laufweite der Schleife deutlich beeinflusst werden.

Alternative Schreibweise der for-Schleife

Ähnlich der `if`-Bedingung gibt es auch für die `for`-Schleife eine alternative Schreibweise.

```
<?php
  for ($i = 1; $i <= 5; $i++) :
    echo("Die Schleife wird zum $i. Mal durchlaufen.<BR>");
  endfor;
?>
```

Ausgabe:

```
Die Schleife wird zum 1. Mal durchlaufen.
Die Schleife wird zum 2. Mal durchlaufen.
Die Schleife wird zum 3. Mal durchlaufen.
Die Schleife wird zum 4. Mal durchlaufen.
Die Schleife wird zum 5. Mal durchlaufen.
```

Auch hier wird der Anweisungsteil mit einem Doppelpunkt eingeleitet. Der Ausstieg erfolgt durch die Anweisung `endfor`.

3.3.7 foreach, die Schleife für Arrays

Der Umgang mit Arrays erfährt durch die Anwendung dieses Schleifentyps eine deutliche Erleichterung. `foreach` arbeitet jedes Element des Arrays nacheinander ab. Der Befehl ermittelt dabei die Anzahl der Elemente und setzt den internen Zeiger in jedem Schleifendurchlauf um ein Element weiter. Ihnen stehen zwei Möglichkeiten zur Verfügung, die Schleife aufzurufen:

```
<?php
  $array = array("1","2","3","4","5");
  foreach($array as $element) {
    $element .= "0";
    echo("$element, ");
  }
?>
```

Ausgabe:

```
10, 20, 30, 40, 50,
```

Durch diese Schreibweise kann jedes Element des Arrays bearbeitet werden. Im Beispiel wird jeder Zahl des Arrays eine Null angehängt. Gleichzeitig werden die Elemente ausgegeben.

Soll auch der Schlüssel eines jeden Elements verarbeitet werden, verwenden Sie folgende Syntax:

```
<?php
  $array = array("1","2","3","4","5");
  foreach($array as $key => $element) {
    $element .= "0";
    $key .= "x";
    echo("Schluessel: $key, Element: $element<BR>");
  }
?>
```

Ausgabe:

```
Schluessel: 0x, Element: 10
Schluessel: 1x, Element: 20
Schluessel: 2x, Element: 30
Schluessel: 3x, Element: 40
Schluessel: 4x, Element: 50
```

Jedes Element wurde genauso behandelt wie im vorhergehenden Beispiel. Hinzu gekommen ist die Bearbeitung des Schlüssels, dem das Zeichen `x` angehängt wird.

Im Abschnitt 3.4 lesen Sie mehr über Arrays.

3.3.8 Besonderheiten bei Schleifen

Ohne Klammern

Alle Anweisungen, die innerhalb der Schleife ausgeführt werden, gruppieren Sie durch geschweifte Klammern. Soll aber nur eine Anweisung ausgeführt werden, können die Klammern entfallen. Gleiches gilt auch für die `if`-Bedingung.

Mit Klammern

```
<?php
  for ($i=1;$i<=10;$i++)
  {
    echo("\$i hat den Wert $i <br>");
  }
?>
```

Verkürzt

```
<?php
  for ($i=1;$i<=10;$i++) echo("\$i hat den Wert $i <br>");
?>
```

Unvollständig

Innerhalb einer Schleife können Sie den aktuellen Zyklus unterbrechen. Die Programmausführung fährt dann am Beginn der Schleife fort. In PHP verwenden Sie dafür `continue`.

```
<?php
  for ($i=3;$i>=-3;$i--)
  {
    echo("\$i hat den Wert $i <br>");
    if ($i==0) continue;
    echo("100/\$i ergibt ".(100/$i)."<br>");
  }
?>
```

In diesem Beispiel zählt die Schleife von +3 bis `-3`. Hat `$i` den Wert `0`, wird der Schleifendurchlauf unterbrochen.

Ausgabe:

```
$i hat den Wert 3
100/$i ergibt 33.333333333333
$i hat den Wert 2
100/$i ergibt 50
$i hat den Wert 1
100/$i ergibt 100
$i hat den Wert 0
$i hat den Wert -1
100/$i ergibt -100
$i hat den Wert -2
100/$i ergibt -50
$i hat den Wert -3
100/$i ergibt -33.333333333333
```

Abbruch

Während `continue` die Schleifenausführung unterbricht und am Beginn der Schleife fortsetzt, eignet sich `break`, um den Schleifendurchlauf vorzeitig zu beenden, auch wenn die Abbruchbedingung noch nicht erfüllt ist.

BEISPIEL

```
<?php
  $i = 1;
  while ($i < 10) {
    echo("\$i hat den Wert $i<br>");
    $i++;
    break;
    echo("Ich werde niemals ausgeführt.");
  }
?>
```

Ausgabe:

```
$i hat den Wert 1
```

3.3.9 Funktionen

Eine Funktion ist ein separater Programmteil, der eine besondere Aufgabe löst. Sie wird etwa verwendet, um eine Formel zu berechnen. Ihr werden dazu die notwendigen Eingabewerte übergeben; als Ausgabewert erhält man das Ergebnis. Normalerweise wird eine Funktion in Verbindung mit der gewünschten Rückgabe eines Wertes benutzt. In PHP ist eine Funktion mehr. Sie stellt ein Modul dar, welches beliebig oft aufrufbar ist.

In PHP sind bereits viele spezielle Funktionen implementiert.

Syntax einer Funktion

Durch `function`, den Funktionsnamen und die Parameter wird eine Funktion definiert.

```
<?php
function name( $Parameter, $Parameter, … ) {
  // Anweisungen
  return $variable;  // Rückgabewert
}
?>
```

Sind keine Parameter vorhanden, bleibt der Inhalt der Klammern leer. Parameter übergeben Werte entweder über Variablen oder auch direkt in die Funktionsstruktur. Verwenden Sie `return`, um aus der Struktur ein Ergebnis zurückzugeben.

Aufrufen einer Funktion

Sie rufen eine Funktion auf, indem Sie sie mit ihrem Namen wie in der Definition benennen und in Klammern die erforderlichen Parameter übergeben. Hat die Funktion einen Rückgabewert, weisen Sie diesen einer Variablen zu oder übergeben ihn direkt einer anderen Funktion.

An welcher Stelle sich Funktionen im Quelltext befinden, spielt seit PHP 4 keine Rolle. Wenn PHP auf die Definition einer Funktion im Quelltext stößt, wird der Code übersprungen und erst dann ausgeführt, wenn die Funktion aufgerufen wird.

```
<?php
  $b = 13;
  $c = teste("10", $b); // Funktionsaufruf
  echo($c);
  function teste($a, $b) {
    if($b < $a) : return $a - $b;
    elseif($b > $a) : return $a + $b;
    else : $c = "\$a und \$b sind gleich groß";
return $c;
    endif;
  }
?>
```

Ausgabe:

```
23
```

Diese Funktion testet, ob der Wert `10` größer oder kleiner als der Wert der Variablen `$b` ist oder gleich groß.

By Value

Häufig werden Funktionen verwendet, um den Wert von Variablen zu verändern. Ist erwünscht, dass eine Variable nur innerhalb einer Funktion verändert wird, verwenden Sie die Schreibweise `($a, $b, ...)`. Die Funktion hat damit keinen Einfluss auf den Originalwert der Variablen; nach Beendigung der Ausführung erhalten sie ihren ursprünglichen Wert zurück. Diese Art des Aufrufs nennt man *Call by Value*.

```
<?php
  $a = 10;
  berechne_a_plus_a($a);
  echo($a);
  function berechne_a_plus_a($x) {
    $x += $x;
  }
?>
```

Ausgabe:

```
10
```

Obwohl der Übergabeparameter innerhalb der Funktion verändert wird, hat das keinen Einfluss auf den Originalwert.

By Reference

Das Gegenstück zu *Call By Value* heißt *Call By Reference*, was bedeutet, PHP übergibt nicht nur den Wert des Parameters, sondern auch einen Verweis auf die Speicherzelle. Damit hat die Funktion Zugriff auf die Originalvariablen. Sie definieren einen Parameter *By Reference*, indem Sie das &-Zeichen dem Parameter voranstellen.

Sie können *By Reference* dazu nutzen, dass eine Funktion mehr als einen Wert zurückgibt, in diesem Fall über die Parameterliste.

BEISPIEL

```
<?php
  $a = 10;
  berechne_a_plus_a($a);
  echo($a);
  function berechne_a_plus_a(&$x) {
    $x += $x;
  }
?>
```

Ausgabe:

```
20
```

Die Veränderung des Parameterwertes innerhalb der Funktion wirkt sich auf den Ausgangswert aus.

Werden wie im folgenden Beispiel mehrere Funktionen verschachtelt aufgerufen, werden diese von innen nach außen abgearbeitet.

```
<?php
  echo floor(sqrt("12"));
?>
```

Ausgabe:

```
3
```

Diese beiden Funktionen sind mathematische Funktionen. `sqrt` zieht die Quadratwurzel aus einer Zahl. `floor` rundet eine Fließkommazahl auf eine Ganzzahl. Beide Funktionen wurden miteinander verknüpft.

Rekursiv

Eine Funktion darf sich auch selbst aufrufen. Dieser Aufruf heißt rekursiver Aufruf.

Rekursives Programmieren eignet sich insbesondere beim Verarbeiten von Baumstrukturen, bei der Implementierung von Such- und Sortieralgorithmen oder numerischen Berechnungen.

3.4 Arrays

Soll eine Vielzahl von Daten mit ähnlicher Struktur gespeichert werden, ist der Umgang mit Variablen zu unhandlich. Für Daten, die ausgedruckt in einer Liste oder in einer Tabelle ausgegeben werden, wurde der Typ Array entwikkelt. Er speichert beliebig viele Werte in einer Variablen. Durch einen Arrayschlüssel ist jeder Wert innerhalb der Variablen eindeutig einer Speicheradresse zugeordnet.

3.4.1 Indizierte Arrays

Indizierte Arrays verwenden Ganzzahlen als Schlüssel, die PHP vergibt. Durch zwei verschiedene Möglichkeiten lassen sich Arrays definieren. In der ersten Schreibweise wird der Schlüssel durch die eckigen Klammern manuell festgelegt.

```
<?php
  $farbe[0] = "FF0000";
  $farbe[1] = "00FF00";
  $farbe[2] = "0000FF";
  $farbe[3] = "FFFFFF";
  $farbe[4] = "000000";
  echo($farbe[3]);// Rückgabe eines Arraywertes
?>
```

Ausgabe:

```
FFFFFF
```

Da PHP diese Form der Indizierung standardmäßig einsetzt, darf der Schlüsselname weggelassen werden.

Das Hinzufügen neuer Werte zu einem Array nehmen Sie beispielsweise so vor:

```
<?php
  $farbe[] = "FF0000";
  $farbe[] = "00FF00";
  $farbe[] = "0000FF";
  $farbe[] = "FFFFFF";
  $farbe[] = "000000";
  echo($farbe[3]);// Rückgabe eines Arraywertes
?>
```

Bei Veränderungen eines Wertes innerhalb des Arrays geben Sie explizit den Schlüssel an:

```
<?
  $farbe[3] = "003366";
  echo("<BR>Neuer Wert auf \$farbe[3] ist $farbe[3]");
?>
```

Ausgabe:

```
FFFFFF
Neuer Wert auf $farbe[3] ist 003366
```

Diese explizite Definition eines Arrays ist sehr aufwendig. PHP kennt die Funktion `array`, die einfacher zu handhaben und damit deutlich effektiver ist.

```
<?php
  $weiss = FFFFFF;
  $farbe = array("FF0000","00FF00","0000FF",$weiss,"000000");
  echo($farbe[3]);
?>
```

Ausgabe:

```
FFFFFF
```

In der Funktion sind die Werte durch ein Komma getrennt. Die Schlüsselwerte werden automatisch bestimmt. Der erste Schlüssel ist `0`.

Beim Bestimmten eines Arrays muss die Zahl der zu speichernden Werte nicht festgelegt werden:

```
<?php
  $farbe = array();
  $farbe[] = "FF0000";
  $farbe[] = "0000FF";
?>
```

Auf diese Art werden beliebig viele Werte an das Array angehängt.

3.4.2 Assoziative Arrays

Schlüsselnamen müssen nicht numerisch sein; sie können einen beliebigen Wert annehmen, etwa eine Zeichenkette, die Assoziationen zum Schlüssel erzeugt. Diese assoziativen Schlüssel heißen Hashes:

```
<?php
  $farbe["rot"] = "FF0000";
  $farbe["gruen"] = "00FF00";
  $farbe["blau"] = "0000FF";
  $farbe["weiss"] = "FFFFFF";
  $farbe["schwarz"] = "000000";
  echo($farbe[weiss]);  // Rückgabe eines Arraywertes
?>
```

Das Verändern eines Wertes erfolgt auch hier durch Angabe des Schlüsselnamens:

```
<?
  $farbe["weiss"] = "003366";
  echo("<BR>Neuer Wert auf \$farbe[\"weiss\"] ist " . $farbe["weiss"]);
?>
```

Ausgabe:

```
FFFFFF
Neuer Wert auf $farbe["weiss"] ist 003366
```

Für die Erzeugung assoziativer Arrays besitzt die Funktion `array` eine erweiterte Syntax. Durch den Operator => verweist der assoziative Schlüssel auf den Wert.

```
<?php
  $weiss = FFFFFF;
  $farbe = array("rot" => "FF0000",
    "gruen" => "00FF00",
    "blau" => "0000FF",
    "weiss" => $weiss,
    "schwarz" => "000000");
  echo($farbe["blau"]);
?>
```

Ausgabe:

```
0000FF
```

Mehrdimensionale Arrays

Die bisherigen Beispiele bestehen aus eindimensionalen Arrays. Durch größere Dimensionen erfolgt eine flexiblere Speicherung der Daten. Dabei wird ein Array unterer Dimension einer Variablen mit dem Schlüssel der oberen Dimension zugeordnet.

```
<?php
  $weiss = FFFFFF;
  $farbe["RGB"] = array("rot" => "FF0000",
       "grün" => "00FF00",
       "blau" => "0000FF");
  $farbe["graustufe"] = array("schwarz" => "000000",
       "weiss" => "FFFFFF",
       "grau" => "CCCCCC");
  echo("Die Farbe Blau hat den Hex-Wert: " . $farbe["RGB"]["blau"] .
"<BR>");
  echo("Die Farbe Schwarz hat den Hex-Wert: " . $farbe["graustu-
fe"]["schwarz"]);
?>
```

Ausgabe:

```
Die Farbe Blau hat den Hex-Wert: 0000FF
Die Farbe Schwarz hat den Hex-Wert: 000000
```

Die folgende Schreibweise führt zum gleichen Ergebnis:

```
<?php
  $weiss = FFFFFF;
  $farbe = array(
  "RGB" => array("rot" => "FF0000",
       "grün" => "00FF00",
       "blau" => "0000FF"),
  "graustufe" => array("schwarz" => "000000",
       "weiss" => "FFFFFF",
       "grau" => "CCCCCC"));
  echo("Die Farbe Blau hat den Hex-Wert: " . $farbe[RGB][blau] .
"<BR>");
  echo("Die Farbe Schwarz hat den Hex-Wert: " . $farbe[graustu-
fe][schwarz]);
?>
```

Zum Löschen eines Arrays benutzen Sie den Befehl `unset`, der Ihnen bereits von Variablen her bekannt ist.

```
<?php unset($farbe); ?>
```

Soll das Array nur geleert werden, wählen Sie besser die Funktion `array`:

```
<?php $farbe = array(); ?>
```

Ausgabe eines Arrays

Der Inhalt eines Arrays kann durch die Angabe der Variable und des Schlüssels ausgegeben werden.

```
<?php echo($array[zeiger]); ?>
```

Auf diese Weise wird nur ein Wert des Arrays zurückgegeben. Möchten Sie alle Werte zurückgeben, um sie entweder auszugeben oder zu manipulieren, muss auf eine Schleife zurückgegriffen werden. Für Arrays bieten sich Schleifen vom Typ `while` an, wenn indizierte Schlüssel verwendet werden:

```
<?php
  $weiss = "FFFFFF";
  $farbe = array("FF0000", "00FF00", "0000FF", $weiss, "000000");
  $i = 0;
  while($i < count($farbe)) {
    echo("Farbe: " . $farbe[$i] . ", ");
    $i++;
  }
?>
```

Ausgabe:

```
Farbe: FF0000, Farbe: 00FF00, Farbe: 0000FF, Farbe: FFFFFF, Farbe:
000000,
```

Die Variable `$i` dient im Beispiel sowohl als Zählervariable als auch zur Angabe des Schlüssels im Array. Mit der Funktion `count` wird die Anzahl der Werte im Array und damit die maximale Laufweite der Schleife bestimmt. Bei jedem Durchlauf wird der interne auf den Schlüssel verweisende Zeiger im Array weiter nach »rechts« gesetzt.

Werden anstelle der indizierten assoziative Schlüssel benutzt, ist eine Anwendung von `while` nicht möglich. Verwenden Sie stattdessen `foreach`:

```
<?php
  $weiss = FFFFFF;
  $farbe = array("rot" => "FF0000",
       "gruen" => "00FF00",
       "blau" => "0000FF",
       "weiss" => $weiss,
       "schwarz" => "000000");
  foreach($farbe as $schluessel => $wert) {
    echo("Farbe $schluessel: $wert, ");
  }
?>
```

Ausgabe:

```
Farbe rot: FF0000, Farbe gruen: 00FF00, Farbe blau: 0000FF, Farbe
weiss: FFFFFF, Farbe schwarz: 000000,
```

`foreach` arbeitet jedes Element des Arrays `$farbe` nacheinander ab. Schlüssel und der dazugehörige Wert werden jeweils gespeichert.

Eine Anwendung der `for`-Schleife ist ebenfalls denkbar. Da die zwei erklärten Lösungen genauso effektiv im Zusammenhang mit Arrays sind, wird `for` hier vernachlässigt.

3.4.3 Array-Funktionen

PHP bietet eine Reihe von Funktionen, um Arrays effektiv zu bearbeiten.

Sortierfunktionen

Folgende Sortierfunktionen sind PHP bekannt.

Tabelle 3.14: Sortierfunktionen

Funktion	Beschreibung
rsort($array)	Sortiert ein eindimensionales Array rückwärts.
sort($array)	Sortiert ein eindimensionales Array vorwärts. Assoziative Schlüssel werden durch numerische Zeiger ersetzt.
arsort($array)	Sortiert ein Array rückwärts und behält die Schlüssel bei.
asort($array)	Sortiert ein assoziatives Array vorwärts und behält die Zuordnung der Schlüssel und Werte bei.
uasort($array, function)	Sortiert ein assoziatives Array mit einer selbstdefinierten Sortierfunktion. Die Schlüssel-Wert-Zuordnung bleibt erhalten.
uksort($array, function)	Sortiert ein Array anhand einer selbstdefinierten Sortierfunktion und der Schlüssel.
usort($array, function)	Sortiert ein eindimensionales Array anhand einer selbstdefinierten Sortierfunktion.

Die Anwendung der Sortierfunktionen ohne einen selbstdefinierten Algorithmus ist recht einfach:

```
<?php
  $weiss = FFFFFF;
  $farbe = array("rot" => "FF0000",
      "gruen" => "00FF00",
      "blau" => "0000FF",
      "weiss" => $weiss,
      "schwarz" => "000000");
  asort($farbe);
  foreach($farbe as $schluessel => $wert) {
    echo("$schluessel => $wert<BR>");
  }
?>
```

Ausgabe:

```
schwarz => 000000
blau -> 0000FF
gruen => 00FF00
rot => FF0000
weiss => FFFFFF
```

Hier wird das Array nach den Werten sortiert. Der assoziative Schlüssel bleibt erhalten.

```
<?php
  $weiss = FFFFFF;
  $farbe = array("rot" => "FF0000",
       "gruen" => "00FF00",
       "blau" => "0000FF",
       "weiss" => $weiss,
       "schwarz" => "000000");
  sort($farbe);
  foreach($farbe as $schluessel => $wert) {
    echo("$schluessel => $wert<BR>");
  }
?>
```

Ausgabe:

```
0 => 000000
1 => 0000FF
2 => 00FF00
3 => FF0000
4 => FFFFFF
```

Mit `sort` werden zwar ebenfalls die Werte sortiert, jedoch gehen die assoziativen Zeiger verloren. Sie werden durch indizierte Schlüssel ersetzt. Die Funktion `uksort bestimmt die Sortierung assoziativer Schlüssel.`

```
<?php
  $weiss = FFFFFF;
  $farbe = array("rot" => "FF0000",
       "gruen" => "00FF00",
       "blau" => "0000FF",
       "weiss" => $weiss,
       "schwarz" => "000000");
  uksort($farbe, sortiere);
  foreach($farbe as $schluessel => $wert) {
    echo("$schluessel => $wert<BR>");
  }
```

```
function sortiere($a, $b) {
    if($a > $b) : return 1;
    elseif($a < $b) : return -1;
    else : return 0;
    endif;
}
?>
```

Ausgabe:

```
blau => 0000FF
gruen => 00FF00
rot => FF0000
schwarz => 000000
weiss => FFFFFF
```

Die Funktion überprüft, ob ein Schlüssel größer, kleiner oder gleich dem nächsten Schlüssel im Array ist und gibt mit `return` das Ergebnis an `uksort` zurück. Durch Umkehrung der Vergleichsoperatoren ist eine Sortierung in die andere Richtung möglich.

Zeiger- und Zugriffsfunktionen

PHP greift mit einem internen Zeiger auf die einzelnen Elemente eines Arrays zurück. Er wird durch spezielle Funktionen ausgerichtet.

Tabelle 3.15: Zeiger- und Zugriffsfunktionen

Funktion	Beschreibung
array_walk($array, "function")	Wendet eine selbstdefinierte Funktion auf alle Elemente eines Arrays an.
count($array) size_of($array)	Gibt die Anzahl der Elemente eines Arrays zurück.
current($array) pos($array)	Gibt das aktuelle Element eines Arrays zurück.
each($array)	Liefert das nächste Schlüssel-Wert-Paar eines Arrays zurück.
end($array)	Setzt den internen Zeiger auf das letzte Element des Arrays.
Reset($array)	Setzt den internen Zeiger auf das erste Element des Arrays.
key($array)	Gibt den aktuellen Schlüssel eines Elements zurück.
next($array)	Setzt den internen Zeiger um ein Element weiter.
prev($array)	Setzt den internen Zeiger um ein Element zurück.

Mit den Funktionen navigieren Sie bequem durch Arrays:

```
<?php
  $suche = "blau";
  $farbe = array("rot" => "FF0000",
    "gruen" => "00FF00",
    "blau" => "0000FF",
    "weiss" => "FFFFFF",
    "schwarz" => "000000");
  $i = 0;
  while($i < count($farbe)) {
    if($suche == key($farbe)) {
        $erg = $farbe[$suche];
        break; }
    else {
        $erg = "Hex-Code nicht gefunden.";
        next($farbe);
        $i++;
    }
  }
  echo("Ergebnis der Suche nach \"$suche\": $erg");
?>
```

Ausgabe:

```
Ergebnis der Suche nach "blau": 0000FF
```

In dem Array, welches bisher als Beispiel diente, soll der Hex-Wert für die Farbe Blau gesucht und ausgegeben werden. Da der Schlüssel gleichzeitig der zu suchende Wert ist, muss er mit dem Suchstring »blau« verglichen werden. In der `while`-Schleife verpackt, wird mit der Bedingung mit `if` und dem `key`-Befehl jeder Schlüssel mit dem Suchstring vergleichen. Ist eine Übereinstimmung vorhanden, wird der zum Schlüssel gehörende Wert auf `$erg` gespeichert. Wenn keine Übereinstimmung vorliegt, wird der interne Zeiger um ein Element, in diesem Fall auf den nächsten Schlüssel, weitergesetzt.

Weitere Arrayfunktionen

PHP bietet viele weitere Funktionen, mit denen Arrays nachhaltig manipuliert oder kontrolliert werden können. Da sich allein über die Arrayfunktionen ein Buch schreiben ließe, werden hier nur die wichtigsten aufgeführt.

Tabelle 3.16: Weitere Array-Funktionen

Funktion	Beschreibung
compact(Variablenname, ...)	Implementiert alle Werte der Variablen in ein Array, deren Variablenname angegeben wird.
list($Variable1, $Variable2, ...) = $array	Gibt die Werte eines Arrays an in list deklarierte Variablen zurück.
shuffle($array)	Verändert die Reihenfolge der Elemente eines Arrays zufällig.
array_count_values($array)	Das Array wird auf die Häufigkeit des Auftretens seiner Elemente untersucht. Das Ergebnis wird in einem Array zurückgegeben.
array_diff($array1, $array2, ...)	Ermittelt Unterschiede zwischen Arrays und gibt sie als Array zurück.
array_filter($array, function)	Filtert die Elemente eines Arrays mittels einer selbstdefinierten Funktion.
array_keys($array)	Gibt die Schlüssel eines Arrays als eindimensionales Array zurück.
array_flip($array)	Schlüssel und Wert werden in einem Array vertauscht.
array_merge($array1, $array2)	Verbindet zwei Arrays.
array_merge_recursive($array)	Verbindet rekursiv zwei Arrays. Gleiche Schlüssel werden zusammengeführt.
array_multisort($array)	Sortiert mehrdimensionale Arrays.
array_pad($array, Länge, Standardwert)	Verkürzt (-n) oder verlängert (n) ein Array um eine bestimmte Länge n und ersetzt leere Elemente durch einen Standardwert.
array_pop($array)	Der Wert des letzten Elements wird zurückgegeben und dann aus dem Array gelöscht.
array_reverse($array)	Ein Array wird in umgekehrter Reihenfolge zurückgegeben.
array_shift($array)	Liefert den Wert des ersten Elements zurück und löscht ihn dann aus dem Array.
array_slice($array, $schluessel, $anzahl)	Extrahiert $anzahl-Elemente eines Arrays, von einem Startschlüssel an.
array_splice($array, $schluessel, $anzahl, $array2)	Ersetzt ab dem angegebenen Schlüssel $anzahl-Elemente durch Elemente aus $array2.
array_sum($array)	Liefert die Summe der Werte vom Typ float und integer aus einem Array zurück.
array_unique($array)	Entfernt alle doppelten Elemente eines Arrays. Jeder Wert wird »einzigartig«.
array_values($array)	Liefert alle Werte eines assoziativen Arrays als eindimensionales Array zurück.

Die Vielseitigkeit der Array-Funktionen zeigt ein Lottobeispiel, mit dem Sie Ihr Glück bei der nächsten Ziehung ausprobieren können.

lotto.php

```
<?php
  $myLotto = Lotto(6,49);
  foreach($myLotto as $schluessel => $wert) {
    echo("$wert<BR>");
  }

  function Lotto($anzahl,$gesamt)
  {
    $spiel = array();
    for ($i=0; $i<$gesamt; $i++) {
      $spiel[] = $i+1;
    }
    shuffle($spiel);
    $result = array_slice($spiel, 0, $anzahl);
    sort($result);
    return $result;
  }
?>
```

Ausgabe: (jedes Mal anders)

```
4
6
16
40
46
47
```

Die Funktion *Lotto* realisiert das Ermitteln der Lottozahlen. Mit Hilfe der Parameter wird die Art des Lottos bestimmt *$Anzahl aus $gesamt*, hier: *6 aus 49*. Das Programm erzeugt zunächst in einer Schleife ein indiziertes Array. Die Funktion `shuffle` vermischt die Schlüsselelemente zufällig. Anschließend trennt `array_slice` die ersten sechs (`$anzahl`) Elemente heraus und schließlich sortiert `sort` das Array.

Der deutsche Lotto- und Totoblock verwendet unser Programm übrigens für die Ziehung der Mittwochs- und Samstagszahlen.

3.5 Grundlegende PHP-Funktionen

3.5.1 Funktionen für mathematische Berechnungen

Für umfangreiche mathematische Rechenoperationen stehen Ihnen in PHP zahlreiche Funktionen zur Verfügung.

Tabelle 3.17: Mathematische Funktionen

Funktion	Beschreibung
Abs($a)	Absoluter Betrag von $a
acos($a)	Arcus Cosinus
asin($a)	Arcus Sinus
atan($a)	Arcus Tangens
atan2($a)	Arcus Tangens Hyperbolicus
base_convert($zahl, $ausgangsbasis, $zielbasis)	Konvertiert zwischen Zahlensystemen unterschiedlicher Basis
bindec($a)	Konvertierung von binär zu dezimal
ceil($a)	Rundet eine Fließkommazahl auf die nächste Ganzzahl auf
cos($a)	Cosinus
decbin($a)	Konvertiert von dezimal zu binär
dechex($a)	Konvertiert von dezimal zu hexadezimal
decoct($a)	Konvertiert von dezimal zu oktal
deg2rad($a)	Konvertiert Grad zu Bogenmaß
exp($a)	Potenz $a zur Basis e (Eulersche Zahl)
floor($a)	Rundet eine Fließkommazahl auf die nächste Ganzzahl ab
hexdec($a)	Konvertiert hexadezimal zu dezimal
Log($a)	Natürlicher Logarithmus von $a
Log10($a)	Logarithmus zur Basis 10
max($a, $b, $c, ...)	Größter Wert der Argumente
min($a, $b, $c, ...)	Kleinster Wert der Argumente
number_format($zahl, $nachkomma, $kommazeichen, $tausenderzeichen)	Formatierung einer $zahl in eine Zahl mit Tausenderzeichen. 1000 wird zu 1.000. $nachkomma gibt die Anzahl der Stellen nach dem Komma an. Optional sind $kommazeichen und $tausenderzeichen möglich
octdec($a)	Konvertiert von oktal zu dezimal

Funktion	Beschreibung
pow($a, $b)	Potenziert $b zur Basis $a
rad2deg($a)	Konvertiert Bogenmaß zu Grad
round($a)	Rundet einen Wert auf oder ab. Dabei wird bei ,5 aufgerundet und ,n < ,5 abgerundet
Sin($a)	Sinus
sqrt($a)	Quadratwurzel
Tan($a)	Tangens

Zufallszahlen generieren

Eine spezielle Form der mathematischen Funktionen bildet die Generierung von Zufallszahlen.

Tabelle 3.18: Generierung von Zufallszahlen

Funktion	Beschreibung
getrandmax()	Ermittelt die höchstmögliche Zahl, die durch die Funktion rand erzeugt werden kann.
Mt_getrandmax()	Ermittelt die höchstmögliche Zahl, die durch die Funktion mt_rand erzeugt werden kann.
Mt_rand($min, $max)	Gibt eine Zufallszahl zwischen $min und $max zurück. Werden keine Grenzen angegeben, wird eine Zufallszahl zwischen 0 und 1 ermittelt.
Mt_srand($argument)	Legt durch ein Argument (z.B. der Systemzeit) einen internen Startwert für den Zufallsgenerator fest.
rand($min, $max)	Gibt eine Zufallszahl zwischen $min und $max zurück. Werden keine Grenzen angegeben, wird eine Zufallszahl zwischen 0 und 1 ermittelt.
srand($argument)	Legt durch ein Argument (z.B. der Systemzeit) einen internen Startwert für den Zufallsgenerator fest.

3.5.2 Funktionen zur Verarbeitung von Zeichenketten

PHP bietet zahlreiche Funktionen zum Bearbeiten von Zeichenketten. Zeichenketten sind Ausdrücke vom Datentyp String.

Ausgabe von Zeichenketten

Die Ausgabe von Werten und Zeichenketten bildet die Grundlage von Webseiten mit dynamischen Inhalten. Folgende Tabelle zeigt Ihnen die möglichen Funktionen.

Tabelle 3.19: Ausgabe von Zeichenketten

Funktion	Beschreibung
chr($ascii)	Das Zeichen, welches in der ASCII-Tabelle anstelle von $ascii steht, wird zurückgegeben.
echo($string) print($string)	Gibt eine Zeichenfolge aus. (print akzeptiert nur ein Argument.)
flush()	Entleert den Ausgabepuffer.
printf($argumente, $a, $b, ...)	Gibt einen formatieren String an den Browser aus.
sprintf($argumente, $a, $b, ...)	Gibt einen formatierten String zurück.

Da die Behandlung von Zeichenketten mit `printf` und `sprintf` anfangs schwierig erscheint, sollen Ihnen zwei Beispiele den Umgang erleichtern.

```
<?php
  $a = "40";
  $b = "PHP";
  $c = "41";
  printf("%c%s%c", $a, $b, $c);
?>
```

Ausgabe:

```
(PHP)
```

Anhand von Formatzeichen wurden alle drei Strings in ihrer gewünschten Form ausgegeben. So werden die Variablen `$a` und `$c` durch das Argument `%c` als ASCII-Format erkannt und es wird das dazugehörige Zeichen ausgegeben.

Tabelle 3.20: Formatzeichen für printf und sprintf

Formatzeichen	Beschreibung
%	Keine Umwandlung
b	Ganzzahl
c	ASCII-Zeichen
d	Dezimalzahl
f	Gleitkommazahl
o	Oktalzahl
s	Zeichenkette
X	Hexadezimalzahlen (große Buchstaben)
x	Hexadezimalzahl (kleine Buchstaben)

Ersetzen von Zeichen und Sonderzeichen

Wenn Sonderzeichen, wie zum Beispiel eine Variable, in einem Text auftauchen, werden diese anders behandelt als der gewöhnliche Text. In einigen Situationen kann es zu fehlerhaften oder gar nichtinterpretierbaren Programmabläufen kommen.

Folgendes Beispiel demonstriert das:

```
<?php
  echo("Die Variable $a ist in der Ausgabe nicht sichtbar");
  echo("Dieser "Ausdruck" wird einen Fehler verursachen.");
?>
```

Der Grund ist simpel. PHP beansprucht diese Sonderzeichen für sich. Durch das Backslash-Zeichen \ wird PHP am Interpretieren der reservierten Ausdrücke gehindert. Die Sonderzeichen werden so wie normale Zeichen behandelt.

```
<?php
  echo("Die Variable \$a ist jetzt in der Ausgabe sichtbar.");
  echo("Dieser \"Ausdruck\" ist okay.");
?>
```

Die folgende Tabelle zeigt weitere Zeichenkettenfunktionen in PHP:

Tabelle 3.21: string-Funktionen zum Ersetzen von (Sonder-)Zeichen

Funktion	**Beschreibung**
addslashes($string)	Setzt ein Backslash vor jedes Sonderzeichen.
chop($string)	Entfernt Leerzeichen, Tabulatoren und Zeilenvorschübe am Ende eines Strings.
htmlspecialchars($string) htmlentities($string)	Wandelt Sonderzeichen in HTML-Code um (htmlspecialchars ist zudem auch $-Zeichen).
stripslashes($string)	Entfernt alle Backslashes vor Sonderzeichen.
quotemeta($string)	Setzt ein Backslash vor folgende Sonderzeichen: . \\ + * ? [^] ($).
ltrim($string)	Entfernt Leerzeichen am Anfang eines Strings.
rtrim($string)	Entfernt Leerzeichen am Ende eines Strings.
nl2br($string)	Fügt HTML-Zeilen-Umbrüche vor Zeilenumbrüche, welche sich in Strings befinden, ein.
str_replace($string, $string_was, $string_neu)	Ersetzt im $string alle Strings $string_was durch einen neuen String $string_neu.
trim($string)	Entfernt Leerzeichen am Anfang und Ende eines Strings.
strip_tags($string)	Entfernt HTML- und PHP-Anweisungen aus einem String.

Die Funktionen addslashes und htmlentities sind besonders im Zusammenspiel mit langen Texten sinnvoll und bei Datenbanken Pflicht. Datenbanken können durch fehlerhafte Zeichen belastet werden. Meistens werden beide Funktionen zusammen benutzt.

```
<?php
  $string = "Hätte ich nicht so viele ä ü ö ß benutzt, <BR> würde ich
  nicht so 'gestreßt' aussehen.";
  $string = addslashes(htmlentities($string));
  echo($string);
?>
```

Ausgabe:

```
Hätte ich nicht so viele ä ü ö ß benutzt, <BR> würde ich nicht so \'ge-
streßt\' aussehen.
```

Auf den ersten Blick finden Sie nur bei »gestreßt« eine Veränderung. Das Zeichen ' ist ein Sonderzeichen, welches im Zusammenhang mit Datenbanken Fehler verursachen kann. Bei einem Datenbankeintrag sollten Backslashes benutzt werden, um sie bei einem Datenbankabruf mit stripslashes wieder zu entfernen.

Wenn Sie sich den Quelltext des erzeugten HTML-Dokuments ansehen, werden Sie die zweite Änderung bemerken. htmlentities hat sämtliche Umlaute (HTML-Sonderzeichen) in HTML-Code umgewandelt. Zum Beispiel wird aus »ä« ein ä. So können die Zeichen auch von einem Browser ausgegeben werden, in dem sich kein deutsches Sprachpaket befindet. Diese Umwandlung gehört im Internet zum »guten Ton« und sollte verwendet werden.

Strukturverändernde String-Funktionen

Für das Zerlegen, Verbinden und Verändern von Zeichenketten bietet PHP eine Reihe von Funktionen an.

Tabelle 3.22: Strukturverändernde String-Funktionen

Funktion	Beschreibung
strtolower($string)	Wandelt einen kompletten String in Kleinbuchstaben um.
strtoupper($string)	Wandelt einen kompletten String in Großbuchstaben um.
strrev($string)	Drehung (Umkehrung der Buchstaben) eines Strings.
ucwords($string)	Wandelt den ersten Buchstaben eines Wortes in einen Großbuchstaben um.
ucfirst($string)	Wandelt den ersten Buchstaben eines Strings in einen Großbuchstaben um.
explode($zeichen, $string)	Zertrennt den String anhand eines Trennzeichens und gibt die neuen Strings als Array zurück.

Funktion	Beschreibung
implode($zeichen, $array) join($zeichen, $array)	Verbindet die Werte eines Arrays. Die Trennung der Werte im String erfolgt durch das Füllzeichen.
strtok($string, $trenner)	Zertrennt den String anhand eines Trennzeichens oder mehrerer Trennzeichen ($trenner) und gibt den ersten Teil zurück.
strtok($trenner)	Der Aufruf nur mit $trenner erfolgt nach einem Aufruf von strtok($string, $trenner) und liefert die folgenden Teile zurück (vgl. Beispiel).

Mit der Funktion `strtok` zerlegen Sie eine Zeichenkette in mehrere Teile. Sie können ein oder mehrere Trennzeichen benutzen.

Zerlegen der Zeichenkette `12+10-2=20`

```
<?php
  $gesamt = "12+10-2=20";
  $teil = strtok($gesamt, "+-=");
  do {
    echo("$teil<br>");
  } while ($teil= strtok("+-="));
?>
```

Ausgabe:

```
12
10
2
20
```

`implode` und `explode` sind sehr wirkungsvolle Methoden, um mit Arrays zu interagieren.

```
<?php
  $string = "Jedes Wort des Strings wird mit einem _ verbunden";
  $array = explode(" ", $string);
  $string = implode("_", $array);
  echo($string);
?>
```

Ausgabe:

```
Jedes_Wort_des_Strings_wird_mit_einem___verbunden
```

Vergleichs- und Suchfunktionen

Auch die Suche nach Zeichenketten und deren Vergleich vereinfacht PHP durch eigene Funktionen.

Tabelle 3.23: Vergleichs- und Suchfunktionen

Funktion	**Beschreibung**
strcmp($string1, $string2)	Zwei Strings werden verglichen. Als Ergebnis wird 1 zurückgegeben, wenn $string1 größer ist als $string2. Im umgedrehten Fall wird –1 und bei Gleichheit 0 zurückgegeben.
strcasecmp($string1, $string2)	Vergleicht zwei Strings wie strcmp. Zusätzlich wird zwischen Groß- und Kleinschreibung **nicht** unterschieden.
strnatcmp($string1, $string2)	Vergleicht zwei Strings wie strcmp. Zusätzlich erfolgt eine »natürliche« Sortierung nach Inhalten des Strings. Danach ist image2.jpg kleiner als image10.jpg.
strnatcasecmp($string1, $string2)	Vergleicht zwei Strings wie strnatcmp, jedoch unabhängig von Groß- und Kleinschreibung.
strpos($string, $suche, $pos)	Sucht den String ab der Position $pos nach dem ersten Vorkommen einer Zeichenkette $suche ab.
strrpos($string, $char)	Sucht im String nach dem letzten Vorkommen des einzelnen Zeichens $char.
strspn($string1, $string2)	Ermittelt die Anzahl der Zeichen am Anfang von $string1, die aus dem in $string2 übergebenen Zeichenvorrat stammen.
strcspn($string1, $string2)	Die Anzahl der nichtübereinstimmenden Zeichen wird zurückgegeben.
strstr($string1, $string2) strchr($string1, $string2)	Sucht nach dem ersten Auftreten des $string2 im $string1. Bei Erfolg werden alle Zeichen ab dem $string2 zurückgegeben.
strrchr($string, $char)	Findet das letzte Vorkommen des Zeichens $char innerhalb der Zeichenkette $string.
substr($string, $start, $laenge)	Gibt alle Zeichen des Strings ab einem Startzeichen und einer bestimmten Länge zurück.
Get_meta_tags("datei")	Durchsucht eine Datei nach META-Angaben und gibt sie als Array zurück.

Einige dieser Funktionen sind unverzichtbar, wenn Sie Ihren Benutzern eine Suchfunktion auf Ihrer Webseite anbieten wollen. Deshalb wird Ihnen an wichtigen Funktionen die Effektivität demonstriert. Im Beispiel soll einer E-Mail-Adresse die Angabe über den Zielserver entnommen werden. Außerdem soll sichergestellt werden, dass E-Mail-Adressen bestimmter E-Mail-Anbieter nicht in unserer Datenbank gespeichert werden.

```
<?php
  $filter = array("test.de", "beispiel.de", "versuch.de");
  $email = "mustermann@beispiel.de";
  $server = strstr($email, "@");
  $server = str_replace("@", "", $server);
?>
```

Mit strstr werden dem String $email alle Zeichen ab dem @ entnommen und auf $server gespeichert. Außerdem wird in dem neuen String das @-Zeichen durch str_replace gesucht und gelöscht.

```
<?
$test = 0;
foreach($filter as $element) {
$valid = strcmp($server, $element);
    if($valid == 0) { $test = 1; }
}
?>
```

Durch strcmp wird nun geprüft, ob der Server mit einem in dem Array befindlichen übereinstimmt. Im Beispiel wird eine Übereinstimmung erkannt und eine Variable $test verändert. Diese Variable gibt Ihnen eine Möglichkeit zur Fehlerbehandlung.

```
<?
if($test == 0) : echo("Die Email-Adresse $email ist zugelassen.");
else : echo("Die Email-Adresse $email wurde von unserem Filter nicht
zugelassen.<BR>Der Anbieter $server wird nicht zugelassen.");
endif;
?>
```

Ausgabe:

```
Die Email-Adresse mustermann@beispiel.de wurde von unserem Filter nicht
zugelassen.
Der Anbieter beispiel.de wird nicht zugelassen.
```

Eine elegantere Lösung einer E-Mail-Kontrolle werden Sie im weiteren Verlauf des Buches kennen lernen.

URL-spezifische Funktionen

Der Aufbau von dynamischen Webseiten ist eng mit der Übergabe von Parametern über Formulare und der URL verknüpft. Um spezielle Zeichenketten über URL weiterzugeben, existieren die Funktionen

- rawurlencode
- rawurldecode

Mit rawurlencode wird ein String in einen URL-spezifischen String umgewandelt. Dabei werden Sonderzeichen und Leerzeichen durch ihre hexadezimalen ASCII-Werte ersetzt. Außerdem werden die Zeichen durch das dem umgewandelten Zeichen vorangestellte %-Zeichen markiert. Auf Grund dieser Markierung kann der URL-spezifische String später wieder durch rawurldecode in einen »normalen« String umgewandelt werden.

```
<?php
$string = "Diese Zeichenkette soll URL-spezifisch umgewandelt werden.";
echo rawurlencode($string);
?>
```

Ausgabe:

```
Diese%20Zeichenkette%20soll%20URL-spezifisch%20umgewandelt%20werden.
```

Dieser String ist nun URL-spezifisch und kann über die URL weitergegeben werden.

```
<?php
echo rawurldecode("Diese%20Zeichenkette%20soll%20URL-spezi-
fisch%20umgewandelt%20werden.");
?>
```

Ausgabe:

```
Diese Zeichenkette soll URL-spezifisch umgewandelt werden.
```

Dieser String wurde aus seiner URL-Spezifizierung in einen normalen String umgewandelt.

3.5.3 Funktionen für Datum und Zeit

Oftmals ist es sinnvoll, Daten mit einer Datums- und Zeitangabe zu versehen. So wird in elektronischen Gästebüchern und Diskussionsforen neben den eigentlichen Inhalten auch der Zeitpunkt des Eintragens gespeichert.

Datumsfunktionen

Folgende Datumsfunktionen stehen zu Ihrer Verwendung bereit:

Tabelle 3.24: Datumsfunktionen

Funktion	Beschreibung
checkdate($monat, $tag, $jahr)	Überprüft eine gregorianische Zeitangabe auf ihre Gültigkeit und gibt einen boolean-Wert zurück. Auch Schaltjahre werden berücksichtigt.
date("Argumente")	Ermittelt das Datum in der durch Argumente gewünschten Form.

Funktion	Beschreibung
getdate($zeitstempel)	Gibt anhand eines Unix-Zeitstempels Informationen bezüglich des damals aktuellen Datums in einem Array zurück.
gmdate("Argumente")	Ermittelt das Datum in der durch Argumente gewünschten Form. Das Datum wird nach dem Zeitzonenstandard GMT zurückgegeben.

Da die Funktionen `date` und `gmdate` sehr umfangreiche Datumsformatierungen durch Argumente zulassen, werden wir uns ihnen genauer zuwenden.

Im folgenden Beispiel wird ein Datum anhand der Argumente ausgegeben. Die Argumente stellen Platzhalter für eine bestimmte Datumsinformation dar.

```
<?php
echo date("D, mS. F Y ");
?>
```

Ausgabe:

```
Fri, 23rd. August 2001
```

PHP erkennt durch die Argumente, welche datumsspezifischen Angaben ausgegeben werden sollen. Diese Symbole werden durch PHP reserviert und können innerhalb der Funktion nur als Platzhalter verwendet werden. Alle anderen Zeichen und Symbole werden nichtinterpretiert ausgegeben.

PHP kennt folgende Platzhalter:

Tabelle 3.25: Platzhalter für Datumsformatierungen

Platzhalter	Beschreibung
a	am oder pm
A	AM oder PM
d	Tag des Monats, mit führender Null, »01« bis »31«
j	Tag des Monats, ohne führende Null, »1« bis »31«
D	Tag, abgekürzt, »Thu«
I	Wochentag, vollständig ausgeschrieben, »Thursday«
F	Monat, ausgeschrieben, »October«
m	Monat mit fühender Null, »01« bis »12«
M	Monat, abgekürzt, »Oct«
n	Monat ohne führende Null, »1« bis »12«
h	Stunde im 12-Stunden-Format mit führender Null, »01« bis »12«
H	Stunde im 24-Stunden-Format mit führender Null, »00« bis »23«

Platzhalter	Beschreibung
g	Stunde im 12-Stunden-Format ohne führende Null, »1« bis »12«
G	Stunde im 24-Stunden-Format ohne führende Null, »0« bis »23«
i	Minuten, »00« bis »59«
s	Sekunden mit führender Null, »00« bis »59«
L	Überprüft, ob das Datum in einem Schaltjahr liegt, und gibt einen boolean-Wert zurück.
S	Anhang bei der Aufzählung (englisch), »fourth« oder »3rd«
T	Ermittelt die Anzahl der Tage des Monats
U	Zeit seit Beginn der Unix-Zeitzählung (1.1.1970)
W	Tag der Woche als Zahl, »0« für (Sonntag) bis »6« (Samstag)
y	Jahr, zweistellig, »01« oder »02«
Y	Jahr, vierstellig, »2001« oder »2002«
z	Tag im Jahr, »0« bis »365«
Z	Differenz zu einer Zeitzone in Sekunden, »-43200« bis »43200«

Zeitfunktionen

Folgende Zeitfunktionen stehen Ihnen zur Verfügung:

Tabelle 3.26: Zeitfunktionen

Funktion	Beschreibung
gettimeofday()	Gibt die aktuelle Zeit in einem Array zurück.
gmmktime("Stunde, Minute, Sekunde, Monat, Tag, Jahr")	Ermittelt anhand einer Zeitangabe den dazugehörigen Unix-Zeitstempel nach GMT.
microtime()	Gibt den aktuellen Unix-Zeitstempel in Mikrosekunden zurück.
time("Argumente")	Gibt den Unix-Zeitstempel sekundengenau als Differenz zum 1.1.1970 00:00 Uhr zurück.
mktime("Stunde, Minute, Sekunde, Monat, Tag, Jahr")	Ermittelt anhand einer Zeitangabe den dazugehörigen Unix-Zeitstempel.

3.5.4 Reguläre Ausdrücke

Ein besonderer Vorzug von Programmiersprachen, die auf Unix basieren, sind ihre mächtigen Fähigkeiten beim Vergleichen von Zeichenketten. PHP verwendet eine spezielle Formulierung von Suchmustern, die *reguläre Ausdrücke* genannte werden. Die praktischen Anwendungen sind mannigfaltig.

Vor allem sind sie hilfreich beim Auswerten von Suchanfragen. So können unvollständig oder falsch geschriebene Eingaben dennoch zum Erfolg führen.

Wir wollen Ihnen reguläre Ausdrücke weitestgehend an Beispielen erläutern.

Einfache Suchmuster

Ein einfaches Suchmuster besteht aus dem zu suchenden Zeichen und einem Wiederholungszeichen. Als Platzhalter für ein beliebiges Zeichen verwenden Sie den Punkt.

Tabelle 3.27: Wiederholungszeichen für reguläre Ausdrücke

Wiederholungszeichen	**Bedeutung**
+	Eine Übereinstimmung ist gegeben, wenn das Zeichen vor dem Plus einmal oder mehrmals vertreten ist.
?	Eine Übereinstimmung ist gegeben, wenn das Zeichen vor dem Fragezeichen einmal oder gar nicht vorhanden ist.
*	Eine Übereinstimmung ist gegeben, wenn das Zeichen vor dem Stern gar nicht, einmal oder beliebig oft vorhanden ist.
{x}	Genau x-mal.
{x,y}	Mindestens x-mal, aber höchstens y-mal.
{x,}	Mindestens x-mal.

b.*r

Beschreibung: Trifft auf alle Zeichenketten zu, in denen ein **r** nach einem **b** folgt.

Treffer bei: a**ber**, **br**echen, Kunstlie**b**habe**r**

b.?r

Beschreibung: Trifft auf alle Zeichenketten zu, in denen ein **r** direkt auf **b** folgt oder höchstens ein (beliebiges) Zeichen dazwischen ist.

Treffer bei: a**ber**, **br**echen

b.+r

Beschreibung: Trifft auf alle Zeichenketten zu, in denen ein **r** auf ein **b** folgt, aber nicht direkt.

Treffer bei: a**ber**, Kunstlie**b**habe**r**, a**bbr**echen

b.r

Beschreibung: Trifft auf alle Zeichenketten zu, in denen ein **r** mit einem Zeichen Abstand auf ein **b** folgt

Treffer bei: a**b**e**r**, a**b**b**r**echen

bo+t

Beschreibung: Trifft auf alle Zeichenketten zu, in denen nach einem **b** ein oder mehrere **o** gefolgt von einem **t** stehen.

Treffer bei: Ro**bot**er, **boot**en.

b.{2,3}r

Beschreibung: Trifft auf alle Zeichenketten zu, in denen **r** auf ein **b** folgt. Dazwischen befinden sich zwei oder drei beliebige Zeichen.

Treffer bei: **b**ay**r**isch, **b**aye**r**isch

Anfang oder Ende

Das Zeichen ^ markiert den Anfang eines Begriffs.

Das Zeichen $ markiert das Ende eines Begriffs.

BEISPIEL

^b.?r

Beschreibung: Trifft auf alle Zeichenketten zu, in denen ein **r** direkt auf **b** folgt oder höchstens ein (beliebiges) Zeichen dazwischen ist. Das **b** muss am Anfang stehen.

Treffer bei: **br**echen, **b**o**r**gen

^....$

^.{4}$

Beschreibung: Beliebige Zeichenketten mit vier Buchstaben.

Treffer bei: oder, aber, Herz

Bereiche

Mit Hilfe eckiger Klammern definieren Sie Buchstabengruppen (Varianten), die ein Ausdruck beinhalten darf.

[aeiou]{2}

Beschreibung: Trifft auf alle Zeichenketten zu, die einen doppelten Vokal beinhalten.

Treffer bei: B**oo**t, M**aa**s, l**ii**ert

[0-9],[0-9]{2,}

Beschreibung: Trifft auf alle Zeichenketten zu, die eine Dezimalzahl mit Komma als Trennzeichen und mindestens zwei Nachkommastellen haben.

Treffer bei: **1,23** DM oder **12,40** Uhr

^[A-Z]

Beschreibung: Alle Zeichenketten, die mit einem Großbuchstaben beginnen.

Negation und Sonderzeichen

Das Zeichen ^ dient als Negation für ein Zeichen. Wollen Sie nach einem Sonderzeichen, das für reguläre Ausdrücke verwendet wird, suchen, setzen Sie einen Backslash \ davor.

[^0-9]

Beschreibung: Alle Zeichenketten, die keine Ziffern enthalten.

^[^@]+@[^@]{3,}\.[^\.@0-9]{2,}$

Beschreibung: Plausibilitätsprüfung einer E-Mail-Adresse:

Vor dem @ ein oder mehr Zeichen, aber kein @.

Nach dem @ drei oder mehr Zeichen, aber kein @.

Dann kommen ein Punkt und mindestens zwei Zeichen, aber kein Punkt, kein @ und keine Ziffern.

Funktionen für reguläre Ausdrücke

Um einen regulären Ausdruck zu prüfen, bietet PHP die Funktionen ereg und eregi. Die Funktionsweise ist gleich, bis auf den Aspekt, dass eregi nicht zwischen Groß- und Kleinschreibung unterscheidet.

```
$boolvar = ereg ( $muster, $string);
```

Sie übergeben in $muster den regulären Ausdruck und in $string die zu durchsuchende Zeichenkette.

In Verbindung mit regulären Ausdrücken können Sie auch Ersetzungen vornehmen. In PHP stehen hierfür die Funktionen ereg_replace und eregi_replace bereit, wobei letztere wiederum nicht zwischen Groß- und Kleinschreibung unterscheidet.

```
$stringvar = ereg_replace ( $muster, $repstr, $string)
```

Diese Funktion sucht in der durch $string angegebenen Zeichenkette nach $muster und ersetzt alle Übereinstimmungen mit $repstr.

Eine HTML-Datei enthält (zeilenweise) Verweise nach folgendem Muster: <a href="ein link">Beschreibung</a>. Solch ein Link soll ein Array werden, das in Element 0 die *Beschreibung* enthält und in Element 1 den *Link*. Die Variable $zeile enthalte den Link.

```
<?php
  $muster = "^.*<a href=\"([^"]*)\">([^<]*)</a>.*$";
  $temp = eregi_replace($muster, "\\2;\\1", $zeile);
  $arr = explode(";", $temp);
?>
```

Der reguläre Ausdruck in $muster enthält zwei Klammernpaare (). Diese Klammern entsprechen keinen Zeichenketten. Sie ermöglichen den Zugriff durch \\Klammernummer, was sich hier bei diesem Ausdruck ganz praktisch macht. Die erste Klammer enthält den Link, die zweite die Beschreibung. Beide Zeichenketten sind durch ein Semikolon getrennt, das als Trennzeichen für die Array-Funktion explode() verwendet wird.

3.5.5 Funktionen für Dateien und Verzeichnisse

Funktionen für den Zugriff auf Dateien und Verzeichnisse sind für eine Programmiersprache essentiell.

PHP kann eine Datei öffnen, einlesen und wieder schließen. Wenn eine Datei geöffnet werden soll, die noch nicht existiert, kann diese angelegt werden. Natürlich ist auch ein Löschen und Kopieren möglich. PHP erkennt automatisch, ob die Datei im ASCII-Format oder binär vorliegt, und behandelt sie entsprechend.

Die Navigation innerhalb von Dateien wird Ihnen durch so genannte Dateizeiger erleichtert. Damit wird das Suchen und das gezielte Ausgeben bestimmter Textstellen erleichtert.

Beachten Sie, dass diese Funktionen für den Zugriff auf Dateien des ausführenden Servers gedacht sind. PHP kann keine Dateien des Clients, im Regelfall des Besuchers Ihrer Website, löschen.

Dateifunktionen

Der Zugriff auf eine Datei erfolgt durch ein so genanntes Datei-Handle, eine Zugriffsnummer. Beim Lesen aus einer Datei und Schreiben in eine Datei steht im Zusammenhang mit dieser Nummer ein Dateizeiger, der auf die aktuelle Position in der Datei verweist. Bei Textdateien bewegt PHP diesen Zeiger automatisch zeilenweise, bei Binärdateien Byte für Byte.

Folgende grundlegende Dateifunktionen finden in PHP ihre Anwendung:

Tabelle 3.28: Dateifunktionen

Funktion	**Beschreibung**
copy($datei, $zieldatei)	Kopiert eine Datei.
fclose($handle)	Schließt eine geöffnete Datei. Bei Erfolg wird TRUE zurückgegeben, andernfalls FALSE.
feof($handle)	Prüft, ob der interne Dateizeiger am Ende einer Datei angelangt ist. Ist das der Fall, wird TRUE zurückgegeben, ansonsten FALSE.
fgetc($handle)	Gibt das Zeichen zurück, auf welches der Dateizeiger verweist.
fgetcsv($handle, $laenge, $zeichen)	Liest aus der geöffneten Datei eine Zeile mit einer bestimmten $laenge aus, trennt den String anhand eines Trennzeichens und gibt die Zeichenkette als Array zurück. Die Position des internen Zeigers ergibt den Startpunkt.
fgets($handle, $laenge)	Liest eine Zeile einer geöffneten Datei als String aus. Die maximale Länge kann selbst bestimmt werden. Als Grenze gilt der Zeilenumbruch.
fgetss($handle, $laenge)	Liest eine Zeile einer geöffneten Datei als String aus. Die maximale Länge kann selbst bestimmt werden. Als Grenze gilt der Zeilenumbruch. Zusätzlich werden HTML-Tags entfernt.
File($handle)	Liest eine gesamte (Text-)Datei aus und übergibt den Inhalt zeilenweise in ein Array.

Funktion	Beschreibung
flock($handle, $status)	Verriegelt eine Datei durch die Angabe einer Verriegelungsform $status. Diese Form kann folgende Werte annehmen: 1 für verteilt, nur lesen; 2 für exklusiv, nur schreiben; 3 für Aufheben der Verriegelung; 4 für Zugriffe während der Verriegelung erlaubt.
fopen($datei, $modus)	Öffnet eine Datei und gibt das Datei-Handle zurück.
fpassthru($handle)	Der gesamte Inhalt, welcher auf den Dateizeiger folgt, wird zurückgegeben.
fputs($handle, $string) fwrite($handle, $string)	Schreibt einen String in die geöffnete Datei.
fread($handle, $laenge)	Liest Daten binär aus der geöffneten Datei ab dem Zeiger und einer bestimmten Länge aus.
fseek($handle, $offset)	Positioniert den Dateizeiger neu. Als Ziel dient ein bestimmtes Offset der Datei. Ist der Sprung erfolgreich, wird 0 zurückgegeben, ansonsten –1.
ftell($handle)	Gibt die aktuelle Position des Zeigers zurück.
readfile($datei)	Liest eine Datei aus und gibt den gesamten Inhalt auf der Standardausgabe (an den Browser) aus. Zusätzlich wird die Datei-Größe in Byte zurückgegeben.
rename($datei, $datei_neu)	Benennt eine Datei um.
rewind($handle)	Setzt den internen Datei-Zeiger an den Anfang zurück.
unlink($datei)	Löscht eine Datei.

`fopen()` ist eine sehr häufig benötigte Dateifunktion. Ihre Anwendung setzt Kenntnisse im Zusammenhang mit Zugriffsrechten voraus.

Tabelle 3.29: Dateimodi für fopen

Attribut	Zugriffsmodus
r	Lesen
r+	Lesen; Schreiben
w	Schreiben
w+	Lesen; Schreiben; Löschen; existiert die Datei nicht, wird sie erstellt
a	Schreiben; Dateizeiger wird am Ende positioniert; existiert die Datei nicht, wird sie erstellt
a+	Lesen; Schreiben; Dateizeiger wird am Ende positioniert; existiert die Datei nicht, wird sie erstellt

Diese Attribute beziehen sich auf Dateien im ASCII-Format. Um eine binäre Datei zu öffnen, stellen Sie jedem Attribut den Präfix *b* voran. Das ist vor allem auf Windows-Plattformen relevant, da das Windows Betriebsystem im Gegensatz zu einem Linux nicht von selbst ASCII- und Binär-Dateien unterscheiden kann.

In einem Beispiel soll ein kleiner Zugriffszähler realisiert werden, der in eine Datei die Anzahl der Zugriffe schreibt.

counter.php

```
<?php
  $fp = @fopen("count.txt", "r");
  if ($fp) {
    $zeile = fgets($fp, 10) + 1;
    fclose($fp);
  } else $zeile = 1;
  $fp = fopen("count.txt", "w+");
  fputs($fp, $zeile);
  fclose($fp);
?>
```

In einem anderen Beispiel wird dem Programm HTML.PHP der Name einer HTML-Datei als Parameter `$html` übergeben. Der Inhalt der HTML-Datei soll als Quelltext ausgegeben werden.

html.php

```
<?php
  $fp = @fopen($html, "r");
  if (!$fp) die("Datei $html kann nicht geöffnet werden.");
  while ($zeile=fgets($fp,1000)) {
    $zeile = htmlentities($zeile);
    echo(nl2br($zeile));
  }
?>
```

Der Zusatz `@` vor einem Funktionsaufruf (siehe Zeile 2) unterdrückt Fehlerausschriften.

Funktionen der Dateiumgebung

Die Arbeit auf der Dateiebene verlangt, dass Sie über den Status beziehungsweise die Zugriffsrechte Bescheid wissen. PHP stellt hierfür Funktionen rund um Dateien bereit, die nicht direkt mit Lesen aus und Schreiben in Dateien zu tun haben.

Tabelle 3.30: Funktionen der Dateiumgebung

Funktion	Beschreibung
basename($pfad)	Gibt den Dateinamen aus einer Pfadangabe zurück.
clearstatcache()	Löscht den Zwischenspeicher, in dem sich die Dateistatuswerte befinden.
diskfreespace($pfad)	Ermittelt den in einem Verzeichnis zur Verfügung stehenden Speicherplatz in Byte.
file_exists($datei)	Prüft, ob eine Datei existiert, und gibt einen boolean-Wert zurück.
fileinode($datei)	Ermittelt den inode-Wert einer Datei.
fileatime($datei)	Gibt den Zeitpunkt des letzten Zugriffs auf die Datei zurück.
filectime($datei)	Gibt den Zeitpunkt zurück, zu dem die Datei erstellt wurde.
filegroup($datei)	Gibt die Gruppenzugehörigkeit einer Datei zurück.
filemtime($datei)	Gibt den Zeitpunkt der letzten Änderung an der Datei zurück.
fileowner($d9atei)	Gibt den Besitzer der Datei zurück.
fileperms($datei)	Gibt die Zugriffsrechte einer Datei zurück.
filesize($datei)	Gibt die Größe einer Datei in Byte zurück.
filetype($datei)	Gibt den Dateityp zurück.
is_dir($datei)	Prüft, ob der Dateiname ein Verzeichnis ist.
is_executable($datei)	Prüft, ob eine Datei ausführbar ist.
is_readable($datei)	Prüft, ob eine Datei lesbar ist.
is_writeable($datei)	Prüft, ob eine Datei schreibbar ist.
stat()	Liefert Informationen zu einer Datei in ein Array.

Funktionen des Verzeichnissystems

Mit PHP können Sie direkt auf Verzeichnisse zugreifen, sie anlegen, durchsuchen und löschen. Nachfolgende Tabelle stellt Ihnen die verfügbaren Funktionen vor:

Tabelle 3.31: Funktionen des Verzeichnissystems

Funktion	Beschreibung
chdir($verzeichnis)	Wechselt in das gewünschte Verzeichnis.
closedir($verzeichnis)	Schließt ein göffnetes Verzeichnis.
dir($verzeichnis)	Wechselt in das gewünschte Verzeichnis und erstellt eine Klasse.
dirname($pfad)	Ermittelt das Verzeichnis eines Pfades.

Funktion	Beschreibung
mkdir($name, $modus)	Erstellt ein Verzeichnis und weist ihm ein Verzeichnis attribut zu.
opendir($verzeichnis)	Öffnet ein Verzeichnis.
readdir($verzeichnis)	Liest einen Eintrag eines Verzeichnis-Handles.
rewinddir($verzeichnis)	Springt zum ersten Eintrag des Verzeichnisses.
rmdir($verzeichnis)	Löscht ein Verzeichnis.

Ein klassisches Beispiel für die Anwendung der Verzeichnisfunktionen ist das Ermitteln der Größe eines Verzeichnisses samt Unterverzeichnissen. In dem Beispiel DIRSIZE.PHP erhält das Programm als Parameter `$adir` das entsprechende Verzeichnis, Standard ist ».«. Die Aufgabe lässt sich leicht mit einem rekursiven Aufruf lösen. Die verwendeten Verzeichnisfunktionen sind fett gedruckt.

dirsize.php

```
<?php
  if (!$adir) $adir = ".";
  dodir($adir);
  echo("Das Verzeichnis $adir ");
  echo("besitzt $dateien Dateien, ");
  echo("die $groesse Bytes Platz belegen.");

  function dodir($adir)
  {
    global $dateien, $groesse;
    $dirobj = dir($adir);
    while ($item=$dirobj->read()) {
      if ($item==".") continue;
      if ($item=="..") continue;
      if (is_dir("$adir/$item")) {
        dodir("$adir/$item");
      } else {
        $dateien++;
        $groesse += filesize("$adir/$item");
        echo("Bearbeite $adir/$item<br>");
      }
    }
  }
?>
```

3.6 Klassen und Objektorientierung

3.6.1 Grundlagen

Eigentlich kann hier ein eigenes Buch beginnen, denn Objektorientierung ist sehr komplex, die Zusammenhänge manchmal schwer zu verstehen.

Wir wollen Ihnen an dieser Stelle einen kleinen Einblick in die Möglichkeiten der objektorientierten Programmierung geben, weitestgehend ohne sie theoretisch zu beleuchten.

Entwicklung

Die objektorientierte Programmierung (OOP) wurde geschaffen, um Dinge und Abläufe der realen Welt besser in Programmiersprachen zu fassen. In der OOP treffen Sie immer wieder auf drei Begriffe: Kapselung, Vererbung, Polymorphie.

Kapselung

Als Kapselung ist die Vereinigung von Variablen (= Eigenschaften) und Programmcode (= Methoden) unter einem Dach (= Klasse) zu verstehen. Eigenschaften beschreiben den Zustand einer Klasse, Methoden ändern den Zustand einer Klasse.

Vererbung

Eine Klasse kann Eigenschaften und Methoden von einer anderen Klasse erben. Sie heißt in diesem Fall abgeleitete Klasse (= Kindklasse) von der übergeordneten Klasse (= Elternklasse). Dadurch entsteht eine Vererbungshierarchie.

Polymorphie

Unter Polymorphie ist zu verstehen, dass alle Klassen, die von einer Superklasse abgeleitet sind, Methoden besitzen, die den gleichen Namen haben, aber verschieden implementiert sind.

Objekte

Spricht man von Klasse, ist allgemein eine Vorlage bzw. Schablone gemeint. Hinter dem Begriff »Objekt« hingegen verbirgt sich eine ganz konkrete Instanz einer Klasse mit definierten Eigenschaften.

3.6.2 Definieren einer Klasse

In PHP definieren Sie eine Klasse mit folgender Syntax:

```
<?php
class Name extends Elternname {
...
}
?>
```

Nach dem Namen der Klasse folgt hinter dem Schlüsselwort extends der Name der übergeordneten Klasse. Eine Klasse muss nicht von einer übergeordneten Klasse abgeleiten werden:

```
<?php
class Name {
...
}
?>
```

Dann entfällt extends.

3.6.3 Eigenschaften und Methoden

Eigenschaften der Klasse speichern Sie in Variablen, die Sie im Block der Klasse angelegt haben.

```
<?php
class Name {
  var $fname;
}
?>
```

Eine Methode definieren Sie wie eine ganz normale Funktion, nur innerhalb der Klassenstruktur:

```
<?php
class Name {
  var $fname;

  function setEigl($wert) {
  }
}
?>
```

Methoden greifen auf die Eigenschaften der Klasse zu, indem Sie den reservierten Zeiger `$this` verwenden:

```
<?php
class Name {
  var $fname;

function setEigl($wert) {
    $this->fname=$wert;
  }

  function getEigl() {
    return $this->fname;
  }
}
?>
```

Eine spezielle Methode einer Klasse heißt Konstruktor. Er wird beim Initialisieren einer Klasse automatisch aufgerufen und besitzt den gleichen Namen wie die Klasse.

myclass.php

```
<?php
class Name {
  var $fname;

function Name($Anfangswert) {
  $this->fname = $Anfangswert;
}

function setEigl($wert) {
    $this->fname=$wert;
  }

function getEigl() {
    return $this->fname;
  }
}
?>
```

3.6.4 Verwenden im Programmcode

Haben Sie Ihre Klasse einmal definiert, verwenden Sie das Schlüsselwort `new`, um eine oder mehrere Instanzen der Klasse zu erzeugen:

myclass-test.php

```
<?php
  include("myclass.php");
  $obj1 = new Name("Letzel");
  $obj2 = new Name("Gacki");
  echo($obj1->getEig1()); echo("<br>");
  $obj1->setEig1("Meyer");
  echo($obj1->getEig1()); echo("<br>");
  echo($obj2->getEig1()); echo("<br>");
?>
```

Ausgabe:

```
Letzel
Meyer
Gacki
```

3.6.5 Vererbung

Wir schaffen eine Klasse `VollerName`, um Vor- und Zunamen zu speichern. Sie erbt die Eigenschaften und Methoden der Klasse *Name*.

myclass2.php

```
<?php
  include("myclass.php");
  class VollerName extends Name {
    var $vname;
    function VollerName($vor,$zu) {
      Name::Name($zu);
      $this->vname = $vor;
    }
    function setEig1($vor,$zu) {
      Name::setEig1($zu);
      $this->vname = $vor;
    }
    function getEig1() {
      $tmp = Name::getEig1();
      return "$this->vname $tmp";
    }
  }
  $myname = new VollerName("Sven","Letzel");
  echo($myname->getEig1());
?>
```

Ausgabe:

```
Sven Letzel
```

Die Klasse `VollerName` nutzt die Eigenschaften der Elternklasse. Vergleichen Sie in den Methoden, wie die Klasse `VollerName` Aufrufe an die Klasse `Name` ausführt. Die Syntax ist `ElternklassenName::Elternklassenfunktion(Parameter)`.

HINWEIS

Wir wollen Ihnen an dieser Stelle weitere sinnige Beispiele ersparen. Anhand des kleinen Beispiels sollten Sie verstehen, wie Klassen definiert werden und funktionieren. Im MySQL-Teil dieses Buches entwickeln wir eine Klasse für den Datenbankzugriff.

3.7 Fragen

1. Woran erkennt der Webserver, dass in einem HTML-Dokument PHP-Code beginnt?
2. Welcher Unterschied besteht zwischen den Kommentarzeichen // und /* ?
3. Wie werden Variablen gekennzeichnet?
4. Was bedeutet NULL?
5. Welcher Unterschied besteht zwischen einer Ganzzahl und einer Fließkommazahl?
6. Welcher Unterschied besteht zwischen logischer und binärer Operation?
7. Was bedeutet »cast«?
8. Welche Zeichen definieren einen Anweisungsblock?
9. Welcher Unterschied besteht zwischen indizierten und assoziativen Arrays?
10. Welche Bedeutung haben reguläre Ausdrücke?
11. Wozu dient die Zeichenkombination »->«?

KAPITEL 4

Praktische Anwendungen

Da Sie jetzt über das grundlegende Wissen der PHP-Programmierung verfügen, können wir uns der praktischen Anwendung des Erlernten zuwenden.

Sie erfahren, wie PHP mit HTML-Formularen zusammenarbeitet und Cookies und Sessions funktionieren.

Netzwerk-nahe Funktionen zeigen Ihnen, wie Sie E-Mail-Adressen überprüfen können, E-Mails versenden oder mit FTP schnelle Dateiübertragungen realisieren.

Mit Hilfe der GD-Bibliothek lernen Sie, dynamische Webgrafiken zu erzeugen.

4.1 Formulare und Parameterübergabe

Interaktivität und Dynamik sind für einen gelungenen Web-Auftritt maßgebend. Dabei spielen Formulare eine wichtige Rolle. Denn durch sie kann der Besucher interaktiv handeln. Er kann Daten an den Server schicken, die dann verarbeitet werden.

Formulare haben in erster Linie wenig mit PHP gemein, da sie durch HTML erzeugt werden. PHP kommt erst dann zum Einsatz, wenn die Formulardaten verarbeitet werden. Die Daten werden dabei durch das HTTP-Protokoll entweder durch *POST* oder *GET* versendet. Auch in Cookies können Daten gespeichert werden.

4.1.1 Anlegen eines Formulars

Ein Formular wird durch die beiden Auszeichnungen `<form>` und `</form>` eingeschlossen. Die dazwischenliegenden Elemente des Formulars werden beim Versenden abgearbeitet. Andere HTML-Auszeichnungen, etwa Tabellen, werden zwar dargestellt, aber bei der Versendung nicht beachtet.

Die Methode und das Ziel der Übergabe werden innerhalb der *form*-Auszeichnung angegeben.

- *method* legt die Methode der Übergabe fest
  - *POST*
  - *GET*
- *action* gibt das Ziel an

Das Ziel kann eine beliebige Web-Adresse oder auch eine E-Mail-Adresse sein. Bei der Verarbeitung des Formulars werden alle Elementnamen automatisch in Variablen und alle Elementwerte in die Werte der jeweiligen Variablen geschrieben.

```
<HTML><HEAD><TITLE>Formular</TITLE></HEAD>
<BODY BGCOLOR="#FFFFFF">

<FORM METHOD="get" ACTION="form.php">
<INPUT TYPE="text" NAME="text" SIZE="20">
<INPUT TYPE="submit" VALUE="Absenden" SIZE="20">
</FORM>

</BODY></HTML>
```

Als Methode wurde hier *GET* verwendet. Der Inhalt des Formulars wird an die Datei FORM.PHP versendet. Durch *input* wird ein Formularelement erzeugt. Auf welche Elemententtypen Sie zurückgreifen können, wird in Tabelle 4.1 gezeigt.

Tabelle 4.2: Elementtypen

Typ	Attribute	Beschreibung
button	name, value	Schaltfläche
checkbox	name, value, checked	Kontrollkästchen
file	size, maxlength, accept	Eingabefeld für Dateien und Schaltfläche zum Durchsuchen
hidden	name, value	Unsichtbares Feld
image	name, src, Bildattribute	Bild als Submit-Button
radio	name, value, checked	Optionsschalter

Typ	Attribute	Beschreibung
reset	name, value	Setzt Formulareingaben zurück
submit	name, value	Senden-Button
text	name, value, size, maxlength	Einzeiliges Eingabefeld

Zwei Elementtypen werden nicht durch *input* angegeben. Mehrzeilige Textfelder und Optionsmenüs sind durch reine HTML-Auszeichnungen begrenzt:

- `<textarea>` begrenzt ein mehrzeiliges Eingabefeld
- `<select>` erstellt eine Auswahlliste; jeder Menüpunkt wird durch `<option>` markiert
- Näheres über die Syntax von Formularen erfahren Sie zum Beispiel auf *www.selfhtml.net*.

4.1.2 Die Methoden POST und GET

Beide Methoden sind in ihrer grundlegenden Funktion gleich. Beide versenden Daten über das HTTP-Protokoll an ein Ziel. Jedoch ist die Art der Übertragung verschieden.

Verwenden Sie *GET*, um die Formulardaten indirekt über die URL an eine Datei weiterzugeben. Die Variablen und ihre Werte werden durch ein *?* an die URL geknüpft. Alle folgenden Ausdrücke sind durch ein & getrennt.

```
http://www.neibeswelt.at/index.php?tag=1&getraenk=hefeweizen
```

Diese Form der Übertragung birgt den Nachteil, dass der Besucher Wert und Variable leicht verändern und erheblichen Einfluss auf ein Skript üben kann.

Mit *POST* vermeiden Sie diesen unerwünschten Nebeneffekt, da hier die Daten direkt an das Skript weitergegeben werden. Sie tauchen in der Adresse nicht auf. Eine Veränderung der Daten gestaltet sich damit schwieriger. Diese Methode sollte da eingesetzt werden, wo größere Datenmengen übergeben werden sollen, da auch die Länge der URL begrenzt ist.

Übrigens erhalten Sie bei *POST* von Ihrem Browser eine Fehlermeldung mit dem Inhalt, dass alle Formulareingaben gelöscht werden, wenn Sie die Seite aktualisieren wollen. Mit *GET* passiert das nicht; daher wird die Methode oft zu Navigationszwecken benutzt.

4.1.3 Auswerten von Formulardaten

Das Auswerten der Formulardaten wird erst mit PHP richtig interessant. Alle Daten, die durch ein Formular übergeben werden, sind sofort im Skript verfügbar und können verarbeitet werden.

Grundlagen

Ein praktisches Beispiel für die Verarbeitung eines Formulars stellt ein Gästebuch dar. Der Besucher soll seine Informationen, wie Name, E-Mail-Adresse, seine Homepage und den Text in ein Formular eingeben, welches dann durch ein Skript verarbeitet wird. Zunächst wird das Formular in der Datei GUESTBOOK.HTML aufgebaut.

Ein Formular

```
<HTML><HEAD><TITLE>G&auml;stebuch</TITLE></HEAD>
<BODY BGCOLOR="#FFFFFF"><BR>
<FORM METHOD="post" ACTION="new_entry.php">
<INPUT TYPE="hidden" NAME="eingabe" VALUE="1">
Name: <INPUT TYPE="text" NAME="name" SIZE="20"><BR>
Email: <INPUT TYPE="text" NAME="email" SIZE="20"><BR>
URL: <INPUT TYPE="text" NAME="url" VALUE="http://" SIZE="40"><BR>
<TEXTAREA NAME="text" ROWS="10" COLS="40"></TEXTAREA><BR>
<INPUT TYPE="submit" VALUE="Absenden" SIZE="20">
<INPUT TYPE="reset" VALUE="L&ouml;schen" SIZE="20">
</FORM>
</BODY></HTML>
```

Der Browser zeigt jetzt das Formular an, in das bereits ein Text eingegeben wurde:

Abb. 4.1: Formular

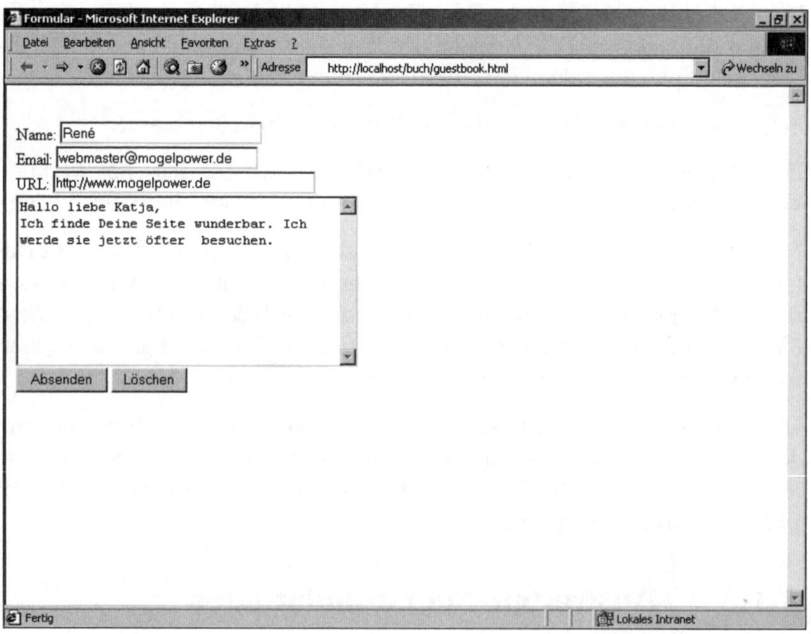

Alle Eingaben werden an die Datei NEW_ENTRY.PHP übergeben. Jeder Elementname stellt eine Variable dar. Genauso gut kann der Inhalt des Formulars auch an dieselbe Datei geschickt werden. Die Datei kann direkt angegeben werden, oder Sie verwenden die globale Variable $PHP_SELF. Die *form*-Auszeichnung muss in diesem Fall so aussehen.

```
<FORM METHOD="post" ACTION="<?php echo($PHP_SELF); ?>">
```

Anstatt $PHP_SELF steht nach der Verarbeitung der Datei dann ihr Dateiname im Attribut *ACTION*.

Konzentrieren wir uns jedoch wieder auf unser ursprüngliches Beispiel. Die Datei NEW_ENTRY.PHP wurde angelegt und wird zum Test wie folgt beschrieben:

Ausgabe von Formulareingaben

```
<HTML><HEAD><TITLE></TITLE></HEAD>
<BODY BGCOLOR="#FFFFFF">
<?php
if($eingabe == 1) {
echo("Name: $name<BR>Email: $email<BR>URL: $url<BR>Ihr Text: $text");
} else {
    echo("Bitte verwenden Sie das Formular!");
}
?>
</BODY></HTML>
```

Dieses kleine Skript zeigt, dass die zuvor eingegebenen Daten übernommen wurden und schon angezeigt werden können.

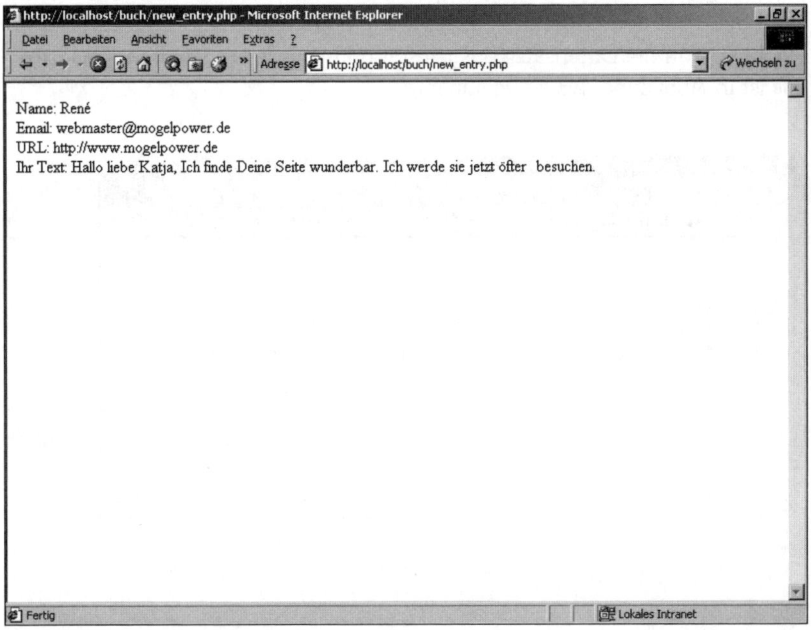

Abb. 4.2: Im Browser werden die zuvor eingegebenen Daten angezeigt

Sie können diesen Datensatz schon jetzt speichern. Das hat aus Sicherheitsgründen und wegen der fehlenden Formatierung der Zeichenketten aber keinen Sinn. Außerdem sorgen fehlende Fehlerkorrekturen für unvollständige oder falsche Einträge.

Globale Servervariablen

Es gibt eine Variante der Verarbeitung von Formulardaten, durch die Sie die Elementnamen des Formularelemente nicht kennen müssen. Durch die globalen Variablen `$HTTP_GET_VARS`, `$HTTP_POST_VARS` und `$HTTP_COOKIE_VARS` werden die Elementnamen und ihre Werte in assoziative Arrays zurückgegeben.

Damit sind Sie befähigt, dynamisch erzeugte Formulare auszulesen oder sich viel Schreibarbeit zu ersparen, wenn die Formulare sehr kompliziert sind. Die Eingabe für unser Gästebuch lassen sich natürlich auch in dieser Form ausgeben.

```
<?php
if(isset($HTTP_POST_VARS)) {
    reset($HTTP_POST_VARS);
    foreach($HTTP_POST_VARS as $name=>$element) {
        echo(strtoupper($name) . ": $element<BR>");
    }
}
?>
```

Zuerst wird geprüft, ob Daten durch *POST* übergeben worden sind. Danach wird mit *reset* der Zeiger des Arrays auf den ersten Schlüssel gesetzt. Mit *foreach* werden die Datensätze ausgelesen und jeweils ausgegeben. Das Ergebnis ist in Abbildung 4.3 zu begutachten.

Abb. 4.4: Ausgabe durch $HTTP_POST_VARS

Fehlerbehandlung und Formatierung

Sie sind mit den PHP-Grundlagen fähig, Kontrollstrukturen zu programmieren. Leicht ist es auf jeden Fall, fehlende Werte zu erkennen und gegebenenfalls eine Fehlermeldung im Browser auszugeben. Auch durch JavaScript kann eine solche Fehlerroutine hinzugefügt werden. Die Behandlung durch PHP ist jedoch auf jeden Fall effektiver, da JavaScript durch den Besucher deaktiviert sein könnte. Das Beispiel zeigt, wie eine Fehlerbehandlung mittels PHP aussehen kann.

Fehlerbehandlung und Formatierungen von Formulareingaben

```
<HTML><HEAD><TITLE>new_entry.php</TITLE></HEAD>
<BODY BGCOLOR="#FFFFFF">
<?php
if($eingabe == 1) {
    $name = htmlentities(addslashes(chop($name)));
    $email = htmlentities(addslashes(chop($email)));
    $url = htmlentities(addslashes(chop($url)));
    $text = nl2br(htmlentities(addslashes(chop($text))));

    if($name && $text) {
echo("Name: $name<BR>Email: $email<BR>URL: $url <BR>Ihr Text: $text");
    } else {
    echo("Name und der Text muss angegeben werden!");
    }
} else {
    echo("Bitte verwenden Sie das Formular!");
}
?>
</BODY></HTML>
```

Das Skript enthält eine simple Kontrollfunktion, in der überprüft wird, ob die Werte in `$name` und `$text` vorhanden sind. Außerdem wird jeder Datensatz formatiert. So werden HTML-spezifische Auszeichnungen und Umlaute umgewandelt. Sonderzeichen werden ebenfalls behandelt, da die Daten eventuell in einer Datenbank gespeichert werden sollen.

Formularoptionen und Arrays

Sie wollen mehr über die Besucher erfahren? Eine weit verbreitete Lösung sind Checkboxen oder Optionsmenüs mit mehreren Auswahlmöglichkeiten.

Optionselement mit Mehrfachauswahl

```
<SELECT NAME="suchmaschinen" SIZE="5" MULTIPLE>
<OPTION VALUE="Google">Google</OPTION>
<OPTION VALUE="AltaVista">AltaVista</OPTION>
<OPTION VALUE="Yahoo">Yahoo</OPTION>
<OPTION VALUE="Fireball">Fireball</OPTION>
<OPTION VALUE="Lycos">Lycos</OPTION>
<OPTION VALUE="Web.de">Web.de</OPTION>
```

```
<OPTION VALUE="Keine">Keine</OPTION>
<OPTION VALUE="Andere">Andere</OPTION>
</SELECT>
```

Da Sie mehrere Werte auswählen können, kommt es bei der bisherigen Verarbeitung durch PHP zu Problemen. Die äußern sich im Beispiel darin, dass nur der letzte ausgewählte Wert gespeichert wird, denn es existieren mehrere Werte, aber nur eine Variable. Die Lösung kennen Sie bereits aus dem Unterkapitel 3.4 »Arrays«. Nur Arrays sind dazu fähig, mehrere Werte aufzunehmen. Bei der Formularübergabe muss also dieser Datentyp anstelle eines einzelnen Wertes benutzt werden.

PHP muss also erkennen, dass es Daten bekommt, die in einem Array zu speichern sind. Erreicht wird das, indem dem Elementnamen eckige Klammern *[]* angefügt werden.

```
<SELECT NAME="suchmaschinen[]" SIZE="5" MULTIPLE>
```

Für HTML sind die Klammern bedeutungslos. PHP aber interpretiert die Syntax so, dass ein Array erzeugt wird und alle folgenden Werte diesem zugeführt werden. Die Ausgabe erfolgt sehr schnell und leicht über die *foreach*-Schleife:

Auslesen des Arrays

```
<?php
if($suche) {
foreach((array)$suche as $element) {
        echo("$element<BR>"); }
    } else {
        echo("Keine");
}
?>
```

4.1.4 Parameterübergabe

Im Gegensatz zu *POST* hält die Methode *GET* weitere Möglichkeiten bereit, um dynamische Webseiten erst sinnvoll erscheinen zu lassen. Nehmen wir an, dass Sie eine Basisseite benutzen, welche sich aus Modulen zusammensetzt. Die Module wollen Sie per *include* oder *require* in diese Basisdatei laden. Die Basisdatei muss wissen, welche Module der Besucher sehen darf. Hierzu dienen Parameter, welche durch die URL übertragen werden. Die Parameter beziehungsweise Variablen stehen für das zu ladende Modul. Das heißt, dass jeder Link auf der Seite diese Informationen tragen sollte.

Übergabe per Link

Die Syntax wurde bereits Eingangs im Abschnitt »Die Methoden POST und GET« kurz erklärt.

Alle Variablen werden der URL durch ein *?* angehängt. Die Trennung der einzelnen Parameter erfolgt durch das Kaufmanns-Und &. Eine Variable ist durch ein = von ihrem Wert getrennt. Auch wenn kein Wert zugewiesen wird, folgt das Gleichheitszeichen der Variablen.

```
<A HREF="index.php?variable1=wert1&variable2=&variable3=wert3">Link</A>
```

Der URL ist dabei maximal 2000 Zeichen lang, damit sie von Ihrem Browser übergeben werden kann.

Ein Beispiel demonstriert, wie spezielle Daten auf diese Art aufgerufen oder verändert werden können.

```
<HTML><HEAD><TITLE>Parameter per URL weitergeben</TITLE></HEAD>
<BODY BGCOLOR="<?php if(!$color) : echo("white"); else : echo($color);
endif; ?>">
<A HREF="index.php?page=home&color=white" TARGET="_self">Home</A><BR>
<A HREF="index.php?page=itsme&color=red" TARGET="_self">Das bin ich</
A><BR>
<A HREF="index.php?page=mylinks&color=grey" TARGET="_self">Meine
Links</A><BR>
<?php
switch($page) {
    case home: echo("<BR>Hier soll \"Home\" per include aufgerufen
    werden."); break;
    case itsme: echo("<BR>Hier soll \"Das bin ich\" per include
    aufgerufen werden."); break;
    case mylinks: echo("<BR>Hier soll \"Meine Links\" per include
    aufgerufen werden."); break;
} ?>
</BODY></HTML>
```

Nicht nur der Inhalt der Seite ändert sich; ebenso wird die Hintergrundfarbe der Seite verändert.

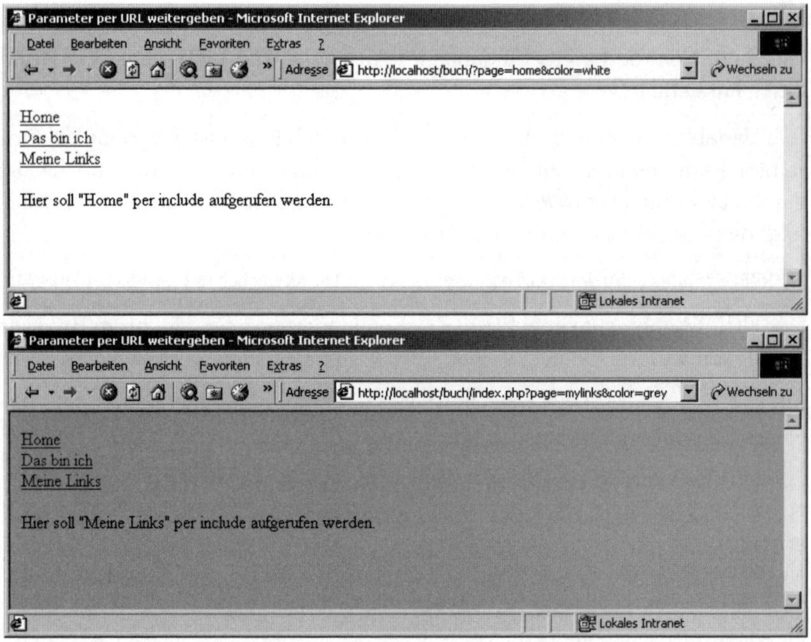

Abb. 4.5: Resultat des Beispiels

(De-)Codierung der URL

Sobald Sie keine lücken- und sonderzeichenlosen Daten mehr über die URL übertragen wollen, kommt es ohne deren Codierung zu Fehlern.

Die Funktionen *urlencode()* und *urldecode* werden Ihnen alle Sonderzeichen oder auch nicht-URL-spezifische Zeichen ersetzen oder wieder umwandeln. Folgender Link würde Ihnen vor der Behandlung Probleme bereiten:

```
<A HREF="index.php?page=Das bin Ich&color=BGCOLOR="red"">Das bin ich</A>
```

urlencode wandelt die für die URL »untauglichen« Zeichen in ASCII-Code um. Jedem ASCII-Wert wird ein %-Zeichen vorangestellt.

```
<?php
$url = urlencode("page=Das bin Ich&color=BGCOLOR=\"red\"");
?>
<A HREF="index.php?<?php echo($url); ?>">Das bin ich</A>
```

Ausgabe:

URL nach urlencode

```
http://localhost/index.php?pa-
ge%3DDas+bin+Ich%26color%3DBGCOLOR%3D%22red%22
```

`urldecode()` ändert diese Zeichenkette wieder in ihren ursprünglichen Zustand.

Die globale Variable $QUERY_STRING

Diese globale Variable gibt Ihnen den Teil der URL zurück, der an das ?-Zeichen angehängt ist. Damit greifen Sie nicht auf die automatische Interpretation der Parameter durch PHP zurück, sodass Sie diese selbst interpretieren können. `$QUERY_STRING` gibt Ihnen den Teil der URL als Ganzes zurück.

Der Vorteil findet sich in Situationen, in denen der Parameterteil der URL geschlossen weitergegeben werden soll. Angenommen, Sie befinden sich in einem Forum einer Internetseite in einem bestimmten Beitrag. Sie wollen auch Ihre Meinung über das Thema in ein Formular schreiben. Hier wäre es günstig, wenn Sie direkt nach dem Absenden zum gleichen Beitrag geführt würden und Ihren Kommentar noch einmal durchlesen könnten. Dass Sie wieder zu diesem Beitrag zurückkommen, kann Ihnen `$QUERY_STRING` möglich machen. In einem unsichtbaren Feld des Formulars werden die Parameter, welche zum Beitrag führen, gespeichert. Senden Sie das Formular jetzt ab, wird dieses Feld dazu dienen, dass Sie auf den Beitrag zurückgeführt werden.

Falls Sie gleiche Variablennamen für verschiedene Werte verwenden, muss `$QUERY_STRING` auch hier eingesetzt werden. Ansonsten werden nur die letzte Variable und ihr Wert aus der URL zurückgegeben.

```
<A HREF="index.php?name=leila&name=soeren&name=sven">Namen</A>
<?php
if ($name) {
    echo("<BR>normal: $name");
    $parameter = $QUERY_STRING;
    echo("<BR>mit globaler Variable: $parameter");
}
?>
```

Ausgabe:

```
normal: sven
mit globaler Variable: name=leila&name=soeren&name=sven
```

4.1.5 Datei-Upload über Formulare

Der Datei-Upload über den Browser erspart Ihnen den Zugriff auf den FTP-Server. Auch die Kontrolle über die hochzuladenden Dateien wird auf diese Weise sehr leicht.

Der Upload erfolgt über ein Formular, dessen Eingaben mit der Methode POST an eine URL gesendet werden. Der wesentliche Vorgang ist einfach zu beschreiben. Sie tragen die lokal abgelegte Datei in das Formular ein oder durchsuchen Ihre Festplatte nach der Datei. Die *Submit*-Funktion sendet die Datei an die Zieladresse.

Um eine Datei an den Server zu schicken, muss das Formular den Typ *multipart/form-data* in der *form*-Auszeichnung enthalten:

```
<form ENCTYPE="multipart/form-data" ACTION="URL" METHOD="post">
```

Das Formular selbst benötigt mindestens ein *input*-Element vom Type *file* und einen *submit*-Button.

```
<?php
$target = "http://127.0.0.1/upload/upload.php";
?>
<HTML><HEAD><TITLE>Dateiupload</TITLE></HEAD>
<BODY BGCOLOR="white">
<FORM ENCTYPE="multipart/form-data" ACTION="<?php echo($target); ?>"
METHOD="post">
<INPUT TYPE="file" NAME="file"><BR>
<INPUT TYPE="submit" VALUE="Hochladen">
</FORM>
</BODY></HTML>
```

Als Ziel muss eine PHP-Datei angegeben werden; die Datei wird nämlich in einem temporären Ordner des Servers abgelegt und sofort gelöscht, wenn der Upload abgeschlossen ist. Das Skript, welches als Ziel angegeben wird, dient Ihnen zur Verarbeitung der Daten. Zumindest muss die Datei durch das Skript über den Dateizugriff an seinen wahren Bestimmungsort auf dem Server kopiert werden.

Das Zielskript UPLOAD.PHP sollte jedoch noch etwas mehr können. So soll es prüfen, ob die Datei bereits vorliegt, und diese auf Wunsch umbenennen. Doch zunächst sollen Sie erfahren, wie Sie Informationen über die Datei erhalten.

Mit dem Sendevorgang werden automatisch folgende Variablen deklariert:

- *$file* enthält den Dateinamen der im temporären Ordner liegenden Datei
- *$file_name* enthält den originalen Namen der Datei
- *$file_size* enthält die Dateigröße
- *$file_type* enthält den Media-Typ der Datei (die unterstützten Typen erfahren Sie von Ihrem Provider oder finden Sie in der Konfiguration des Servers)

Diese Variablen sind frei deklarierbar, indem Sie den Elementnamen im `input-file`-Tag des Formulars ändern.

```
<INPUT TYPE="file" NAME="test">
```

Die Dateigröße steht nach dieser Schreibweise in der Variablen *$test_size*.

Begrenzung der Dateigröße

Zwar ist die Begrenzung im Zielskript sinnvoller, aber dennoch gibt Ihnen auch das Formular die Möglichkeit, die Dateigröße zu begrenzen. Dazu wird ein unsichtbares Formularelement erstellt. Der Elementname wird mit *MAX_FILE_SIZE* angegeben. Der zugewiesene Wert einer Ganzzahl entspricht der zulässigen Dateigröße in Byte. Wird der zulässige Wert überschritten, gibt der Browser zwar eine Fehlermeldung aus, die Datei wird aber dennoch hochgeladen.

```
<INPUT TYPE="HIDDEN" NAME="MAX_FILE_SIZE" VALUE="1000000">
```

Bei dieser Variante besteht die Chance des Missbrauchs, denn das Formular kann auf der Seite des Clients selbst geschrieben werden.

Eine wirkungsvollere Methode stellt die Einschränkung über die Servereinstellungen selbst dar. In der PHP.INI existiert ein Eintrag namens `upload_max_filesize`, dessen Wert in Byte Sie beliebig verändern können. Ist eine Größe angegeben, kann sie auf dem Server nicht überschritten werden und ist damit global festgelegt. Bitte beachten Sie, dass einige Provider diese Einstellung aus Sicherheitsgründen mit einem Wert belegt haben.

Mehrere Dateien hochladen

Im Abschnitt 4.1.3 haben wir beschrieben, wie Sie mehrere Werte über Formularelemente mit gleichem Elementnamen verschicken können. Das gleiche Prinzip wird auch beim Upload angewendet. Dabei erzeugt PHP wieder ein Array.

```
<FORM ENCTYPE="multipart/form-data" ACTION="<?php echo($target); ?>"
METHOD="post">
<INPUT TYPE="file" NAME="file[]"><BR>
<INPUT TYPE="file" NAME="file[]"><BR>
<INPUT TYPE="file" NAME="file[]"><BR>
<INPUT TYPE="submit" VALUE="Hochladen">
</FORM>
```

Das Zielskript sollte jetzt natürlich auch auf die Arrays zugreifen.

Die Zieldatei

Die Zieldatei, welche im *form*-Tag des Formulars angegeben wurde, soll im Wesentlichen folgende Funktionen besitzen:

1. Prüfen, ob die Datei schon vorliegt
2. Kopieren der Datei aus dem temporären Verzeichnis in das Ziel
3. Prüfen der Dateigröße

4. Umbenennen der Datei mit zufälligen Dateinamen beliebiger Länge
5. Fehlerkorrektur
6. Löschen der temporären Datei

Ein wichtiges Kriterium für Skripts ist die Wiederverwertbarkeit. Falls sich Änderungen ergeben, wie zum Beispiel ein Providerwechsel oder einfach die zugelassene Dateigröße, soll ja nicht das gesamte Skript umgeschrieben werden. Deswegen werden diese Werte eingangs deklariert.

Programmkopf (Vereinbarungen)

```
<?php
$ziel = ""; // Zielverzeichnis der Datei
$datei_max = "1024000"; // max. Dateigroesse in Byte
$datei_ende = ".jpg"; // gewünschte Dateiendung
$datei_mime = "image/jpeg";
```

Dann wird die Funktion für die zufällige Auswahl eines neuen Dateinamens vereinbart. Schließlich sollen schon existierende Dateien mit dem gleichen Dateinamen nicht einfach überschrieben werden. Doch zunächst überprüft ein logischer Ausdruck, ob eine Datei angegeben wurde. Ist dem nicht so, wird der Server den Wert *none* zurückgeben.

Dateiname erzeugen

```
if($file != "none") {
function random($name_laenge) {
    $zeichen =
"abcdefghijklnmopqrstuvwxyzABCDEFGHIJKLNMOPQRSTUVWXYZ0123456789";
    $name_neu = "";

    mt_srand ((double) microtime() * 1000000);
    for ($i = 0; $i < $name_laenge; $i++) {
        $name_neu .= $zeichen{mt_rand (0,strlen($zeichen))};
    }
    return $name_neu;
}
$ziel .= random("20") . $datei_ende;
```

Diese Funktion wird dann an gewünschter Stelle aufgerufen. Jetzt folgt die eigentliche Programmstruktur, welche die Datei aus dem temporären Ordner in den Zielordner kopiert und auf Fehler überprüft.

Eigentliche Programmstruktur

```
$error = 0;
$error_log = "<B>Folgende(r) Fehler sind (ist) aufgetreten:</B><BR>";

if($file_size > $datei_max) {
$error = 1;
$error_log .= "<LI>Die Datei ist gr&ouml;&szlig;er als $datei_max
Byte!<BR>"; }
```

```
if($file_type != $datei_mime) {
$error = 1;
$error_log .= "<LI>Der Dateityp ist falsch! Die Datei muss vom Typ
$datei_ende sein.<BR>"; }

if(file_exists($ziel) or !copy($file, $ziel)) {
$error = 1;
$error_log .= "<LI>Ein Fehler beim Kopieren der Datei $file_name ist
aufgetreten!<BR>";
}

if($error == 1) {
echo($error_log . "<BR>Die Datei wurde nicht hochgeladen. Vorgang ab-
gebrochen!");
if(file_exists($ziel)) : unlink($ziel); endif;
} else {
echo("Die Datei <B>" . basename($ziel) . "</B> wurde erfolgreich hoch-
geladen.<BR><BR>");
}
```

Am Schluss sollten Sie auch die Datei im temporären Ordner löschen und eine Fehlermeldung angeben, falls die erste Bedingung (prüfen, ob eine Datei angegeben wurde) nicht zutreffend ist.

Datei aus temporärem Ordner löschen - Fehlermeldung

```
unlink($file);
} else {
    echo("<BR>Die Datei wurde nicht hochgeladen. Vorgang abgebrochen,
da keine Datei angegeben wurde!");
}
?>
```

Das Skript eignet sich vor allem für den kontrollierten Upload eines bestimm ten Dateityps. Eine Anwendung im Bereich von nutzerspezifischen Anwendungen ist optimal. So könnte zum Beispiel jeder angemeldete Benutzer ein Bild von sich auf Ihre Webseite laden. Der neu erzeugte Dateiname sollte dann nur noch in einer Datenbank gespeichert werden, sonst verlieren Sie die Übersicht über die kryptisch anmutenden Dateinamen.

Sicherheitshinweis

Der Upload einer Datei birgt Risiken. Sobald Dateien unkontrolliert auf den Server geladen werden dürfen, sind Nutzer mit bösen Absichten oder einer gefährlichen Unkenntnis nicht weit. So könnten Viren, Trojanische Pferde oder einfach nur Datenmüll versendet werden.

Deshalb sollten Sie den Dateiupload immer absichern. Die Sessions-Funktionen bieten Ihnen da eine gute Lösung.

4.2 Cookies

Oftmals ist es sinnvoll, individuelle Details über den Besucher einer Website zu speichern. So muss sich ein Online-Shop den Inhalt des Warenkorbs merken. Diskussionsforen könnten einen zuvor eingegebenen Nutzernamen speichern und das Eingabefeld für den Namen selbständig ausfüllen. Dazu muss der Besucher eindeutig identifiziert werden. Neben der Möglichkeit, die IP-Adresse mit einem Besucher zu verbinden, kann der Server Textinformationen auf der Festplatte des Besuchers ablegen. Er kann diese *Cookies* bei einem späteren Besuch wieder auslesen.

Cookies sind vor allem für den Besucher sehr praktisch. Websites können sich seine bevorzugten Einstellungen merken. Der Buchversand *Amazon.de* verbindet das Cookie des Besuchers mit den Kundendaten. So kann ein Buch mit einem Mausklick bestellt werden, ohne dass sich der Kunde identifizieren muss.

Doch die Kekse schmecken nicht jedem. Sie haben den Ruf, Spionageinstrumente zu sein, aus dem Besucher einen gläsernen Kunden zu machen. Die Befürchtungen sind weitgehend übertrieben. Wohl kann eine Website über Cookies eine Statistik über die Häufigkeit von Besuchen und die bevorzugten Seiten ablegen. Querverweise zu anderen Websites sind jedoch nicht möglich.

Cookies sind Textdateien mit einer Größe von maximal 4 Kbyte. Diese Dateien werden von Websites erzeugt und in einem speziell dafür gedachten Verzeichnis auf der Festplatte des Besuchers gespeichert. Für jede Domain dürfen maximal zwanzig Cookies angelegt werden.

Cookies besitzen ein Verfallsdatum. Ist es überschritten, sollte der Browser die Datei löschen. Der Besucher kann die Annahme der Cookies verweigern oder sie von Hand löschen.

4.2.1 Anwendungszwecke von Cookies

Benutzerbewegungen

Statistiken sind von sehr großer Bedeutung. Besonders die Betreiber von größeren Webseiten mit viel Inhalt interessieren sich für den Weg, den der Besucher einschlägt, sei es nun, weil er nur auf bestimmte Themen fixiert ist oder ihn die Navigation der Internetseite Schwierigkeiten bereitet. Hier können Cookies den Weg des Benutzers »aufzeichnen«. Jedes Mal, wenn der Benutzer eine neue Seite aufruft, werden die Daten seines Cookies in einer Statistik gespeichert. Der Administrator kann sich darauf den mehr gefragten Themen zuwenden oder dem Nutzer mit einer verbesserten Navigation helfen.

Benutzeridentifikation

Cookies können Ihnen das Eingeben von Zugangsdaten abnehmen. Doch hier ist Vorsicht geboten: Ist der Rechner auch für andere Nutzer zugänglich, kann der Zugang missbraucht werden. Wie immer gilt die Regel: Bequemlichkeit geht zu Lasten der Sicherheit.

Personalisierte Webseiten

Freuen Sie sich, wenn Sie nach dem morgendlichen Aufstehen auf die Internetseite Ihrer Tageszeitung surfen und mit Ihrem Namen freundlich begrüßt werden? Und da Sie ein sportlicher Mensch sind, stehen Ihre Sportnachrichten ganz oben auf der Seite. Cookies werden dazu genutzt, um Internetseiten auf den Besucher zuzuschneiden.

4.2.2 Definition der Cookies

Der Server sendet Informationen per HTTP an den Client zurück. Ein Teil dieser Information kann vom Client gespeichert werden. In dieser Information sind Daten und eine URL gespeichert. Wird die Internetseite erneut aufgerufen, kann der Client anhand der URL die Daten per HTTP an den Server zurückschicken.

Den Befehl, ein Cookie zu erzeugen, gibt der Server im HTTP-Header mit. Durch `Set-Cookie` werden die Daten gespeichert. Im HTTP sieht das so aus:

```
Set-Cookie: NAME=VALUE; expires=DATE; path=PATH; domain=DOMAIN_NAME;
secure
```

Einzig und allein der *NAME* des Cookies muss angegeben werden. Alle anderen Elemente sind optional. Bis auf die Zeichen Semikolon, Komma und das Leerzeichen dürfen alle verwendet werden. Durch *urlencode* sind Sie in der Lage, auch komplexere Informationen zu speichern.

Durch *expires* wird das Verfallsdatum festgelegt. Verzichten Sie auf eine Festlegung, wird das Cookie nach dem Beenden des Browsers gelöscht. Der Wert selbst ist eine speziell formatierte Datumsangabe:

```
Wochentag, DD-Mon-YYYY HH:MM:SS GMT
```

Ein Beispiel sieht folgendermaßen aus:

```
Monday, 27-Aug-2001 12:00:00 GMT
```

Die Zeitzone GMT (**G**reenwich **M**ean **T**ime) ist Standard und darf nicht geändert werden.

Durch *path* wird der Ort der Speicherung des Cookies durch den Browser definiert.

Anhand von *domain* wird der Browser angewiesen, das Cookie nur an die im Wert enthaltene Domain zurückzuschicken. Auf diese Weise können Sie auch ein Cookie für eine andere Webseite ins Leben rufen.

Werden sensible Daten versendet, kann zusätzlich *secure* eine sichere Verbindung per SSL zum Server aufbauen.

4.2.3 Cookies unter PHP

Auch durch PHP können HTTP-Header deklariert werden. Der für die Cookies zuständige Header heißt *setcookie()*.

```
setcookie("Name", "Inhalt", Verfallsdatum, Pfad, Domain, secure);
```

Wie auch bei HTML, müssen die Header vor anderen Ausgaben an den Browser gesetzt werden.

Die Syntax muss eindeutig beibehalten werden. Wollen Sie also auf den Inhalt verzichten, muss "" stehen bleiben. Werte wie das Verfallsdatum oder *secure* werden durch 0 ersetzt.

Alle Daten werden automatisch mit *urlencode* codiert und auch wieder in den ursprünglichen Zustand umgewandelt.

Praktische Anwendung

Am besten lässt sich die Funktion eines Cookies anhand einer personalisierten Internetseite demonstrieren. Dazu soll der Benutzer seinen Namen eingeben und eine Lieblingsschriftart über ein Formular wählen.

Zuerst werden, für den Fall, dass kein Cookie existiert, Standardinformationen für die Seite bereitgelegt. Diese Daten werden in ein Array geladen.

```
<?php
if(!$cookie) {
    $array[] = "Cookie nicht gesetzt!";
    $array[] = "TimesNewRoman";
```

Falls das Cookie bereits gesetzt ist, wird der Inhalt anhand eines Trennzeichens ausgelesen und in ein Array geladen.

Cookie in ein Array laden

```
} else {
    $array = explode("@@@",$cookie);
}
```

Die nächste Bedingung erzeugt das Cookie, nachdem das Formular abgesendet wurde. Die Daten werden in das Array `$string` geladen, das dann durch ein Trennzeichen in einen String aufgelöst wird. Danach wird das Cookie gesetzt. Um die Lebensdauer zu definieren, wird der Unix-Zeitstempel benutzt und mit *300* Sekunden addiert. Die Lebensdauer des Cookies beschränkt sich also auf fünf Minuten.

Cookie erzeugen

```
if($set_cookie = "yes") {
    $string = array("$name","$font");
    $string = implode("@@@",$string);
    setcookie("cookie",$string,time()+300,"","",0);
}
?>
```

Zum Schluss werden die HTML-Inhalte geschrieben. Die CSS-Definition und die Ausgabe des Namens werden dynamisch gestaltet. Durch das Formular wird der Inhalt des Cookies spezifiziert.

HTML-Inhalt der Datei

```
<HTML><HEAD><TITLE>Cookie</TITLE>
<STYLE TYPE="text/css">
body { font-family:<?php echo($array[1]); ?>; font-size:14px; }
</STYLE>
</HEAD>
<BODY BGCOLOR="#FFFFFF">
Ihr Name ist: <B><?php echo($array[0]); ?></B><BR>
<FORM ACTION="<?php echo($PHP_SELF); ?>" METHOD="post">
<INPUT TYPE="hidden" NAME="set_cookie" VALUE="yes">
Name: <INPUT TYPE="text" NAME="name" SIZE=15><BR><BR>
gew&uuml;nschte Schriftart wählen:<BR>
<INPUT TYPE="radio" NAME="font" VALUE="Arial,sans-serif" CHECKED> Ari-
al<BR>
<INPUT TYPE="radio" NAME="font" VALUE="Verdana,sans-serif"> Verda-
na<BR>
<INPUT TYPE="radio" NAME="font" VALUE="Tahoma,sans-serif"> Tahoma<BR>
<INPUT TYPE="radio" NAME="font" VALUE="System,sans-serif"> Sys-
tem<BR><BR>
<INPUT TYPE="submit" VALUE="Personalisieren">
</FORM>
</BODY></HTML>
```

Bitte beachten Sie, dass das Formular zweimal versendet werden muss, damit das Cookie gesetzt wird. Wenn Sie die Seite ein drittes Mal aktualisieren, wird das vorhandene Cookie ausgelesen, und der Inhalt des Dokuments erscheint in der gewünschten Veränderung.

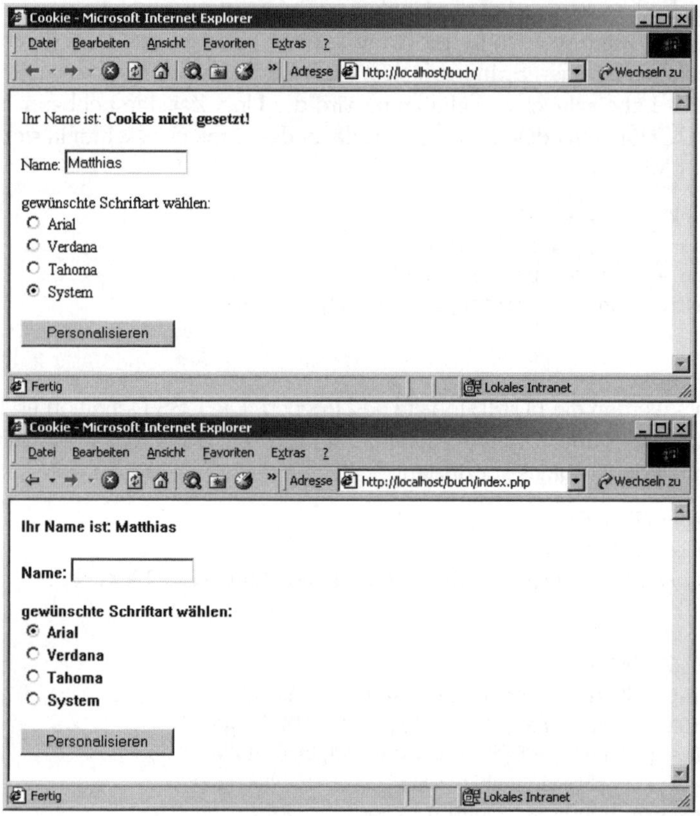

Abb. 4.6: Vor und nach dem Setzten des Cookies

4.3 Sessions

4.3.1 Einführung

Bei benutzerspezifischen Anwendungen ist eine Identifikation des Benutzers nötig. Das HTTP-Protokoll liefert diese Funktion jedoch nicht, da für jeden Aufruf einer Seite eine neue Sitzung (Prozess) gestartet wird. Das bedeutet, dass der Server jedes Mal die gleichen Informationen für jeden Benutzer bereitstellt. Eine Identifikation eines bestimmten Benutzers ist damit nicht möglich.

Zwar wäre eine Identifikation des Benutzers über den Einsatz von Cookies möglich, ist aber nicht sicher. Um personalisierte Bereiche zu schaffen, welche sensible Daten oder benutzerspezifische Funktionen besitzen, ist eine eindeutige Zuordnung eines Prozesses auf einen bestimmten Benutzer unverzichtbar. Durch Sessions (englisch für Sitzung) wird diese Zuordnung ermöglicht. Wird eine Session gestartet, kann der Anwender unter dieser in dem Einsatzbereich identifiziert und mit den auf ihn zugeschnittenen Daten versorgt werden.

Unverzichtbar sind Sessions besonders bei Anwendungen, bei denen der Anwender sich mit seinem Nutzernamen und einem Passwort anmelden muss. Das ist im Besonderen bei kommerziell genutzten Angeboten im Internet der Fall. Bank- und Zahlungssysteme, Shopsysteme, Foren und personalisierte Internetseiten sind nur eine Auswahl an Möglichkeiten, bei denen Sessions genutzt werden. Aber auch um die Bewegung eines Nutzers zu kontrollieren, wird häufig eine Session, also ein eigener Prozess, gestartet.

Der Anwender surft zum Beispiel einen Internetshop an. Das Skript der Seite überprüft, ob er bereits eine so genannte Session-ID besitzt, und weist ihm gegebenenfalls eine zu. Dieser zufällig erstellte Identifikationsstring wird den Anwender über das gesamte Shopsystem begleiten, sodass der Server nur die Informationen sendet oder empfängt, die den Nutzer betreffen. Wählt er nun Produkte aus, werden diese mit der zu seinem Prozess gehörenden Session-ID im Warenkorb gespeichert. Sollen die Produkte bezahlt werden, übergibt der Kunde seine Session-ID und bekommt durch diese seine ausgewählten Produkte wieder zu sehen. Die Produkte der anderen Kunden bleiben für ihn verschlossen. Hat er den Inhalt seines Warenkorbs bezahlt oder verlässt der Kunde die Seite wieder, kann die Session gelöscht werden.

Sessions stellen somit die Beziehung zwischen dem Anwender und seinen speziellen Daten oder Informationen her. Sie verhindern, dass andere die gleichen Objekte erhalten. Das geschieht über den gesamten Bereich hinweg, in dem die Session verlangt wird.

Die Vergabe und das Auslesen von Sitzungen ist in PHP weitgehend automatisiert. Dabei verwendet PHP das Dateisystem standardmäßig zur Speicherung einer Sitzung. Beim Anlegen einer Session wird zunächst geprüft, ob sie bereits existiert. Andernfalls wird eine einzigartige Session-ID vergeben.

4.3.2 Session speichern

Die Session wird entweder auf dem Server oder auf dem Computer des Benutzers gespeichert. Beide Wege haben deutliche Vor- und Nachteile.

- ✗ Speicherung auf dem Client
    - Cookies
    - URL
    - verstecktes Formularelement

- Speicherung auf dem Server
  - Dateisystem
  - Datenbank
  - Serverspeicher (nur Apache)

Cookies, so haben Sie bereits erfahren, können 4 Kbyte an Daten speichern. Das reicht auch für eine Session-ID aus. Jedoch unterstützen nicht alle Browser die Cookies vollständig und fehlerfrei oder wehren diese ganz ab.

Die Weitergabe über die URL ergibt auf jeden Fall einen Sinn, da die Handhabung sehr einfach ist. Dennoch besteht hier die Gefahr, dass die ID schnell und einfach verändert werden kann. Der Server könnte durch diese Manipulation belastet werden. Außerdem könnten auch andere Personen, durch die Sichtbarkeit der ID, Zugang zu Ihrer laufenden Sitzung erhalten.

Formulare sind ebenfalls für eine Speicherung und Weitergabe der Session-ID geeignet. Dazu dienen die *input*-Felder vom Typ *hidden*. Das setzt jedoch auch die Navigation über Formulare voraus.

Wird die Session auf dem Server gespeichert, wird sie nahezu unangreifbar. Das Dateisystem ist sinnvoll, wenn Sie nicht über eine Datenbank verfügen. Der Bereich des Dateisystems ist aber auch leichter angreifbar. Verzeichnisse mit Sitzungsinformationen müssen demnach unbedingt mit einer Authentifizierung gesichert werden. Die Handhabung ist aber deutlich komplizierter.

Die Datenbank ist die wohl beste Lösung. Zwar können viele Besucher mit vielen Sitzungen den Datenbankserver belasten, doch das Sicherheitsrisiko ist geringer als bei den anderen Lösungen. Eine Datenbank liefert auch den nötigen Schutz davor, dass Sitzungen verloren gehen. Schließlich können Sie ein Cookie jederzeit löschen. Auch hier ist die Handhabung der Sessions komplizierter.

Wenn Sie den Apache-Server benutzen, können Sie die ID auch im Prozessspeicher ablegen. Das kann den Server aber auch schnell belasten.

Am besten funktioniert eine Verbindung aus mehreren Lösungen. Ebenfalls sollten die Möglichkeiten situationsabhängig benutzt werden. So lohnt sich die Weitergabe der ID über Formulare, wenn diese eingesetzt werden. Ansonsten kann sie per URL und, wenn es der Anwender wünscht, auch via Cookie weitergegeben werden. Zusätzlich speichert die Datenbank die Sitzung. Jetzt kann die übergebene Session-ID mit der in der Datenbank vorhandenen verglichen werden. Ist die übergebene ID falsch (nicht vorhanden), wird auch der Prozess geschlossen.

4.3.3 Session-Funktionen

Die Sitzungssteuerung erfolgt über diese, in der Tabelle 4.3 aufgeführten, Funktionen.

Tabelle 4.3: Session-Funktionen

Funktion	Beschreibung
session_start()	Erzeugt eine Session oder nimmt die aktuelle, basierend auf der Session-ID, die über eine GET-Variable oder ein Cookie übermittelt wurde, wieder auf.
session_destroy()	Löscht alle in der Session enthaltenen Daten.
session_name()	Liefert den Namen der aktuellen Session zurück oder erzeugt eine neue, wenn der Name mit übergeben wird.
session_save_path()	Gibt den Speicherpfad der Session zurück oder setzt ihn.
session_id()	Liefert oder setzt die aktuelle Session-ID.
session_register()	Registriert eine oder mehrere Variablen in einer Session.
session_unregister()	Hebt die Registrierung einer Variablen in einer Session auf.
session_unset()	Löscht alle Variablen innerhalb einer Session.
session_is_registered()	Überprüft, ob eine Variable in einer Session registriert ist.
session_get_cookie_params()	Liefert die Parameter expires, path und domain eines Session-Cookies in einem Array zurück.
session_set_cookie_params()	Setzt die Cookie-Parameter expires, path und domain.
session_decode()	Dekodiert die Daten aus einer Session aus einer Zeichenkette.
session_encode()	Codiert die Daten aus einer Session in eine Zeichenkette.
session_write_close()	Speichert die Session-Daten und beendet die Sitzung.

4.3.4 Implizites Erzeugen

Eine Sitzung wird durch die Speicherung einer Variablen implizit aufgerufen. Dazu dient `session_register()`. Wird diese Funktion aufgerufen, wird auch automatisch eine Sitzung gestartet.

```
<?php
$name = "Meyer";
session_register("name");
echo(session_name() . "=" . session_id());
?>
```

4.3.5 Explizites Erzeugen

Hier wird zuerst die Session direkt gestartet.

```
<?php
session_start();
$name = session_name();
echo($name . "=" . session_id());
?>
```

Ausgabe:

```
PHPSESSID=a0dce803c98c9112a3ea805311b5ccea
```

4.3.6 Werte speichern

Session-Funktionen können Variablen aufnehmen. Darin besteht ihr wahrer Wert. Informationen bleiben so über mehrere Seiten hinweg verfügbar.

```
<?php
$freunde = array("Sascha", "Jan", "Neibe", "Gunther", "Sven", "Katja",
"Rene", );
session_register("freunde");
?>
```

Jetzt können Sie diese Werte in einer anderen Datei wieder aufrufen.

```
<?php
session_start();
foreach($freunde as $element) {
echo("$element | ");
}
?>
```

Ausgabe:

```
Sascha | Jan | Neibe | Gunther | Sven | Katja | Rene |
```

4.3.7 Sessions-Informationen zurückgeben

Zum einen kann der Sessionsname per *session_name()* ausgegeben werden, jedoch ist dieser Wert oft schon bekannt. Viel wichtiger ist die Funktion `session_id()`, mit der die richtige Zeichenkette (beziehungsweise ID) zurückgegeben wird.

```
<?php
session_start();
echo(session_name() ."=". session_id());
?>
```

Ausgabe:

```
PHPSESSID=9c17d1e4f62896398c52e80702d2b124
```

4.3.8 Sessions-Variablen und Sessions löschen

Sessions sollten Sie zerstören, falls sie entweder nicht mehr gebraucht werden oder »veraltet« sind. Während `session_unregister()` mitgeführte Variablen zerstört, wird durch `session_destroy()` die gesamte Sitzung beendet.

4.4 Bilderzeugung

PHP steht die so genannte GD-Bibliothek zur Verfügung, welche zur Erzeugung von Bildern benutzt wird. Eingeführt wurde sie von der Firma Boutell.com. Anfangs war es möglich, Bilder vom Typ GIF zu komprimieren. Aus lizenzrechtlichen Gründen wurde das Format wieder aus der kostenlosen Bibliothek entfernt. Heute unterstützt die Bibliothek das PNG- und JPEG-Bildformat. PNG wird nicht von allen Browsern unterstützt.

Auch weitere Module sind verfügbar, wie zum Beispiel *Freetype*. Ist das installiert, können Sie auf verschiedene Schriftarten zurückgreifen oder diese dynamisch erzeugen. Weitere Informationen finden Sie unter *http://www.freetype.org*.

Die Verwendung der Bilderzeugung mit der GD-Bibliothek ist recht einfach. Die vielen Funktionen lassen keine Wünsche offen.

4.4.1 Funktionen zur Bilderzeugung

Die alphabetisch geordnete Tabelle 4.4 enthält die wichtigsten Funktionen.

Tabelle 4.4: Funktionen zur Bilderzeugung

Funktion	Beschreibung
getimagesize($datei)	Liefert die Bildeigenschaften in einem Array zurück: $array[0]: Höhe $array[1]: Breite $array[2]: 1 für GIF, 2 für JPG, 3 für PNG $array[3]: gibt den String "height=y width=x" zurück, wobei y die Bildhöhe und x die Bildbreite darstellt.
imagearc($bild, $mx, $my, $b, $h, $wa, $we, $color)	Zeichnet Ellipse mit: $mx und $my als Koordinaten des Ellipsenmittelpunkts, $b und $h für Breite und Höhe, $wa und $we für Start- und Endwinkel $col für die Farbe
imagechar($bild, $schriftart, $x, $y, $char, $color)	Zeichen $char zeichnen.
imagecharup($bild, $schriftart, $x, $y, $char, $color)	Zeichen $char im Winkel von 90° zeichnen.
imagecolorallocate($bild, $rot, $gruen, $blau)	Liefert ein Handle für eine Farbe zurück.
imagecolorat($bild, $x, $y)	Gibt den Index des Farbwertes eines Pixels zurück.
imagecolorclosest($bild, $rot, $gruen, $blau)	Gibt den Index der nächsten Farbe zu einem RGB-Wert zurück.
imagecolorexact($bild, $rot, $gruen, $blau)	Liefert den Index einer definierten Farbe zurück.
imagecolorresolve($bild, $rot, $gruen, $blau)	Gibt den Index oder die nächste Farbe zu einem RGB-Wert zurück.
imagecolorset($bild, $farbe, $rot, $gruen, $blau)	Ändert einen Farbwert in einer Farbpalette.
imagecolorforindex($bild, $farbe)	Gibt die Farbe anhand eines definierten Farbindexes in ein Array zurück.
imagecolorstotal($bild)	Liefert die Anzahl der Farben zurück.
imagecolortransparent($bild, $col)	Eine Farbe wird transparent. (Ist kein Farbwert angegeben, wird die aktuelle verwendet.)
imagecopyresized($ziel_bild, $quelle_bild, $ziel_x, $ziel_y, $quelle_x, $quelle_y, $ziel_b, $ziel_h, $quelle_b, $quelle_h)	Schneidet einen Bildausschnitt aus einem Quellbild und setzt ihn in das Zielbild ein.

Funktion	Beschreibung
imagecreate($breite, $hoehe)	Erstellt ein Bild und gibt ein Handle zurück.
imagedashedline($bild, $x1, $y1, $x2, $y2, $farbe)	Zeichnet eine gestrichelte Linie.
imagedestroy($bild)	Löscht ein Bild.
imagefill($bild, $x, $y, $farbe)	Füllt eine Fläche mit einer Farbe auf.
imagefilledpolygon($farbe, $koordinaten, $punkte, $farbe)	Zeichnet ein mit Farbe ausgefülltes Polygon.
imagefilledrectangle($bild, $x1, $y1, $x2, $y2, $farbe)	Zeichnet ein mit Farbe ausgefülltes Rechteck
imagefilltoborder($bild, $x, $y, $border, $farbe)	Fullt einen Bereich mit Farbe auf.
imagefontheight($font)	Gibt die Fontgröße zurück.
imagefontwidth($font)	Gibt die Fontweite zurück.
imageinterlace($bild, $status)	Aktiviert den Interlace-Modus für ein Bild. $status wird 0 für keinen und 1, wenn Interlace erwünscht ist.
imageline($bild, $x1, $y1, $x2, $y2, $farbe)	Zeichnet eine Linie.
imageloadfont($datei)	Liest einen Font aus einer Datei aus.
imagepng($handle)	Erzeugt ein PNG-Bild.
imagepolygon($bild, $koordinaten, $punkte, $farbe)	Zeichnet ein Polygon.
imagepsbbox($text, $groesse, $raum, $breite,	Gibt die Größe einer Textbox in ein Array zurück (PostScript-Type-1-Font).
imagepsloadfont($datei)	Lädt einen PostScript-Type-1-Font aus einer Datei.
imagepsfreefont($index)	Gibt den von einem PostScript-Type-1-Font benutzten Speicher wieder frei.
imagepsencodefont($datei)	Verändert den Vektor eines PostScript-Type1-Font.
imagepstext($bild, $text, $schriftart, $groesse, $vordergrund, $hintergrund)	Schreibt einen Text über ein Bild und gibt die Textmaße in ein Array zurück.
imagerectangle($bild, $x1, $y1, $x2, $y2, $farbe)	Zeichnet ein Rechteck.
imagesetpixel($bild, $x, $y, $farbe)	Zeichnet ein Pixel.
imagestring($bild, $schriftart, $x, $y, $text, $farbe)	Schreibt einen Text.

Funktion	Beschreibung
imagestringup($bild, $schrift-art, $x, $y, $text, $farbe)	Schreibt einen Text im Winkel von 90°.
imagesx($bild)	Liefert die Breite eines Bildes.
imagesy($bild)	Liefert die Höhe eines Bildes.

4.4.2 Deklarieren der Media-Typen

Anhand der Media-Typen erkennt der Server, wie er eine Datei zu behandeln hat. So wird eine HTML-Datei an den Browser ausgegeben. Der Media-Typ einer HTML-Datei ist *text/html*. Die wichtigsten Typen für Bilder sind:

- image/jpeg - JPEG
- image/gif - GIF
- image/png - PNG

Jedes Mal, wenn ein Dokument an den Browser geschickt wird, wurden diese Typen vom Server vorher über den Header erkannt und in der vereinbarten Art zurückgegeben. Auf diese können je nach serverseitiger Einstellung zum Beispiel Videos direkt angezeigt oder zum Herunterladen bereitgestellt werden.

Die Anwendung der Bildfunktionen setzt die Deklarierung eines Headers, also von Kopfdaten, voraus. So erfährt der PHP-Prozessor, dass ein Bild berechnet und ausgegeben werden muss.

Deklaration eines Media-Headers

```
<?php
header("Content-type: image/png");
?>
```

Der Header wird deklariert, bevor irgendeine andere Ausgabe an den Browser erfolgt.

4.4.3 Dynamische Buttons

Aufwendige Grafiken werden durch die Verwendung von Bildfunktionen nicht ersetzt. Schließlich wird der Server mit jeder Funktion belastet. Die Umsetzung des bilderzeugenden Skripts nimmt mehr Zeit in Anspruch als das Ausgeben eines bereits codierten Bildes.

In dynamischen Anwendungen sollte sich der Einsatz lohnen. Ein Beispiel wären dynamische Navigationsleisten in Verbindung mit einer personalisierten Internetseite. Der Anwender soll die Hintergrundfarbe, Schriftart und Schriftfarbe der Buttons auswählen können. Auch auf Internetseiten, bei denen Grafiken themenspezifisch erzeugt werden müssen, lohnt sich der Einsatz. Weitere Anwendungsbereiche sind Grafiken, die anhand von Statistiken dynamisch erzeugt werden. Wenn Sie mit vielen Bildern arbeiten, erleichtern Ihnen die Bildfunktionen die dynamische Erstellung von Thumbnails, den Bil dern, welche als Vorschau dienen.

Zwei Dateien werden verwendet, um die Navigationsleiste dynamisch nach Wunsch zu gestalten. Zum einen gibt es die Datei mit den HTML-Elementen, in der die dynamische Navigationsleiste und ein Formular zusehen sind; zum anderen existiert im Hintergrund die Datei, welche die Bilder erzeugt.

Im Folgenden wird die zu sehende Datei mit der Navigationsleiste besprochen. Da die Bildparameter über die URI weitergegeben werden, muss sie ausgelesen werden.

```
<?php
$uri = substr(strrchr($REQUEST_URI, "?"),1);
?>
```

Die eigentliche HTML-Datei beginnt:

```
<HTML><HEAD><TITLE>Men&uuml;</TITLE><HEAD>
<BODY MARGINWIDTH=0 MARGINHEIGHT=0 TOPMARGIN=0 LEFTMARGIN=0 BGCO-
LOR="#FFFFFF">
<TABLE WIDTH=600 CELLSPACING=0 CELLPADDING=0 BORDER=0>
<TR><TD WIDTH=120 VALIGN="top" ALIGN="center">
```

Hier beginnt die Navigationsleiste. Da das Bild dynamisch erstellt werden soll, können Sie nicht einfach auf ein Bild verweisen. Der Trick ist, die bilderzeugende Datei als Quelle anzugeben und der URL die nötigen Parameter mitzugeben. Die oben ausgelesene URI wird in die Quellenangabe einbezogen.

```
<IMG SRC="button.php?<?php echo($uri); ?>&text=Startseite" WIDTH=120
   HEIGHT=15 BORDER=0><BR>
<IMG SRC="button.php?<?php echo($uri); ?>&text=Suche" WIDTH=120
   HEIGHT=15 BORDER=0><BR>
<IMG SRC="button.php?<?php echo($uri); ?>&text=Neuigkeiten" WIDTH=120
   HEIGHT=15 BORDER=0><BR>
<IMG SRC="button.php?<?php echo($uri); ?>&text=Archiv" WIDTH=120
   HEIGHT=15 BORDER=0><BR>
<IMG SRC="button.php?<?php echo($uri); ?>&text=Shop" WIDTH=120
   HEIGHT=15 BORDER=0><BR>
<IMG SRC="button.php?<?php echo($uri); ?>&text=Referenzen" WIDTH=120
   HEIGHT=15 BORDER=0><BR>
<IMG SRC="button.php?<?php echo($uri); ?>&text=Partner" WIDTH=120
   HEIGHT=15 BORDER=0><BR>
<IMG SRC="button.php?<?php echo($uri); ?>&text=Impressum" WIDTH=120
   HEIGHT=15 BORDER=0><BR>
<IMG SRC="button.php?<?php echo($uri); ?>&text=Intern" WIDTH=120
   HEIGHT=15 BORDER=0><BR>
</TD><TD WIDTH="10"> </TD><TD VALIGN="top" ALIGN="left">
```

Der Anwender kann über das Formular das Aussehen seiner Navigationsleiste bestimmen. Die Auswahl wird durch die Methode *GET* per URL an das aktuelle Dokument zurückgeschickt. Wählbar sind die Hintergrundfarbe der Grafiken *bgcol*, die Schriftfarbe *fcol* und die Rahmenfarbe *bcol*.

```
<FORM ACTION="<?php echo($PHP_SELF); ?>" METHOD="GET">
<B>Bitte w&auml;hlen Sie Ihre Einstellung:</B><BR>
Hintergrundfarbe der Buttons:
<SELECT NAME="bgcol">
<OPTION VALUE="black">Schwarz
<OPTION VALUE="white">Wei&szlig;
<OPTION VALUE="grey">Grau
<OPTION VALUE="red">Rot
<OPTION VALUE="green">Gr&uuml;n
<OPTION VALUE="blue">Blau
</SELECT><BR>
Schriftfarbe:
<SELECT NAME="fcol">
<OPTION VALUE="black">Schwarz
<OPTION VALUE="white">Wei&szlig;
<OPTION VALUE="grey">Grau
<OPTION VALUE="red">Rot
<OPTION VALUE="green">Gr&uuml;n
<OPTION VALUE="blue">Blau
</SELECT><BR>
Farbe des Randes:
<SELECT NAME="bcol">
<OPTION VALUE="black">Schwarz
<OPTION VALUE="white">Wei&szlig;
<OPTION VALUE="grey">Grau
<OPTION VALUE="red">Rot
<OPTION VALUE="green">Gr&uuml;n
<OPTION VALUE="blue">Blau
</SELECT><BR>
<INPUT TYPE="submit" VALUE="&Auml;ndern">
</FORM>
</TD></TR></TABLE>
</BODY>
```

Die Bilderzeugung wird von der Datei BUTTON.PHP geleistet. Die Quelle der Bilder muss auf diese Datei verweisen.

Zu Beginn wird die Header-Information festgelegt. Der Server wendet auf diese PHP-Datei die PNG-typischen Prozesse an.

```
<?php
header("Content-Type: image/png");
```

Da nicht immer alle Parameter mitgegeben werden, wie zum Beispiel beim erstmaligen Aufrufen der Internetseite mit der Navigationsleiste oder nach der

Veränderung der URI, werden hier Standardeinstellungen festgelegt. Es ist demnach eine Fehlerbehandlung.

```
if(!$bgcol or !isset($bgcol)) { $bgcol = "white"; } // Standard-
                                                        hintergrund
if(!$fcol or !isset($fcol)) { $fcol = "black"; }  // Standardschrift-
                                                      farbe
if(!$bcol or !isset($bcol)) { $bcol = "black"; }  // Standardrand
if(!$text or !isset($text)) { $text = "Fehler"; } // Standardtext
```

Jetzt werden die wichtigsten Werte in einer Option zusammengefasst, um bei Änderungen nicht den gesamten Code durchsuchen zu müssen.

```
$pic_width = 120; // Bildbreite
$pic_height = 15; // Bildhoehe
$font_type = 3; // Schriftart
$font_height = 8; // Schriftgroesse in pt
```

Durch *imagecreate* wird ein Bild-Handle erzeugt und auf `$image` gespeichert. Jede weitere Funktion, welche dieses Bild betrifft, muss auf das Handle verweisen.

```
$image = imagecreate($pic_width, $pic_height);
```

Hier werden die Farbwerte festgelegt, welche im Bild vorkommen können. Die Farbwerte entsprechen den RGB-Farben (Rot Grün Blau). Jede Farbe kann in 256 Schritten von 0 auf 255 justiert werden. Je höher dabei die Quersumme ist, desto heller ist die Farbe.

```
$black = imagecolorallocate($image, 0, 0, 0);
$white = imagecolorallocate($image, 255, 255, 255);
$grey = imagecolorallocate($image, 204, 204, 204);
$red = imagecolorallocate($image, 255, 0, 0);
$green = imagecolorallocate($image, 0, 255, 0);
$blue = imagecolorallocate($image, 0, 0, 255);
```

An dieser Stelle wird nun das eigentliche Bild erzeugt.

```
imagefill($image, 0, 0, $$bgcol);
imageline($image, 0, $pic_height-1, $pic_width-1, $pic_height-1,
$$bcol);
imageline($image, $pic_width-1, 0, $pic_width-1, $pic_height-1,
$$bcol);
imagestring($image, $font_type, 10, 0, $text, $$fcol);
```

Am Ende wird das Bild gespeichert und danach das Handle zerstört, damit ein neuer Prozess dieses Skript durchlaufen kann.

```
imagepng($image);
imagedestroy($image);
?>
```

Das Ergebnis des kleinen Skripts lässt sich an Abbildung 4.7 feststellen.

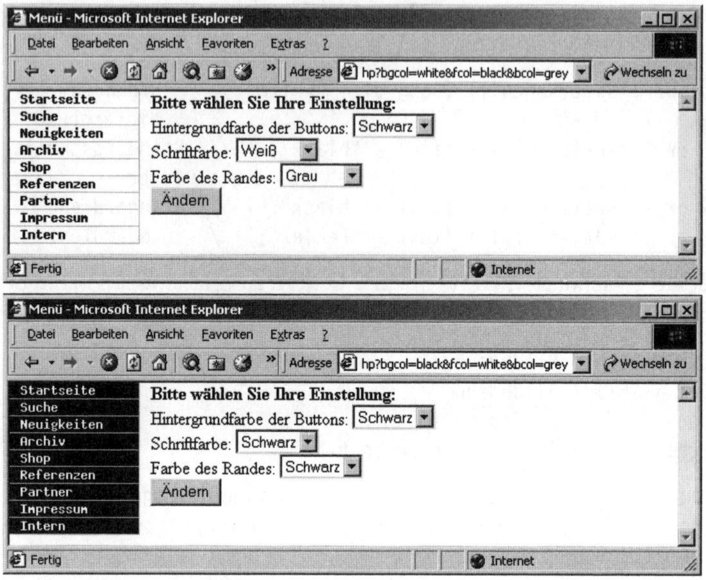

Abb. 4.7: Dynamischfarbige Navigationsleisten

Hier lohnt sich der Einsatz von Cookies. Oder Sie speichern die individuellen Einstellungen der Besucher in einer Datenbank.

4.4.4 Automatische Bildvorschau

Nichts ist so zeitraubend wie das manuelle Erstellen von kleinen Versionen Ihrer Urlaubsbilder. Der Besucher Ihrer Seite möchte zuerst kleinere Versionen des großen hochauflösenden Bildes sehen, um eine gezieltere Auswahl zu treffen.

Das Programm IMGS.PHP liest alle Dateien eines Verzeichnisses ein und stellt JPEG-Bilder (Erweiterung .JPG) als Vorschaugrafiken in ein Drittel Breite und ein Drittel Höhe dar.

imgs.php

```
<HTML><HEAD><TITLE>Bildvorschau</TITLE></HEAD>
<BODY BGCOLOR="#FFFFFF">
<?php
  $verz = dir(".");
  while ($datei = $verz->read()) {
    if (eregi(".jpg$", $datei)) {
      echo("<a href=\"$datei\">");
      echo("<img hspace=10 vspace=10 ");
      echo("src=\"thumb.php?image=$datei\">");
      echo("</a>\n");
    }
  }
```

```
?>
</BODY></HTML>
```

Mit Hilfe eines Verzeichnisobjekts liest das Programm alle Einträge und prüft mit Hilfe des Funktionsaufrufs

```
if (eregi(".jpg$", $datei))
```

ob der Dateiname .JPG als Erweiterung trägt. Ist das der Fall, fügt IMGS.PHP einen Link auf das Bild ein. Der Linkinhalt wird als das verkleinerte Vorschaubild angezeigt. Dieses Vorschaubild wird dynamisch durch das Programm THUMB.PHP erzeugt. Sie müssen lediglich die beiden Programme in ein Verzeichnis mit Bildern kopieren.

Abb. 4.8: Bildvorschau von imgs.php

thumb.php

```
<?php
  header("Content-type: image/jpeg");
  $scale = 3;    // Ein Drittel
  $size = getimagesize($image);
  $width = round($size[0]/$scale);
  $height = round($size[1]/$scale);
  $src = imagecreatefromjpeg($image);
  $dest = imagecreate($width,$height);
  imagecopyresized($dest,$src,0,0,0,0,$width,$height,$size[0],$size[1]);
  imagejpeg($dest);
  imagedestroy($dest);
  imagedestroy($src);
?>
```

Das Programm THUMB.PHP erhält als Parameter in der Variablen `$image` den Namen der Bilddatei. Durch die `header()`-Funktion wird der Media-Typ: *image/jpeg* an den Browser übermittelt. Nach dem Feststellen der Bildgröße mit `getimagesize()` wird die horizontale und vertikale Ausdehnung durch `$scale` (hier: 3) geteilt.

Der Funktionsaufruf `imagecreatefromjpeg()` erzeugt ein Speicherabbild der Bildquelle. Anschließend wird durch den Aufruf `imagecreate()` ein leeres Bild im Speicher angelegt. Schließlich kopiert `imagecopyresized()` von einem Speicherbereich in den anderen unter Verwendung der neuen Ausmaße.

Das neue Bild wird durch `imagejpeg()` an den Browser ausgegeben.

HINWEIS

Würden Sie `imagejpeg()` als zweiten Parameter eine Zeichenkette übergeben, dann erzeugt `imagejpeg()` diese Datei auf der Festplatte, statt sie zum Browser zu schicken.

4.5 Mails & Co.

4.5.1 Benutzerdefinierte Header senden

Der Internet-Browser sendet Anfragen an den Webserver, um Dokumente herunterzuladen. Eine solche Anfrage könnte so aussehen:

```
GET /test.html HTTP/1.0
HOST: www.letzels.de
```

Wenn der Webserver die Datei findet, schickt er diese zum Browser, der die Darstellung entsprechend den HTML-Auszeichnungen übernimmt. Die Dateien werden aber nicht kommentarlos geschickt, sondern entsprechend dem HTTP-Protokoll folgt zunächst ein Header (Kopfzeilen), die Informationen über das folgende Dokument liefern (vgl. Kapitel 2).

Mit PHP können Sie auf die Header-Zeilen einer Webserver-Antwort an den Browser Einfluss nehmen. Dazu dient die Funktion `header($Kopfzeile)`.

In `$Kopfzeile` geben Sie einen (oder mehrere durch `\n` getrennte) Kopfzeilen an.

Header	Funktion	Beispiel
Location	Umleitung auf einen anderen URL	Location: *http://www.mogelpower.de/*
Content-Type	Media-Typ des Dokuments (vgl. Kapitel 2)	Content-Type: text/plain
Expires	Datum und Zeit, zu dem das Dokument ungültig wird	Expires: Fri, 14 Sep 2001 15:00:00 GMT
Last-Modified	Datum und Zeit der letzten Änderung	Last-Modified: Fri, 31 Aug 2001 15:00:00 GMT
Content-Length	Größe der zu übertragenden Datei	Content-Length: 13776

Tabelle 4.5: HTTP-Antworten des Servers

ACHTUNG

Da die Funktion `header()` Kopfzeilen sendet, müssen Sie diese aufrufen, bevor Dokumentinhalte gesendet werden, also bevor jegliche echo-Anweisungen oder HTML-Ausgabe erfolgt, sonst erhalten Sie eine Warnung, dass die Header nicht gesendet werden konnten.

```
Warning: Cannot add header information - headers already sent by (output started at header.php:2) in header.php on line 3
```

`Header()` funktioniert demnach nur, wenn `<?php` ganz am Anfang der Datei steht und noch keine andere Ausgabe erfolgte.

PHP ist standardmäßig so konfiguriert, dass automatisch der Header *Content-Type: text/html* gesendet wird. In der Regel ist das auch sinnvoll, denn diese Anweisung teilt dem Browser mit, dass im folgenden Dokument HTML-Auszeichnungen zu interpretieren sind.

Die HTML-Datei mit den Anweisungen

```
<h1>Das ist Überschrift 1</h1>
Das ist normaler Seitentext.
```

wird wie in Abbildung 4.9 dargestellt.

Abb. 4.9: Ausgabe mit Content-Type: text/html

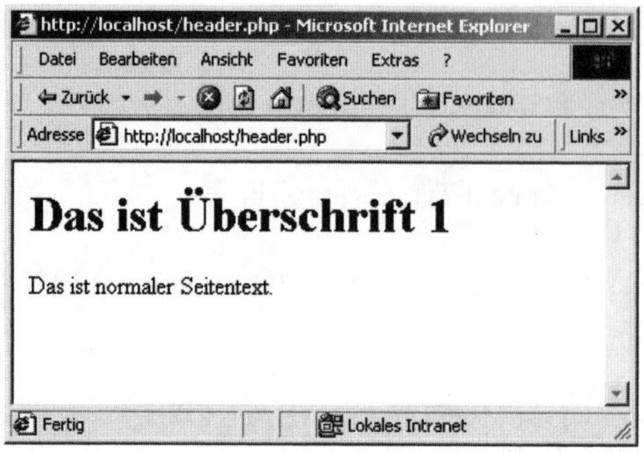

Wenn Sie eine *header*-Anweisung hinzufügen, können Sie erzwingen, dass HTML-Auszeichnungen nicht interpretiert werden.

```
<?php
  header("Content-Type: text/plain");
?>
<h1>Das ist Überschrift 1</h1>
Das ist normaler Seitentext.
```

Der Browser interpretiert diese Datei nun als Textdatei wie in Abbildung 4.10.

Abb. 4.10: Ausgabe mit Content-Type: text/plain

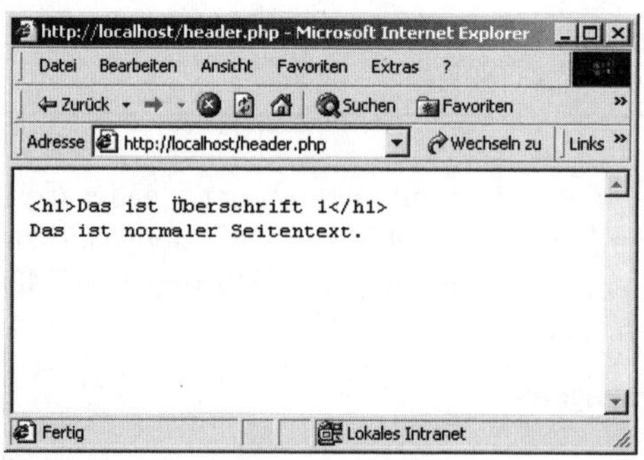

Ein wichtiges Anwendungsgebiet der Funktion `header()` ist die Umleitung auf eine andere Seite. Sie senden dazu die Kopfzeile `Location`.

```
<?php
  header("Location: http://www.mogelpower.de/");
?>
```

Eine PHP-Seite mit diesen Anweisungen wird Sie unverzüglich nach *www.mogelpower.de* leiten, ohne dass Sie eine Zwischenseite sehen.

4.5.2 Netzwerk-Funktionen

PHP besitzt zahlreiche Funktionen, die sehr TCP/IP-bezogen sind. Dazu zählen Aufgaben wie

- Öffnen von Sockets
- Ermitteln von IP-Adressen aus Hostnamen und umgekehrt
- DNS-Funktionen

Einige dieser Funktionen werden wir Ihnen an kleinen Beispielen erläutern.

Sockets

Um eine TCP/IP-Verbindung zu einem anderen Rechner/Programm zu öffnen, verwenden Sie die Funktion `fsockopen()`.

```
int fsockopen (Host, Port, FehlerNo, FehlerStr, TimeOut)
```

Die ersten beiden Parameter bestimmen das Tupel (Host:Port). Für *Host* übergeben Sie einen Hostnamen oder eine IP-Adresse als Zeichenkette. *Port* ist die Portnummer als Integer.

Die letzten drei Parameter dürfen entfallen. Für *FehlerNo* und *FehlerStr* übergeben Sie zwei Variablen, die im Falle eines Fehlers die Nummer und Beschreibung des Fehlers anzeigen. Der Parameter *TimeOut* legt die maximale Zeit fest, die `fsockopen()` für den Verbindungsaufbau nutzt.

Der Rückgabewert ist ein Datei-Handle, das Sie als Parameter den Funktionen `fgets()`, `fgetss()`, `fputs()`, `fclose()` und `feof()` übergeben. Mit diesen Dateien haben Sie textbasierten Zugriff auf dem Socket.

Ermitteln der Dateigröße

Beim Zugriff auf eine Datei des Dateisystems ermittelt die Funktion `filesize()` die Größe einer Datei. Diese Funktion funktioniert jedoch nicht für eine beliebige Datei aus dem Internet.

Für diesen Fall können Sie `fsockopen()` nutzen, um eine Verbindung zum Webserver aufzubauen. Mit Hilfe der `fputs()`-Funktion senden Sie einen `HEAD`-Request. Der Webserver sendet nicht das Dokument, sondern nur die Kopfzeilen, die Sie auswerten.

URL zerlegen

Zum Zerlegen eines URL bietet sich die Funktion `parse_url()` an:

```
array parse_url (String URL)
```

Der Parameter URL darf so ziemlich alle Gemeinheiten enthalten, zum Beispiel so: *http://benutzer:kennwort@www.letzels.de:80/test.html?id=1*. Die Funktion liefert ein assoziatives Array zurück. Folgendes Beispiel zeigt, welche Schlüssel zur Verfügung stehen:

```
<?
  $URL = "http://sven:xxx@www.letzels.de/test.html?id=1";
  $URLKomp = parse_url ($URL);
  echo("Protokoll: $URLKomp[scheme] <br>");
  echo("Host: $URLKomp[host] <br>");
  echo("Port: $URLKomp[port] <br>");
  echo("Benutzer: $URLKomp[user] <br>");
  echo("Kennwort: $URLKomp[pass] <br>");
  echo("Pfad: $URLKomp[path] <br>");
  echo("Query: $URLKomp[query] <br>");
?>
```

Ausgabe:

```
Protokoll: http
Host: www.letzels.de
Port:
Benutzer: sven
Kennwort: xxx
Pfad: /test.html
Query: id=1
```

ACHTUNG

Insbesondere ist darauf zu achten, dass `parse_url()` für Port keinen Standardwert zurückliefert.

Ist eine URL zerlegt, können die Rückgabewerte an die Funktion `fsockopen()` übergeben werden. Wenn eine Verbindung erstellt wurde, schicken wir einen `HEAD`-Request, um aus dem Antwort-Header die Dateigröße zu ermitteln.

Diese `HEAD`-Anfrage

```
HEAD /test.html HTTP/1.0
HOST: www.letzels.de
```

liefert die Antwort

```
HTTP/1.1 200 OK
Date: Fri, 31 Aug 2001 18:15:05 GMT
Server: Apache/1.3.11 (Unix) mod_script
Vary: Host
Last-Modified: Thu, 05 Jul 2001 13:25:22 GMT
ETag: "b7e93e-6b-3b446ac2"
Accept-Ranges: bytes
```

```
Content-Length: 107
Connection: close
Content Type: text/html
```

Aus dieser Antwort lesen wir die Zahl hinter *Content-Length*, um die Dateigröße zu ermitteln, vergleichen Sie folgendes Beispiel:

websize.php

```
<?php
  function webfilesize($url)
  {
    $URLKomp = parse_url($url);
    $port = $URLKomp[port];
    if (!$port) $port = 80;
    $host = $URLKomp[host];
    $pfad = $URLKomp[path];
    $stream = "";
    $size = 0;
    $fp = fsockopen($host, $port, &$errno, &$errstr, 15);
    if ($fp) {  // Verbindung erfolgreich?
      fputs($fp, "HEAD $pfad HTTP/1.0\nHost:$host\n\n");
      while (!feof($fp)) $stream .= fgets($fp, 128);
      fclose($fp);
      $size = ereg_replace(".*Content-Length: ([0-9]*).*","\\1",
      $stream);
    } else echo($errstr);
    return $size;
}
echo(webfilesize("http://www.letzels.de/test.html"));
?>
```

Ausgabe:

```
107
```

4.5.3 Prüfen einer E-Mail-Adresse

Den meisten Funktionen ist es egal, ob sie Hostnamen wie *www.letzels.de* oder die zugehörige IP-Adresse verwenden. PHP bietet Funktionen zum Umwandeln zwischen beiden (vgl. Tabelle 4.5).

Tabelle 4.6: DNS-Funktionen

Funktion	Beschreibung
String gethostbyaddr(String IPAdr)	Ermittelt den Hostnamen aus der übergebenen IP-Adresse.
String gethostbyname(String Host)	Ermittelt eine IP-Adresse zu dem Parameter Host.
array gethostbynamel(String Host)	Gibt eine Liste von IP-Adressen zurück, die zu Host passen.

Funktion	Beschreibung
int checkdnsrr (string Host, string type)	Prüft, ob zu einem Host ein bestimmter Typ des DNS-Eintrags existiert. Für *type* sind möglich: A, MX, NS, SOA, PTR, CNAME oder ANY. Rückgabewert ist TRUE oder FALSE.
int getmxrr(string host, array mx)	Die Funktion ermittelt die zu dem Host passenden MX-Datensätze. MX-Datenserver geben den E-Mail-Server des Parameter Host an. Der Rückgabewert erfolgt im Parameter mx als Array.

Beim Prüfen einer E-Mail-Adresse werden Funktionen benötigt, um aus dem Anteil, der dem @ folgt, den E-Mail-Server zu bestimmen. In der Regel ist ein E-Mail-Server für viele Hostnamen zuständig.

Schritt-für-Schritt-Erläuterung

- Ermitteln des Serverteils aus der E-Mail-Adresse: das, was nach dem @ steht
- Finden eines MX-Datensatzes dieses Servers mit `getmxrr`
- Öffnen eines Sockets zum Mailserver auf Port 25
- Senden der Zeichenfolge »HELO raubkatze\n«
- Senden der Zeichenfolge »MAIL FROM: EigeneEMail\n«
- Senden der Zeichenfolge »RCPT TO: ZuPruefendeEMail\n«
- Der Mailserver sendet: 250 ZuPruefendeEmail... Recipient ok
- Wir prüfen auf die 250, dann ist die E-Mail-Adresse in Ordnung

vmail.php

```
<?php

function CheckEmail ( $email )

{

  list ($user,$domain) = split("@", $email, 2);
  getmxrr($domain, $mxlist);
  $return = array(false,"Kein Mailer.");
  foreach ($mxlist as $mx)
  {
    $fp = fsockopen($mx, 25, $errno, $errstr, 20);
    if (!$fp) continue; //nächster MX_Eintrag
    socket_set_blocking($fp, false);
    $s = 0;  $c = 0;

    $out = "";
```

```
    do    { // Auf Antwort warten
      $out = fgets ( $fp, 2500 );

      if (ereg("^220", $out)) {
        $s = 0;
        $out = "";
        $c++;
      }else
      if (($c>0) && ($out=="")) break;
      else $s++;
      if ($s==9999) break;
    } while ($out=="");
    socket_set_blocking ($fp, true);

    fputs ($fp, "HELO raubkatze\n" );

    $out = fgets($fp, 3000);
    fputs ($fp, "MAIL FROM: info@web.de\n" );
    $out = fgets($fp, 3000);
    fputs($fp, "RCPT TO: $email\n");
    $out = fgets($fp, 3000);
    if (ereg("^250", $out)) $return = array(true,$out);
    else $return = array(false,$out);

    fputs ($fp, "quit\n");
    fclose($fp);
    if ($return[0]) break;
   }
   return $return;

}
$ret = CheckEMail($email);
echo("$ret[0] $ret[1]");
?>
```

Das Beispielprogramm VMAIL.PHP finden Sie auf der CD-ROM. Sie prüfen eine E-Mail-Adresse, indem Sie diese mit dem Paramter *mail* übergeben, etwa so:

```
http://myhost/vmail.php?mail=info@ebay.de
```

Ausgabe:

```
1 250 info@ebay.de: Recipient Ok
```

Der Rückgabewert der Funktion `CheckEMail()` ist ein Array, das im Element 0 die Werte TRUE oder `False` enthält. Im Element 1 steht die Fehler- oder OK-Meldung.

HINWEIS

Sie sollten sich nicht hundertprozentig auf diese Funktion verlassen, da zum Zeitpunkt des Prüfens der Mailserver nicht verfügbar sein kann. Die Ausgabe von `Ok` gibt an, dass der Mailserver E-Mail für den Benutzer entgegennimmt. Nicht immer heißt das, dass es diesen Benutzer auch gibt.

4.5.4 E-Mails senden

Mit PHP können Sie eine E-Mail versenden, bestenfalls eine, die Sie mit vorstehendem Programm überprüft haben, denn PHP kann selbst nicht prüfen, ob die E-Mail-Adresse stimmt. Im ungünstigsten Fall erhalten Sie oder Ihr Provider eine Fehlermail.

Zum Senden von E-Mail dient die Funktion `mail()`.

```
bool mail(String An, String Betreff, String Nachricht, String Header,
String Parameter);
```

Aussagekräftig sind die ersten drei Parameter: *An* ist die E-Mail-Adresse des Empfängers, *Betreff* der Betreff ;) und *Nachricht* der Text.

Die letzten beiden Parameter sind nicht erforderlich. Sie können in Header zusätzliche Kopfzeilen angeben, die durch `\n` getrennt werden, und in Parameter Nummer fünf können Sie Parameter angeben, die dem Mailer übergeben werden. Sinnvoll ist an dieser Stelle der Return-Path zum Sender mit »-fwebmaster@yourdomain.de«.

Tabelle 4.7: Auswahl möglicher E-Mail-Kopfzeilen für den dritten Parameter

EMail-Header	Bedeutung
From: <email> Name	Eine Absenderangabe im Klartext
Cc: <email> Name	Zusätzliche Empfänger
Bcc: <email> Name	Zusätzliche Empfänger, die aber für die anderen Empfänger nicht sichtbar sind
Content-Type: text/html; charset=iso-8859-1	E-Mail ist im HTML-Format

Wenn Sie eine E-Mail im HTML-Format senden wollen, beachten Sie bitte, dass nicht alle E-Mail-Programme HTML-E-Mail anzeigen können. Für diesen Zweck können Sie eine so genannte Multipart-Mail erzeugen. Diese enthält dann einen Textteil und einen HTML-Teil.

Wenn Sie Dateianhänge verschicken, muss jeder Anhang auch in einem Teil (Part) der Mail codiert werden.

Weitere Hinweise finden Sie auf *http://www.zend.com/zend/spotlight/sendmimeemailpart1.php*.

So schicken Sie eine E-Mail an *php@schreibfabrik.de*: Ersetzen Sie im Programm `$email` durch Ihre E-Mail-Adresse.

send.php

```
<?php
   $email = "IhreEMail";
   $An = "php@schreibfabrik.de";
   $Betreff = "EMail Funktion";
   $Nachricht = "Diese EMail-Funktion ist Klasse.\n\nGrüße $email";
   $Extra = "From: <$email>\nCc: <$email>\n";
   mail($An, $Betreff, $Nachricht, $Extra);
?>
```

4.6 FTP-Zugriff mit PHP

FTP (**F**ile **T**ransfer **P**rotocol) erlaubt im Gegensatz zum HTTP-Protokoll einen direkten Zugriff auf ein Dateisystem, wenn Sie die nötigen Rechte besitzen. Zugriffe auf einen FTP-Server sind schneller als die über das HTTP-Protokoll. Diese Funktionalität von PHP mag am Anfang wenig sinnvoll erscheinen, ist jedoch sehr gefragt, wenn es um serverseitige Downloads und Uploads geht. Angenommen, Sie haben mehrere Dateien auf verschiedenen FTP-Servern abgelegt und müssen von Zeit zu Zeit diese Daten wieder lokal auf einem zentralen Server zusammenfassen. Dann müssen Sie nicht extra alle Dateien zuvor auf Ihren Computer auslagern, sondern können die Dateien zielgerichtet durch PHP unter den Servern hin- und herschicken. Ihr Skript kann damit zur Schaltzentrale werden, wenn es um diesen sehr speziellen Datenaustausch geht.

4.6.1 FTP-Funktionen

Die Tabelle 4.8 gibt über die verfügbaren PHP-Funktionen Aufschluss, welche den FTP-Zugriff steuern.

Tabelle 4.9: FTP-Funktionen

Funktion	Beschreibung
ftp_connect($host, $port)	Stellt die Verbindung zu dem FTP-Server $host her. Der Port $port muss nicht angegeben werden. Der Standardport ist 21. Die Verbindung wird an ein Handle zurückgegeben.
ftp_login($handle, $benutzername, $passwort)	Authentifiziert den Anwender auf dem FTP-Server.
ftp_pwd($handle)	Gibt das aktuelle Verzeichnis zurück.
ftp_cdup($handle)	Wechselt in das höhere Verzeichnis.
ftp_chdir($handle, $verzeichnis)	Wechselt in das gewünschte Verzeichnis.
ftp_mkdir($handle, $verzeichnisname)	Erstellt ein Verzeichnis.
ftp_rmdir($handle, $verzeichnisname)	Löscht ein Verzeichnis.
ftp_nlist($handle, $verzeichnis)	Gibt eine Liste der Dateien des angegebenen Verzeichnisses in einem Array zurück.
ftp_rawlist($handle, $verzeichnis)	Gibt eine detaillierte Liste der im Verzeichnis enthaltenen Dateien zurück.
ftp_systype($handle)	Liefert den Systemtyp des FTP-Servers zurück.
ftp_pasv($handle, $status)	Schaltet den passiven Modus per $status = TRUE ein und mit FALSE wieder aus.
ftp_get($handle, $ziel, $quelle, $status)	Lädt eine Datei von einer Quelle des FTP-Servers auf die lokale Festplatte $ziel. Der Schalter $status kann entweder FTP-ASCII oder FTP-BINARY annehmen.
ftp_fget($handle, $ziel, $quelle, $status)	Lädt eine Datei von einer Quelle des FTP-Servers herunter und speichert sie in eine geöffnete Zieldatei. Der Schalter $status kann entweder FTP-ASCII oder FTP-BINARY annehmen.
ftp_put($handle, $quelle, $ziel, $status)	Lädt eine Datei auf den FTP-Server hoch. Der Schalter $status kann entweder FTP-ASCII oder FTP-BINARY annehmen.
ftp_fput($handle, $quelle, $ziel, $status)	Lädt eine Datei in eine geöffnete, auf dem FTP-Server liegende Datei. Der Schalter $status kann entweder FTP-ASCII oder FTP-BINARY annehmen.
ftp_size($handle, $datei)	Ermittelt die Größe einer Datei, welche auf einem FTP-Server liegt.

Funktion	Beschreibung
ftp_mdtm($handle, $datei)	Ermittelt die letzte Änderung an der angegebenen Datei.
ftp_rename($handle, $datei_alt, $datei_neu)	Benennt eine Datei um.
ftp_delete($handle, $datei)	Löscht eine Datei.
ftp_site($handle, $kommando)	Sendet einen SITE-Befehl an den FTP-Server.
ftp_quit($handle)	Beendet die Verbindung zu einem FTP-Server.

4.6.2 FTP-Download

Als kleines Beispiel veranschaulicht ein FTP-Download die Vorgehensweise. Die Datei FTPFORM.HTML stellt ein Formular zur Verfügung, in dem Sie Eingaben zu Server, Dateinamen sowie Benutzer und Kennwort vornehmen (vgl. Abbildung 4.11).

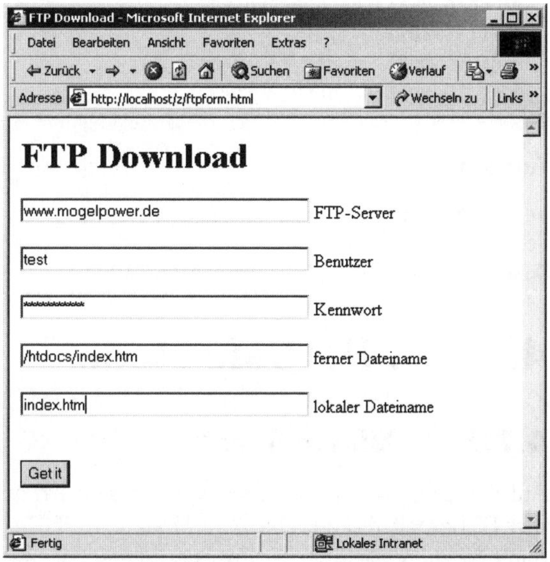

Abb. 4.11: FTP-Download-Formular

Das Formular übergibt die entsprechenden Variablen an das Programm FTP.PHP, das einen FTP-Download realisiert. Die Datei wird auf dem Server abgelegt, auf dem das Skript FTP.PHP liegt. Folgende Schritte unternimmt das Programm:

- Herstellen der Verbindung mit `ftp_connect()`
- Login des Benutzers mit `ftp_login()`

- Download der Datei mit `ftp_get()`
- Schließen der Verbindung mit `ftp_quit()`

Der Download der Datei erfolgt ohne Zwischenspeicherung auf dem lokalen Computer. Mit Hilfe der FTP-Funktionen gelingen Ihnen damit sehr schnelle FTP-Transfers zwischen Servern im Internet.

ftp.php

```
<?php
  // Herstellen der Verbindung
  $conn = ftp_connect($server,21);
  if (!$conn) die("Verbindungsaufbau gescheitert.");
  echo("Verbindung: Ok<br>");
  // Einloggen mit Benutzername und Kennwort
  $log = ftp_login($conn, $user, $pass);
  if (!$log) die("Login gescheitert);
  echo("Login: Ok<br>");
  // Download
  $trans = ftp_get($conn,"$lokal","$ftp",FTP_BINARY);
  // Schließen des FTP-Streams
  ftp_quit($conn);
  // Upload-Status überprüfen
  if (!$trans)
    die("Download war fehlerhaft.");
  echo("Download: Ok<br>");
?>
```

Ausgabe:

```
Verbindung: Ok
Login: Ok
Download: Ok
```

4.7 PHP Safe Mode

4.7.1 Allgemeines

Auf Servern, die von verschiedenen Anwendern genutzt werden, gibt es immer Sicherheitsrisiken. Der Safe Mode von PHP ist eine Möglichkeit, sie zu minimieren. Viele Internet-Provider, die so genannte »Virtuelle Server« anbieten, verwenden den PHP Safe Mode, um die Benutzer voreinander zu schützen.

Als Kriterium, was erlaubt ist und was nicht, werden die Benutzerrechte des aktiven PHP-Programms zu Hilfe genommen. Einschränkungen durch den Safe Mode gibt es insbesondere bei den Dateifunktionen sowie beim Aufruf externer Programme.

4.7.2 Dateifunktionen

Bevor PHP eine Operation mit einer Datei durchführt, prüft das System, ob der Benutzer dieser Datei mit dem Benutzer der Programmdatei des aktiven Programms übereinstimmt oder ob die Datei sich in einem Verzeichnis befindet, welches diesem Benutzer gehört. Ist dies nicht der Fall, erhalten Sie eine Fehlermeldung folgender Art:

```
Warning: SAFE MODE Restriction in effect. The script whose uid is 500
is not allowed to access /etc/passwd owned by uid 0 in /docroot/
script.php on line 2
```

Die wohl am häufigsten verwendeten Dateifunktionen `require()` und `include()` sind nur selten betroffen, da beim Speichern der Daten per FTP die Rechte automatisch richtig gesetzt werden.

Oft treten Probleme mit dem Safe Mode beim Datei-Upload auf. Standardmäßig speichert der Webserver Dateien, die per Formular gesendet werden, unter seiner Benutzerkennung in einem temporären Systemverzeichnis. Danach hat das PHP-Programm aber keinen Zugriff mehr auf die Datei.

Hier ist es von Seiten des Administrators notwendig, die Konfigurationsvariable `upload_tmp_dir` auf ein Verzeichnis zu setzen, das die gleiche Benutzerkennung hat wie die PHP-Skripts, in dem aber der Webserver Schreibrechte hat. Danach steht einer Weiterverarbeitung der Dateien auch im Safe Mode nichts im Wege.

Betroffene Funktionen (Auswahl):

move_uploaded_file(), chdir(), mkdir(), rmdir(), rename(), unlink(), copy(), chgrp(), chown(), touch(), symlink(), link()

4.7.3 Externe Programme

Der Aufruf externer Programme mittels `system()`, `exec()`, `passthru()` ist sehr eingeschränkt. Es werden nur noch Programme gestartet, die sich in einem definierten Verzeichnis befinden (siehe Konfigurationsoption `safe_mode_exec_dir`). Der Aufruf anderer Programme, auch über Pfadangabe, ist nicht erlaubt.

Allerdings ist es nicht so einfach möglich, einen Fehler festzustellen. Alle drei Funktionen bieten zwar die Möglichkeit der Übergabe eines Return-Wertes, welcher im Normalfall einen aussagefähigen Inhalt hat, sollte aber ein Programm aufgrund der Safe-Mode-Beschränkungen nicht gestartet werden, kommen verschiedene Return-Werte zum Vorschein, die leider nichts mit bekannten Systemfehlern zu tun haben. Unter Linux z.B. erhalten Sie beim Versuch, auf eine nicht vorhandene Datei zuzugreifen, den Fehlerwert 2 (No such file or directory). Versuchen Sie aber ein Programm zu starten, welches nicht im erlaubten Verzeichnis (`safe_mode_exec_dir`) liegt, so erhalten Sie einen Return-Wert größer 200.

Betroffene Funktionen (Auswahl):

system(), exec(), passthru()

4.8 Fragen

1. Wie werden Werte eines Formulars an ein PHP-Script übergeben?
2. Wie kann eine Variable in einem Formular übergeben werden, ohne dass sie in einem Formular zu sehen ist?
3. Wie kann der Programmierer überprüfen, ob Formulardaten mit der Methode POST übergeben wurden?
4. Was ist bei der Erstellung eines Formulares zu beachten, wenn Sie Datei-Upload realisieren möchten?
5. Was ist die GD-Bibliothek?
6. Was ist bei Verwendung der Funktion header() zu beachten?
7. Wozu brauchen Sie Sockets?
8. Welchen Sinn hat der »Safe Mode«?

KAPITEL 5

MySQL – die (Internet-)Datenbank

Zunächst werden wir uns vom Programmieren verabschieden, um etwas Theorie zu tanken. Sie werden in die Grundbegriffe der Datenbanken eingeführt und lernen, Entity-Relationship-Modelle zu entwickeln und Daten zu normalisieren.

Sie werden in unser Votum-Beispiel eingeführt und lernen, Datenbanktheorie in diesem Beispiel anzuwenden.

Mit Hilfe von *MySQL-Monitor* sowie *phpMyAdmin* nehmen Sie Kontakt mit der MySQL-Datenbank auf.

5.1 Einführung in Datenbanken

5.1.1 Rückblende

Die Entwicklung von Datenbanken führt bis in die 70er Jahre des 20. Jahrhunderts zurück.

Von IBM wurde 1968 eine der ersten kommerziell verfügbaren Datenbanken – IMS (Information Management System) – entwickelt, die auf einem hierarchischen Datenmodell basierte.

Dieses Datenmodell erwies sich bezüglich der Datenmodellierung in der realen Welt als ungünstig, so dass dieses Modell in den 70er Jahren verbesserte wurde. Ein bis heute einflussreiches Ergebnis dieser Anstrengungen war die Entwicklung des weitgehend standardisierten netzartigen Datenmodells. Beide unterstützten lediglich Einzeldatensatzzugriff.

Das zeitgleich entstandene relationale Modell basiert im Gegensatz dazu auf mengenorientiertem Zugriff. Die Entwicklung relationaler Datenbanken erwies sich als schlagkräftiges Argument gegenüber Anhängern des netzartigen Modells. Mitte der 80er Jahre begann die Entwicklung der Systeme wie beispielsweise Ingres, Informix oder Oracle, die kommerziell seit Anfang der 90er Jahre verfügbar sind.

Relationale Datenbanken spielen bis in die heutige Zeit eine dominierende Rolle in den Bereichen Klein- und Arbeitsplatzrechner und haben dank DB2 (IBM Database 2) eine gefestigte Position im Großrechnerbereich erlangt.

DB2 war seinerzeit auch der Anlass, eine standardisierte Datenbanksprache zu entwickeln. Die Rede ist von SQL (Structured Query Language), die 1988 durch das ANSI (American National Standards Institute) verabschiedet wurde und ebenso für eine starke Verbreitung dieser relationalen Datenbanken sorgte.

5.1.2 Grundbegriffe

Spricht man von einem Datenbanksystem (= **D**aten**B**ank-**M**anagement**S**ystem), so ist ein Informationssystem gemeint, dessen Aufgabe darin besteht, große Mengen von Daten auf permanenten Medien zu beschreiben, zu speichern, zu manipulieren und wiederzugewinnen.

Wichtige Zielsetzungen des Datenbanksystems sind:

- die Integritätssicherung der Daten,
- die assoziative Suche nach Daten,
- die Verringerung von Redundanz.

Die von einem Datenbanksystem verwalteten Daten werden als Datenbank bezeichnet.

Integritätsprobleme treten auf, wenn mehrere Benutzer gleichzeitig auf Datenbanken zugreifen und Daten manipulieren. Es ist sicherzustellen, dass mehrere Benutzer nicht gleichzeitig die gleichen Daten manipulieren.

Die Transaktion soll ermöglichen, eine Menge an Operationen auf einer Datenbank auszuführen, die zum einen nur im Ganzen gültig ist und zum anderen von keinem anderen Benutzer unterbrochen werden darf. Kann eine Transaktionen nicht zu Ende geführt werden – beispielsweise weil die Verbindung abbricht –, werden alle zur Transaktion gehörenden Operationen widerrufen.

MySQL unterstützt Transaktionen derzeit nur auf speziellen Tabellentypen, die sich allerdings noch im Betastadium befinden,. Einer dieser Tabellentypen ist die InnoDB-Tabelle, die später noch näher beschrieben wird.

Neben den Fehlern, die durch gleichzeitigen Mehrbenutzerzugriff entstehen können, besteht die Aufgabe, die Daten so zu verwalten, dass physikalische Speicherfehler zu einem kontrollierten Datenverlust führen, nicht aber zum Totalverlust.

5.1.3 Das Entity-Relationship-Modell

P. Chen spezifizierte 1976 ein Modell – das Entity-Relationship-Modell (ER-Modell), das häufig genutzt wird, um Informationsstrukturen der realen Welt auf ein Schema abzubilden, das dann in die Datenstrukturen transformiert wird.

Das ER-Modell ist damit ein Hilfsmittel für den Datenbankentwickler, die Datenstrukturen zu erkennen, sie zu gruppieren und miteinander in Beziehung zu setzen. Unter Verwendung dieser grafischen Hilfe werden letztlich Tabellenstrukturen gebildet.

Selbst wenn die Datenstrukturen sehr einfach aufgebaut sind, sollte auf das ER-Modell nicht verzichtet werden. Zeit, die einmal in das Modell investiert wurde, wird später wieder gewonnen, da logische Fehler bereits im Keim erstickt wurden. Außerdem ist das ER-Modell eine gute Datenbankdokumentation.

Entity

Ein Entity ist ein strukturiertes Datenobjekt, das Eigenschaften besitzt, die durch Attribute beschrieben werden. Jedes Attribut besitzt einen definierten Wertebereich, der im Sinne des Modells nicht mehrstellig sein soll – keine Listen oder Mengen.

In einer Firma kann ein *Angestellter* als Entity angesehen werden. Attribute dieser Entity sind *Personalnummer*, *Name* usw.

Entity-Typen

Die Vereinigung aller Entities mit gleichen charakteristischen Eigenschaften (Attributen) wird als Entity-Typ bezeichnet. Ein oder mehrere Attribute eines Entity müssen als Primärschlüssel definiert sein. Der Primärschlüssel dient dazu, alle Entities eines Entity-Typen eindeutig voneinander zu unterscheiden.

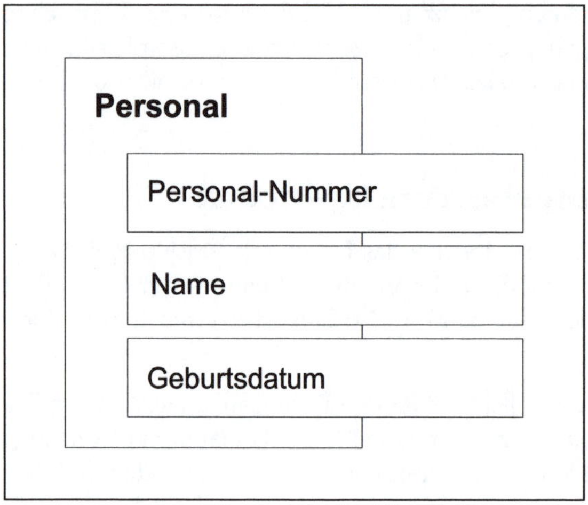

Abb. 5.1: Ein Entity-Typ »Personal«

Das *Personal* einer Firma ist beispielsweise ein Entity-Typ, der die Angestellten enthält.

Entity-Typen werden im ER-Modell als Rechteck dargestellt. Attribute des Entityps werden oft als Ovale mit einem Anstrich zu dem Rechteck dargestellt.

Schwache Entity-Typen

Sind Entities als Objekte zwar existent, können aber nicht ohne Zuhilfenahme eines anderen Entity beschrieben werden, handelt es sich um schwache Entities, die in schwachen Entity-Typen zusammengefasst werden.

Werden in einem Entity *Städte* beschrieben und in einem anderen *Stadtteile*, dann ist *Stadtteil* ein schwaches Entity, da das Entity *Stadt* benötigt wird, um *Stadtteil* zu beschreiben.

Schwache Entity-Typen werden im ER-Modell als doppeltes Rechteck dargestellt.

Relationships

Beziehungen zwischen Entities werden durch so genannte Relationships beschrieben, die ebenso wie Entities strukturierte Datenobjekte, in der realen Welt aber keine existenten Objekte sind. Eine Relationship muss wenigstens zwei Entities zueinander in Beziehung setzen.

BEISPIEL

Setzt man die Entities *Angestellter* und *Projekt* miteinander in Beziehung, erhält man die Beziehung *Projekt_wird_bearbeitet_von*. Diese Beziehung ist ein Zustand, aber kein existentes Objekt.

Relationship-Typen

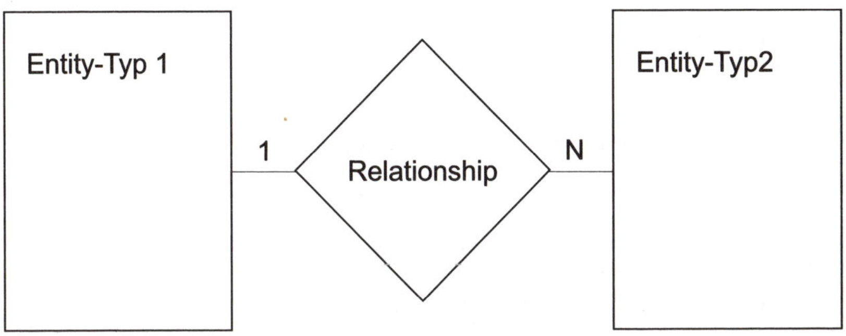

Abb. 5.2: Darstellung von Entity und Relationship

Ähnlich wie Entities können auch Relationships Attribute besitzen, die eine Beziehung in ihren speziellen Eigenschaften vertiefend beschreiben. Die Attributstruktur und die beteiligten Entity-Typen einer Relationship werden in einem Relationship-Typ festgelegt.

BEISPIEL

Bezüglich der Beziehung *Projekt_wird_bearbeitet_von* beschreibt das Attribut *Beginn* diesen Beziehungstyp näher. Der zugehörige Relationship-Typ zu *Projekt_wird_bearbeitet_von* sind alle Projekte und deren Bearbeiter.

Relationship-Typen werden im ER-Modell als Raute (auf der Spitze stehendes Viereck) dargestellt. Ein Relationship-Typ, der wenigstens eine schwache Entity in Beziehung setzt, heißt schwacher Relationship-Typ und wird durch eine doppelte Raute dargestellt.

Eins zu eins (1:1)

Wenn Entities zweier Entity-Typen so miteinander in Beziehung stehen, dass sie sich gegenseitig erfordern, dann spricht man von einer Eins-zu-eins-Beziehung. Mit anderen Worten: Jedem Datensatz aus der einen Tabelle ist genau ein Datensatz aus der anderen Tabelle zugeordnet und umgekehrt.

In einer *Firma* ist jeder Entity *Angestellter* ein Entity *Arbeitsvertrag* zugeordnet, und umgekehrt gehört zu jedem Arbeitsvertrag genau ein Angestellter.

Abb. 5.3: Eine 1:1-Beziehung

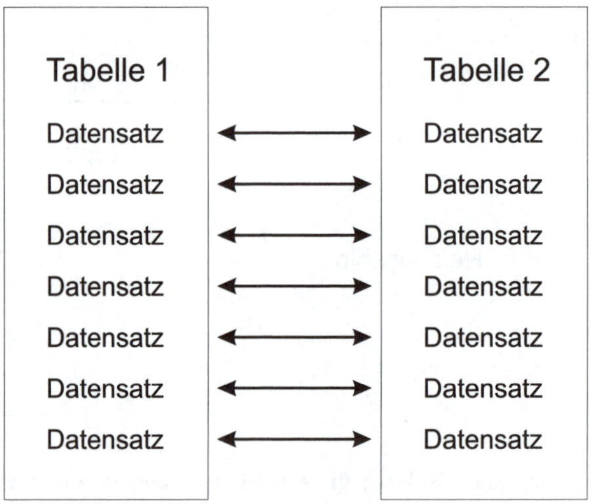

Bezogen auf die Datenbank bedeutet das, dass die Datensätze der einen Tabelle ohne die Datensätze der anderen Tabelle nicht sinnvoll existent sind. Das Hinzufügen eines Datensatzes der einen Tabelle muss auch zum Hinzufügen eines Datensatzes in der anderen Tabelle führen.

Eine zu vielen (1:n)

Steht jede Entity eines Entity-Typs mit unbestimmt vielen Entities eines anderen Entity-Typs in Beziehung, so spricht man von einer Eine-zu-vielen-Beziehung. In der umgekehrten Richtung ist dieser Beziehungstyp immer eindeutig.

Im Beispiel *Firma* hat jeder *Angestellte* höchstens einen *Vorgesetzten*, aber mehrere (oder keine) *Unterstellten*. In diesem Fall ist der Beziehungstyp *Angestellter_trägt_Personalverantwortung* ein Beziehungstyp auf die Entity selbst (= rekursive Beziehung).

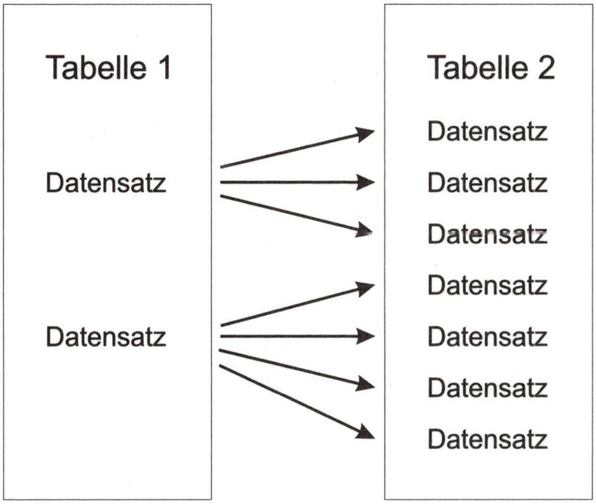

Abb. 5.4: Eine 1:n-Beziehung

Die *1:0*-Beziehung (Beispiel) ist auch Bestandteil diese Beziehungstyps. Stehen aber zwei tatsächlich verschiedene Entity-Typen in Beziehung, ergibt diese Beziehung meist wenig Sinn. Oft sind die Daten darin unvollständig.

Die *n:1*-Beziehung ist die Umkehrung der *1:n*-Beziehung.

Viele zu vielen (n:m)

Stehen die Entities eines Entity-Typs mit mehreren Entities eines Entity-Typs in Beziehung und umgekehrt, dann handelt es sich um eine Viele-zu-vielen-Beziehung. Dieser Beziehungstyp ist in der Praxis häufig anzutreffen und erfordert wegen seiner Komplexität besondere Aufmerksamkeit. In Datenbanken lässt sich dieser Beziehungstyp nur mit einer Zwischentabelle vernünftig verwalten. Dadurch werden *n:m*-Beziehungen in zwei *1:n*-Beziehungen aufgelöst.

In einer Firma stehen die Entities *Angestellter* in einer *n:m*-Beziehung zu den Entities *Projekt*. Jeder Angestellter arbeitet an einem oder mehreren Projekten. Andererseits können an einem Projekt auch mehrere Angestellte arbeiten.

Abb. 5.5: Eine n:m-Beziehung

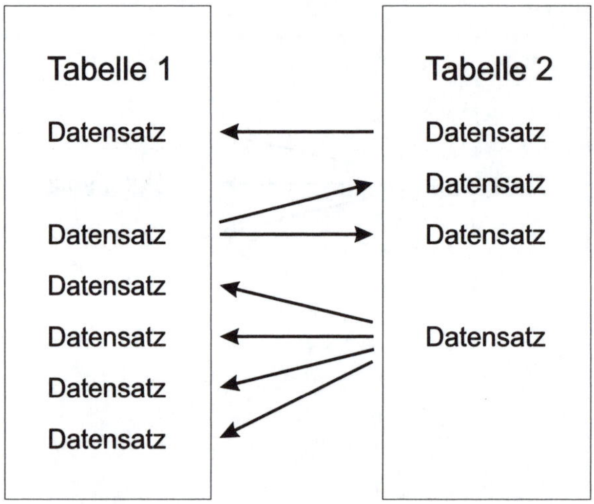

Betrachtet man zwei Entities, E1 und E2, und es existiert in einem Relationship zu jeder Entity aus E1 höchstens ein Entity aus E2, dann heißt dieses Relationship **einfach** (Zu-eins-Relationship), sonst **vielfach** (Zu-viele-Relationship).

5.1.4 Das relationale Datenmodell

Das relationale Datenmodell, das von Edgar F. Codd als konzeptionelle Grundlage relationaler Datenbanken begründet wurde, ist dank seiner eingängigen, spartanischen Datenstrukturen verbunden mit mächtigen, mengenorientierten Operatoren heutzutage ein weit verbreitetes Datenmodell.

In relationalen Datenbanken werden Entity-Typen und Relationship-Typen als Relationen definiert und in Tabellenform gespeichert. Die Relation ist aber nicht zwingend als physische Tabelle zu verstehen, sondern auch eine Teilmenge einer Tabelle beziehungsweise einer Abfrage über mehrere Tabellen.

Im relationalen Datenmodell kann eine Relation immer als Tabelle dargestellt werden. Eine Zeile entspricht einem Datensatz einer Relation, eine Spalte einem Attribut einer Relation.

Zur Abfrage von Tabellen dient die standardisierte Sprache SQL, mit deren Hilfe Tabellen abgefragt, verknüpft, erweitert oder auch Daten gelöscht werden können. Fragt man Daten einer oder mehrerer Tabellen mit Hilfe von SQL ab, ist das Ergebnis dieser Abfrage wieder eine Relation (Tabelle).

Damit dieses relationale Modell von Codd funktioniert, erfordert es, dass die Daten in der ersten Normalform vorliegen. Sie fordert, dass alle Attribute einer Relation atomar sind. Das heißt, ein Attribut einer Relation darf zum Beispiel keine Liste oder Ähnliches sein. Mehr zum Thema Normalformen lesen Sie in Abschnitt 5.1.6.

5.1.5 Erzeugen des relationalen Datenmodells

Nachdem das ER-Modell auf dem Papier entstanden ist, besteht die Aufgabe,

- ✘ aus den grafischen Entity-Typen und Relationship-Typen Tabellen zu bilden, insofern erforderlich
- ✘ die Datentypen der Attribute zu definieren
- ✘ den Primärschlüssel zu erzeugen beziehungsweise zu definieren

Um das ER-Modell in ein relationales Datenmodell zu überführen, gilt es verschiedene Regeln zu beachten.

Starke Entity-Typen

Entity-Typen, die keine schwachen Entities enthalten, überführen Sie direkt in Tabellen. Die erste Attributspalte sollte der Primärschlüssel sein. Der Primärschlüssel kann sich auch aus mehreren Attributen zusammensetzen und dient dazu, einen Entity eindeutig zu identifizieren. Um einen effizienten Zugriff auf die Datenbank zu ermöglichen, verwenden Sie ein numerisches Attribut als Primärschlüssel.

HINWEIS

Um sich später Schreibarbeit zu ersparen und aus Kompatibilitätsgründen sollten Sie den Attributen in den Tabellen Kurznamen geben, die weder Leerzeichen noch Sonderzeichen enthalten. Gleiches gilt auch für die Tabellennamen.

BEISPIEL

Der Entity-Typ *Personal* mit den Attributen *Personalnummer*, *Name* und *Datum* wird in eine Tabelle mit drei Spalten überführt. Personal-Nummer identifiziert die Entities eindeutig und eignet sich damit als Primärschlüssel.

Schreibweise:

Personal (**PNr**, Name, GebDatum)

Den Primärschlüssel heben Sie durch Fettdruck oder Unterstreichung hervor, alternativ können Sie auch den Datentyp angeben, ohne diesen genauer spezifizieren zu müssen:

Schreibweise:

Personal (**PNr** decimal, Name char, GebDatum date)

1:n-Relationship

Jede 1:n-Beziehung kann durch Umkehren in eine n:1-Beziehung überführt werden. Dadurch erzeugen Sie eine einfache Beziehung. Beinhaltet der Relationship-Typ eigene Attribute, ordnen Sie diese der n-Relation zu. Die n-Relation heißt Primärtabelle, die 1-Relation Sekundärtabelle.

Die Beziehung wird hergestellt, indem die Primärtabelle als zusätzliches Attribut den Primärschlüssel der Sekundärtabelle erhält. Solch ein Attribut wird auch als Fremdschlüssel bezeichnet.

ACHTUNG

Primärschlüssel der Sekundärtabelle sowie Fremdschlüssel der Sekundärtabelle besitzen immer denselben Datentyp.

1:1-Relationship

Die 1:1-Beziehung ist ein Spezialfall der 1:n-Beziehung. Die Wahl von Primär- und Sekundärtabelle steht frei.

BEISPIEL

Es existieren die Entities *Personal* mit den Attributen *Personalnummer*, *Name* und *Geburtsdatum* sowie *Arbeitsvertrag* mit den Attributen *Arbeitsvertragsnummer*, *Beginn*, *Ende* und *Dokument*.

Schreibweise:

Personal (**PNr**, Name, GebDatum)

AVertrag (**AVNr**, Beginn, Ende, Dokument, *PNr*)

PNr und *AVNr* sind jeweils Primärschlüssel. In der Relation *AVertrag* wurde *PNr* als Fremdschlüssel eingefügt, um die Beziehung herzustellen. Den Fremdschlüssel stellt man vorzugsweise mit Kursivdruck oder unterbrochener Unterstreichung dar.

n:m-Relationship

Die Abbildung von n:m-Beziehungen des ER-Modells in das relationale Datenbankmodell erfolgt durch Hinzufügen einer eigenen Tabelle für diese Relationship. Diese Tabelle enthält als Fremdschlüssel die beiden Primärschlüssel der zu verknüpfenden Tabellen sowie eventuelle zusätzliche Attribute. Die Kombination beider Fremdschlüssel ist Primärschlüssel der erzeugten Tabelle.

In relationalen Datenbanken wird die *n:m*-Beziehung in zwei *1:n*-Beziehungen transformiert.

Mitarbeiter einer Firma (*Personal*) arbeiten an *Projekten* mit einer *Projektnummer*. Für diese Relation sind zusätzlich *Beginn* und *Ende* der Mitarbeit am Projekt interessant. Da an einem Projekt mehrere Mitarbeiter arbeiten, andererseits auch ein Mitarbeiter an mehreren Projekten, handelt es sich um eine *n:m*-Beziehung, die durch eine Zusatztabelle dargestellt wird.

Schreibweise:

Personal (**PNr**, Name, GebDatum)

Projekt (**ProjNr**, Beschreibung, ...)

Proj_Bearb (**PNr**, **ProjNr**, Beginn, Ende)

Schwache Entity-Typen

Schwache Entity-Typen werden ebenso wie starke Entity-Typen in Tabellen überführt. Sie erhalten den Primärschlüssel des zugehörigen starken Entity-Typs als zusätzliches Attribut. Schlüssel des schwachen Entity-Typs und Fremdschlüssel bilden gemeinsam den Primärschlüssel der erzeugten Tabelle.

Ein Entity beschreibt eine *Stadt* mit *Name* und *Einwohner*, das schwache Entity beschreibt *Stadtteile* mit *Stadtteilname* und *Fläche*.

Schreibweise:

Stadt (**StadtNr**, Name, Einw)

Stadtteil (**STeilNr**, **StadtNr**, Name, Flaeche)

5.1.6 Normalformen von Relationen

Einfügen, Abfragen und Verwalten von Datenbanken wird Sie sehr schnell frustrieren, wenn die Datenlogik einer Datenbank fehlerhaft ist. Sie ändern Daten, aber die Änderungen sind in Ihren Abfragen nicht sichtbar. Möglicherweise hat Ihnen hier Datenredundanz einen Strich durch die Rechnung gemacht.

Normalisierung

Normalisierung kann als Regelwerk verstanden werden, Datenstrukturen zu erstellen, die keine logischen Fehler enthalten, mit dem Ziel, Daten einfacher zu verwalten, abzufragen und zu aktualisieren.

Es kann nicht der Weisheit letzter Schluss sein, alle Daten in einer Tabelle zu speichern, wie in der Tabelle *Personal*.

PNr	Name	Beruf	Unterstellte	Gehalt	Projekt	Beginn	Ende
1	Meyer	Verkäufer	-	6000	-	-	-
2	Tischer	Projektleiter	3,4,5	8000	Bank	01.03.2000	31.03.2000
2	Tischer	Projektleiter	3,4,5	8000	Ministerium	01.04.2001	10.08.2000
3	Neibe	Entwickler	-	7000	Bank	01.03.2000	14.03.2000
4	Killerbu	Entwickler	-	6800	Ministerium	01.05.2000	31.05.2000
5	Robic	Sekretärin	-	5800	-	-	-
6	Lacher	Geschäftsführer	2	9500	-	-	-
7	Leila	Versandleiter	12	6500	Alle	-	-
8	Kizi	Grafiker	-	7000	-	-	-
9	Hoffi	Tester	-	4000	-	-	-

Tabelle 5.1: Die Tabelle Personal speichert alle Daten

In der Tabelle *Personal* erkennen Sie, dass neben den Angestellten auch die Projekte gespeichert werden. Obwohl Angestellte Projekte bearbeiten, besitzen beide Entities verschiedene voneinander unabhängige Eigenschaften. Sie stehen lediglich miteinander in Beziehung.

Datenbank-Anomalien

Die Zeile mit *PNr=2* gibt es zweimal, weil der Mitarbeiter Tischer an zwei Projekten mitarbeitet. Was aber passiert nun, wenn sich sein Gehalt ändert? Dann sind Anpassungen in mehreren Zeilen erforderlich. In diesem Fall spricht man auch von der *Änderungs-Anomalie* der Datenbank. Des Weiteren ist erkennbar, dass beim Hinzufügen eines neuen Mitarbeiters auch ein Projekt hinzugefügt werden muss! Es tritt eine *Einfüge-Anomalie* auf. Wird außerdem noch einem Mitarbeiter gekündigt, verschwinden auch Informationen, wann er an welchen Projekten gearbeitet hat. Auch diese *Lösch-Anomalie* war sicher nicht im Sinne des Datenbankentwicklers.

Der Weg zum Ziel heißt Normalisierung. Normalisieren bedeutet, Daten einfach zu strukturieren. In mehreren Schritten werden Daten in eine bestimmte Normalform gebracht, die jeweils auf die Normalform der niedrigeren Stufe aufbaut. Insgesamt gibt es neun verschiedene Normalformen, von denen aber nur die ersten drei praktisch zur Anwendung kommen.

Die erste Normalform

Die erste Normalform ist zugleich notwendige Bedingung dafür, dass Sie überhaupt ein relationales Datenmodell besitzen (vgl. Abschnitt 5.1.4). Sie fordert, dass alle Attribute einer Entity in atomarer Form auftreten. Ein atomarer Wert ist ein eindeutig zuordenbarer Wert wie beispielsweise eine Zahl, eine Zeichenkette oder ein Datum, nicht aber eine Liste. In Tabelle *Personal* ist die Spalte *Unterstellte* eine Liste, genauer gesagt sogar eine Relation. Wenn die Spalte *Unterstellte* aufgeteilt würde in *Unterstellte1*, *Unterstellte2*, *Unterstellte3*, ..., *UnterstellteN*, sind diese zwar atomar, aber dennoch nicht im Sinne der ersten Normalform, da es sich im eigentlichen Sinne wieder um eine Liste handelt.

Da die erste Normalform bereits Bedingung für das relationale Datenmodell ist, überschneiden sich die Aufgaben hier etwas. Besitzen Tabellen derartige Listen, erzielen Sie die erste Normalform, indem Sie diese Listen in eigene Relationen umwandeln. Dazu ist es erforderlich zu erkennen, um welche Art von Beziehung es sich handelt.

Zunächst trennen Sie die Liste ab und erstellen daraus eine eigene Relation. Handelt es sich um eine 1:n-Beziehung, dass heißt, jeder Datensatz der neuen Relation ist mit nur einem der Ausgangsrelation verbunden, fügen Sie der neuen Relation als Fremdschlüssel den Primärschlüssel der Ausgangstabelle hinzu. In diesem Fall haben Sie eine n:1-Beziehung geschaffen.

Die Beziehung *Personal-Unterstellte* ist eine *1:n*-Beziehung, wenn man davon ausgeht, dass jeder Unterstellte nur einen Vorgesetzten hat. Lesen Sie den vorigen Satz noch einmal, und Sie werden die Lösung des Problems erkennen. Das Ändern der Relation *Unterstellte* in die Relation *Vorgesetzte* erzeugt eine n:1-Relation. Die Personalnummer ist in diesem Fall Primär- und Fremdschlüssel zugleich. Durch das Speichern des Attributs *Vorgesetzter* genügen Sie den Anforderungen der ersten Normalform.

Im Beispiel Personal-Projekte handelt es sich dagegen um eine *n:m*-Beziehung. Sie erfordert, dass Sie eine zusätzliche Relation erstellen, die wiederum beide Relationen miteinander verbindet. Die zusätzliche Relation erhält mindestens die Primärschlüssel beider Tabellen als Fremdschlüssel. Diese bilden gemeinsam den Primärschlüssel der neuen Relation.

Die zweite Normalform

Relationen befinden sich in zweiter Normalform, wenn sie sich in erster Normalform befinden und kein Attribut existiert, das nicht zum Schlüssel gehört und nur von einem Teil des Schlüssels voll funktional abhängig ist.

Daraus folgt:

- ✘ Besitzt eine Relation in erster Normalform nur einen einstelligen Schlüssel (Schlüssel besteht aus einem Attribut), dann befindet sie sich automatisch auch in zweiter Normalform.
- ✘ Ein Nichtschlüsselattribut steht in einer 1:1-Beziehung zu einem Teil des Schlüssels.

Mit anderen Worten hat die zweite Normalform die Aufgabe, Teilabhängigkeiten zu eliminieren, indem Sie aus diesen eigene Relationen erstellen.

In der Tabelle *Projektbearbeitung* wird gespeichert, wer (PersNr) an einem Projekt (ProjNr) arbeitet, wie dieses heißt (ProjName), wann der Projektauftrag erteilt wurde (AuftragVom) und wann der Bearbeitungsbeginn dieses Mitarbeiters erfolgte (BearbBeginn).

Tabelle 5.2: Die Tabelle Projektbearbeitung

PersNr	ProjNr	ProjName	AuftragVom	BearbBeginn
1001	50	HTML-Seiten für Fa. Weber	10.01.2000	01.02.2000
1005	50	HTML-Seiten für Fa. Weber	10.01.2000	26.01.2000
1002	51	Datenbank für Fa. Krause	15.02.2000	01.03.2000
1005	51	Datenbank für Fa. Krause	15.02.2000	15.03.2000

In der Tabelle *Projektbearbeitung* ist die Kombination (PersNr, ProjNr) als Primärschlüssel definiert. Dieser Schlüssel regelt die Zuordnung eines beliebigen Mitarbeiters zu einem Projekt. Eine charakteristische Eigenschaft dieser Relation ist das Attribut *BearbBeginn*, denn es speichert, wann ein bestimmter Mitarbeiter die Mitarbeit an einem bestimmten Projekt begonnen hat. Andererseits sind *ProjName* und *AuftragVom* charakteristische Projekteigenschaften, die unabhängig vom Mitarbeiter sind, der das Projekt bearbeitet. Mit anderen Worten, sie sind funktional abhängig von der Projektnummer (ProjNr) – einem Teil des Schlüssels.

Um diese Relation in die zweite Normalform zu überführen, wandeln Sie diese in zwei Relationen um. Es entsteht zusätzlich die Tabelle Projekt.

PersNr	ProjNr	BearbBeginn
1001	50	01.02.2000
1005	50	26.01.2000
1002	51	01.03.2000
1005	51	15.03.2000

Tabelle 5.3: Die Tabelle Projektbearbeitung in zweiter Normalform

ProjNr	ProjName	AuftragVom
50	HTML-Seiten für Fa. Weber	10.01.2000
51	Datenbank für Fa. Krause	15.02.2000

Tabelle 5.4: Die Tabelle Projekt in zweiter Normalform

Die dritte Normalform

Die dritte Normalform fordert, dass sich eine Relation in zweiter Normalform befindet und alle Attribute, die nicht zum Schlüssel gehören, nur vom Schlüssel abhängig sind. Mit anderen Worten, es darf keine Abhängigkeiten zwischen den Attributen geben. Alle Attribute sind direkt vom Schlüssel abhängig und identifizierbar.

Wie die zweite Normalform hat die dritte die Aufgabe, Redundanzen zu minimieren beziehungsweise zu beseitigen.

In der Tabelle *Bestellungen* werden alle Bestellungen eines Buchversenders gespeichert. Diese Relation besitzt die Attribute *BestellNr*, *Datum*, *ISBN* und *Titel*. Das Attribut *BestellNr* ist Primärschlüssel.

BestellNr	Datum	ISBN	Titel
101	10.04.2001	3827291054	Mogel-Power 2001
102	10.04.2001	3827257174	Jetzt lerne ich HTML
103	11.04.2001	3827257174	Jetzt lerne ich HTML
104	11.04.2001	3827291062	Black&White

Tabelle 5.5: Die Tabelle Bestellungen nicht in dritter Normalform

Alle Attribute sind zwar charakteristisch für eine Bestellung, aber nicht direkt, denn das Attribut *Titel* ist abhängig von der *ISBN*. Diesen Konflikt lösen Sie, indem Sie aus *ISBN* und *Titel* eine zusätzliche Relation *Buecher* mit *ISBN* als Primärschlüssel erstellen. In der Tabelle *Bestellungen* bleibt *ISBN* als Fremdschlüssel.

Tabelle 5.6: Die Tabelle Bestellungen befindet sich jetzt in der dritten Normalform

BestellNr	Datum	ISBN
101	10.04.2001	3827291054
102	10.04.2001	3827257174
103	11.04.2001	3827257174
104	11.04.2001	3827291062

Tabelle 5.7: Die Tabelle Buecher befindet sich auch in der dritten Normalform

ISBN	Titel
3827291054	Mogel-Power 2001
3827257174	Jetzt lerne ich HTML
3827291062	Black&White

WWW – Warum, Wie viel und Wann wird normalisiert

Wenn Sie Ihre Daten normalisieren, erreichen Sie Folgendes:

- Redundanzfreie beziehungsweise redundanzarme Speicherung Ihrer Daten
- Vermeidung von Datenbank-Anomalien
- Logische Strukturierung der Daten
- Vereinfachte Speicherung der Daten

Datenbankdesign und Normalisierung sind zwei eng miteinander verzahnte Prozesse. Sie bedingen sich gegenseitig. Es ergibt keinen Sinn zu normalisieren, ohne ein Datenbankschema zu entwickeln. Ebenso werden Sie beim Designen der Datenbank die Normalisierung stets im Auge behalten.

Der einmal investierte Zeitaufwand wird sich später mit Sicherheit bezahlt machen. Es gibt kaum eine undankbarere Aufgaben, als riesengroße Tabellen mit redundanten Daten und Tausenden von Datensätzen aufzutrennen.

Verstehen Sie Normalisierung als Hilfe und nicht zu starr als Regelwerk, und normalisieren Sie mit Verstand. Wichtig ist, dass die Normalisierung eine logische und vereinfachte Tabellenstruktur schafft, aber nicht um jeden Preis. Normalisierung kann auch vieles unnötig verkomplizieren.

Wie bereits erwähnt, gibt es mehr als drei Normalformen. Weiteres Normalisieren erzeugt zwar eine technisch perfekte Datenbank, führt aber meist dazu, dass Beziehungen und Abfragen zu kompliziert werden und manchmal darunter auch die Performance leidet. Es zwingt Sie niemand, bis zur dritten Normalform durchzuhalten. Manchmal genügt die erste.

Betrachten wir noch einmal die Tabelle *Personal*, diesmal mit etwas anderen Attributen. Sie ist definiert als

Personal (**PersNr**, Name, GebAm, GeburtsOrt, GeburtsLand)

PersNr	**Name**	**GebAm**	**GeburtsOrt**	**GeburtsLand**
1001	Lehmann	01.01.1970	München	Bayern
1002	Meier	12.03.1956	Augsburg	Bayern
1003	Gruber	15.12.1965	Leipzig	Sachsen
1004	Huber	13.10.1980	Hannover	Niedersachsen

Tabelle 5.8: Die Tabelle Personal genügt nicht der dritten Normalform

Sie erkennen, dass die Tabelle *Personal* nicht der dritten Normalform genügt, da das Attribut *GeburtsLand* funktional abhängig vom *GeburtsOrt* ist. Nach den Regeln der Normalisierung entfernen Sie wenigstens *GeburtsLand* und erstellen damit zwei Relationen:

- Personal (**PersNr**,Name,GebAm,*GeburtsOrt*)
- Orte (**OrtName**, BundesLand)

OrtName ist in *Orte* Primärschlüssel und taucht in *Personal* mit *GeburtsOrt* als Fremdschlüssel auf. Da Zeichenketten als Schlüssel nicht optimal sind, werden Sie folgerichtig einen numerischen Ortsschlüssel erzeugen. Daraus ergeben sich die Relationen

- Personal (**PersNr**,Name,GebAm,*GeburtsOrtID*)
- Orte (**OrteID**, OrtName, BundesLand)

Jetzt können Sie beide Tabellen aufgrund des numerischen Schlüssels zwar gut verbinden, werden aber feststellen, dass die Relation *Orte* sich nicht mehr in der dritten Normalform befindet. *OrtName* ist jetzt kein Schlüssel mehr, sondern *OrteID*; damit hängt *BundesLand* wieder *OrtName* ab. Sie haben sich gerade erfolgreich im Kreis gedreht. Ihre Aufgabe besteht nun darin, die Tabelle *Orte* in die dritte Normalform zu bringen. Sie lösen *BundesLand* heraus, was zu folgenden Relationen führt:

- Personal (**PersNr**,Name,GebAm,*GeburtsOrtID*)
- Orte (**OrteID**, OrtName, *BundesLandID*)
- Laender (**LandID**, LandName)

LandID wurde als Primärschlüssel der Relation *Laender* erzeugt und taucht in *Orte* als *BundesLandID* als Fremdschlüssel auf.

Herzlichen Glückwunsch! Sie haben soeben eine Orte-Datenbank erzeugt, der Sie Länder hinzufügen können, ohne jemals einen Mitarbeiter aus diesem Land einstellen zu müssen. So verlockend und technisch richtig das jetzt ist, hat die Normalisierung hier eindeutig ihr Ziel verfehlt, denn Kernthema der Tabelle *Personal* war schließlich, Auskunft über Geburtsort und Land zu geben, nicht eine Orte-Datenbank zu erstellen.

5.2 Ein Votum entsteht

Anhand eines kleinen Beispiels erlernen Sie, Datenbanken zu entwerfen, zu erstellen, zu verwalten und abzufragen. Dieses kleine Beispiel ist ein Votum – neudeutsch für Umfrage. Ziel ist es, mit MySQL und PHP dieses Votum zu verwalten, Umfragen hinzuzufügen und auszuwerten sowie anderen Benutzern ein Votum zur Verfügung zu stellen – alles unter Verwendung einer Datenbank.

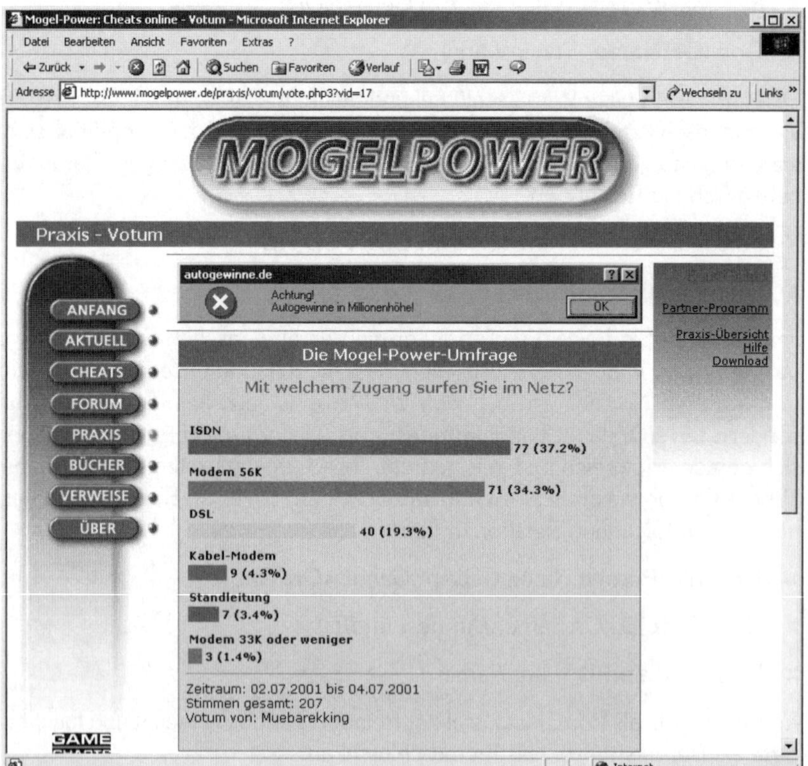

Abb. 5.6: Ein Votum auf http:// www.mogel-power.de/

Da der Funktionsumfang von MySQL sehr komplex ist, wird sich nicht alles mit diesem Beispiel erläutern lassen. In diesem Fall werden ergänzend andere Beispiele aufgeführt. In diesem Buch wurde bewusst ein relativ kleines Beispiel ausgewählt, um die Nachvollziehbarkeit und Weiterverwendbarkeit des Beispiels zu gewährleisten.

5.2.1 Erfassen der Problemstellung

Bevor Sie mit dem Erstellen von Modellen, Schemen oder gar Tabellen beginnen, ist es erforderlich, dass Sie sich überlegen, was ein Votum ist, welche Daten es speichern soll und wie diese zusammenhängen. Ein guter Weg besteht darin, sich diese Dinge nicht nur zu überlegen, sondern auch aufzuschreiben.

Anforderungen an das Votum

- In einem Votum kann nur über einen bestimmten Zeitraum abgestimmt werden.
- Ein Votum ist durch eine Frage gekennzeichnet.
- Ein Votum lässt mehrere Antwortmöglichkeiten zu.
- Die Anzahl der Antworten kann für jedes Votum unterschiedlich sein.
- Ein Votum hat einen Besitzer, der dieses Votum verwaltet.
- Das Votum soll nur auf den Webseiten des Besitzers erscheinen.
- Dieser Besitzer hat einen Namen, identifiziert sich mit einem Login und Passwort und hat eine E-Mail-Adresse.
- Es gibt Besucher.
- Diese Besucher wählen eine Antwort zu einem bestimmten Votum.
- Jeder Besucher soll in einem Votum nur einmal wählen.
- Über die Stimmen eines Votums sollen verschiedene Statistikfunktionen, wie beispielsweise Anzahl der Stimmen, maximale Teilnehmerzahl, höchster Prozentsatz (eindeutigste Antwort) oder Ähnliches berechnet werden.
- Das Ergebnis der Voten wird grafisch mit Hilfe eines Balkendiagramms dargestellt, wobei jeder Antwort eines Votums genau eine Farbe zugeordnet wird. Alle Voten eines Besitzers sollen die gleiche Darstellung haben.
- Ergebnisse der Voten können auch nach Beendigung der Abstimmung noch abgefragt werden, bis der Besitzer sein Votum löscht.

5.2.2 Ein ER-Modell für das Votum

Mit Hilfe der eben erstellten Votum-Definitionen beginnen Sie jetzt mit dem Entwerfen. Bevor aber irgendwelche Vierecke gemalt werden, ist es erforderlich, Entities und Relationships überhaupt zu erkennen.

5.2.3 Finden der Entities

Voten

Im Mittelpunkt unserer Betrachtung steht das Entity *Votum* mit seinen Eigenschaften *Frage*, *Von*, *Bis* und *Antworten*.

Antworten

Die Eigenschaft *Antworten* ist eine Liste. Wegen der Forderung der ersten Normalform gliedern Sie *Antworten* aus. *Antwort* ist aber nicht allein »lebensfähig«. Aus diesem Grund erkennen Sie *Antwort* als schwachen Entity-Typ.

Besucher

Ein weiteres Entity sind die *Besucher*, die identifiziert werden müssen, da ein Besucher in einem Votum nur einmal wählen darf. Charakteristisch für einen Besucher ist seine *IP-Adresse*.

Besitzer

Die *Besitzer* der Umfragen sind ein weiteres Entity. Charakteristische Eigenschaften für die Besitzer sind *Name*, *Login*, *Passwort* und *E-Mail-Adresse*.

Farbe

Für den gestalterischen Aspekt definieren Sie das Entity *Farbe* mit den Eigenschaften *Rot*, *Grün* und *Blau*, aus denen der RGB-Wert der Farbe entsteht. Auch *Farbe* kann als schwacher Entity angesehen werden, denn die Farbe ist abhängig vom Besitzer und der Antwort.

5.2.4 Definieren der Relationships

Haben Sie die Entities gefunden, legen Sie die Beziehungen – die Relationships – zwischen ihnen fest.

Votum_hat_Antworten

Ein Votum hat grundsätzlich mehrere Antwortmöglichkeiten. Genauer gesagt sind es mindestens zwei, da sonst die Sache keinen Sinn ergibt. Umgekehrt gehört eine Antwort immer zu einem ganz bestimmten Votum.

Votum_hat_Antworten ist eine 1:n-Beziehung. Da *Antwort* ein schwacher Entity ist, handelt es sich somit auch um einen schwachen Relationship-Typ.

Besitzer_erzeugt_Votum

Ein Besitzer kann ein Votum erzeugen, aber auch mehrere. Umgekehrt gehört ein Votum nur einem Besitzer. Die Beziehung *Besitzer_erzeugt_Votum* ist eine 1:n-Beziehung.

Besitzer_definiert_Farben

Jeder Besitzer definiert zu Darstellungszwecken mehrere Farben, nämlich so viele wie er Antworten zulässt. Ein bestimmter Farbwert gehört wieder nur einem Besitzer; somit ist der schwache Relationship-Typ 1:n-komplex.

Antwort_hat_Farbe

Eine Antwort wird immer in einer vorher festgelegten Farbe grafisch dargestellt. Da ein Besitzer aber mehrere Voten haben kann, hat er auch mehrere Antworten, die mit der gleichen Farbe dargestellt werden. Dieser schwache Beziehungstyp besitzt die Komplexität n:1.

Besucher_wählt_Antwort

Der Besucher einer Website darf zwar nur eine Antwort eines Votums wählen, wohl aber mehrere Antworten verschiedener Voten. Außerdem – das ist der Sinn des Votums – wird eine Antwort von verschiedenen Besuchern gewählt. Die Beziehung *Besucher_wählt_Antwort* ist n:m-komplex.

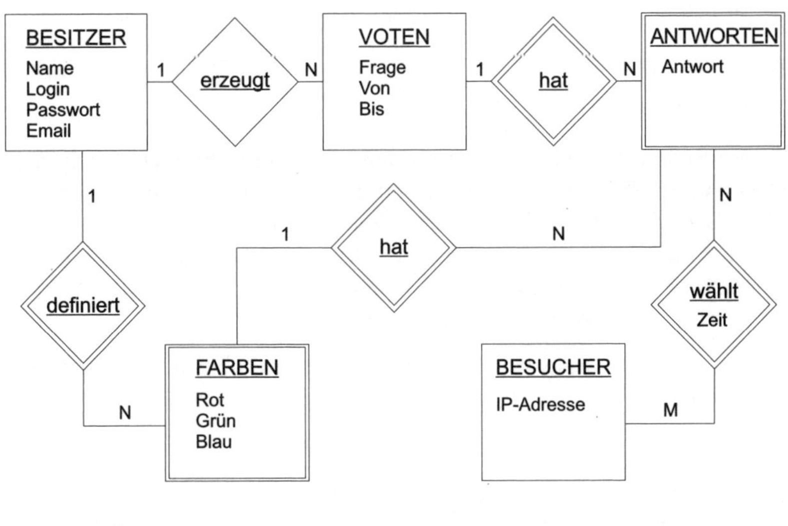

Abb. 5.7: Das fertige ER-Modell für die Votum-Datenbank

5.2.5 Erstellen der Relationen

Bevor Sie aus dem Entity-Relationship-Modell Tabellen erzeugen, ist es erforderlich, Entities und Relationships in Relationen zu überführen.

Im ersten Schritt erzeugen Sie aus den Entity-Typen Relationen und definieren den Primärschlüssel. Der Primärschlüssel besteht aus einem oder mehreren Attributen. Besteht er aus einem Attribut, ist er einstellig – sonst mehrstellig. Er dient dazu, jede Entity (Datensatz) eindeutig zu identifizieren.

HINWEIS

Verwenden Sie aus Geschwindigkeitsgründen numerische Attribute als Primärschlüssel.

Meistens ist es erforderlich, ein numerisches Attribut dafür zu erzeugen. Diesen Vorgang nennt man auch: Erzeugen eines synthetischen Schlüssels.

Benennen Sie dieses Attribut mit *RelationenNameID*.

Geben Sie den Attributen aussagekräftige Namen, aber nicht zu lange und ohne Umlaute, Leer- oder Sonderzeichen.

Das Überführen der Entities in Relationen führt zu folgendem Zwischenergebnis:

- Voten (**VotenID**, Frage, Von, Bis)
- Antworten (**AntwortenID**, Antwort)
- Besucher (**BesucherID**, IPAdresse)
- Besitzer (**BesitzerID**, Name, Login, Passwort, Email)
- Farbe (**FarbeID**, Rot, Gruen, Blau)

Dieses Ergebnis ist zunächst nicht zufrieden stellend. Betrachten wir uns die Relationen *Antworten* und *Farbe*. Beides sind schwache Entity-Typen, die einerseits miteinander in Beziehung stehen, andererseits aber beide zu einem anderen starken Entity-Typ gehören. Gäbe es nur einen Besitzer, kann die Darstellung der Antworten nur dann richtig erfolgen, wenn Antwort und Farbe in einer 1:1-Beziehung stehen, denn

- der Darstellungsalgorithmus verwendet eine Farbe, um die Antwort zu zeichnen,
- anhand der Farbe erkennt der Besucher, welche Antwort gemeint ist.

Diese Überlegungen zeigen, dass es günstig ist, Farben und Antworten mit einem gemeinsamen Schlüssel zu versehen. Diese Schlüssel nennen wir hier *AntwortNr* und *FarbNr*. Da es sich in beiden Fällen um schwache Entities handelt, erhalten sie als Teil des Primärschlüssels den Primärschlüssel der starken Entity, zu der sie gehören. Fügt man als zweiten Teil des Primärschlüssels das *Nr*-Attribut hinzu, sind beide Entity-Typen eindeutig definiert. Das ID-Attribut entfällt.

Die Relationen sind wie folgt definiert:

- Voten (**VotenID**, Frage, Von, Bis)
- Antworten (**VotenID**, **AntwortNr**, Antwort)
- Besucher (**BesucherID**, IPAdresse)
- Besitzer (**BesitzerID**, Name, Login, Passwort, Email)
- Farbe (**BesitzerID**, **FarbNr**, Rot, Gruen, Blau)

Überprüfen Sie die Relationship-Typen. Die Relationship-Typen *Besitzer_definiert_Farben*, *Antwort_hat_Farbe* und *Votum_hat_Antworten* sind aufgrund der eben angestellten Überlegungen bereits erfüllt.

Die Beziehung *Besitzer_erzeugt_Votum* ist eine 1:n-Beziehung. Durch Umkehren erhalten Sie die n:1-Beziehung *Votum_gehört_Besitzer*. Diese lässt sich darstellen, indem Sie der Relation *Voten* den Schlüssel *BesitzerID* als Fremdschlüssel hinzufügen.

Der eigentliche Wahlvorgang steckt in dem schwachen Relationship-Typ *Besucher_wählt_Antwort*. Da es sich hier um eine n:m-Beziehung handelt, wird eine zusätzliche Relation benötigt, die den Primärschlüssel von *Antworten* und *Besucher* erhält. Die neue Relation nennen wir *Wahl*. Sie ist wie folgt definiert:

- Wahl (**VotenID**, **AntwortNr**, **BesucherID**, **Zeit**)

Das Überführen des ER-Modells in Relationen führt damit zu folgenden Relationen:

- Voten (**VotenID**, *BesitzerID*, Frage, Von, Bis)
- Antworten (**VotenID**, **AntwortNr**, Antwort)
- Besucher (**BesucherID**, IPAdresse)
- Besitzer (**BesitzerID**, Name, Login, Passwort, Email)
- Farbe (**BesitzerID**, **FarbNr**, Rot, Gruen, Blau)
- Wahl (**VotenID**, **AntwortNr**, **BesucherID, Zeit**)

Betrachten Sie sich die Relationen genau. Die Relation *Besucher* besitzt nur ein Attribut, das nicht Schlüssel ist. Es heißt *IPAdresse*. Eine IP-Adresse enthält Ziffern und Punkte, der Typ ist also eine Zeichenkette. Die Anzahl an Zeichen der IP-Adresse ist zwar variabel, aber dennoch beschränkt. Wenn Sie an dieser Stelle den Kompromiss eingehen, das Attribut *IP-Adresse* als Primärschlüssel zu definieren, wird dieser direkt in die Relation *Wahl* übernommen. Da keine weiteren Attribute der Besucher erfasst werden, entfällt die Relation.

HINWEIS

Vom Internet-Provider bekommen Sie meist nur eine Datenbank zugewiesen, die alle Tabellen Ihrer Webseite speichert. Aus diesem Grund ist es empfehlenswert, zusammengehörige Tabellen entsprechend zu kennzeichnen. In diesem Fall sollen alle Tabellen den Vorsatz *vo* erhalten.

Die endgültigen Relationen sehen so aus:

- voVoten (**VotenID**, *BesitzerID*, Frage, Von, Bis)
- voAntworten (**VotenID**, **AntwortNr**, Antwort)
- voBesitzer (**BesitzerID**, Name, Login, Passwort, Email)
- voFarbe (**BesitzerID**, **FarbNr**, Rot, Gruen, Blau)
- voWahl (**VotenID**, **AntwortNr**, **IPAdresse, Zeit**)

Diese fünf Relationen genügen, um den Anforderungen des Votums gerecht zu werden. Nach Überprüfen der Normalformen-Anforderungen werden Sie außerdem feststellen, dass sich alle Relationen in dritter Normalform befinden.

Damit zeigt Ihnen dieses Beispiel, dass die Normalformen nicht willkürlich erdacht sind, sondern dass Relationen diese automatisch annehmen, wenn man alle Schritte des Datenbankentwurfs logisch aufbaut.

5.2.6 Festlegen der Datentypen

Als letzten Schritt des Datenbankdesigns ist es erforderlich, den Attributen Ihrer Relationen Datentypen zuzuordnen. Dabei wollen wir an dieser Stelle noch nicht allzu tief in die unterstützten Datentypen von MySQL eingehen. Diese werden Sie später kennen lernen.

Die bestmögliche Performance der Datenbank erhalten Sie dann, wenn Sie den Attributen den passendsten Datentyp zuweisen. Das muss nicht zwingend der kleinste sein, aber

- Schlüsselattribute erhalten nach Möglichkeit einen numerischen Datentyp (Zahl).

- Wenn Texte ungefähr gleich lang sind und ihre maximale Länge bekannt ist, verwenden Sie bevorzugt den Typ *Zeichenkette fester Länge* (festZeichen).
- Texte stark variierender beziehungsweise unbekannter maximaler Länge erhalten den Typ *Zeichenkette variabler Länge* (varZeichen).
- Datum- und Zeitinformationen verwenden einen Datum-/Zeittyp (DatumZeit).

Wenn Sie diese Regeln beachten, werden Sie zumeist eine Datenbank erhalten, die

- sparsam mit Speicherplatz umgeht,
- schnelle Abfragen ermöglicht
- und geeignete Operationen mit den Attributen zulässt.

Schreibt man Relationen mit ihren Datentypen auf, folgt der Datentypbezeichner dem Attributnamen. Am Ende sieht das Datenmodell so aus:

- voVoten (**VotenID Zahl**, *BesitzerID Zahl*, Frage varZeichen, Von DatumZeit, Bis DatumZeit)
- voAntworten (**VotenID Zahl**, **AntwortNr Zahl**, Antwort varZeichen)
- voBesitzer (**BesitzerID Zahl**, Name varZeichen, Login varZeichen, Passwort varZeichen, Email varZeichen)
- voFarbe (**BesitzerID Zahl**, **FarbNr Zahl**, Rot Zahl, Gruen Zahl, Blau Zahl)
- voWahl (**VotenID Zahl, AntwortNr Zahl**, **IPAdresse festZeichen, Zeit DatumZeit**)

5.3 Erster Kontakt

5.3.1 MySQL-Monitor

Eine Datenbank speichert Daten, da gibt es nichts Buntes zu sehen - lediglich Daten, die binär auf den Festplatten gespeichert sind und in tabellarischer Form angezeigt werden.

Um eine MySQL-Datenbank abzufragen, zu aktualisieren oder zu erstellen, benutzen Sie das Kommandozeilen-Programm `mysql` (Linux) bzw `mysql.exe` unter Windows. Korrekt heißt dieses Programm *MySQL-Monitor*.

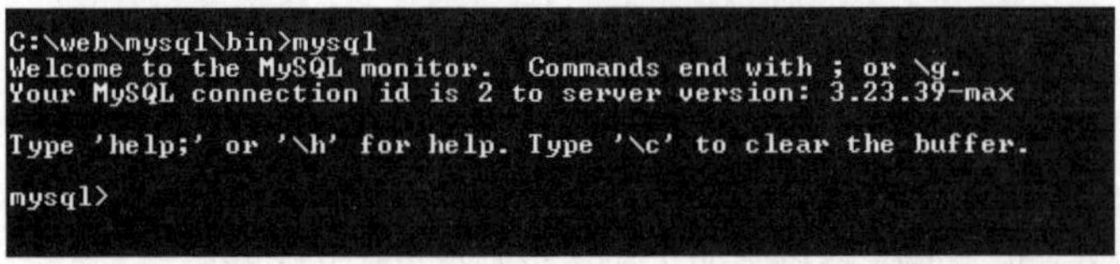

Abb. 5.8: MySQL-Monitor – Tool zur Befehlseingabe

Starten Sie MySQL-Monitor ohne weitere Parameter, versucht es zur lokalen MySQL-Datenbank (localhost) ohne spezifizierten Benutzer und ohne Passwort zu verbinden.

Das funktioniert nur, wenn der Zugriff ohne Passwort überhaupt erlaubt ist, was aber nach der Installation ohne weiteres Eingreifen der Fall ist.

Mit Hilfe des *MySQL-Monitors* ist es möglich, eine Verbindung zu jeder beliebigen MySQL-Datenbank auf der Welt aufzubauen. Sie benötigen lediglich die entsprechenden Rechte und Kennwörter.

Wie MySQL die Zugriffsberechtigungen organisiert, lesen Sie in einem späteren Kapitel dieses Buches.

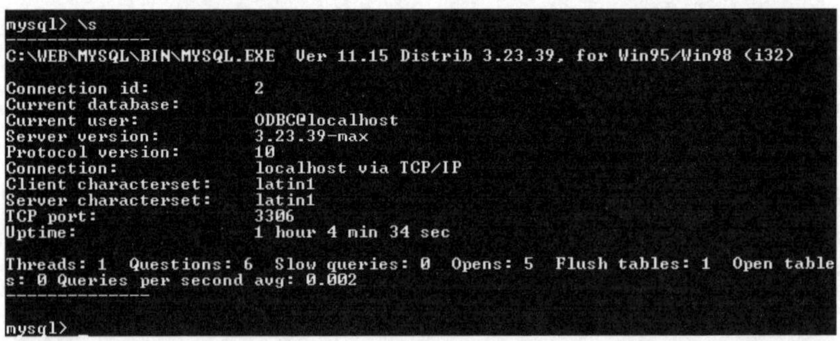

Abb. 5.9: Statusinformationen erhalten Sie mit »\s«

In die Eingabezeile des MySQL-Monitors geben Sie verschiedene Steuerkommandos ein, die mit »\« beginnen, oder beliebige 4SQL-Kommandos, die MySQL unterstützt.

Tabelle 5.9: Einige wichtige MySQL-spezifische Funktionen

MySQL-Kommando	Funktion
show databases;	Gibt alle erzeugten Datenbanken zurück. Es sollte mindestens die Datenbank mysql angezeigt werden.
use test;	Verwendet die Datenbank mit dem Namen test. Alle weiteren SQL-Kommandos beziehen sich dann auf diese Datenbank.
show tables;	Zeigt alle erzeugten Tabellen der aktuell gewählten Datenbank an.
quit *oder* exit	Beendet MySQL-Monitor.

In Tabelle 5.9 finden Sie eine Auswahl wichtiger MySQL-Befehle. MySQL-Monitor besitzt eine History-Funktion, die Sie mit den Tasten [↑] und [↓] erreichen. Leider funktioniert diese History Funktion nicht in allen Windows-Versionen.

Nach der Installation gibt es immer eine Datenbank mit dem Namen *mysql*. Das ist die Systemdatenbank. Hier sollten Sie Tabellen weder anlegen noch löschen oder ändern.

MySQL-Monitor werden Sie später häufig benötigen, um Befehle einzutippen; am besten Sie gewöhnen sich gleich dran. Das Kommandozeilen-Programm unterstützt zahlreiche Parameter, die Sie erhalten, wenn Sie `mysql --help` eintippen. Die wichtigsten Parameter finden Sie in Tabelle 5.10.

Tabelle 5.10: Die wichtigsten Parameter für MySQL-Monitor

Parameter	**Bedeutung**
-h host	Monitor verbindet sich zu dem unter HOST angegebenen Hostnamen. Sie können auch eine IP-Adresse eingeben.
-u user	Monitor verwendet USER als Benutzernamen, um sich zu der Datenbank zu verbinden.
-pPasswort	Monitor benutzt PASSWORT, um sich zu MySQL zu verbinden. Wenn Sie nur »-p« angeben, fordert Monitor Sie zur Eingabe des Passwortes auf.
-C	Monitor verwendet Datenkompression in der Verbindung zum Server.
-D database	Nach dem Verbinden zu MySQL verwendet Monitor die unter DATABASE angegebene Datenbank. »-D« kann entfallen, wenn der Datenbankname letzter Parameter ist.
-P port	Verbindet zu der MySQL-Datenbank auf diesem TCP-Port.

```
D:\web\mysql\bin> mysql -D mysql -h myhost -u root -p
Enter password:
Welcome to the MySQL monitor.  Commands end with ; or \g.
Your MySQL connection id is 12 to server version: 3.23.39-max

Type 'help;' or '\h' for help. Type '\c' to clear the buffer

mysql> show tables;
+-----------------+
| Tables_in_mysql |
+-----------------+
| columns_priv    |
| db              |
| host            |
| tables_priv     |
| user            |
+-----------------+
5 rows in set (0.01 sec)

mysql> exit
Bye

D:\web\mysql\bin>
```

Abb. 5.10: Verbinden zur MySQL-Datenbank auf myhost mit dem Benutzer root zur Datenbank mysql

5.3.2 phpMyAdmin

MySQL-Monitor als komfortables Programm zu bezeichnen, ist sicherlich weit übertrieben. Dennoch lassen sich auf elegante Weise Befehle eingeben.

Bei Webspace-Angeboten mit MySQL richten die Hoster die Datenbank fast immer so ein, dass ein Zugriff nur von einer oder wenigen IP-Adressen möglich ist. Zu diesen Adressen gehört normalerweise immer die des Webservers, aber selten Ihre Adresse zu Hause. Zudem hat der heimische PC fast immer eine IP-Adresse, die erst beim Einwählen ins Internet dynamisch vergeben wird. Vernünftige Sicherheitseinstellungen sind in diesem Fall schwierig vorzunehmen. Aus diesem Grund ist der Zugriff auf die Datenbank in der Regel nur vom Webserver oder speziell dafür vorgesehenen Administrationsarbeitsplätzen möglich.

Da Sie wiederum in den meisten Fällen kein Shell-Login beim Webserver haben, bleibt Ihnen nur die Möglichkeit, auf dem Webserver ein Programm zu installieren, das für Sie als Vermittler und gleichzeitig Oberfläche die Verbindung zur Datenbank aufnimmt.

Ein populäres Programm dieser Art ist *phpMyAdmin*. Sie finden es auf der dem Buch beiliegenden CD-ROM im Verzeichnis \CLIENT\PHPMYADMIN. Gegebenenfalls können Sie sich eine aktuellere Version als 2.2.0 von der Seite *http://www.phpwizard.net/projects/phpMyAdmin/* herunterladen.

Installation von phpMyAdmin

phpMyAdmin ist ein Set an PHP-Skripts, die Ihnen eine Menü- und Formular-gesteuerte Verwaltung einer MySQL-Datenbank über das Internet ermöglichen.

Damit *phpMyAdmin* richtig funktioniert, ist es erforderlich, dass der Webserver Dateien mit der Erweiterung .PHP3 an die PHP-Engine weiterleitet, falls Sie keine spezielle Version von PhpMyAdmin für PHP 4 besitzen.

Kopieren Sie alle Dateien samt Unterverzeichnisse von der CD-ROM aus dem Verzeichnis \CLIENT\PHPMYADMIN in das Dokumenten-Verzeichnis des Webservers, zum Beispiel nach \WEB\APACHE\HTDOCS, so dass das Verzeichnis \WEB\APACHE\HTDOCS\PHPMYADMIN entsteht.

Öffnen Sie die Datei \WEB\APACHE\HTDOCS\PHPMYADMIN\CONFIG.INC.PHP3 in einem Texteditor, zum Beispiel *WordPad*. Stellen Sie wie in Abbildung 5.11 die korrekten Werte ein. Nach einer Standardinstallation auf dem lokalen Rechner sind vorerst keine Einstellungen notwendig.

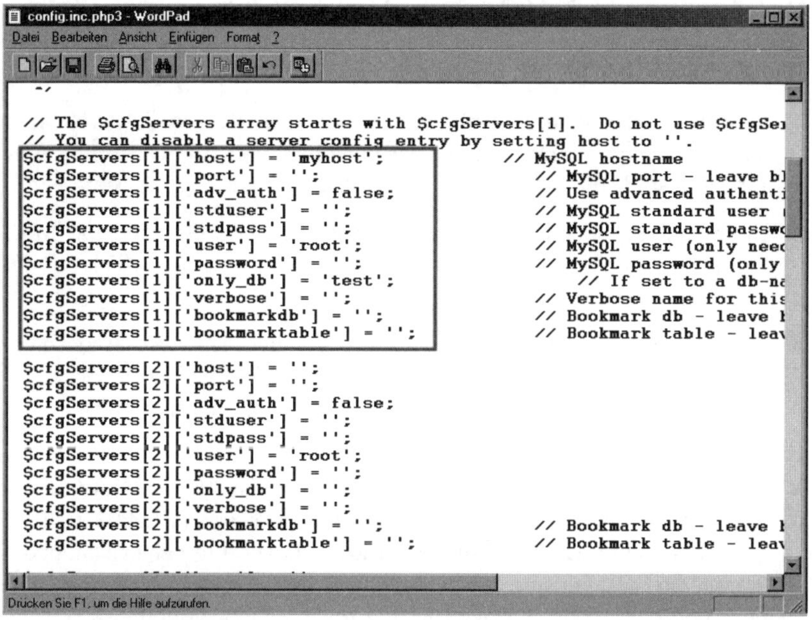

Abb. 5.11: Einstellungen zu phpMyAdmin in der Datei config.inc.php3

Wenn Sie *phpMyAdmin* auf einem Internet-Server installieren, übertragen Sie die Dateien mit einem geeigneten FTP-Programm. Sie starten *phpMyAdmin* durch die Eingabe von `http://myhost/phpMyAdmin/index.php3`.

Funktionsweise von phpMyAdmin

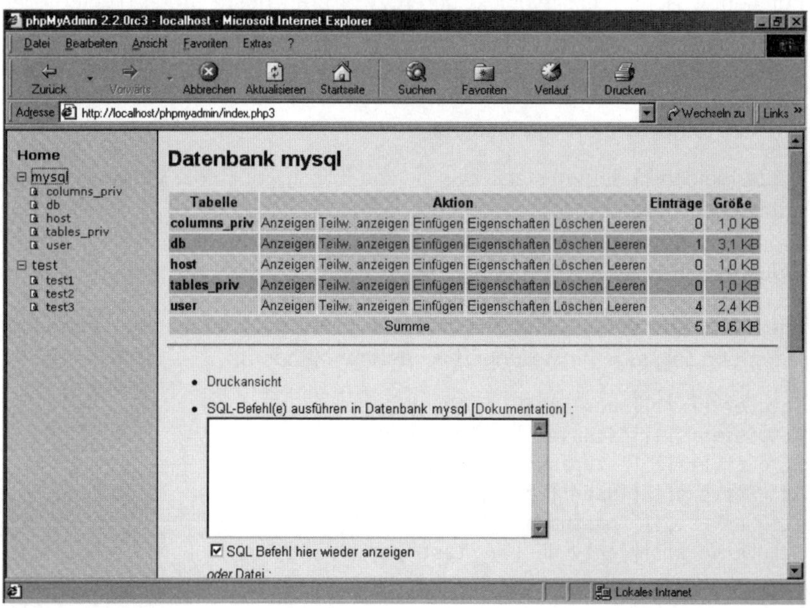

Abb. 5.12: MySQL-Verwaltung mit phpMyAdmin

Nach dem Start von *phpMyAdmin* erscheint das Begrüßungsfenster. *PhpMyAdmin* besteht aus einem Frameset. Im linken Frame wechseln Sie die aktuelle Datenbank und Tabelle, im rechten Teil führen Sie Abfragen aus.

- Um alle Tabellen einer Datenbank zu sehen, klicken Sie im linken Rahmen auf den Namen der Datenbank. Das entspricht dem MySQL-Befehl SHOW TABLES. Natürlich benötigen Sie die entsprechenden Zugriffsrechte.
- Datenbank-bezogende Aktionen – wie beispielsweise »Anlegen von Tabellen« – erledigen Sie ebenso auf der Seite, die nach einem Klick auf den Datenbanknamen erscheint.
- Aktionen, die sich auf Tabellen beziehen – wie beispielsweise »Ändern von Tabellen« oder »Abfragen von Tabellen« – führen Sie aus, indem Sie im linken Rahmen auf den Namen der Tabelle klicken, auf die sich die Aktion bezieht.
- Grundsätzlich können Sie mit *MySQL-Monitor* und mit *phpMyAdmin* die gleichen Funktionen ausführen. Gegebenenfalls unterscheidet sich die Vorgehensweise. Die Seite mit den Tabellenübersichten einer Datenbank enthält ein SQL-Fenster, in das Sie beliebige SQL-Befehle eintippen können; und damit sind Sie nicht an die manchmal gewöhnungsbedürftige Menüführung von *phpMyAdmin* gebunden.

Sicherheit von phpMyAdmin

So, wie Sie auf *phpMyAdmin* zugreifen, kann das natürlich auch jeder andere im Internet, wenn er den URL zum Zugriff auf *phpMyAdmin* kennt.

Für den Apache-Webserver existieren zwei brauchbare Möglichkeiten, den Zugriff auf die Datenbank zu beschränken:

- Die Advanced Authentication von *phpMyAdmin*
- Die Authentication von Apache

Hinter beiden Varianten steckt das gleiche Prinzip, doch die Vorgehensweise unterscheidet sich.

Advanced Authentication von phpMyAdmin

Hier ist es erforderlich, dass Sie die Datei CONFIG.INC.PHP3 in einen Texteditor laden und folgende Einstellungen vornehmen (ändern):

```
$cfgServers[1]['adv_auth'] = true;
$cfgServers[1]['stduser'] = 'mysqlread';
$cfgServers[1]['stdpass'] = 'geheim';
$cfgServers[1]['user'] = '';
$cfgServers[1]['password'] = '';
$cfgServers[1]['only_db'] = 'test';
```

Wichtig ist an dieser Stelle, dass Sie die Zeilen für *user* und *password* freilassen. Die Einträge für `stduser` und `stdpass` entsprechen einem Benutzernamen und Passwort, der Lesezugriff auf die MySQL-Systemdatenbank mit dem Namen *mysql* hat. Er sollte keinen Schreibzugriff haben. Ebenso tragen Sie hier nicht Ihren Datenbankbenutzer ein.

Beim Zugriff auf *phpMyAdmin* fragt der Webbrowser nun nach einem Passwort. An dieser Stelle müssen Sie Benutzernamen und Passwort für die Datenbank eingeben, auf die Sie zugreifen wollen.

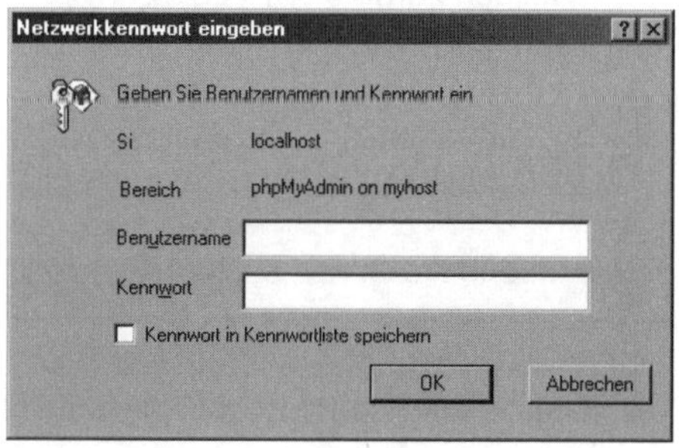

Abb. 5.13: Kennwortabfrage von phpMyAdmin

Zugriff gewährleistet *phpMyAdmin* nur dann, wenn das eingegebene Passwort mit den Datenbank-Zugriffsrechten vereinbar ist.

Bei den meisten Internet-Providern wird diese Authentifizierungsmethode nicht unterstützt.

Authentication von Apache

Bei dieser Methode verbleiben die Einstellungen der Datei CONFIG.INC.PHP3 wie in den Installationsanweisungen beschrieben.

Die Authentifizierung von Apache arbeitet mit zwei Dateien. Die erste heißt .HTACCESS, der andere Dateiname ist frei wählbar. Die Datei .HTACCESS wird in das zu schützende Verzeichnis kopiert und hat folgenden Inhalt:

```
AuthType Basic
AuthName phpMyAdmin
AuthUserFile  c:/web/apache/auth/user.acl
require user phpdb
```

Neben dem Verzeichnis, in dem sie sich befindet, werden alle untergeordneten Verzeichnisse geschützt.

Interessant sind hier die beiden letzten Zeilen. Die Angabe AuthUserFile gibt den kompletten Pfad zu der »zweiten« Datei an. Die letzte Zeile enthält im Anschluss an require user alle Benutzer, die auf dieses Verzeichnis zugreifen dürfen. Optional darf die letzte Zeile mehrfach vorkommen.

Die Datei, die Sie in AuthUserFile angegeben haben, sollte nicht durch WWW-Zugriff lesbar sein. Aus diesem Grund haben wir in unserem Beispiel das Verzeichnis AUTH parallel zu dem Verzeichnis HTDOCS angelegt. Im Internet klappt das natürlich nur, wenn Sie überhaupt ein übergeordnetes Verzeichnis besitzen, auf das Sie mit FTP Zugriff haben.

HINWEIS

Wenn Sie den kompletten Verzeichnispfad Ihres Internet-Providers nicht kennen, dann gibt

```
<?php
  phpinfo();
?>
```

entsprechend Auskunft. Suchen Sie nach SCRIPT_FILENAME.

Die Datei USER.ACL enthält schließlich die Kombinationen von Benutzernamen und Passwort. Mehrere .HTACCESS-Dateien können auf eine Passwort-Datei zugreifen. Die Passwörter sind verschlüsselt.

Die Verschlüsselung können Sie mit Hilfe des Apache-Dienstprogramms C:\WEB\APACHE\BIN\HTPASSWD.EXE (unter Unix: HTPASSWD) erzeugen. Nach Eintippen des Befehls ohne Kommandozeilen-Parameter wird eine Hilfe ausgedruckt.

Um einen Eintrag in diese Datei für den Benutzer *phpdb* mit dem Passwort *geheim* zu erzeugen, geben Sie ein:

```
cd \web\apache\bin
htpasswd -b c:\web\apache\auth\user.acl phpdb geheim
```

Wenn Sie beide Dateien erzeugt haben, rufen Sie die Webseite von *phpMyAdmin* erneut auf. Der Browser fordert Sie zur Passworteingabe auf. Tippen Sie hier *phpdb* und *geheim*. Benutzer und Passwort sind unabhängig von MySQL. Sie dürfen sich unterscheiden, ebenso müssen Sie in MySQL nicht eingetragen sein.

Laden Sie diese beiden Dateien zum Webserver unbedingt mit dem FTP-Programm im ASCII-Modus hoch. Andernfalls erhalten Sie möglicherweise beim Zugriff auf die Seite einen *Fehler 500: Interner Server-Fehler*. Eine andere Ursache dieses Fehlers ist eine fehlerhafte Datei- oder Verzeichnisangabe in der Datei .HTACCESS.

Erscheint vor dem Laden der Webseite keine Passwort-Abfrage, ist der Apache-Webserver nicht auf Authentifizierung konfiguriert. Diese Einstellungen sind in der Datei C:\WEB\APACHE\CONF\HTTPD.CONF vorzunehmen. Fragen Sie gegebenenfalls Ihren Internet-Provider.

```
<Directory "C:/web/Apache/htdocs">
    Options Indexes FollowSymLinks MultiView

# This controls which options the .htaccess files in directories can
# override. Can also be "All", or any combination of "Options", "File-
Info",
# "AuthConfig", and "Limit"
#
    AllowOverride AuthConfig
    Order allow,deny
    Allow from all
</Directory>
```

Der Eintrag »AllowOverride AuthConfig« ist erforderlich, um Steuerung der Authentication durch .htaccess zu erlauben.

5.4 Fragen

1. Was ist der Unterschied zwischen einer Datenbank und einem Datenbank-Managementsystem?
2. Wie heißen die beiden Grundelemente des Entity-Relationship-Modells, und worin unterscheiden sie sich?
3. Wann ist ein Entity-Typ oder Relationship-Typ »schwach«?
4. Welche Besonderheit hat die n:m-Beziehung?
5. Wozu werden Schlüssel benötigt?
6. Wozu werden Primärschlüssel benötigt?
7. Wann besteht der Primärschlüssel nach den Regeln des relationalen Datenbank-Modells aus mehr als einem Feld?
8. Welche Ziele verfolgt die Normalisierung?

9. Was ist der MySQL-Monitor?
10. Welche Angaben benötigen Sie, um Verbindung mit einer Datenbank aufzunehmen?
11. Was ist phpMyAdmin?

KAPITEL 6

SQL mit MySQL

In diesem Kapitel wenden Sie die theoretischen Kenntnisse aus dem vorangegangenen Kapitel an, indem Sie anhand des Beispiels Votum eine Datenbank anlegen, den Attributen der erstellten Relationen konkrete Datentypen zuweisen und diese Tabellen mit SQL-Befehlen erstellen. Sie fügen Daten in das Votum ein und erlernen an konkreten Beispielen, wie Sie Daten aus der Votum-Datenbank abfragen, ändern und löschen.

6.1 MySQL und SQL

Mit der Entwicklung relationaler Datenbanken in den 70er Jahren wurde es erforderlich, einen Standard zu schaffen, um sich mit einer Datenbank zu unterhalten.

Zunächst versuchte sich IBM mit SQL (**S**tructured **Q**uery **L**anguage), die es in Verbindung mit dem Datenbanksystem *DB2* entwickelte. SQL sollte sich aber erst später zum Standard entwickeln, als Oracle SQL für seine Datenbank einsetzte.

MySQL ist kompatibel mit dem SQL-Standard, wenngleich MySQL zum einen nicht alle Elemente dieses Standards unterstützt und zum anderen zahlreiche Erweiterungen zu diesem Standard bietet.

Standard erzwingen

Sie können MySQL in den SQL92-Standard zwingen, indem Sie den Dienst beziehungsweise Dämon mit dem Parameter `--ansi` starten. Das ist vor allem dann sinnvoll, wenn Sie mit anderen Datenbanken kompatibel bleiben wollen, insbesondere weil Sie eventuell planen, die MySQL-Datenbank später in ein anderes DBMS zu überführen.

Einschränkungen

MySQL blickt auf eine weniger weitreichende Historie als andere Datenbanken zurück. Das ist einer der Gründe, warum MySQL nicht alle Optionen des SQL92-Standards unterstützt. Andererseits verzichteten die Entwickler aus Performance-Gründen auf verschiedene Features.

Einige Merkmale sind für zukünftige Versionen bereits angekündigt. Ohne im Detail auf Einschränkungen einzugehen, bestehen diese in den Bereichen Subselects (verschachtelte Abfragen), Views (gespeicherte Abfragen), Constraints mit Fremdschlüsseln und Transaktionen.

Erweiterungen

Neben Einschränkungen verfügt MySQL über zahlreiche Erweiterungen zum SQL92-Standard in den Bereichen Tabellen- und Datentypen, Operationen mit Zeichenketten, numerischen Datentypen und logischen Operationen. Auf eine detaillierte Nennung soll an dieser Stelle verzichtet werden.

SQL-Schreibweisen

- Eine SQL-Anweisung beginnt mit einem Verb, das die Art der Anweisung festlegt. Solche Verben sind beispielsweise CREATE, SELECT oder UPDATE.
- Eine SQL-Anweisung endet mit einem Semikolon.
- Zeichenketten stehen in Anführungszeichen – einfache oder doppelte.
- Es gibt reservierte Wörter wie beispielsweise AS oder WHERE.
- Ist ein Attributname in einem Ausdruck nicht eindeutig – beispielsweise weil durch eine Verknüpfung mehrerer Tabellen ein Attribut doppelt ist –, kann dem Attributnamen der Tabellenname durch einen Punkt getrennt vorangestellt werden.
- Groß- und Kleinschreibung der Syntax wird nicht berücksichtigt.

- Groß- und Kleinschreibung in Tabellen- und Datenbanknamen wird nur dann berücksichtigt, wenn das darunter liegende Dateisystem diese unterscheidet.
- Tabellenamen mit Sonderzeichen – insbesondere Leerzeichen – werden mit dem »Accent grave«-Zeichen ` eingeschlossen.
- Im Allgemeinen ist zu empfehlen, reservierte Wörter nicht als Tabellen- oder Attributnamen zu verwenden. Ebenso sollten Sie auf Sonder- und Leerzeichen in diesen verzichten.
- Der Ausdruck NULL steht für ein leeres Datum (Nichts). NULL ist nicht zu verwechseln mit 0 oder ' ' (leere Zeichenkette).
- In diesem Buch schreiben wir reservierte SQL-Begriffe in Großbuchstaben, Tabellen- und Attributnamen dagegen klein.

6.2 MySQL-Datentypen

Unter einem Datentyp ist das Format zu verstehen, das MySQL verwendet, um einen Wert zu speichern. Der Datentyp bestimmt, welche Art von Operationen mit einem gespeicherten Wert zulässig sind. Aus diesem Grund ist das sorgfältige Auswählen eines Datentyps besonders wichtig, wenngleich Sie die Möglichkeit haben, Datentypen temporär oder ständig in einen anderen umzuwandeln.

Alle verfügbaren Datentypen lassen sich in wenige Typklassen einordnen, die das grundlegende Verhalten dieses Datentyps festlegen.

6.2.1 Numerische Typen

Die Typklasse *Numerisch* speichert Zahlen. Charakteristisch für diese Typklasse ist, dass sich Zahlen entsprechend unserem Zahlensystem sortieren lassen. Sie erlauben Operationen wie beispielsweise Addition, Subtraktion oder auch Maximum, Minimum und Mittelwert.

Numerische Datentypen unterteilen sich in zwei Unterklassen, die sich darin unterscheiden, ob der numerische Datentyp nur ganzzahlige Elemente enthält oder beliebige Dezimalzahlen speichert.

Numerische Datentypen (insbesondere ganzzahlige) verbrauchen wenig Speicherplatz, da sie Bits optimal ausnutzen. Der kleinste Datentyp belegt ein Byte (= 8 Bit) Speicherplatz. Damit lassen sich Ganzzahlen bis 255 speichern, wofür sie aufgrund der drei Ziffern als Zeichenkette bereits 3 Byte Speicherplatz benötigen. Die Datentypen *Decimal* und *Numeric* werden als ungepackter Wert gespeichert, was bedeutet, dass die Zahlen intern als Zeichenkette gespeichert werden.

Da der numerische Datentyp sehr schlank ist, eignet er sich insbesondere gut als Schlüsselattribut, da auch die entsprechenden Indizes wenig Speicherplatz benötigen, was zu einer schnelleren Suche führt.

HINWEIS

Wenn Ihnen klar ist, dass das entsprechende Attribut nur Ziffern enthält, verwenden Sie immer einen numerischen Datentyp. Falls erforderlich, dann ist das Umwandeln eines numerischen Typs in eine Zeichenkette immer einfacher als umgekehrt.

In Tabelle 6.1 sehen Sie einen Überblick über die verschiedenen numerischen Datentypen, die MySQL unterstützt. Verzichtet wurde auf die Angabe des Speicherplatzbedarfs. Gehen Sie davon aus, dass Datentypen, die größere Zahlen speichern, mehr Speicherplatz benötigen.

Tabelle 6.1: Die numerischen Datentypen von MySQL

Datentyp	Beschreibung
Ganzzahltypen	
TINYINT	Ganzzahlen für Werte von -128 bis 127
TINYINT UNSIGNED	Ganzzahlen für Werte von 0 bis 255
SMALLINT	Ganzzahlen für Werte von -32768 bis 32767
SMALLINT UNSIGNED	Ganzzahlen für Werte von 0 bis 65535
MEDIUMINT	Ganzzahlen für Werte von etwa -8 Mio. bis +8 Mio.
MEDIUMINT UNSIGNED	Ganzzahlen für Werte von 0 bis etwa 16 Mio.
INT oder INTEGER	Ganzzahlen für Werte von etwa -2 Mrd. bis 2 Mrd.
INT UNSIGNED	Ganzzahlen von 0 bis etwa 4 Mrd.
BIGINT	Ganzzahlen für Werte von etwa $-9*10^{18}$ bis $9*10^{18}$
BIGINT UNSIGNED	Ganzzahlen für Werte von 0 bis etwa $18*10^{18}$
Fließkommatypen	
FLOAT (X)	Fließkommanzahl mit einfacher Genauigkeit für X<25. Werte von etwa $-3*10^{38}$ bis $+3*10^{38}$. Ist X>24, entspricht das dem Datentyp DOUBLE
FLOAT (M,D)	Fließkommazahl mit einfacher Genauigkeit und mit M Stellen gesamt, davon D Dezimalstellen
DOUBLE	Fließkommazahl mit doppelter Genauigkeit. Werte von etwa $-2*10^{308}$ bis $+2*10^{308}$
DOUBLE (M,D)	wie FLOAT (M,D)
REAL	wie DOUBLE
DOUBLE PRECISION	wie DOUBLE

Datentyp	Beschreibung
gepackte Typen	
DECIMAL (M,D)	gepackte Fließkommazahl mit M Stellen, davon D Dezimalstellen. Ist beispielsweise M=5 und D=2 ist der Wertebereich -999.99 bis +999.99
NUMERIC	wie DECIMAL

Die numerischen Datentypen unterstützen zusätzlich das Attribut ZEROFILL. Es bewirkt, dass die Ausgabe der Ziffern links mit `0` aufgefüllt wird. Ganzzahlige Datentypen erhalten dabei automatisch das Attribut UNSIGNED (ohne Vorzeichen).

Hinweise zu Ganzzahltypen

Im Allgemeinen gilt, ein kleiner Datentyp spart Speicherplatz. Wählen Sie dennoch bevorzugt den Datentyp `INTEGER`. Die Größe dieses Datentyps ist 32 Bit, wodurch er gut zur Architektur der 32-Bit-Prozessoren passt.

Schlüssel-Attribute, die Sie mit Hilfe von Ganzzahl-Datentypen definieren, sollten alle den gleichen Datentyp erhalten.

Der Zellenwert wird automatisch auf den größten (kleinsten) Wert gesetzt, wenn Sie versuchen, einen Wert außerhalb des Wertebereichs einzufügen.

Hinweise zu Fließkommatypen

Ein Fließkommatyp mit einfacher Genauigkeit hat sieben signifikante Stellen, Fließkommatypen mit doppelter Genauigkeit haben dagegen fünfzehn. Die Genauigkeit bestimmt somit die maximale Anzahl richtiger Stellen. Auch wenn `DOUBLE` 308-stellige Zahlen kennt, so sind nur die ersten 15 genau.

Definieren Sie beispielsweise eine Spalte als `FLOAT(10,1)` und fügen Sie in diese den Wert `123456789` ein, dann entspricht das dem Speichern als $1.234567*10^8$. Der Rest geht verloren. Werden die restlichen Stellen bei der Ausgabe ausgedruckt, ist deren Inhalt zufällig.

Dieser Aspekt ist insbesondere beim Vergleichen von Zellen mit Fließkommainhalten zu beachten.

Hinweise zu ungepackten Typen

Unter einem ungepackten Typ versteht man die Speicherung einer Ziffer in einem Byte. Das hat zur Folge, dass Zahlen als Zeichenfolge abgespeichert werden.

Intern rechnet MySQL dennoch mit dem Datentyp `DOUBLE`, was die Genauigkeit wiederum auf 15 signifikante Stellen begrenzt.

Ein erkennbarer Unterschied zu `DOUBLE` liegt darin, dass MySQL beim Speichern des Wertes gegebenenfalls rundet. Sinnvoll anwenden können Sie das beim Speichern von Währungen.

Der Datentyp `DOUBLE(5,2)` druckt zwar ebenso wie `DECIMAL(5,2)` nur zwei Nachkommastellen aus, jedoch speichert `DOUBLE` in der Tabelle intern mehr ab, während `DECIMAL` bei jedem Speichern rundet.

Schreibweisen

Ziffern werden in SQL ohne Anführungszeichen – also direkt – verwendet. Als Dezimaltrennzeichen wird der Punkt verwendet.

Gültige ganzzahlige Ausdrücke

```
10
-3
0
```

Gültige Fließkommaausdrücke

```
3.5
-4.1
2.6e-1 (= 0.26)
-1.5e+1 (= 15)
```

6.2.2 Zeichenketten-Typen

Die Typklasse Zeichenkette (oder auch: String) speichert in erster Linie Buchstaben, Wörter oder Sätze ab.

In die Gruppe Zeichenketten zählt MySQL auch den Datentyp `BLOB`. `BLOB` heißt **B**inary **L**arge **Ob**ject. Darunter ist alles das zu verstehen, was groß ist und sich nicht in einen anderen Datentyp packen lässt. Dazu zählen beispielsweise Dokumente oder Bilder.

Charakteristisch für Zeichenketten sind beispielsweise die alphanumerische Sortierung, Funktionen zum Suchen und Ersetzen, Umwandlung zwischen Groß- und Kleinschreibung.

Die Größe eines Zeichenkettentyps entspricht der Anzahl zu speichernder Zeichen zuzüglich 1-4 Byte für Verwaltungsinformationen.

Tabelle 6.2: Die Zeichenketten-Typen von MySQL

Datentyp	**Beschreibung**
CHAR (M)	Eine Zeichenkette mit fester Länge und höchstens M Zeichen. M<256
VARCHAR (M)	Eine Zeichenkette variabler Länge und höchstens M Zeichen. M<256
TINYTEXT, TINYBLOB	Eine Zeichenkette oder BLOB mit bis zu 255 Zeichen
TEXT, BLOB	Eine Zeichenkette oder BLOB mit bis zu 65535 Zeichen
MEDIUMTEXT,MEDIUMBLOB	Eine Zeichenkette oder BLOB mit bis zu etwa 16 Mio. Zeichen.
LONGBLOB, LONGTEXT	Eine Zeichenkette oder BLOB mit bis zu 4 Mrd. Zeichen
ENUM ('wert1','wert2',...)	Aufzählung. Die Zelle kann einen Wert aus einer Liste mit bis zu 65535 Werten annehmen
SET ('wert1','wert2',...)	Menge. Die Zelle kann ein oder mehrere Elemente aus einer Liste mit bis zu 64 Werten enthalten

Bei Vergleichen oder Sortierung von Zeichenketten unterscheidet MySQL zwischen Groß- und Kleinschreibung nur bei den Typen `TINYBLOB`, `BLOB`, `MEDIUMBLOB` und `LONGBLOB`.

Geben Sie bei den Typen `CHAR` und `VARCHAR` den Zusatz `BINARY` an, um zwischen Groß- und Kleinschreibung zu unterscheiden.

MySQL behält sich vor, `CHAR` und `VARCHAR` zu optimieren. Diese Typen werden unter Umständen ausgetauscht. So ändert MySQL ein `VARCHAR(M)`, wenn `M` kleiner als fünf ist, automatisch in `CHAR(M)` um. Des Weiteren wandelt MySQL alle `CHAR`-Attribute in `VARCHAR` um, wenn in der Tabellendefinition wenigstens ein `VARCHAR`-Attribut enthalten ist.

Hinweise zum ENUM-Typ

Mit Hilfe des `ENUM`-Typs definiert man ein Attribut, das aus einer Menge diskreter Werte genau einen Wert annehmen darf. Intern speichert MySQL den `ENUM`-Typ jedoch nicht als Zeichenkette, sondern als Verweis auf eine Zeichenkette ab.

Angenommen Sie definieren einen `ENUM`-Typ als `ENUM('Lacher','Hans', 'Robic')`, dann speichert MySQL die Werte wie in Tabelle 6.3.

Tabelle 6.3: So speichert MySQL den ENUM-Typ

Wert	MySQL speichert
Lacher	1
Hans	2
Robic	3

Wenn Sie Werte in die Tabelle einfügen, können Sie anstelle des Wertes `'Lacher'` auch den Wert `1` einfügen. Wenn Sie einen Wert einfügen, der nicht in der Liste enthalten ist, erhalten Sie ein leeres Attribut (`NULL`).

Beim Abfragen stehen Ihnen ebenso beide Varianten zur Verfügung: `wert='Lacher'` und `wert=1` führen zum gleichen Ergebnis.

Beim Sortieren werden die Datensätze entsprechend dem numerischen Wert sortiert, also zuerst alle Zeilen mit LACHER, dann HANS, dann ROBIC.

Wenn Sie die `ENUM`-Definition ändern, so werden die betroffenen Zeilen auf den Wert `NULL` gesetzt. Sie können die Aufzählung aber erweitern, ohne bestehende Zeilen zu verändern.

Hinweise zum SET-Typ

Mit Hilfe des `SET`-Typs definieren Sie ein Mengenattribut. Ein Attribut kann einen oder mehrere Werte der Menge annehmen. Ähnlich wie beim `ENUM`-Typ wird beim `SET`-Typ nur ein Verweis auf die Menge gespeichert. Dieser Verweis ist binär kodiert.

Angenommen Sie definieren einen `SET`-Typ als `SET('Lacher','Hans', 'Robic')`, dann speichert MySQL die Werte wie in Tabelle 6.4.

Wert	MySQL speichert binär	Dezimalwert
Lacher	001	1
Hans	010	2
Robic	100	4
Lacher,Hans	011	3
Lacher,Robic	101	5
Hans,Robic	110	6
Lacher,Hans,Robic	111	7

Tabelle 6.4: So speichert MySQL den SET-Typ

Wenn Sie Werte in die Tabelle einfügen, können Sie anstelle des Wertes `'Lacher'` auch den Wert `1` einfügen. Wenn Sie einen Wert einfügen, der nicht in der Menge enthalten ist, erhalten Sie ein leeres Attribut (`NULL`).

Wie beim `ENUM`-Typ sind Abfragen und Einfügeoperation auch mit dem passenden binären Wert möglich.

Fügen Sie beispielsweise den Wert `'Lacher,Holger'` ein, dann ignoriert MySQL `'Holger'` und fügt den Wert `1` für `Lacher` ein.

Beim Sortieren werden die Datensätze entsprechend ihrer Häufigkeit sortiert (Anzahl der gesetzten Bits), dann nach ihrem Wert, also zuerst alle Zeilen mit einem Element, dann alle Zeilen mit zwei Elementen, dann alle Zeilen mit drei Elementen.

Wenn Sie die `SET`-Definition ändern, so werden die betroffenen Zeilen auf den Wert `NULL` gesetzt. Sie können die Menge aber erweitern, ohne bestehende Zeilen zu verändern.

Schreibweisen

Zeichenketten werden in einfache oder doppelte Anführungszeichen gesetzt. Einige Sonderzeichen erfordern das Escape-Zeichen \. Zeichen, die auf das Escape-Zeichen folgen, interpretiert MySQL nie als Steuerzeichen.

Theoretisch kann vor jedem Zeichen das Escape-Zeichen stehen, was aber keinen Sinn ergibt.

Escape-Sequenz	Bedeutung
`\0`	Das NUL-Zeichen – ASCII 0
`\'`	Einfaches Anführungszeichen
`\"`	Doppeltes Anführungszeichen
`\b`	Backspace (Rückschritt) – ASCII 8

Tabelle 6.5: Escape-Sequenzen in Zeichenfolgen

Escape-Sequenz	Bedeutung
\n	Zeilenvorschub – ASCII 10
\r	Wagenrücklauf – ASCII 13
\t	Tabstopp – ASCII 9
\z	Dateiende-Zeichen – ASCII 26
\\	Backslash – ASCII 92
\%	Prozentzeichen
_	Unterstrich

6.2.3 Datentypen für Datum und Zeit

Wie Sie am Namen leicht erkennen können, speichert dieser Datentyp Datum oder Zeit oder auch beides.

Charakteristische Operationen mit diesem Datentyp sind beispielsweise die Addition von Tagen zu einem Datum oder Auswahl aller Datensätze, die in den vergangenen 100 Minuten geändert wurden, oder Ähnliches – alles das, was mit Kalenderrechnung zu tun hat. So soll bei der Addition eines Tages für ein Datum wie 31.10.1999 automatisch 01.11.1999 herauskommen.

Datum- und Zeittypen belegen zwischen einem und acht Byte Speicherplatz.

Tabelle 6.6: MySQLs Datentypen für Datum und Zeit

Datentyp	Beschreibung
DATE	Speichert einen Kalendertag. Mögliche Werte liegen zwischen dem 01.01.1000 und dem 31.12.9999 im Format *YYYY-MM-DD*.
TIME	Speichert eine Uhrzeit im Bereich: -838:59:59 bis 838:59:59 im Format *HHH:MM:SS*.
DATETIME	Kombination aus DATE und TIME im Format *YYYY-MM-DD HH-MM-SS*; der TIME-Wertebereich ist hier auf gültige Uhrzeiten beschränkt.
YEAR	Jahreszahlen von 1901 bis 2155 im Format *YYYY*.
TIMESTAMP	Unix-Zeit. Anzahl der Sekunden seit dem 01.01.1970. Erlaubt Speichern von Werten bis 2037. Format: *YYYYMMDDHHMMSS*.

Die Sortierung erfolgt bei Datum- und Zeitobjekten entsprechend ihrer kalendarischen Bedeutung.

Hinweise für DATE und TIME

Wird eine zweistellige Jahreszahl eingefügt, dann wird nach folgenden Regeln verfahren:

```
00-69 wird  2000-2069
70-99 wird  1970-1999
```

Das Einfügen eines ungültigen Wertes quittiert MySQL mit dem Einfügen der `NULL`-Zeit, wobei beim Datum zu beachten ist, dass für *Tag* Werte von `0` bis `33` erlaubt sind. In diesem Fall ist der `30.02.1999` ebenso ein gültiges Datum wie der `33.11.1999`.

Hinweise für TIMESTAMP

Der `TIMESTAMP`-Typ kann auch verkürzt werden, durch die Definition von `TIMESTAMP(M)`, wobei `M` alle geraden Werte von `2` bis `14` annehmen darf, deren Bedeutung Sie Tabelle 6.7 entnehmen.

Tabelle 6.7: Formate von TIMESTAMP

TIMESTAMP (M)	Format
2	YY
4	YYMM
6	YYMMDD
8	YYYYMMDD
10	YYMMDDHHMM
12	YYMMDDHHSS
14	YYYYMMDDHHMMSS

Enthält eine Tabelle ein `TIMESTAMP`-Attribut, so wird dieses auf die aktuelle Uhrzeit gesetzt, wenn der Datensatz geändert wird.

Das `TIMESTAMP`-Attribut wird nicht auf die aktuelle Zeit gesetzt, wenn es selbst verändert wird.

Enthält eine Tabelle mehrere `TIMESTAMP`-Attribute, so betrifft das automatische Aktualisieren nur das erste `TIMESTAMP`-Attribut.

Setzt man das `TIMESTAMP`-Attribut auf `NULL`, so wird die aktuelle Zeit eingesetzt.

Schreibweisen

Angaben zu Datum und Zeit erwartet MySQL in Anführungszeichen wie Zeichenketten. Die richtige Notation ist `'YYYY-MM-DD HH:MM:SS'`. Beachten Sie das beim Einfügen von Daten nicht, werden falsche Datum- und Zeitinformationen in die Tabelle übertragen.

6.2.4 Keys und Indizes

MySQL nutzt Indizes, um effizient auf Datensätze zuzugreifen. MySQL kann jeden Datentyp indizieren. Die Anzahl der maximalen Indizes pro Tabelle hängt vom Tabellentyp ab. Die Standard-MyISAM-Tabellen erlauben bis zu 64 Indizes pro Tabelle.

Im Allgemeinen werden Sie nur viel weniger Indizes pro Tabelle nutzen.

Ein wichtiger Index ist der so genannte Primärschlüssel (`PRIMARY KEY`). Dieser dient dazu, einen Datensatz eindeutig zu identifizieren. Ein Attribut, das als Primärschlüssel definiert ist, darf jeden Wert nur einmal enthalten.

Besitzt das Entity keinen natürlichen eindeutigen Schlüssel oder ist der eindeutige Schlüssel eine Zeichenkette, erweist es sich oft als günstig, der Relation ein numerisches Schlüsselattribut hinzuzufügen. Dieser Primärschlüssel wird als synthetischer Schlüssel bezeichnet.

Schlüssel können mehrstufig sein; das heißt, in einem Schlüssel können mehrere Attributspalten indiziert werden.

Ein Attribut zu indizieren lohnt sich nur, wenn Sie aus sehr vielen Datensätzen nur wenige heraussuchen wollen. Eine Suche auf einer nicht indizierten Spalte heißt Full-Tablescan.

Jeder Index belegt zusätzlichen Speicherplatz. Unter Umständen kann der Speicherplatz für Indizes höher sein als der Speicherplatzverbrauch der Daten. Speicherplatz der Indizes kann gespart werden, wenn nur Teile von Zeichenketten-Attributen indiziert werden – beispielsweise die ersten fünf Buchstaben.

Wird ein Datensatz neu geschrieben, bedeutet das, dass auch der Index aktualisiert werden muss. Aus diesem Grund kann ein Index weniger manchmal mehr sein.

6.3 Anlegen der Datenbank

Bevor Sie Tabellen anlegen, ist es erforderlich, eine Datenbank anzulegen. In MySQL ist das Anlegen der Datenbank ein Kinderspiel.

Der zugehörige Befehl ist

```
CREATE DATABASE [IF NOT EXISTS] db_name;
```

Geben Sie *IF NOT EXISTS* an, um keine Fehlermeldung zu erhalten, wenn die Datenbank bereits existiert.

Das Anlegen einer Datenbank in MySQL hat zur Folge, dass im Datenverzeichnis von MySQL D:\WEB\MYSQL\DATA ein Unterverzeichnis mit dem Namen der Datenbank erzeugt wird.

Bei Ihrem Internet-Provider können Sie normalerweise keine Datenbanken anlegen, sondern bekommen eine bereits erzeugte Datenbank zugewiesen. In diesem Fall erweist es sich als günstig, in Ihrer lokalen Datenbank den gleichen Namen zu verwenden.

Tabelle 6.8: Datenbank-bezogene SQL-Befehle in MySQL

Befehl	**Funktion**
DROP DATABASE db_name;	Achtung! Dieser Befehl löscht Ihre Datenbank *db_name* und alle darin enthaltenen Tabellen.
USE db_name;	Wählt *db_name* als aktuelle Datenbank aus.
SHOW DATABASES;	Listet alle verfügbaren Datenbanken auf.

Wenn Sie die entsprechenden Rechte besitzen, können Sie auf der Startseite von *phpMyAdmin* auch Datenbanken erzeugen.

Für das Votum wollen wir eine Datenbank mit dem Namen Votum erzeugen. Die entsprechende Syntax dazu ist:

```
CREATE DATABASE votum;
```

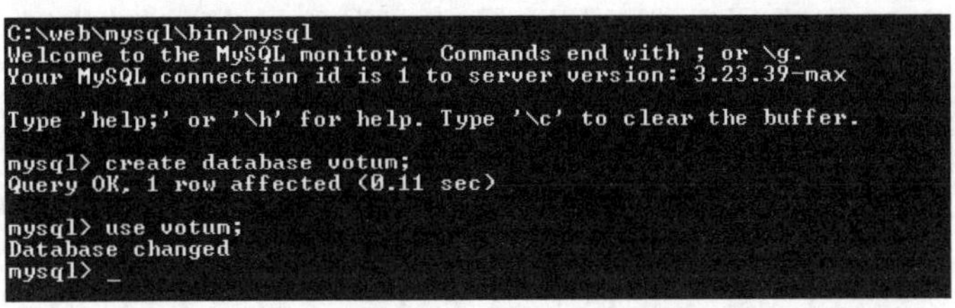

Abb. 6.1: Erzeugen und Wählen der Datenbank Votum

Das Hilfsprogramm *MySQLAdmin* kann auch Datenbanken erstellen. Geben Sie dazu ein:

```
mysqladmion -p create votum ↵
```

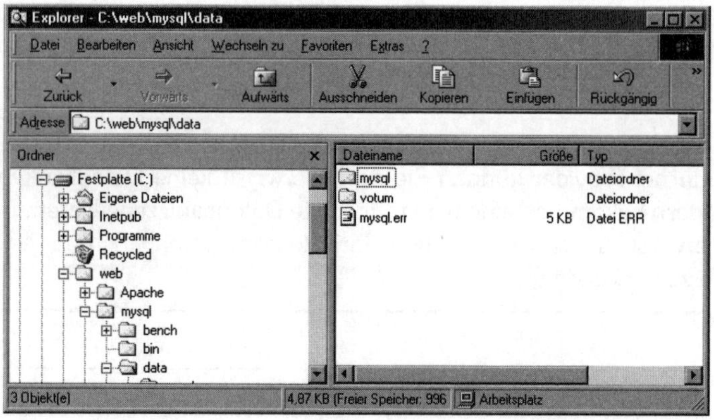

Abb. 6.2: Nach dem Erstellen der Datenbank Votum existiert ein zusätzliches Verzeichnis

6.4 Erzeugen und Verwalten der Tabellen

6.4.1 Überarbeiten der Tabellendefinition

Nachdem Sie die Datenbank erzeugt haben, steht dem Erzeugen der Tabellen nichts mehr im Wege.

Dazu erinnern Sie sich an die erstellten Relationen mit den zugeordneten generischen Datentypen aus Kapitel 5.

Relationen aus Kapitel 5

- voVoten (**VotenID Zahl**, *BesitzerID Zahl*, Frage varZeichen, Von DatumZeit, Bis DatumZeit)
- voAntworten (**VotenID Zahl**, **AntwortNr Zahl**, Antwort varZeichen)
- voBesitzer (**BesitzerID Zahl**, Name varZeichen, Login varZeichen, Passwort varZeichen, Email varZeichen)
- voFarbe (**BesitzerID Zahl**, **FarbNr Zahl**, Rot Zahl, Gruen Zahl, Blau Zahl)
- voWahl (**VotenID Zahl, AntwortNr Zahl**, **IPAdresse festZeichen**, **Zeit DatumZeit**)

Jetzt besteht die Aufgabe, den generischen Datentyp konkrete zuzuordnen. Gehen Sie wie folgt vor:

- Den numerischen Schlüssel-Attributen ordnen wir der Datentyp `INT` zu.
- Die Teilschlüssel *AntwortNr* und *FarbNr* erhalten den Datentyp `TINYINT`, denn 255 Antworten für eine Frage sind eher sehr großzügig bemessen.
- Die Attribute *Frage* und *Antwort* erhalten jeweils den Datentyp `VARCHAR(200)`. Damit können pro Frage und pro Antwort bis zu 200 Zeichen gespeichert werden.
- Für die Attribute *Name*, *Login*, *Passwort* und *EMail* sollte `VARCHAR(50)` genügen.
- Die Attribute *Von* und *Bis* erhalten den Datentyp `DATE`. Das Speichern eines Datumswertes ist hier ausreichend.
- Die Farbwerte *Rot*, *Gruen* und *Blau* werden als `TINYINT UNSIGNED` gespeichert, denn ein Farbwert kann höchstens den Wert 255 annehmen.
- Eine besondere Überlegung wird dem Attribut *IPAdresse* gewidmet. Hier sollte ausreichend Platz vorhanden sein, um zwei IP-Adressen zu speichern, falls hier eine zusätzliche IP-Adresse eines Proxy-Servers übergeben wird. Wir wählen deshalb `CHAR(35)`.
- Die *Zeit* der *Wahl* ist schließlich vom Typ `DATETIME`.

Die genauer spezifizierten Relationen des Votums ergeben sich dann zu

- voVoten (**VotenID INT**, *BesitzerID INT*, Frage VARCHAR(200), Von DATE, Bis DATE)
- voAntworten (**VotenID INT**, **AntwortNr TINYINT**, Antwort VARCHAR(200))
- voBesitzer (**BesitzerID INT**, Name VARCHAR(50), Login VARCHAR(50), Passwort VARCHAR(50), Email VARCHAR(50))
- voFarbe (**BesitzerID INT**, **FarbNr TINYINT**, Rot TINYINT UNSIGNED, Gruen TINYINT UNSIGNED, Blau TINYINT UNSIGNED)
- voWahl (**VotenID INT**, **AntwortNr TINYINT**, **IPAdresse char(35), Zeit DATETIME**)

6.4.2 Überführen in eine MySQL-Tabellendefinition

Mit diesen Angaben haben Sie die Tabellendefinitionen schon fast fertig. Es sind zusätzlich folgende Überlegungen wichtig:

- Ein Attribut erhält den Zusatz `NOT NULL`, wenn die Spalte keine leeren Werte enthalten darf.
- Zu indizierende Attribute benötigen diesen Zusatz immer. Dazu gehören alle Schlüssel.
- Um einen Autowert für einen synthetischen Schlüssel zu realisieren bietet sich der Zusatz `AUTO_INCREMENT` an.
- Welche Zeichenketten-Attribute sind von Groß- und Kleinschreibung abhängig und erhalten dadurch den Zusatz `BINARY`? In unserem Beispiel betrifft das das Attribut *Passwort*.
- Sind zusätzliche Indizes erforderlich?
- Das Anlegen von zusätzlichen Suchschlüsseln soll später erfolgen, wenn wir genauer untersuchen, wie die Daten überhaupt abgefragt wird.
- Unter Beachtung aller Überlegungen erzeugen Sie folgende Tabellendefinitionen:

Tabellendefinition für das Votum

```
voVoten (votenID INT NOT NULL AUTO_INCREMENT, BesitzerID INT NOT NULL,
Frage VARCHAR(200) NOT NULL, Von DATE NOT NULL, BIS DATE NOT NULL, PRI-
MARY KEY (votenID))
voAntworten (votenID INT NOT NULL, AntwortNr TINYINT NOT NULL, Antwort
VARCHAR(200) NOT NULL, PRIMARY KEY (votenID, AntwortNr))
voBesitzer (besitzerID INT NOT NULL AUTO_INCREMENT, Name VARCHAR(50)
NOT NULL, Login VARCHAR(50) NOT NULL, Passwort VARCHAR(50) BINARY NOT
NULL, EMail VARCHAR(50) NOT NULL, PRIMARY KEY(besitzerID))
voFarbe (besitzerID INT NOT NULL, farbNr TINYINT NOT NULL, Rot TINYINT
UNSIGNED NOT NULL, Gruen TINYINT UNSIGNED NOT NULL, Blau TINYINT UNSI-
GNED NOT NULL, PRIMARY KEY (besitzerID, farbNr))
voWahl (votenID INT NOT NULL, AntwortNr TINYINT NOT NULL, IPAdresse
CHAR(35) NOT NULL, Zeit DATETIME NOT NULL, PRIMARY KEY (votenID, Ant-
wortNr, IPAdresse, Zeit))
```

6.4.3 Tabellen anlegen

Im nächsten Schritt werden Sie endlich die Tabellen anlegen. Mit dem vorhergehenden Abschnitt haben Sie bereits die korrekte Richtung eingeschlagen.

Werfen Sie zunächst einen Blick auf die Syntax:

```
CREATE [TEMPORARY] TABLE [IF NOT EXISTS] tbl_name [(Tabellendefiniti-
on,...)]
[Tabellenoptionen]
[SELECT-Befehl]
```

Das reservierte Wort `TEMPORARY` erzeugt eine flüchtige Tabelle, die nur so lange besteht wie die Verbindung zur Datenbank. In diesem Moment ist `TEMPORARY` für uns unbedeutend.

Durch die Angabe von `IF NOT EXIST` wird keine Fehlermeldung ausgegeben, wenn die Tabelle bereits existiert. Allerdings werden die Strukturen von alter und neuer Tabelle nicht überprüft.

Die Tabellendefinition entspricht dem Erarbeiteten aus dem vorhergehenden Abschnitt und besteht im Wesentlichen aus einer Folge von `Tabellennamen Datentyp Zusatz` wie beispielsweise `votenID INT NOT NULL`.

Mit einem anschließenden `SELECT`-Befehl füllen Sie die Tabelle gleich mit Daten.

Tabellenoptionen

Hier geben Sie insbesondere den zu erstellenden Tabellentyp an. Die entsprechende Syntax lautet `TYPE=tabtyp`.

Tabelle 6.9: Die verschiedenen MySQL-Tabellentypen

Tabellentyp (tabtyp)	Beschreibung
BDB	Berkeley-Tabellen anlegen, die transaktionssichere Sperren auf Tabellenebene unterstützen.
GEMINI	GEMINI-Tabellen unterstützen transaktionssichere Sperren auf Datensatzebene.
HEAP	Erzeugt eine Tabelle im Hauptspeicher.
ISAM	Die Original MySQL-Tabellen.
InnoDB	InnoDB-Tabellen unterstützen transaktionssichere Sperren auf Datensatzebene.
MERGE	Eine Vereinigung mehrerer physischer MyISAM-Tabellen zu einer logischen Tabelle.
MyISAM	Ersetzt ISAM-Tabellen und ist Standard seit MySQL-Version 3.23.xx

Von den angegebenen Tabellentypen sind bisher nur ISAM, MyISAM und HEAP als *stable* zu betrachten. Das bedeutet, ordnen Sie nur diese drei als umfangreich getestet und fehlerfrei ein.

Alle anderen Tabellen blicken auf eine noch junge Entwicklungszeit zurück und befinden sich im Beta- oder Gammastadium. Das bedeutet, es ist noch nicht sicher, wie stabil diese Tabellen funktionieren.

Weitere Tabellenoptionen werden an dieser Stelle nicht näher beleuchtet.

Werfen Sie einen Blick auf die Syntax! Sie werden feststellen, dass die Tabellendefinition die wichtigste ist, die in den Befehl eingebaut wird. Ebenso werden wir MyISAM-Tabellen erzeugen; dadurch kann die TYPE-Option entfallen.

Die SQL-Befehle vervollständigen Sie, indem Sie

- vor die jeweilige Tabellendefinition die Anweisung CREATE TABLE setzen und
- jede Tabellendefinition mit einem Semikolon beenden.

Die vollständigen SQL-Befehle, um die Tabellen für das Votum zu erstellen, sehen demnach wie folgt aus:

SQL-Skript zum Erstellen der Tabellen für das Votum

```
CREATE TABLE voVoten (votenID INT NOT NULL AUTO_INCREMENT, BesitzerID
INT NOT NULL, Frage VARCHAR(200) NOT NULL, Von DATE NOT NULL, BIS DATE
NOT NULL, PRIMARY KEY (votenID));
CREATE TABLE voAntworten (votenID INT NOT NULL, AntwortNr TINYINT NOT
NULL, Antwort VARCHAR(200) NOT NULL, PRIMARY KEY (votenID, AntwortNr));
CREATE TABLE voBesitzer (besitzerID INT NOT NULL AUTO_INCREMENT, Name
VARCHAR(50) NOT NULL, Login VARCHAR(50) NOT NULL, Passwort VARCHAR(50)
BINARY NOT NULL, EMail VARCHAR(50) NOT NULL, PRIMARY KEY(besitzerID));
CREATE TABLE voFarbe (besitzerID INT NOT NULL, farbNr TINYINT NOT NULL,
Rot TINYINT UNSIGNED NOT NULL, Gruen TINYINT UNSIGNED NOT NULL, Blau TI-
NYINT UNSIGNED NOT NULL, PRIMARY KEY (besitzerID, farbNr));
CREATE TABLE voWahl (votenID INT NOT NULL, AntwortNr TINYINT NOT NULL,
IPAdresse CHAR(35) NOT NULL, Zeit DATETIME NOT NULL, PRIMARY KEY (vo-
tenID, AntwortNr, IPAdresse, Zeit));
```

Das Abtippen der SQL-Befehle möchten wir Ihnen allerdings ersparen. Sie finden diese auf der CD-ROM als \SQL\CREATEVOTUM.SQL.

Tabellen mit MySQL-Monitor anlegen

Angenommen, Ihr CD-ROM-Laufwerk trägt den Laufwerksbuchstaben `F:`, dann legen Sie die Tabellen mit dem MySQL-Monitor in einer Kommandozeile wie folgt an:

```
cd \web\mysql\bin
mysql -h myhost -u root -p -D votum < F:\SQL\createvotum.sql
```

Setzen Sie für *myhost* den MySQL-Hostnamen ein (z.B. `localhost`, wenn MySQL auf dem lokalen PC installiert ist), für *root* den Benutzer, der auf die Datenbank *votum* zugreifen darf.

Läuft MySQL-Monitor bereits, starten Sie ein externes Skript mit dem Kommando `\. f:\sql\createvotum.sql`.

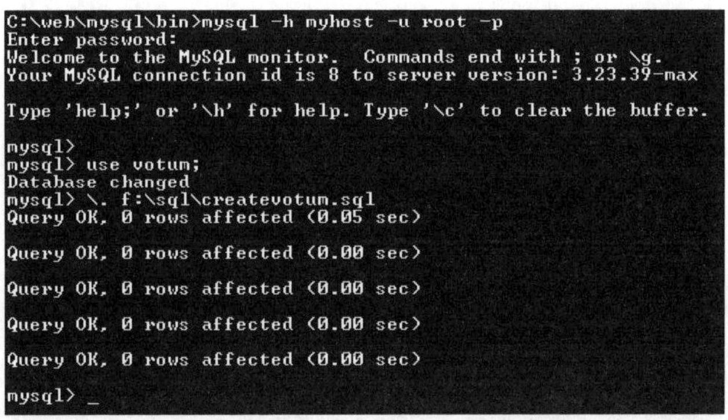

Abb. 6.3: Anlegen der Tabellen mit MySQL-Monitor

Tabellen mit phpMyAdmin anlegen

phpMyAdmin bietet Ihnen drei gängige Möglichkeiten, Tabellen anzulegen. Rufen Sie zunächst *phpMyAdmin* auf (*http://myhost/phpmyadmin/*) und selektieren Sie die Datenbank, die die Votum-Tabellen aufnehmen soll.

Variante 1

Sie geben die SQL-Befehle in das SQL-Eingabefeld ein.

Variante 2

Sie klicken auf DURCHSUCHEN. Wählen Sie die Datei aus, die die SQL-Befehle enthält (z.B. F:\SQL\CREATEVOTUM.SQL).

Variante 3

Sie legen alle Tabellen einzeln menügesteuert an. Tragen Sie dazu in *Neue Tabelle erstellen in Datenbank ...* den Namen der Tabelle ein und die Anzahl der Felder.

Passend für das Votum wäre beispielsweise der Tabellenname `voVoten` und für Anzahl der Felder `5`.

Klicken Sie auf Go, um auf der nächsten Seite die Tabellendefinition zu wählen (vgl. Abbildung 6.4).

Haben Sie alle Tabellen erzeugt, sehen Sie die Tabellen in *phpMyAdmin*, wenn Sie im linken Rahmen auf VOTUM (Datenbankname) klicken (vgl. Abbildung 6.5)

Abb. 6.4: Tabelle mit phpMyAdmin erstellen

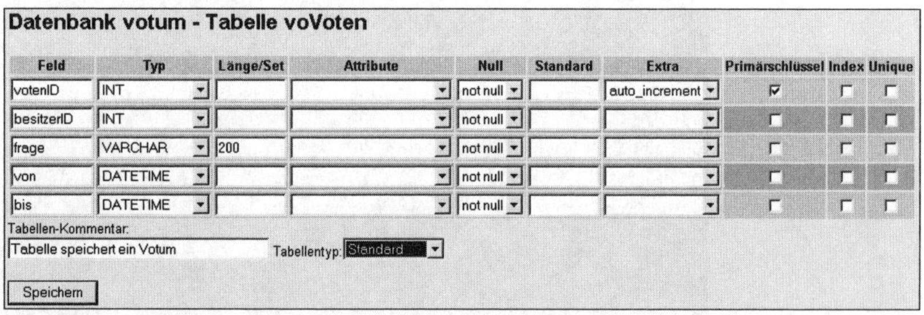

Abb. 6.5: Alle Tabellen des Votums sind erzeugt

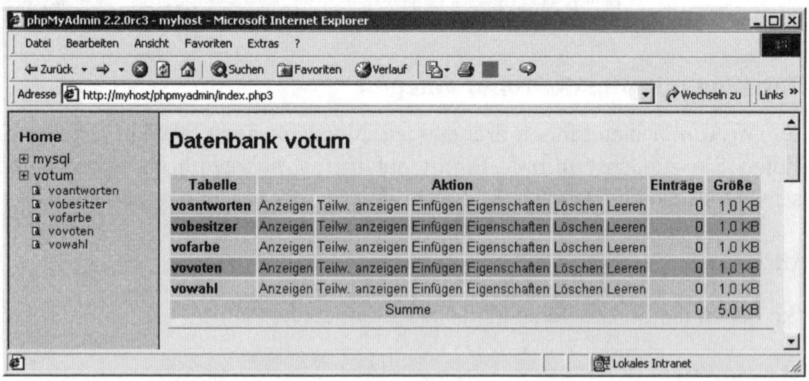

Eine MyISAM-Tabelle wird in MySQL in drei Dateien gespeichert. Alle drei Dateien tragen als Dateinamen den Namen der Tabelle, die Erweiterungen sind verschieden (vgl. Tabelle 6.10 und Abbildung 6.6).

Dateiname	Bedeutung
NAMC.FRM	Speichcrt dic Tabcllcndcfinition
NAME.MYD	Enthält die Daten der Tabelle
NAME.MYI	Enthält den Index der Tabelle

Tabelle 6.10: Bedeutung der Tabellendateien

Modifizieren Sie diese Dateien niemals, es sein denn, Sie benutzen ein Dienstprogramm wie MySQL-Monitor oder Ähnliches.

Auf einem richtig konfigurierten Server hat nur der MySQL-Dienst Zugriff auf diese Daten.

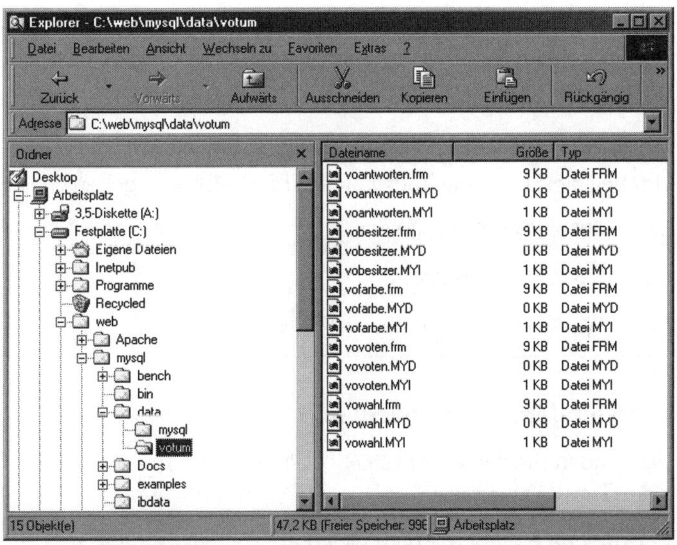

Abb. 6.6: Dateistruktur der leeren Votum-Tabellen nach dem Anlegen

6.4.4 Weitere administrative Tabellenoperationen

Tabellen anzeigen

Nachdem Sie sich mit *MySQL-Monitor* oder *phpMyAdmin* zu einem Datenbankserver verbunden und eine Datenbank gewählt haben, geben Sie

```
mysql> SHOW TABLES;
```

ein, um eine Liste der vorhanden Tabellen zu sehen.

Die Bildschirmausgabe bezüglich des Votums sollte etwa so aussehen:

Anzeige der Tabellen mit SHOW TABLES;

```
+-----------------+
| Tables_in_votum |
+-----------------+
| voantworten     |
| vobesitzer      |
| vofarbe         |
| vovoten         |
| vowahl          |
+-----------------+
5 rows in set (0.00 sec)
```

Tabellen löschen

Eine vorhandene Tabelle löschen Sie mit dem Kommando `drop table`. Dieses Kommando löscht unwiderruflich alle Daten der Tabelle und die Tabellendefinition.

Um beispielsweise die Tabelle *voWahl* zu löschen, geben Sie ein:

```
mysql> DROP TABLE vowahl;
```

und erhalten die Ausschrift:

```
Query OK, 0 rows affected (0.06 sec)
```

Tabellendefinition anzeigen

Verwenden Sie den Befehl `SHOW COLUMNS FROM tbl_name;`, um sich die Struktur einer Tabelle anzusehen.

Ein kürzerer Befehl mit dem gleichen Ergebnis lautet `DESC tbl_name;` (desc = describe).

Geben Sie ein:

```
mysql> DESC vovoten;
```

um sich die Tabellendefinition der Tabelle *voVoten* anzusehen. Sie erhalten die Ausgabe wie in Abbildung 6.7.

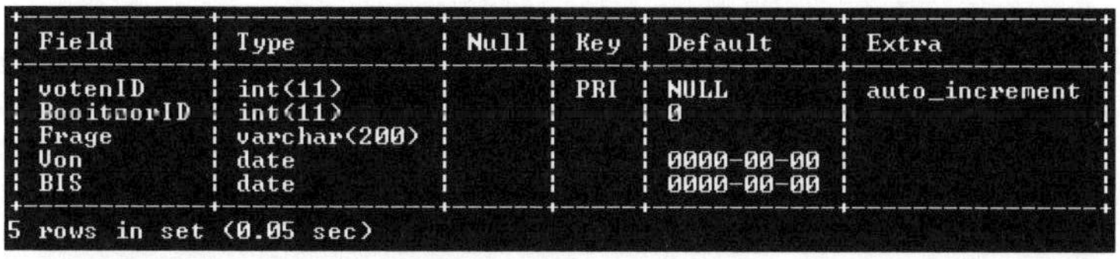

Field	Type	Null	Key	Default	Extra
votenID	int(11)		PRI	NULL	auto_increment
BooitmorID	int(11)			0	
Frage	varchar(200)				
Von	date			0000-00-00	
BIS	date			0000-00-00	

5 rows in set (0.05 sec)

Abb. 6.7: Anzeige der Tabellendefinition mit DESC

Tabellen umbenennen

Mit dem Befehl `RENAME TABLE` benennen Sie eine oder mehrere Tabellen um. Die Syntax lautet:

```
RENAME TABLE tbl_name_alt TO tbl_name_neu
[, tbl_name2_alt TO tbl_name2_neu, ...];
```

Um beispielsweise die Tabelle *vovoten* in *vovotenbak* umzubenennen, geben Sie ein:

```
mysql> RENAME TABLE vovoten TO vovotenbak;
```

6.4.5 Tabellen ändern

Ähnlich komplex wie das Erstellen einer Tabelle ist die Syntax zum Ändern einer Tabelle. Oft gibt es mehrere Möglichkeiten, die alle zum selben Ziel führen.

Alle Befehle beginnen mit `ALTER TABLE tbl_name`.

Hinzufügen von Attributen

Verwenden Sie diese Syntax, um *ein* Attribut an einer bestimmten Stelle der Tabelle hinzuzufügen:

```
ADD Spaltendefinition [FIRST | AFTER Spaltenname]
```

Geben Sie `FIRST` an, um die Spalte am Anfang der Tabelle hinzuzufügen, `AFTER Spaltenname` fügt die neue Spalte hinter Spaltenname ein. Lassen Sie `FIRST` und `AFTER` fallen, um eine Spalte hinten anzuhängen.

Um eine Spalte mit dem Namen Test an erster Stelle der Tabelle *voVoten* einzufügen, die den Datentyp `INT` hat und nicht `NULL` sein darf, verwenden Sie folgenden Befehl:

```
ALTER TABLE voVoten ADD Test INT NOT NULL FIRST;
```

Abb. 6.8: Hinzufügen eines Attributs am Anfang

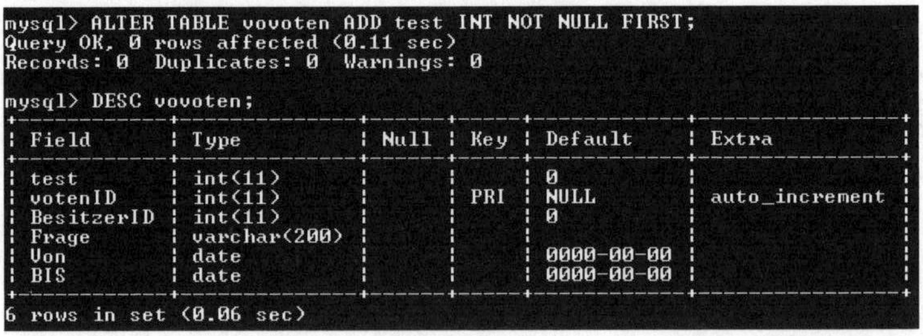

```
mysql> ALTER TABLE vovoten ADD test INT NOT NULL FIRST;
Query OK, 0 rows affected (0.11 sec)
Records: 0  Duplicates: 0  Warnings: 0

mysql> DESC vovoten;
+------------+--------------+------+-----+------------+----------------+
| Field      | Type         | Null | Key | Default    | Extra          |
+------------+--------------+------+-----+------------+----------------+
| test       | int(11)      |      |     | 0          |                |
| votenID    | int(11)      |      | PRI | NULL       | auto_increment |
| BesitzerID | int(11)      |      |     | 0          |                |
| Frage      | varchar(200) |      |     |            |                |
| Von        | date         |      |     | 0000-00-00 |                |
| BIS        | date         |      |     | 0000-00-00 |                |
+------------+--------------+------+-----+------------+----------------+
6 rows in set (0.06 sec)
```

Um in einer Anweisung *mehrere* Spalten hinzuzufügen, verwenden Sie diese Syntax:

```
ADD Spaltendefinition, Spaltendefinition, ...
```

Die Spalten werden am Tabellenende angehängt; eine andere Positionierung ist nicht möglich.

Ein Attribut ändern

Zum Ändern der Spaltendefinition stehen Ihnen die Schlüsselwörter `CHANGE` und `MODIFY` zur Verfügung. Der Unterschied zwischen beiden besteht darin, dass `MODIFY` nur den Datentyp der Spalte ändert, während sich `CHANGE` dazu eignet, zusätzlich den Spaltennamen zu ändern.

```
CHANGE Spaltenname Spaltendefinition
MODIFY Spaltendefinition
```

Das im vorangegangenen Beispiel hinzugefügte Attribut *Test* soll anstelle von `INT` den Datentyp `INT UNSIGNED` erhalten. Verwenden Sie dazu folgenden Befehl:

```
ALTER TABLE voVoten MODIFY test INT UNSIGNED NOT NULL;
```

Das Attribut *Test* der Tabelle *voVoten* soll den Datentyp BIGINT UNSIGNED erhalten. Der Name ändert sich von *Test* nach *Temp*. Verwenden Sie dazu folgenden Befehl:

```
ALTER TABLE voVoten CHANGE test temp BIGINT UNSIGNED NOT NULL;
```

Beim Ändern des Datentyps versucht MySQL, im Rahmen des Möglichen eine Typkonvertierung bestehender Daten durchzuführen. Das gelingt nicht, wenn der Datentyp der neuen Spalte kleiner ist. Beispielsweise werden beim Verkürzen eines Zeichenkettenattributs Elemente abgeschnitten, wenn deren Inhalt zu lang ist.

Ein Attribut löschen

Der Befehl `DROP [COLUMN] Spaltenname` ermöglicht Ihnen, ein Attribut zu löschen. Enthaltene Daten gehen in diesem Fall verloren.

Um das Attribut *Temp* der Tabelle *voVoten* wieder zu löschen, verwenden Sie folgenden Befehl:

```
ALTER TABLE voVoten DROP COLUMN temp;
```

6.4.6 Verwalten von Keys und Indizes

MySQL erlaubt, Spalten zu indizieren. Ein Index ist eine spezielle Baumstruktur, die es MySQL ermöglicht, Daten schnell zu finden.

Die Begriffe »Key (Schlüssel) und »Index« sind zwar genau genommen nicht das Gleiche, führen aber in SQL zum gleichen Ergebnis.

Die Syntax zum Erstellen, Ändern oder Löschen eines Indizes ähnelt der Syntax zum Erstellen und Ändern von Spalten.

Befehle zum Erstellen von Keys

Erstellen eines Primärschlüssels

Jede Tabelle hat höchstens einen Primärschlüssel. Der Primärschlüssel identifiziert einen Datensatz eindeutig. Alle beteiligten Spalten müssen als NOT NULL definiert sein.

```
ALTER TABLE tbl_name ADD PRIMARY KEY [Schlüsselname] (Spalte1
[,Spalte2,...]);
```

Erstellen eines gewöhnliches Schlüssels

Ein »gewöhnlicher« Schlüssel kann wie der Primärschlüssel über eine oder mehrere Spalten erstellt werden. Ebenso kann solch ein Schlüssel bei Zeichenketten-Attributen nur ein Teil eines Feldes indizieren.

```
ALTER TABLE tbl_name ADD INDEX | KEY [Schlüsselname] (Spalte1(n)
[, Spalte2(n), ...]);
```

Erstellen eines eindeutigen Schlüssels

Der eindeutige Schlüssel erfordert, dass die Schlüssel-Attribute einzeln oder deren Kombination einmalig sind. Versuchen Sie einen Datensatz einzufügen, obwohl bereits einer vorhanden ist, der die Schlüsselbedingung erfüllt, erhalten Sie eine Fehlermeldung.

```
ALTER TABLE tbl_name ADD UNIQUE [Schlüsselname] (Spalte1(n)
[, Spalte2(n), ...]);
```

Schlüssel anzeigen

Ob Felder einer Tabelle indiziert sind, erkennen Sie, indem Sie die Tabellendefinition ausdrucken (`DESC tbl_name`).

Tabelle 6.11: Bedeutung der Schlüssel in der Tabellendefinition

Schlüssel	Anzeige in Tabelle
PRI	Primärschlüssel
UNI	eindeutiger Schlüssel
MUL	gewöhnlicher Schlüssel

Anhand der *Test*-Tabelle, deren Definition Sie in Abbildung 6.9 sehen, erkennen Sie, dass das Attribut *A* als Primärschlüssel (`PRI`) definiert ist, *B* als eindeutiger Schlüssel (`UNI`) und C als gewöhnlicher Schlüssel (`MUL`).

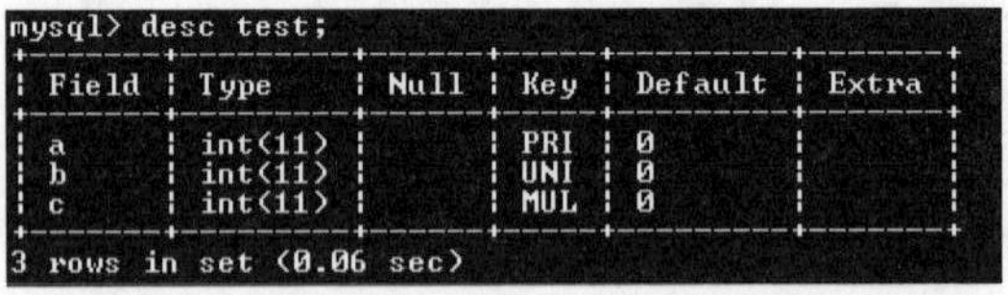

```
mysql> desc test;
+-------+---------+------+-----+---------+-------+
| Field | Type    | Null | Key | Default | Extra |
+-------+---------+------+-----+---------+-------+
| a     | int(11) |      | PRI | 0       |       |
| b     | int(11) |      | UNI | 0       |       |
| c     | int(11) |      | MUL | 0       |       |
+-------+---------+------+-----+---------+-------+
3 rows in set (0.06 sec)
```

Abb. 6.9: Die Schlüssel erkennen Sie anhand der Spalte Key

Mehr Informationen über die Schlüssel einer Tabelle, insbesondere deren Namen, erfahren Sie mit dem Befehl

```
SHOW INDEX FROM tbl_name;
```

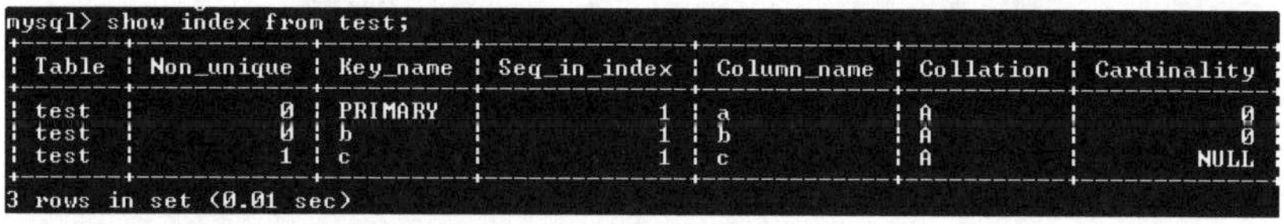
```
mysql> show index from test;
+-------+------------+----------+--------------+-------------+-----------+-------------+
| Table | Non_unique | Key_name | Seq_in_index | Column_name | Collation | Cardinality |
+-------+------------+----------+--------------+-------------+-----------+-------------+
| test  |          0 | PRIMARY  |            1 | a           | A         |           0 |
| test  |          0 | b        |            1 | b           | A         |           0 |
| test  |          1 | c        |            1 | c           | A         |        NULL |
+-------+------------+----------+--------------+-------------+-----------+-------------+
3 rows in set (0.01 sec)
```

Abb. 6.10: Ausführliche Index-Informationen mit dem Befehl SHOW INDEX

Schlüssel löschen

Die Syntax zum Löschen eines Schlüssels ähnelt dem Löschen eines Attributs. Wichtig ist, dass Sie den Namen des Schlüssels mit `SHOW INDEX` in Erfahrung gebracht haben, falls die Schlüssel einer Tabelle anonym vergeben wurden.

Sie löschen einen Index mit dem Befehl

```
ALTER TABLE DROP INDEX index_name;
```

Die Schlüssel unserer *Test*-Tabellen löschen Sie beispielsweise mit den Kommandos

```
ALTER TABLE DROP INDEX b;
ALTER TABLE DROP INDEX c;
ALTER TABLE DROP PRIMARY KEY;
```

Es ist auch möglich, diese Schlüssel mit nur einem Befehl zu löschen.

```
ALTER TABLE DROP INDEX b, DROP INDEX c, DROP PRIMARY KEY;
```

Ebenso wie das Kombinieren von drei `DROP`-Anweisungen in einem Befehl können Sie verschiedene `CHANGE`-Anweisungen von Attributen mit `DROP`-Anweisungen von Schlüsseln usw. miteinander verbinden.

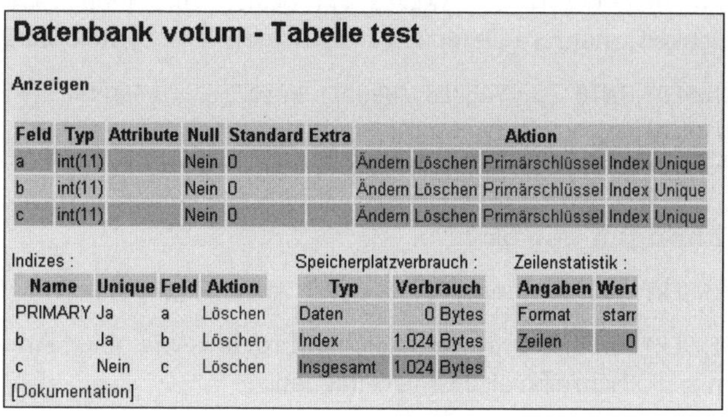

Abb. 6.11: Informationen über Tabellen und Indizes mit phpMyAdmin

6.5 Tabellen mit Daten füllen

Die Voraussetzungen sind geschaffen, Sie haben ein Datenbankmodell entwickelt und Tabellen erstellt. Dem Einfügen der Daten steht damit nichts mehr im Wege.

6.5.1 Einfügen von Daten mit INSERT

Der SQL-Befehl `INSERT` eignet sich zum Einfügen neuer Datensätze in bereits bestehende Tabellen. Ihnen stehen dafür drei verschiedene `INSERT`-Varianten zur Verfügung.

Einfügen durch Aufzählen

```
INSERT INTO tbl_name [(Spalte1, Spalte2, ...)] VALUES (Wert1, Wert2,
...);
```

Sie fügen Daten in die Tabelle *tbl_name* ein. Die Spaltennamen links von `VALUES` stehen mit den Werten rechts von `VALUES` in Beziehung. Für jeden Attributnamen auf der linken Seite geben Sie einen Wert auf der rechten Seite an.

Wenn Sie auf der linken Seite **keinen** Attributnamen angeben, müssen Sie auf der rechten Seite für **jedes** Attribut einen Wert angeben.

HINWEIS

Wir empfehlen Ihnen, die Attributnamen nicht wegzulassen, da Ihre Skripts wahrscheinlich nicht mehr funktionieren werden, nachdem Sie die Tabellenstruktur geändert haben.

HINWEIS

Mit `INSERT INTO ... VALUES ...` besteht mit einem `INSERT`-Befehl die Möglichkeit, mehrere Datensätze einzufügen. Die Syntax dazu ist:

```
INSERT INTO ... VALUES (Wert1, Wert2, ..., WertN),(Wert1, Wert2, ...,
WertN);
```

Einfügen mit SET

```
INSERT INTO tbl_name SET Spalte1=Wert1 [,Spalte2=Wert2, ...];
```

`INSERT` mit `SET` führt zum gleichen Ergebnis wie obige Anweisung mit `VALUES`, nur die Schreibweise ist verschieden.

Während `INSERT` mit `SET` übersichtlicher ist, hält sich `INSERT` mit `VALUES` an die ANSI-SQL-Konventionen und ist damit kompatibler mit anderen Datenbanken.

Einfügen durch Selektieren

```
INSERT INTO tbl_name [(Spalte1, ..)] SELECT ...
```

Der Vorteil dieser SELECT-Anweisung besteht darin, dass Sie mehrere Datensätze aus einer Tabelle auswählen, um diese in einer anderen zu speichern. Mehr über das Selektieren von Daten lesen Sie im Abschnitt 6.6. Grundsätzlich gelten hier die gleichen Regeln wie bei den anderen INSERT-Befehlen.

6.5.2 Einfügen von Daten mit REPLACE

REPLACE hat die gleiche Syntax wie INSERT (alle drei Varianten). Der Unterschied von REPLACE zu INSERT besteht darin, dass REPLACE bestehende Datensätze ersetzen kann.

Bei einer REPLACE-Anweisung überprüft MySQL einen doppelten Datensatz, indem es die Schlüssel-Attribute verwendet, die als UNIQUE definiert sind. Im Normalfall sollte das der Primärschlüssel sein.

REPLACE eignet sich insbesondere dann gut, wenn zwei Tabellen synchronisiert werden sollen, ohne dass Sie sich um den Inhalt kümmern müssen. Wollen Sie selbiges mit INSERT ausführen, ist es erforderlich, dass Sie Datensätze zunächst löschen, die im Schlüssel übereinstimmen.

REPLACE ist allerdings mit Vorsicht zu genießen, wenn Sie es auf eine Tabelle anwenden, die mehrere Schlüssel hat, die als UNIQUE definiert sind (vgl. Tabelle 6.12).

Spalte1 (UNIQUE)	**Spalte2 (UNIQUE)**	**Spalte3 (UNIQUE)**
1	2	3
2	3	4
3	4	5

Tabelle 6.12: Eine Tabelle Test mit drei Attributen (alle UNIQUE)

Wenn Sie jetzt auf die Tabelle *Test* diesen Befehl anwenden:

```
REPLACE INTO Test VALUES (1,3,5);
```

hat das zur Folge, dass die Tabelle anschließend nur noch einen Datensatz besitzt, nämlich (1, 3, 5), denn MySQL findet in jeder Zeile einen passenden Schlüssel.

6.5.3 Allgemeine Betrachtungen zum Einfügen von Daten

- Attribute, die bei INSERT nicht berücksichtigt werden, erhalten
  - einen DEFAULT-Wert, wenn Sie einen definiert haben.
  - den Wert NULL, wenn es keinen DEFAULT-Wert gibt.
  - einen Autowert, wenn das Attribut das Merkmal AUTO_INCREMENT besitzt.
  - den aktuellen Zeitstempel, wenn das Attribut als TIMESTAMP definiert ist.
- Attribute, denen Sie NULL zuweisen,
  - erhalten den DEFAULT-Wert, wenn Sie als NOT NULL definiert sind.
  - einen Autowert, wenn das Attribut das Merkmal AUTO_INCREMENT besitzt.
  - den aktuellen Zeitstempel, wenn das Attribut als TIMESTAMP definiert ist.
- Attribute, die weiter »rechts« in der VALUES-Liste stehen, dürfen sich auf weiter »links« stehende beziehen, zum Beispiel:

  ```
  INSERT INTO tbl_name (spalte1, spalte2) VALUES (20, spalte1 * 10);
  ```
- Setzen Sie hinter INSERT das Schlüsselwort LOW PRIORITY, um zu erreichen, dass INSERT erst dann ausgeführt wird, wenn kein anderer Client die Tabelle mehr benutzt.
- Setzen Sie hinter INSERT das Schlüsselwort DELAYED, um zu erreichen, dass MySQL INSERT mit *OK* quittiert, ohne es aber auszuführen. Verwenden Sie diese Option, wenn eine INSERT-Anweisung länger dauert, als der Client warten kann. DELAYED-INSERT-Anweisungen werden auf dem Server gebündelt. DELAYED ist das Gegenstück zu LOW PRIORITY.
- Wenn Sie eine INSERT-Anweisung mit mehreren Datensätzen ausführen, verwenden Sie INSERT IGNORE, um zu erreichen, dass bei einer Schlüsselverletzung die restlichen Datensätze bearbeitet werden. Ohne IGNORE bricht INSERT bei einem Fehler ab.
- Weisen Sie einem numerischen Attribut einen Wert zu, der zu groß (klein) für die Spalte ist, fügt MySQL den größten (kleinsten) Wert in die Spalte ein.
- Weisen Sie einem ganzzahligen Attribut einen Fließkommawert zu, schneidet MySQL den Nachkommanteil ab.

- Weisen Sie einem numerischen Attribut eine Zahl mit einem nichtnumerischen Anhängsel zu (zum Beispiel: 10.50 DM), fügt MySQL dennoch 10.50 ein.
- Weisen Sie einem Zeichenketten-Attribut eine Zeichenkette zu, die länger als die Feldgröße ist, wird die Zeichenkette auf ihre maximale Länge abgeschnitten.
- Weisen Sie einem Datum-/Zeit-Attribut einen ungültigen Wert zu, fügt MySQL ein `NULL`-Datum ein.

6.5.4 Einfügen von Daten in die Votum-Datenbank

Beim Füllen der Tabellen einer Datenbank ist es wichtig, dass Sie Daten in der richtigen Reihenfolge einfügen.

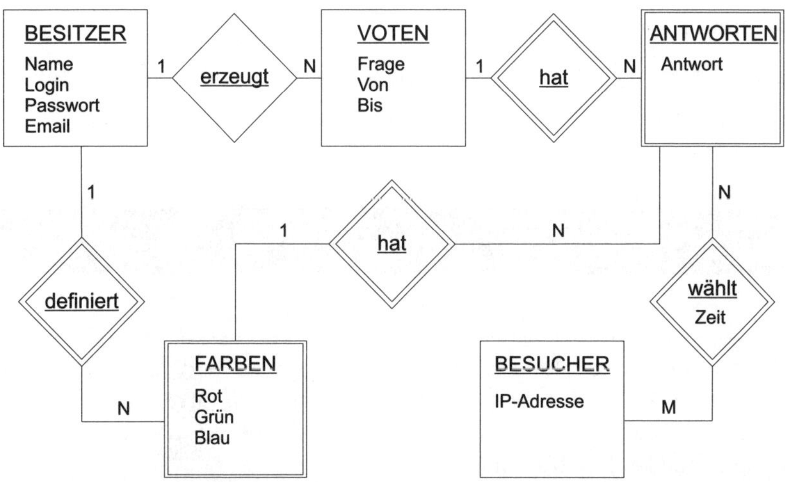

Abb. 6.12: ER-Modell der Votum-Datenbank

Werfen Sie noch einmal einen Blick auf das Entity-Relationship-Modell der Votum-Datenbank. Es gibt nur eine Tabelle, die von allen anderen unabhängig ist: Das ist die Tabelle *Besitzer*. Ohne Besitzer kein Votum, ohne Votum keine Antworten ...

MySQL besitzt selbst keine Fähigkeiten, diese Plausibilitätsprüfung durchzuführen. Aus diesem Grund liegt die Aufgabe bei Ihnen, die Datenbanklogik nicht zu verletzen.

Tabelle voBesitzer

Möchte ein Benutzer mit Hilfe Ihrer Datenbank Voten erstellen, muss er sich anmelden. Dieser Vorgang führt zum Hinzufügen eines Datensatzes der Tabelle *Besitzer*.

Zunächst werden wir einen Datensatz für uns selbst in die Tabelle *Besitzer* eintragen. Wir erinnern uns an die Tabellenstruktur:

```
voBesitzer (besitzerID INT NOT NULL AUTO_INCREMENT, Name VARCHAR(50)
NOT NULL, Login VARCHAR(50) NOT NULL, Passwort VARCHAR(50) BINARY NOT
NULL, EMail VARCHAR(50) NOT NULL, PRIMARY KEY(besitzerID))
```

- ✘ **BesucherID**: wird automatisch vergeben
- ✘ **Name**: Sven Letzel
- ✘ **Login**: root
- ✘ **Passwort**: geheim
- ✘ **Email**: sven@mogelpower.de

Diese Daten fügen Sie beispielhaft mit folgendem `INSERT`-Befehl hinzu:

```
INSERT INTO voBesitzer (NULL, 'Sven Letzel', 'root', 'geheim',
'sven@mogelpower.de');
```

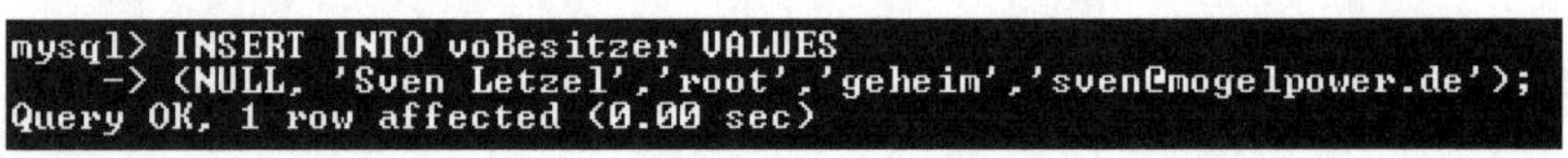

Abb. 6.13: Einfügen in die Tabelle voBesitzer mit MySQL-Monitor

---

HINWEIS

Da Sie für die Spalte *BesitzerID* `NULL` angeben und diese den Zusatz `AUTO_INCREMENT` besitzt, vergibt MySQL automatisch eine neue einzigartige ID. Diese ID können Sie mit der Funktion `LAST_INSERT_ID()` unter Verwendung folgenden Befehls ermitteln:

```
SELECT LAST_INSERT_ID();
```

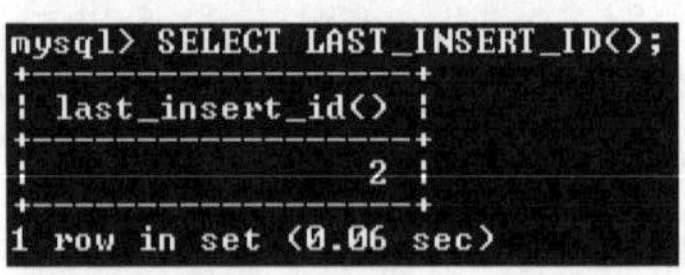

Abb. 6.14: Bildschirmausgabe bei SELECT LAST_INSERT_ID();

Dieser Befehl funktioniert so lange, wie Ihre Verbindung zu MySQL aktiv ist. Dieser Befehl bezieht sich nicht auf eine bestimmte Tabelle.

Merken Sie sich diese ID mit Hilfe einer MySQL-Variablen, um diese Variable bei der gleichen Verbindung wieder zu benutzen. Der Befehl

```
SELECT @besID := LAST_INSERT_ID();
```

speichert die ID in der Variable *besID*. Variablennamen unterscheiden sich in Groß- und Kleinschreibung.

Tabelle voFarbe

- Die Tabelle *Farben* speichert die Farbdarstellung, die der Besitzer auf seiner Webseite verwenden möchte.

  ```
  voFarbe (besitzerID INT NOT NULL, farbNr TINYINT NOT NULL, Rot TI-
  NYINT UNSIGNED NOT NULL, Gruen TINYINT UNSIGNED NOT NULL, Blau TI-
  NYINT UNSIGNED NOT NULL, PRIMARY KEY (besitzerID, farbNr))
  ```

- Da eine Antwort eine Farbe benötigt, um das Ergebnis zu präsentieren, wird gefordert, dass die Voten eines Besitzers nur maximal so viele Antwortmöglichkeiten enthalten, wie er Farben definiert hat.
- In Verbindung mit der zuvor gespeicherten Variablen *besID* erzeugen Sie Farbeinträge für die Farben (Rot, Grün, Blau und Schwarz):

  ```
  INSERT INTO voFarbe VALUES
   (@besID, 1, 255, 0, 0),
   (@besID, 2, 0, 255, 0),
   (@besID, 3, 0, 0, 255),
   (@besID, 4, 0, 0, 0);
  ```

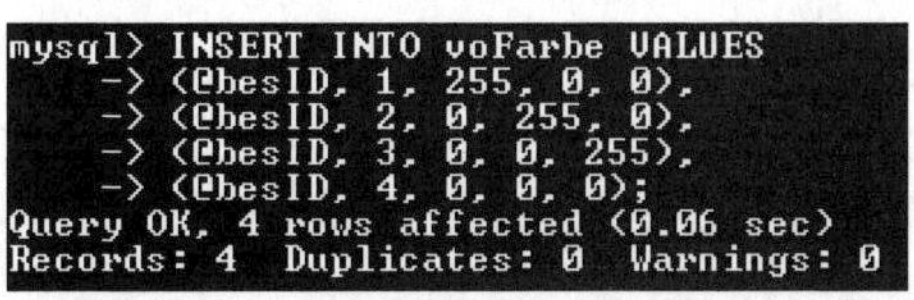

Abb. 6.15: Einfügen von vier Datensätzen in die Tabelle voFarbe

Tabelle voVoten und voAntworten

Nachdem der Benutzer seine Einstellungen vorgenommen hat, kann er Voten erzeugen. Hierbei stehen die Tabellen *voVoten* und *voAntworten* im Blickpunkt des Geschehens.

Wie im wirklichen Leben: Sie denken sich zunächst die Frage aus, bevor Sie über mögliche Antworten nachdenken.

```
voVoten (votenID INT NOT NULL AUTO_INCREMENT, BesitzerID INT NOT NULL,
Frage VARCHAR(200) NOT NULL, Von DATE NOT NULL, BIS DATE NOT NULL, PRI-
MARY KEY (votenID))
```

Anhand der Tabellendefinition erkennen Sie, dass das Attribute *votenID* den Zusatz `AUTO_INCREMENT` besitzt, so dass MySQL diesem Attribut einen automatischen Wert zuweist.

- **VotenID**: Autowert
- **BesitzerID**: @besID
- **Frage**: Wie viel Zeit verbringen Sie im Internet?
- **Von**: 01.08.2001
- **Bis**: 01.12.2001

Mit diesem Befehl erzeugen Sie einen Datensatz für dieses Votum:

```
INSERT INTO voVoten VALUES
  (NULL, @besID, 'Wieviel Zeit verbringen Sie im Internet?', '2001-08-
01', '2001-12-01');
```

Abb. 6.16: Einfügen eines Datensatzes in die Tabelle voVoten

Ebenso wie nach dem Anlegen eines Besitzers fragen Sie nach dem Autowert mit `LAST_INSERT_ID()`:

```
SELECT @voID := LAST_INSERT_ID();
```

Mit Hilfe der Variablen *voID*, die MySQL beim Ausführen dieser Anweisung erzeugt, füllen wir die Tabelle *voAntworten* mit Daten.

```
voAntworten (votenID INT NOT NULL, AntwortNr TINYINT NOT NULL, Antwort
VARCHAR(200) NOT NULL, PRIMARY KEY (votenID, AntwortNr))
```

Dieses Votum soll vier Antwortmöglichkeiten erhalten, nämlich:

1. **Antwort**: In der Regel täglich – meist mehr als zwei Stunden.
2. **Antwort**: Etwa jeden zweiten Tag.
3. **Antwort**: Ein bis zweimal in der Woche.
4. **Antwort**: Selten, eher unregelmäßig.

Dazu dienen Ihnen diese SQL-Befehle:

```
INSERT INTO voAntworten VALUES
(@voID, 1, 'In der Regel täglich - meist mehr als zwei Stunden.'),
(@voID, 2, 'Etwa jeden zweiten Tag.'),
(@voID, 3, 'Ein bis zweimal in der Woche.'),
(@voID, 4, 'Selten, eher unregelmäßig.');
```

```
mysql> SELECT @voID := LAST_INSERT_ID();
+-----------------------+
| @voID := LAST_INSERT_ID() |
+-----------------------+
|                     1 |
+-----------------------+
1 row in set (0.00 sec)

mysql> INSERT INTO voAntworten VALUES
    -> (@voID, 1, 'In der Regel täglich - meist mehr als zwei Stunden'),
    -> (@voID, 2, 'Etwa jeden zweiten Tag.'),
    -> (@voID, 3, 'Ein bis zweimal in der Woche.'),
    -> (@voID, 4, 'Selten, eher unregelmäßig.');
Query OK, 4 rows affected (0.06 sec)
Records: 4  Duplicates: 0  Warnings: 0
```

Abb. 6.17: Hinzufügen der Antworten in die Tabelle voAntworten

Tabelle voWahl

Wie viele Besucher letztendlich abstimmen, hängt natürlich davon ab, ob Ihre Fragen interessant genug sind. Die technischen Voraussetzungen sind getroffen.

```
voWahl (votenID INT NOT NULL, AntwortNr TINYINT NOT NULL, IPAdresse
CHAR(35) NOT NULL, Zeit DATETIME NOT NULL, PRIMARY KEY (votenID,
AntwortNr, IPAdresse, Zeit))
```

Die Wahl findet natürlich unabhängig vom Erstellungsprozess ab. Eine gewisse Logik wird der Wähler auf jeden Fall einhalten.

1. Er wird ein Votum auswählen (-> Variable @voID).
2. Er wird sich die Antworten durchlesen und sich für eine Antwort entscheiden (-> Variable @AntNr).
3. Wenn er im Internet surft, hat er eine IP-Adresse (-> Variable @ip).
4. Die Wahl findet zu einem bestimmten Zeitpunkt statt, den die MySQL-Funktion `NOW()` ermittelt.

Mit Hilfe dieser Daten nehmen Sie zum Zeitpunkt der Wahl einen Eintrag in der Tabelle *voWahl* vor:

```
INSERT INTO voWahl VALUES (@voID, @AntNr, @ip, NOW());
```

```
mysql> INSERT INTO voWahl VALUES
    -> (@voID, 1, '127.0.0.1', NOW());
Query OK, 1 row affected (0.06 sec)
```

Abb. 6.18: Ein Besucher wählt Antwort #1 des ausgewählten Votums

6.6 Daten aus Tabellen abfragen

In Ihren Tabellen sind bereits Daten enthalten. In diesem Abschnitt lernen Sie, wie Sie diese Daten ganz oder teilweise aus Ihren Tabellen wieder herausbekommen. Die Abfragesyntax ist sehr vielschichtig.

6.6.1 Einfache Abfragen

Das Schlagwort heißt `SELECT` (= auswählen). Dieser SQL-Befehl kommt ausschließlich zum Abfragen von Tabellen zur Anwendung.

Eine einfache Syntax sieht so aus:

```
SELECT Ausdruck1 [,Ausdruck2, ...] FROM tbl_name;
```

In den meisten Fällen stehen für *Ausdruck* ein oder mehrere Spaltennamen (durch Kommata getrennt).

BEISPIEL

So fragen Sie die Attribute *Frage* und *Von* der Tabelle *voVoten* ab:

```
SELECT Frage,Von FROM voVoten;
```

Abb. 6.19: SELECT Frage, Von FROM voVoten;

```
mysql> SELECT Frage,Von FROM voVoten;
+----------------------------------------+------------+
| Frage                                  | Von        |
+----------------------------------------+------------+
| Wieviel Zeit verbringen Sie im Internet? | 2001-08-01 |
+----------------------------------------+------------+
1 row in set (0.02 sec)
```

So fragen Sie alle Attribute der Tabelle *Besitzer* ab:

```
SELECT * FROM voBesitzer;
```

*Abb. 60: SELECT * FROM voBesitzer;*

```
mysql> SELECT * FROM voBesitzer;
+------------+-------------+-------+----------+---------------------+
| besitzerID | Name        | Login | Passwort | EMail               |
+------------+-------------+-------+----------+---------------------+
|          2 | Sven Letzel | root  | geheim   | sven@mogelpower.de  |
+------------+-------------+-------+----------+---------------------+
1 row in set (0.02 sec)
```

Diese SQL-Befehle tippen Sie entweder in *MySQL-Monitor* oder *phpMyAdmin* ein. Beide zeigen die Anzahl der ausgewählten Datensätze an, MySQL-Monitor zusätzlich die benötigte Zeit, um die Daten auszuwählen.

Abb. 6.21: Anzeige des Tabelleninhalts mit phpMyAdmin

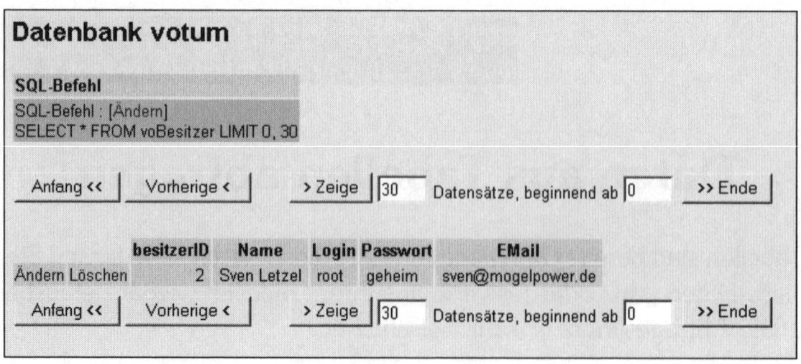

6.6.2 Operanden und Funktionen

Beziehen sich alle Elemente in *Ausdruck* nicht auf Tabellen, kann `FROM tbl_name` entfallen. Ein Anwendungsbeispiel haben Sie bereits in Abschnitt 6.5.4 kennen gelernt:

```
SELECT LAST_INSERT_ID();
```

`LAST_INSERT_ID()` ist eine in *MySQL* eingebaute Funktion, die den zuletzt in der bestehenden Verbindung eingefügten Autowert (`AUTO_INCREMENT`) zurückliefert. Es existieren zahlreiche andere Funktionen, die Sie in den folgenden Abschnitten kennen lernen werden.

Für *Ausdruck* sind aber auch elementare Operatoren und Operanden möglich, die ebenfalls in Verbindung mit Attributen stehen können:

```
SELECT 1,2,3;
SELECT 1+1,2+2,3+3;
SELECT 'Sven';
```

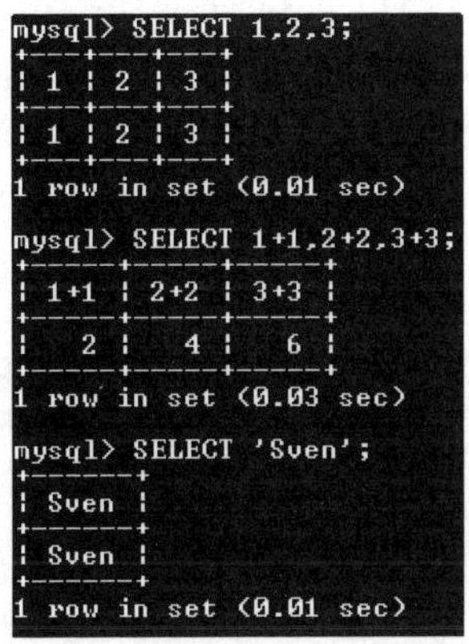

```
mysql> SELECT 1,2,3;
+---+---+---+
| 1 | 2 | 3 |
+---+---+---+
| 1 | 2 | 3 |
+---+---+---+
1 row in set (0.01 sec)

mysql> SELECT 1+1,2+2,3+3;
+-----+-----+-----+
| 1+1 | 2+2 | 3+3 |
+-----+-----+-----+
|   2 |   4 |   6 |
+-----+-----+-----+
1 row in set (0.03 sec)

mysql> SELECT 'Sven';
+------+
| Sven |
+------+
| Sven |
+------+
1 row in set (0.01 sec)
```

Abb. 6.22: Bildschirmausgabe des Beispiels

In Tabelle 6.13 finden Sie verschiedene Operationen, die Sie auf Ihre Operanden anwenden können. In der Regel hält sich *MySQL* an die mathematische Rangfolge.

Tabelle 6.13: Eine Auswahl möglicher Operanden in MySQL

Operation	**Beschreibung**
+, –, *, /, %	Addition, Subtraktion, Multiplikation, Division, Modulus
&, |, ~	Bitweise AND, OR und NOT
<<, >>	Bitverschiebung nach links bzw. rechts
`AND (&&), OR (||), NOT (!)`	Logisches UND, ODER und NOT

Operation	Beschreibung
`>, <, >=, <=, =, <> (!=)`	Vergleichsoperatoren: Größer als, Kleiner als, Größer oder gleich, Kleiner oder gleich, Gleich, Ungleich
`IS NULL, IS NOT NULL`	Test auf NULL oder NICHT NULL
Wert `BETWEEN` Wert1 `AND` Wert2	Ist *Wert* zwischen *Wert1* und *Wert2*
Wert `IN` (Wert1, Wert2, ...)	Ist *Wert* Bestandteil der Liste (Wert1, Wert2, ...)

6.6.3 Einschränken der Ergebnismenge

Ziel einer Abfrage ist es in den meisten Fällen, nur einzelne Daten aus allen Datensätzen abzufragen. Dazu verwenden Sie das Schlüsselwort `WHERE` in Verbindung mit folgender Syntax:

```
SELECT Ausdruck FROM tbl_name WHERE Bedingung;
```

Hinter `Bedingung` verbergen sich eine oder mehrere Bedingungen, die einen Wahrheitswert liefern. Liefert ein Ausdruck hinter `WHERE` keinen direkten Wahrheitswert, so gilt der Ausdruck als `FALSCH` (`FALSE`), wenn er mit `0` oder `NULL` identisch ist, sonst als `WAHR` (`TRUE`).

Wenn *MySQL* die Abfrage ausführt, wird jeder Datensatz mit der `WHERE`-Bedingung verglichen. Nur wenn die Bedingung `WAHR` ist, wird der Datensatz in die Ergebnismenge aufgenommen. Mit Hilfe eines geeigneten Index findet *MySQL* zutreffende Datensätze schneller.

BEISPIEL

Abfrage aller Antworten, die zum Votum mit der ID 1 gehören:

```
SELECT Antwort FROM voAntworten WHERE votenID=1;
```

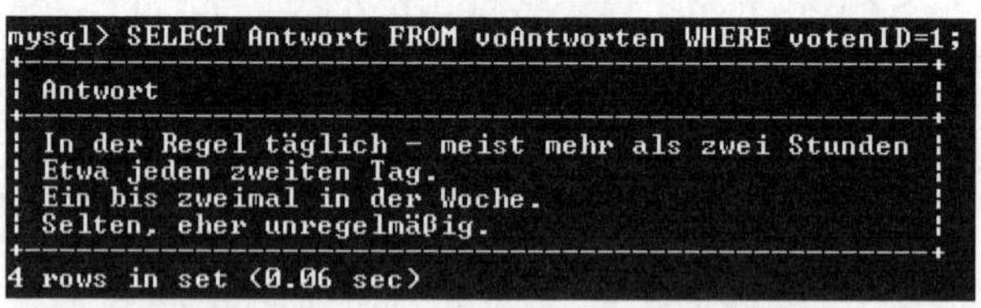

Abb. 6.23: SELECT Antwort FROM voAntworten WHERE votenID=1;

Abfrage aller Voten, die heute gültig sind und dem Besitzer mit der ID 2 gehören. Hier liefert die Funktion `NOW()` das aktuelle Systemdatum und die aktuelle Systemzeit, was mit den Spalten *Von* und *Bis* verglichen wird.

```
SELECT Frage FROM voVoten WHERE besitzerID=2 AND NOW() BETWEEN Von
AND Bis;
```

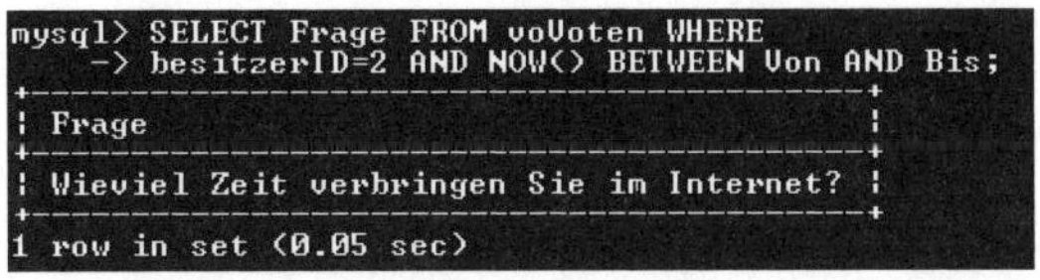

```
mysql> SELECT Frage FROM voVoten WHERE
    -> besitzerID=2 AND NOW() BETWEEN Von AND Bis;
+------------------------------------------+
| Frage                                    |
+------------------------------------------+
| Wieviel Zeit verbringen Sie im Internet? |
+------------------------------------------+
1 row in set (0.05 sec)
```

Abb. 6.24: SELECT Frage FROM voVoten WHERE besitzerID=2 AND NOW() BETWEEN Von AND Bis;

Diese Anweisung findet alle Login-Namen der Tabelle *voBesitzer*:

```
SELECT Login from voBESITZER WHERE 1;
```

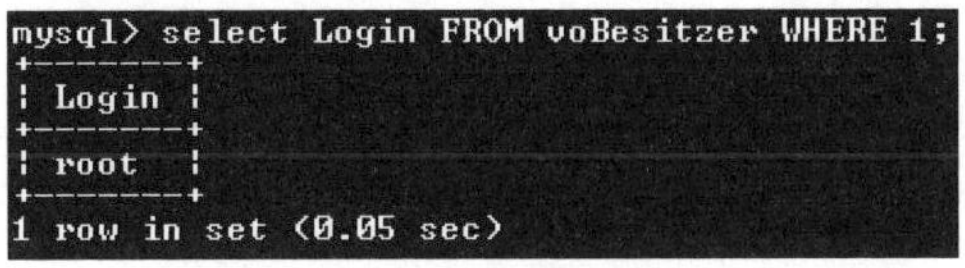

```
mysql> select Login FROM voBesitzer WHERE 1;
+-------+
| Login |
+-------+
| root  |
+-------+
1 row in set (0.05 sec)
```

Abb. 6.25: SELECT Login from voBESITZER WHERE 1;

Besonderheiten beim Vergleich von Zeichenketten

Sie können Zeichenketten ebenso mit den Operatoren =, < usw. vergleichen, nur finden die Vergleiche nach anderen Regeln statt. Groß- und Kleinschreibung wird nur unterschieden, wenn der Zeichenkettentyp den Zusatz `BINARY` hat oder es sich um einen `BLOB`-Typ handelt.

Mit dem Operator `LIKE` fragen Sie ähnliche Zeichenketten ab. Beim Vergleich steht das `%`-Zeichen für eine beliebige Anzahl passender Zeichen, das Zeichen _ (Unterstrich) verwenden Sie für ein passendes Zeichen.

Zeige alle Besitzer, deren E-Mail-Adresse ein ».de« enthält:

```
SELECT * from voBesitzer WHERE email LIKE '%.de';
```

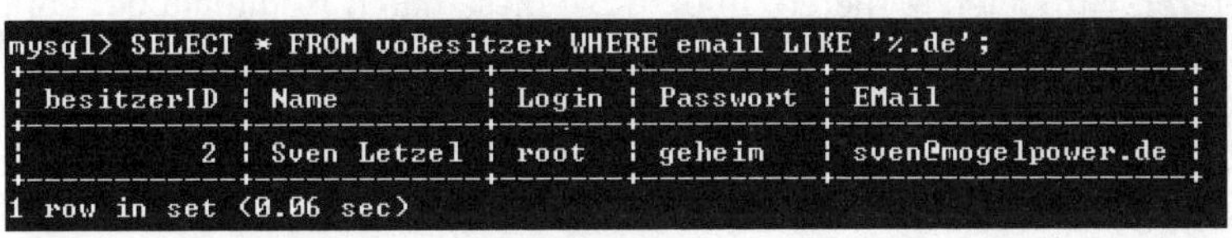

```
mysql> SELECT * FROM voBesitzer WHERE email LIKE '%.de';
+------------+-------------+-------+----------+---------------------+
| besitzerID | Name        | Login | Passwort | EMail               |
+------------+-------------+-------+----------+---------------------+
|          2 | Sven Letzel | root  | geheim   | sven@mogelpower.de  |
+------------+-------------+-------+----------+---------------------+
1 row in set (0.06 sec)
```

*Abb. 6.26: SELECT * from voBesitzer WHERE email LIKE '%.de';*

Die Umkehrung von `LIKE` ist `NOT LIKE`.

BEISPIEL

Zeige alle Besitzer, deren E-Mail-Adresse kein ».de« enthält:

```
SELECT * from voBesitzer WHERE email NOT LIKE '%.de';
```

Sie können bei Zeichenkettenvergleichen durch den Zusatz BINARY erzwingen, dass Groß- und Kleinschreibung unterschieden wird.

BEISPIEL

Finde den Besitzer 'root', aber nicht 'ROOT'.

```
SELECT * from voBesitzer WHERE BINARY login = 'root';
```

HINWEIS

Um die Zeichen % und _ in einer Zeichenkette abzufragen, verwenden Sie \% beziehungsweise _, für den Backslash \\.

6.6.4 Sortieren der Ergebnismenge

Auch wenn Sie Datensätze der Reihe nach in die Tabelle einfügen, ist im Allgemeinen nicht sichergestellt, dass eine SELECT-Anfrage diese Datensätze auch in dieser Reihenfolge wieder ausgibt. Ebenso besteht oft der Wunsch, wahlweise nach verschiedenen Attributen zu sortieren – mal aufsteigend, mal absteigend.

Die Sortierung der Datensätze erfolgt mit dem Befehl ORDER BY nach folgender Syntax:

```
SELECT Ausdruck FROM tbl_name [WHERE Bedingung ] ORDER BY Attribut;
```

Für Attribut setzen Sie einen Spaltennamen ein. Sie können auch nach mehreren Attributen sortieren, in dem Sie diese durch Kommata getrennt angeben. Sortiert wird in der Rangfolge von links nach rechts.

Die Sortierung erfolgt aufwärts, wenn Sie dem Attribut den Zusatz ASC geben (Standardeinstellung). Geben Sie DESC an, um abwärts zu sortieren.

BEISPIEL

Ausgabe der Votenfragen des Besitzers mit der ID 1 in der Reihenfolge ihres Beginndatums, das neueste aber zuerst:

```
SELECT frage FROM voVoten WHERE besitzerID=1 ORDER BY Von DESC;
```

Ausgabe der Votumantworten sortiert nach VotenID und AntwortNr:

```
SELECT antwort FROM voAntworten ORDER BY votenID, AntwortNr;
```

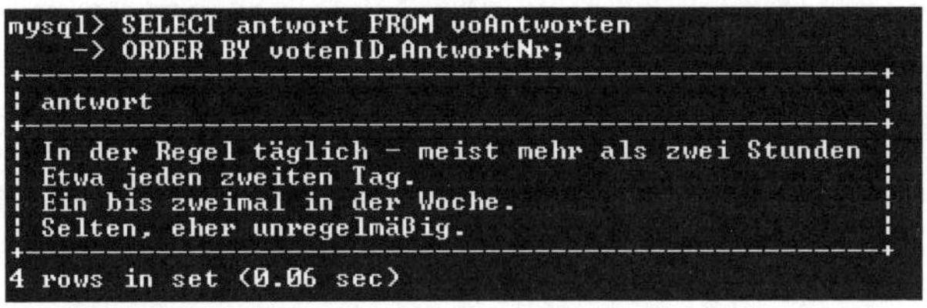

```
mysql> SELECT antwort FROM voAntworten
    -> ORDER BY votenID,AntwortNr;
+----------------------------------------------------+
| antwort                                            |
+----------------------------------------------------+
| In der Regel täglich - meist mehr als zwei Stunden |
| Etwa jeden zweiten Tag.                            |
| Ein bis zweimal in der Woche.                      |
| Selten, eher unregelmäßig.                         |
+----------------------------------------------------+
4 rows in set (0.06 sec)
```

Abb. 6.27: SELECT antwort FROM voAntworten ORDER BY votumID, AntwortNr;

6.6.5 Beschränken der Ergebnismenge

Mit Hilfe des Befehls `LIMIT` schränken Sie die Ergebnisdatenmenge ein. `LIMIT` wirkt sich erst aus, nachdem die `WHERE`-Bedingung und die `ORDER`-Bedingung abgearbeitet wurden.

Syntax:

```
SELECT Ausdruck FROM tbl_name [WHERE Bedingung] [ORDER BY Spalte] LIMIT
[Start, ] Anzahl;
```

Hinter dem Schlüsselwort `LIMIT` folgen zwei Werte. Der erste Wert enthält den Startdatensatz. Dieser Wert kann entfallen. Der zweite Wert enthält die Anzahl der zu selektierenden Datensätze. Der erste Datensatz hat die Nummer 0.

Zeige den zuletzt angemeldeten Besitzer aus der Tabelle *voBesitzer* (absteigende Sortierung und Limitieren auf einen Datensatz):

```
SELECT * FROM voBesitzer ORDER BY besitzerID DESC LIMIT 1;
```

```
mysql> SELECT * FROM voBesitzer
    -> ORDER BY besitzerID DESC LIMIT 1;
+------------+-------------+-------+----------+-----------------------+
| besitzerID | Name        | Login | Passwort | EMail                 |
+------------+-------------+-------+----------+-----------------------+
|          2 | Sven Letzel | root  | geheim   | sven@mogelpower.de    |
+------------+-------------+-------+----------+-----------------------+
1 row in set (0.06 sec)
```

*Abb. 6.28: SELECT * FROM voBesitzer ORDER BY besitzerID DESC LIMIT 1;*

Zeige die dritte bis siebte Frage der Voten, die nach dem 01.08.2001 beginnen. Das bedeutet fünf Datensätze ab Nummer 2:

```
SELECT frage FROM voVoten WHERE Von > '2001-08-01' LIMIT 2,5;
```

6.6.6 Mathematische Funktionen

Mit Hilfe mathematischer Funktionen führen Sie mit Attributen Berechnungen durch. Mathematische Funktionen wenden Sie im Idealfall auf ein numerisches Attribut an. Andernfalls versucht *MySQL*, das Attribut in einen numerischen Wert umzuwandeln.

Mathematische Funktionen (und auch andere MySQL-Funktionen) können Sie sowohl im Selektionsausdruck als auch im WHERE-Teil verwenden. Des Weiteren sind derartige Funktionen auch in Einfüge- und Update-Operationen anwendbar.

Tabelle 6.14: Verschiedene mathematische Funktionen von MySQL

Funktion	**Bedeutung**
ABS (Wert)	Berechnet den Absolutbetrag.
SIGN (Wert)	Liefert –1, wenn Wert negativ ist; 1 wenn positiv; sonst 0.
FLOOR (Wert)	Liefert die nächstkleinere Ganzzahl der Fließkommanzahl Wert.
CEILING (Wert)	Liefert die nächstgrößere Ganzzahl der Fließkommanzahl Wert.
ROUND (Wert, Stelle)	Rundet Wert auf in *Stelle* angegebene Anzahl an Stellen nach dem Komma. Ist *Stelle* gleich 0 oder wird *Stelle* weggelassen, erfolgt die Rundung auf eine Ganzzahl.
EXP (Wert)	Berechnet die e-Funktion von Wert.
LOG (Wert)	Berechnet den natürliche Logarithmus von Wert (Umkehrung der e-Funktion).
LOG10 (Wert)	Berechnet den Logarithmus zur Basis 10.
SIN (Wert), COS (Wert), TAN (Wert), COT (Wert)	Winkelfunktionen.
ASIN (Wert), ACOS (Wert), ATAN (Wert)	Umkehrung der Winkelfunktionen.
PI ()	Die Zahl Pi (3.1415...).
RAND ()	Liefert eine Zufallszahl von 0 .. 1.
DEGREES (Wert) RADIANS (Wert)	Konvertierung zwischen Radiant und Grad.
TRUNCATE (Wert, Stelle)	Schneidet die Fließkommazahl an *Stelle* nach dem Komma ab.

Einen zufälligen Datensatz aus der Tabelle *voAntworten* des Votums mit der ID 1

```
SELECT * FROM voAntworten WHERE votenID=1 ORDER BY RAND() LIMIT 1;
```

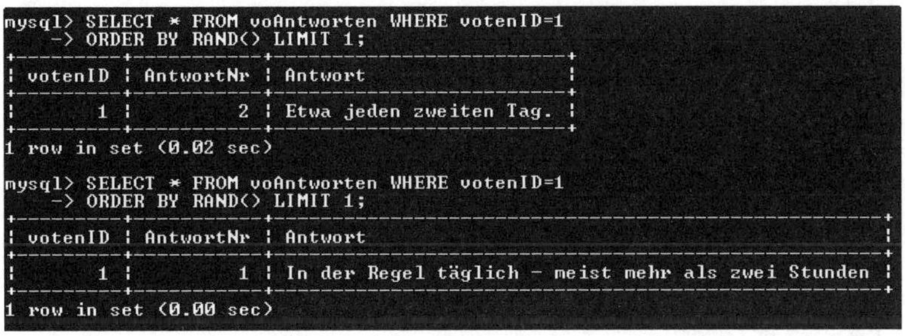

```
mysql> SELECT * FROM voAntworten WHERE votenID=1
    -> ORDER BY RAND() LIMIT 1;
+---------+-----------+---------------------------+
| votenID | AntwortNr | Antwort                   |
+---------+-----------+---------------------------+
|       1 |         2 | Etwa jeden zweiten Tag.   |
+---------+-----------+---------------------------+
1 row in set (0.02 sec)

mysql> SELECT * FROM voAntworten WHERE votenID=1
    -> ORDER BY RAND() LIMIT 1;
+---------+-----------+-----------------------------------------------+
| votenID | AntwortNr | Antwort                                       |
+---------+-----------+-----------------------------------------------+
|       1 |         1 | In der Regel täglich - meist mehr als zwei Stunden |
+---------+-----------+-----------------------------------------------+
1 row in set (0.00 sec)
```

*Abb. 6.29: Zweimal: SELECT * FROM voAntworten WHERE votenID=1 ORDER BY RAND() LIMIT 1;*

Ausgabe von Artikelname, Preis und Preis in Euro einer Tabelle *Artikel*:

```
SELECT ArtikelName, Preis, ROUND(Preis/1.95583, 2) FROM Artikel;
```

6.6.7 Zeichenketten-Funktionen

Während mathematische Funktionen auf numerische Attribute anzuwenden sind, eignet sich diese Funktionsgruppe für Zeichenketten-Attribute. In Tabelle 6.15 finden Sie einen Überblick über wichtige Zeichenketten-Funktionen.

Tabelle 6.15: Eine Auswahl aus den zahlreichen MySQL-Zeichenketten-Funktionen

Funktion	**Bedeutung**
ASCII(Wert)	Liefert die Nummer in der ASCII-Tabelle des ersten Zeichens der Zeichenkette Wert.
BIN (Wert) OCT (Wert) HEX (Wert)	Darstellung des numerischen Werts im binären, Oktal- oder Hexadezimalsystem.
CONCAT (Wert1, Wert2, ...)	Verbindet die Zeichenketten Wert1, Wert2, ... zu einer Zeichenkette. Der Rückgabewert ist NULL, wenn ein Argument den Wert NULL besitzt.
CONCAT_WS (Verbinder, Wert1, Wert2, ...)	Verbindet wie CONCAT, aber mit Hinzufügen der Zeichenkette in Verbinder
LOCATE (SubWert, Wert, Pos)	Sucht SubWert in Wert, beginnt an der Position Pos und liefert die Stelle zurück.
SUBSTRING (Wert, Beginn, Anzahl)	Liefert aus der Zeichenkette Wert von Beginn an Anzahl Zeichen. Wird Anzahl weggelassen, werden alle Zeichen ab Beginn zurückgeliefert

Funktion	Bedeutung
LEFT(Wert, Anzahl) RIGHT (Wert, Anzahl)	Liefert Anzahl Zeichen von links/rechts.
LTRIM (Wert) RTRIM (Wert) TRIM (Wert)	Entfernt Leerzeichen links/rechts/links und rechts.
LPAD (Wert, Len, Ein) RPAD (Wert, Len, Ein)	Ergänzt die Zeichenkette *Wert* links/rechts mit der Zeichenkette *Ein*, bis sie *Len* Zeichen lang ist.
REPLACE (Wert, Von, Nach)	Ersetzt in Wert die Zeichenkette Von durch Nach.
REVERSE (Wert)	Liefert die umgekehrte Zeichenkette.
LCASE (Wert) oder LOWER (Wert) UCASE (Wert) oder UPPER (Wert)	Wandelt die Zeichenkette in Kleinbuchstaben (Großbuchstaben) um.

Ausgabe der E-Mail-Adressen aus der Tabelle *voBesitzer*, aber immer in Kleinbuchstaben.

```
SELECT LCASE(EMail) FROM voBesitzer;
```

Die Farben des Besitzers 1 sollten sortiert nach der Farbnummer als HTML-Code ausgegeben werten. Ein HTML-Code beginnt mit #, es folgen der Rot-, Grün- und Blauwert als Hexadezimalzahl.

```
SELECT CONCAT ('#', LPAD(HEX(Rot), 2, '0'), LPAD(HEX(Gruen), 2,
'0'), LPAD(HEX(Blau), 2, '0')) AS
HTML FROM voFarbe WHERE besitzerID = 1 ORDER BY FarbNr;
```

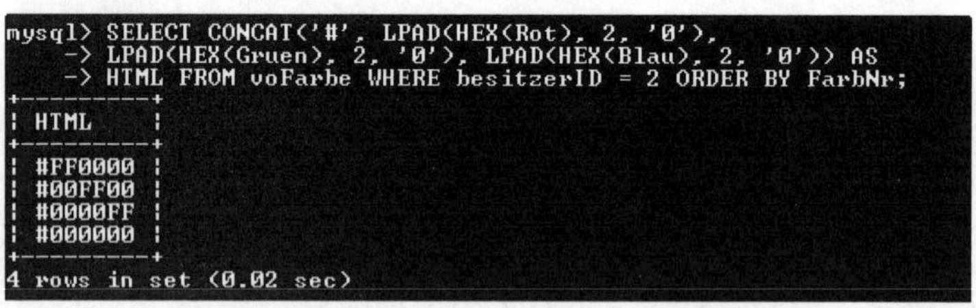

Abb. 6.30: SELECT CONCAT ('#', LPAD(HEX(Rot), 2, '0'), LPAD(HEX(Gruen), 2, '0'), LPAD(HEX(Blau), 2, '0')) AS HTML FROM voFarbe WHERE besitzerID = 1 ORDER BY FarbNr;

6.6.8 Funktionen für Datum und Zeit

Eine besondere Herausforderung beim Programmieren in Hochsprachen ist die Kalenderrechnung. Bereits einfache Funktionen verursachen viel Programmieraufwand. Ein Beispiel ist Funktion, die ermittelt, dem wievielten Tag eines Jahres ein vorgegebenes Datum entspricht – unter Berücksichtigung des Schalttages. *MySQL* (siehe Tabelle 6.16) bietet eine hervorragende Unterstützung mit Datums- und Zeitfunktionen, womit sich Kalenderrechnung mit Leichtigkeit bewältigen lässt.

Tabelle 6.16: Überblick über die Datums- und Zeitfunktionen

Funktion	**Bedeutung**
DAYOFWEEK (date)	Ermittelt Wochentag: Sonntag=0, Montag=1, ...
WEEKDAY (date)	wie oben, aber: Montag=0, Dienstag=1, ...
DAYOFMONTH (date)	Tag des Monats: 1..31
DAYOFYEAR (date)	Tag des Jahres: 1..366
MONTH (date)	Monat des Jahres: 1..12
DAYNAME (date)	Tagname: Monday, Tuesday, ...
MONTHNAME (date)	Monatsname: January, February, ...
QUARTER (date)	Quartal: 1..4
WEEK (date)	Kalenderwoche für Sonntag=Wochenbeginn: 0..53
WEEK (date, 1)	wie oben, aber: Montag=Wochenbeginn
YEAR (date)	Jahreszahl aus dem Jahr
HOUR (Zeit) MINUTE (Zeit) SECOND (Zeit)	Ermittelt aus Zeit: Stunde (0..23), Minute (0..59) oder Sekunde (0..59)
TO_DAYS (Datum) FROM_DAYS (Zahl)	Wandelt ein Datum in einen absoluten Tag seit dem Jahr 0 um bzw. umgekehrt
CURRENT_DATE() CURRENT_TIME() NOW()	Liefert das aktuelle Datum, die aktuelle Zeit oder beides (NOW)
UNIX_TIMESTAMP (Datum/Zeit)	Liefert den Unix-Zeitstempel (Anzahl der Sekunden seit 01.01.1970) von Datum/Zeit oder von jetzt, wenn Datum nicht angegeben wird
FROM_UNIXTIME	Liefert ein Datum-/Zeit-Objekt aus einem Unix-Zeitstempel

Abfrage der *Fragen* aller Voten, die in den vergangenen 14 Tagen beendet wurden. Wir verwenden die Funktion `TO_DAYS()`, die ein Datum in eine absolute Tageszahl umwandelt. Mit einem Vergleich des heutigen Datums `NOW()` und der Spalte wird die Bedingung erfüllt.

```
SELECT frage FROM voVoten WHERE Bis < NOW() AND TO_DAYS(NOW()) - TO_DAYS
(Bis) <= 14;
```

Formatierte Ausgabe von Datum und Zeit

Gibt man in einem `SELECT`-Befehl ein Datum- oder Zeitattribut direkt an, erfolgt die Ausgabe von Datum und Zeit in einem unschönen Format (Abbildung 6.31).

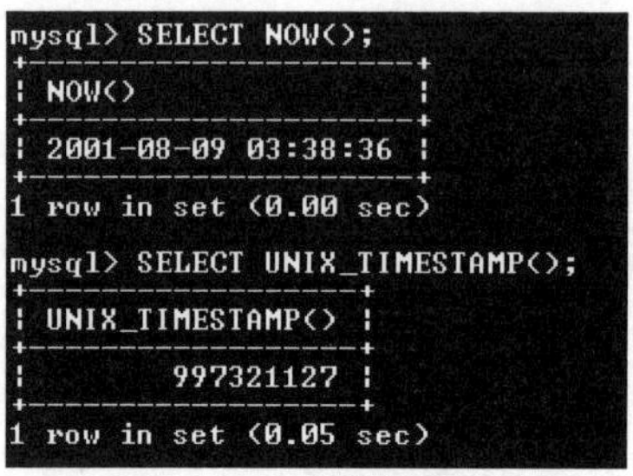

Abb. 6.31: Ausgabe von Datum und Zeit

Während die Funktion `NOW()` noch ein lesbares Format liefert, lassen die `TIMESTAMP`-Sekunden nicht einmal ungefähr ahnen, um welche Zeit es sich handelt.

Mit Hilfe der Funktion `DATE_FORMAT()` steht Ihnen eine Funktion zur Verfügung, die Datum und Zeit so ausgibt, wie Sie es wünschen.

```
DATE_FORMAT (datetime, 'Formatangabe')
```

Die Funktion erhält als ersten Parameter ein Datum-/Zeitobjekt. Es ist egal, ob das ein Datum, eine Zeit oder ein Zeitstempel ist. Der zweite Parameter ist eine Formatangabe, die spezielle Formatzeichen enthält, wie das Datum auszugeben ist. Einen Überblick über die Formatierzeichen gibt Ihnen Tabelle 6.17.

Formatangabe	Bedeutung
`%M`	Name des Monats: January, February, ...
`%W`	Name des Wochentags: Monday, Tuesday, ...
`%D`	Tag des Monats mit englischem Suffix: 1st, 2nd, 3rd, ...
`%Y`	vierstellige Jahreszahl
`%y`	zweistellige Jahreszahl
`%a`	Kurzform des Wochentags: Sun, Mon, ...
`%d`	Tag im Monat: 00..31
`%e`	Tag im Monat: 0..31
`%m`	Monat: 01..12
`%c`	Monat: 1..12
`%b`	Kurzform des Monats: Jan, Feb, ...
`%j`	Tag im Jahr: 001..366
`%H`	Stunde: 00..23
`%k`	Stunde: 0..23
`%h`	Stunde: 00..12
`%l`	Stunde: 1..12
`%i`	Minuten: 00..59
`%r`	Zeit im 12-Std.-Format
`%T`	Zeit im 24-Std.-Format
`%S` *oder* `%s`	Sekunden: 00..59
`%p`	AM oder PM
`%w`	Wochentag: 0=Sonntag, 1=Montag, ...
`%U`	Kalenderwoche (Wochenbeginn sonntags)
`%u`	Kalenderwoche (Wochenbeginn montags)
`%%`	Das Zeichen %
alle anderen Zeichen	werden übernommen

Tabelle 6.17: Formatierangaben für DATE_FORMAT()

Ausgabe von Datum und Zeit im deutschen Format:

```
SELECT DATE_FORMAT (NOW(), '%d.%m.%Y - %T');
```

gibt aus

```
09.08.2001 - 04:25:51
```

Sollen Datum und Zeit mit HTML-Auszeichnungen versehen werden, so dass Datum fett und Uhrzeit kursiv ausgedruckt werden, dann liefert

```
SELECT DATE_FORMAT(NOW(),'<b>%d.%m.%Y</b> - <i>%T</i>');
```

Die folgende Ausgabe:

```
<b>09.08.2001</b> - <i>04:27:50</i>
```

die in HTML so ausgedruckt wird: **09.08.2001** - *04:27:50*

Rechnen mit Datum und Zeit

MySQL stellt für Kalenderrechnung zwei leistungsstarke Funktionen bereit, die in der Syntax gleich sind, sich aber nur im Anwendungsfall unterscheiden. So dient `DATE_ADD()` dazu, um ein späteres Datum zu berechnen; im Gegensatz dazu berechnet `DATE_SUB()` ein früheres Datum. Als Synonyme können Sie `ADDDATE()` beziehungsweise `SUBDATE()` verwenden.

Syntax:

```
DATE_ADD (Datum, INTERVAL Ausdruck Typ)
DATE_SUB (Datum, INTERVAL Ausdruck Typ)
```

Für *Datum* setzen Sie ein gültiges Datum- oder Zeitobjekt ein. Welche Werte Sie für Ausdruck einsetzen, hängt vom Parameter Typ ab.

Tabelle 6.18: Beschreibung der Parameter von DATE_ADD und DATE_SUB

Typ	**Ausdruck**
SECOND	Sekunden (5 .. für 5 Sekunden)
MINUTE	Minuten (5 .. für 5 Minuten)
HOUR	Stunden (5 .. für 5 Stunden)
DAY	Tage (5 .. für 5 Tage)
MONTH	Monate (5 .. für 5 Monate)

Typ	Ausdruck
MINUTE_SECOND	Minuten:Sekunden (2:5 .. für 2 Minuten und 5 Sekunden)
HOUR_MINUTE	Stunden:Minuten (2:5 .. für 2 Stunden und 5 Minuten)
DAY_HOUR	Tage Stunden (2 5 .. für 2 Tage und 5 Stunden)
YEAR_MONTH	Jahre-Monate (2-5 .. für 2 Jahre und 5 Monate)
HOUR_SECOND	Stunden:Minuten:Sekunden (2:5:8 für 2 Stunden, 5 Minuten und 8 Sekunden)
DAY_MINUTE	Tage Stunden:Minuten (2 5:8 .. für 2 Tage, 5 Stunden und 8 Minuten)
DAY_SECOND	Tage Stunden:Minuten:Sekunden (2 5:8:11 .. für 2 Tage, 5 Stunden, 8 Minuten und 11 Sekunden)

Wann ist »in 150 Stunden«?

```
SELECT DATE_ADD(NOW(), INTERVAL 150 HOUR));
```

Ist das Jahr 2100 ein Schaltjahr? Aufgabe lässt sich lösen, indem das Ergebnis der Subtraktion eines Tages vom 01.03.2100 geprüft wird.

```
SELECT DAYOFMONTH(DATE_SUB('2100-03-01', INTERVAL 1 DAY))=29;
```

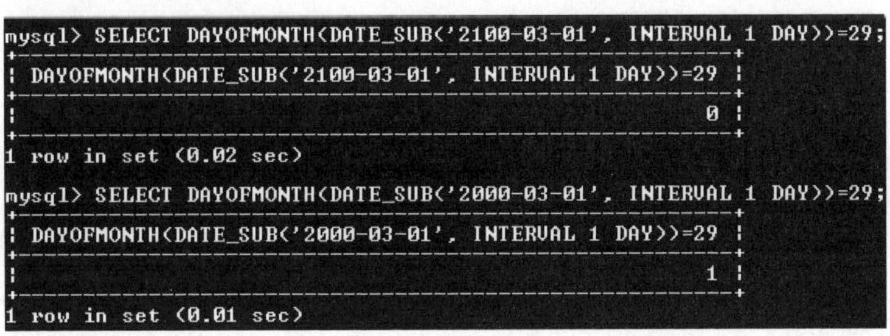

```
mysql> SELECT DAYOFMONTH(DATE_SUB('2100-03-01', INTERVAL 1 DAY))=29;
+------------------------------------------------------+
| DAYOFMONTH(DATE_SUB('2100-03-01', INTERVAL 1 DAY))=29 |
+------------------------------------------------------+
|                                                    0 |
+------------------------------------------------------+
1 row in set (0.02 sec)
mysql> SELECT DAYOFMONTH(DATE_SUB('2000-03-01', INTERVAL 1 DAY))=29;
+------------------------------------------------------+
| DAYOFMONTH(DATE_SUB('2000-03-01', INTERVAL 1 DAY))=29 |
+------------------------------------------------------+
|                                                    1 |
+------------------------------------------------------+
1 row in set (0.01 sec)
```

Abb. 6.32: Prüfen des Tages vor dem 01.03.2100 im Vergleich zu 2000

HINWEIS

Seit MySQL-Version 3.23 sind Addition und Subtraktion von Datum und Zeit auch vereinfacht mit + und - möglich, zum Beispiel:

```
SELECT NOW() + INTERVAL 150 HOUR;
```

um zu dem jetzigen Zeitpunkt 150 Stunden zu addieren.

6.6.9 Verschiedene Funktionen

MySQL verfügt über weitere Funktionen, die sich nicht auf einen konkreten Datentyp beziehen, mitunter aber wichtig sind.

- `SELECT DATABASE();`

  Gibt die aktuell ausgewählte Datenbank zurück.

- `SELECT USER();`

  Gibt den Benutzer der aktuellen Verbindung zurück.

- `SELECT PASSWORD(Ausdruck);`

  Verschlüsselt die Zeichenkette *Ausdruck*.

- `SELECT LAST_INSERT_ID();`

  Gibt den zuletzt erzeugten Autowert (Spalte mit `AUTO_INCREMENT`) der aktuellen Verbindung zurück.

- `SELECT VERSION();`

  Gibt die MySQL-Version zurück.

- `SELECT CONNECTION_ID();`

  Gibt die ID der aktuellen Verbindung zurück.

6.6.10 Aggregat-Funktionen und Gruppierung

Aggregat-Funktionen

In den vorangehenden Kapiteln wurden verschiedene MySQL-Funktionen besprochen, die zumeist die Aufgabe hatten, mit dem Wert eines Datensatzes eine Berechnung anzustellen. MySQL beherrscht außerdem Funktionen, die auf mehrere Datensätze angewendet werden und ein Ergebnis liefern. Solche Funktionen heißen Aggregat-Funktionen.

Tabelle 6.19: Aggregat-Funktionen von MySQL

Funktion	Bedeutung
COUNT(Ausdruck)	Gibt die Anzahl der Datensätze zurück, die in Ausdruck keinen NULL-Wert enthalten. Verwenden Sie * für Ausdruck, um auch NULL-Werte zu berücksichtigen.
AVG(Ausdruck)	Berechnet den Mittelwert.
MIN(Ausdruck) MAX(Ausdruck)	Liefert Minimum oder Maximum.
SUM(Ausdruck)	Addiert die Elemente von Ausdruck.
STD(Ausdruck) oder STDDEV(Ausdruck)	Berechnet die Standardabweichung.

Zählen aller Stimmen für das Votum mit VotenID 1

```
SELECT COUNT(*) FROM voWahl WHERE votenID=1;
```

Wann wurde die erste Stimme für das Votum mit VotenID 1 abgegeben?

```
SELECT MIN(ZEIT) FROM voWahl WHERE votenID=1;
```

Gruppierungen

Aggregat-Funktionen werden häufig in Verbindung mit der Gruppierung von Daten verwendet. Das bedeutet: Sie ordnen Datensätze aufgrund ihrer Eigenschaften in eine oder (meist) mehrere Gruppen. Eine Aggregat-Funktion berechnet nun in jeder Gruppe einen Wert bezüglich eines Attributs.

Eine Gruppierung erreichen Sie durch den Zusatz von `GROUP BY`.

```
SELECT Ausdruck FROM tbl_name [WHERE Bedingung] GROUP BY Spalte;
```

Sie setzen für Spalte ein numerisches Feld ein, nach dem gruppiert werden soll. Alle Datensätze, die den gleichen Attributwert dieses Feldes beinhalten, gehören zu einer Gruppe. `GROUP BY` erfordert in Ausdruck eine Aggregat-Funktion. Eine andere Spalte als die, nach der Sie gruppieren, können Sie nicht sinnvoll in Ausdruck anwenden, da dieses Attribut dann nicht eindeutig ist.

Zählen der Stimmen pro Antwort des Votums mit der VotenID 1

```
SELECT AntwortNr, COUNT(*) FROM voWahl
WHERE votenID=1 GROUP BY AntwortNr;
```

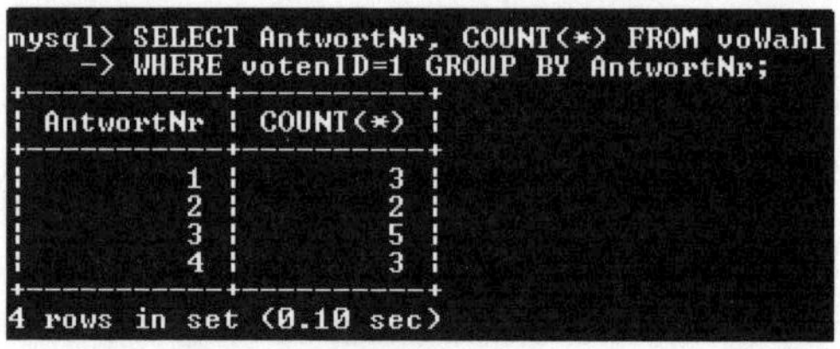

```
mysql> SELECT AntwortNr, COUNT(*) FROM voWahl
    -> WHERE votenID=1 GROUP BY AntwortNr;
+-----------+----------+
| AntwortNr | COUNT(*) |
+-----------+----------+
|         1 |        3 |
|         2 |        2 |
|         3 |        5 |
|         4 |        3 |
+-----------+----------+
4 rows in set (0.10 sec)
```

Abb. 6.33: Stimmenzahl gruppiert nach der Frage

Um die virtuelle Spalte `COUNT(*)` zu referenzieren, zum Beispiel, um nach ihr zu sortieren, erweist es sich als günstig, einen Alias zu erzeugen. Ein Alias ist ein Ersatzname für eine Spalte. Sie erzeugen ihn mit Hilfe von `Ausdruck AS Aliasname`.

Im vorherigen Beispiel sollen die Datensätze nach der Anzahl ihrer Stimmen sortiert werden. Dazu führen wir für die Spalte `COUNT(*)` den Alias *Stimmen* ein. Der SQL-Befehl sieht dann so aus:

```
SELECT AntwortNr, COUNT(*) AS Stimmen FROM voWahl
WHERE votenID=1 GROUP BY AntwortNr ORDER BY Stimmen;
```

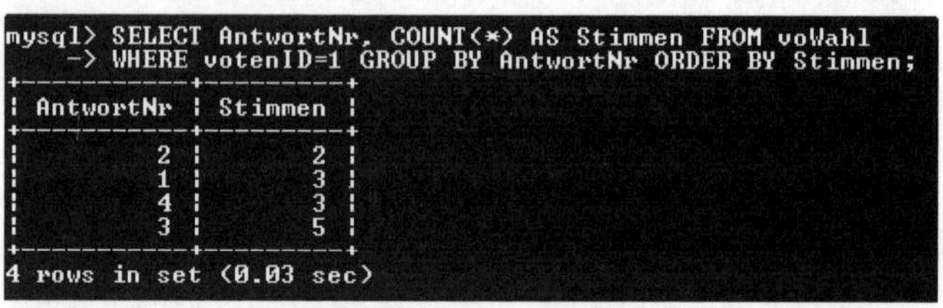

```
mysql> SELECT AntwortNr, COUNT(*) AS Stimmen FROM voWahl
    -> WHERE votenID=1 GROUP BY AntwortNr ORDER BY Stimmen;
+-----------+---------+
| AntwortNr | Stimmen |
+-----------+---------+
|         2 |       2 |
|         1 |       3 |
|         4 |       3 |
|         3 |       5 |
+-----------+---------+
4 rows in set (0.03 sec)
```

Abb. 6.34: Die Stimmen werden sortiert ausgegeben

Da der Spalte `COUNT(*)` der Alias *Stimmen* vergeben wurde, erscheint dieser Name jetzt auch im Tabellenkopf.

Wird es erforderlich, in Abhängigkeit von der Aggregat-Funktion zu selektieren, kann nicht die `WHERE`-Syntax verwendet werden. Dazu setzen Sie `HAVING` ein. `HAVING` folgt im Anschluss an `GROUP BY`.

Das Beispiel *Stimmen pro Frage* soll so erweitert werden, dass nur die Datensätze ausgegeben werden, die mehr als zwei Stimmen haben.

```
SELECT AntwortNr, COUNT(*) AS Stimmen FROM voWahl WHERE
votenID=1 GROUP BY AntwortNr HAVING Stimmen>2 ORDER BY Stimmen;
```

```
mysql> SELECT AntwortNr, COUNT(*) AS Stimmen FROM voWahl WHERE
    -> votenID=1 GROUP BY AntwortNr HAVING Stimmen>2 ORDER BY Stimmen;
+-----------+---------+
| AntwortNr | Stimmen |
+-----------+---------+
|         1 |       3 |
|         4 |       3 |
|         3 |       5 |
+-----------+---------+
3 rows in set (0.03 sec)
```

Abb. 6.35: Einschränkungen mit HAVING

Geben Sie alle Voten und die Gesamtzahl ihrer Stimmen aus; beginnen Sie mit der größten Stimmenzahl. Auch diese Aufgabe wird mit einer Gruppierung der Tabelle *voWahl* gelöst. Die Gruppierung erfolgt über *votenID*, als Aggregat-Funktion kommt ebenso `COUNT()` zum Einsatz.

```
SELECT votenID, COUNT(*) AS Stimmen FROM voWahl
GROUP BY votenID ORDER BY Stimmen DESC;
```

6.6.11 Verbinden von Tabellen

Das Datenbankdesign hatte zum Ziel, alle Entities und Relationships in eigene Relationen zu verfrachten, aus denen dann die Tabellen entstanden. Doch viele Tabellen hängen unmittelbar zusammen, bedingen sich gar teilweise gegenseitig.

Daten werden oft aus mehreren Tabellen in einer Einheit gesehen. In der Regel sollen Daten aus mehreren Tabellen gleichzeitig dargestellt werden. In SQL existieren für diesen Zweck Joins. Als Join wird eine virtuelle Verbindung verstanden, die selbst eine Relation ist, nur mit dem Unterschied, dass die Daten dieser Relation aus mindestens zwei verschiedenen Tabellen stammen. Die Zuordnung der richtigen Daten der einen Tabelle zur anderen regeln Primär- und Fremdschlüsselbeziehungen.

Um Tabellen in MySQL miteinander zu verbinden, gibt es viele Möglichkeiten. Betrachten wir die Beziehung zwischen den Tabellen *voBesitzer* und *voVotum*. Testweise haben beide Tabellen für unser Beispiel jeweils drei Datensätze. Wir betrachten nicht alle Attribute (vgl. Tabelle 6.20 und Tabelle 6.21)

Tabelle 6.20: Inhalt der Tabelle voBesitzer

besitzerID	Name	Email
2	Sven Letzel	sven@mogelpower.de
3	André Hoffmann	
4	Hans Mustermann	

Tabelle 6.21: Inhalt der Tabelle voVoten

votenID	BesitzerID
1	2
2	2
3	3

Anhand der Tabellen erkennen Sie, dass Besitzer 2 zwei Voten angelegt hat, Besitzer 3 eins. Besitzer 4 hat sich zwar registriert, aber noch kein Votum angelegt.

Aliasnamen für Tabellen

Wenn Sie mehrere Tabellen verbinden, kommt es gelegentlich vor, dass Attributnamen in zwei oder mehr Tabellen gleich sind. Das erfordert, dass diese Attributnamen durch Hinzufügen des Tabellennamens angesprochen werden. Hier können Sie sich Schreibarbeit ersparen, indem Sie für die Tabelle einen Alias (Ersatznamen) verwenden. Diesen Alias setzen Sie direkt hinter den Tabellennamen.

Ohne Alias:

```
SELECT voVoten.votenID FROM voVoten;
```

Unter Verwendung eines Alias mit dem Namen t1 (kurz für Tabelle 1):

```
SELECT t1.votenID FROM voVoten t1;
```

Hier ersparen Sie sich einiges an Schreibarbeit, vor allem, wenn Sie Attribute mehrfach benennen.

CROSS JOIN

Die einfachste Art, zwei Tabellen zu verbinden, ist der `CROSS JOIN`, auch Kreuz-Join oder karthesischer Join genannt. Dieser Join setzt alle Datensätze von Tabelle 1 mit allen Datensätzen von Tabelle 2 miteinander in Beziehung.

Da aber real nie alle Datensätze mit allen in Beziehung stehen, wird dieser Join eigentlich kaum benötigt.

```
SELECT name,email,t1.besitzerID,t2.besitzerID,votenID FROM voBesitzer
t1, voVoten t2;
```

Die Verbindung der Tabellen *voBesitzer* und *voVoten* erzeugt insgesamt neun Datensätze. Obwohl insbesondere Besitzer 4 gar keine Voten erzeugt hat, steht er mit ihnen in Beziehung, was gar nicht erwünscht ist (vgl. Abbildung 6.36)

```
mysql> SELECT name,email,t1.besitzerID,t2.besitzerID,votenID
    -> FROM voBesitzer t1, voVoten t2;
+-----------------+----------------------+------------+------------+---------+
| name            | email                | besitzerID | besitzerID | votenID |
+-----------------+----------------------+------------+------------+---------+
| Sven Letzel     | sven@mogelpower.de   |          2 |          2 |       1 |
| André Hoffman   |                      |          3 |          2 |       1 |
| Hans Mustermann |                      |          4 |          2 |       1 |
| Sven Letzel     | sven@mogelpower.de   |          2 |          2 |       2 |
| André Hoffman   |                      |          3 |          2 |       2 |
| Hans Mustermann |                      |          4 |          2 |       2 |
| Sven Letzel     | sven@mogelpower.de   |          2 |          3 |       3 |
| André Hoffman   |                      |          3 |          3 |       3 |
| Hans Mustermann |                      |          4 |          3 |       3 |
+-----------------+----------------------+------------+------------+---------+
9 rows in set (0.03 sec)
```

Abb. 6.36: CROSS JOIN von voBesitzer und voVoten

Eine andere Schreibweise für den `CROSS JOIN` ist folgende:

```
SELECT name,email,t1.besitzerID,t2.besitzerID,votenID FROM voBesitzer
t1 CROSS JOIN voVoten t2;
```

INNER JOIN

Betrachten Sie noch einmal Abbildung 6.36. Das Attribut *besitzerID* ist in *voBesitzer* Primärschlüssel und in *voVoten* Fremdschlüssel. Es dient dazu, die Beziehung zwischen beiden Tabellen herzustellen. Es sind nur die Datensätze relevant, in denen die beiden *besitzerID*-Attribute gleich sind. Diese Überlegung fließt in den `JOIN` ein.

```
SELECT name,email,t1.besitzerID,t2.besitzerID,votenID
FROM voBesitzer t1, voVoten t2
WHERE t1.besitzerID=t2.besitzerID;
```

Durch die hinzugefügte Bedingung filtert MySQL die Datensätze, die nicht passen.

```
mysql> SELECT name,email,t1.besitzerID,t2.besitzerID,votenID
    -> FROM voBesitzer t1, voVoten t2
    -> WHERE t1.besitzerid=t2.besitzerid;
+---------------+----------------------+------------+------------+---------+
| name          | email                | besitzerID | besitzerID | votenID |
+---------------+----------------------+------------+------------+---------+
| Sven Letzel   | sven@mogelpower.de   |          2 |          2 |       1 |
| Sven Letzel   | sven@mogelpower.de   |          2 |          2 |       2 |
| André Hoffman |                      |          3 |          3 |       3 |
+---------------+----------------------+------------+------------+---------+
3 rows in set (0.03 sec)
```

Abb. 6.37: INNER JOIN über besitzerID

Obige SQL-Anweisung führt zwar zum richtigen Ergebnis, ist aber dennoch nicht optimal, da MySQL zunächst alle Datensätze beider Tabellen in Beziehung setzt, dann die überflüssigen verwirft. Eine elegantere Schreibweise beinhaltet den Befehl `INNER JOIN ... ON`.

```
SELECT name,email,t1.besitzerID,t2.besitzerID,votenID
FROM voBesitzer t1 INNER JOIN voVoten t2
ON t1.besitzerID=t2.besitzerID;
```

Wenn die zu verbindenden Spalten in beiden Tabellen gleich heißen, können Sie anstelle von `ON` auch `USING` verwenden, um sich etwas Schreibarbeit zu ersparen, etwa so:

```
SELECT name,email,t1.besitzerID,t2.besitzerID,votenID
FROM voBesitzer t1 INNER JOIN voVoten t2
USING (besitzerID);
```

Eine Besonderheit des `INNER JOIN` ist, dass eine Verbindung nur zwischen den Datensätzen hergestellt wird, die auch in beiden Tabellen Übereinstimmungen besitzen. In unserem Beispiel ist der Name *Hans Mustermann* aus diesem Grund entfallen.

LEFT JOIN

Der `LEFT JOIN` eignet sich genau dann, wenn das Entfallen von Datensätzen unerwünscht ist. `LEFT JOIN` besagt, dass die Ergebnisrelation auf jeden Fall alle Datensätze der Tabelle enthält, die links von `LEFT JOIN` steht.

Das Gegenstück dazu ist der `RIGHT JOIN`, den MySQL diesbezüglich ebenso unterstützt. Theoretisch benötigt man die Anweisung `RIGHT JOIN` aber nie, da sie aus dem `LEFT JOIN` mit vertauschten Tabellennamen hervorgeht.

Diese Joins werden auch als `OUTER JOIN` bezeichnet.

Datensätze der einen Tabelle, die keine Verbindung zu der anderen Tabelle besitzen, füllt MySQL mit `NULL`-Attributen auf.

Um das vorhergehende Beispiel so zu erweitern, dass auf jeden Fall alle Besitzer angezeigt werden, auch wenn Sie kein Votum haben, verwenden Sie den `LEFT JOIN`, etwa so:

```
SELECT name,email,t1.besitzerID,t2.besitzerID,votenID
FROM voBesitzer t1 LEFT JOIN voVoten t2
ON t1.besitzerID=t2.besitzerID;
```

Abb. 6.38: Der LEFT JOIN zwischen voBesitzer und voVoten

```
mysql> SELECT name,email,t1.besitzerID,t2.besitzerID,votenID
    -> FROM voBesitzer t1 LEFT JOIN voVoten t2
    -> ON t1.besitzerid = t2.besitzerid;
+-----------------+----------------------+-------------+-------------+---------+
| name            | email                | besitzerID  | besitzerID  | votenID |
+-----------------+----------------------+-------------+-------------+---------+
| Sven Letzel     | sven@mogelpower.de   |           2 |           2 |       1 |
| Sven Letzel     | sven@mogelpower.de   |           2 |           2 |       2 |
| André Hoffman   |                      |           3 |           3 |       3 |
| Hans Mustermann |                      |           4 |        NULL |    NULL |
+-----------------+----------------------+-------------+-------------+---------+
4 rows in set (0.01 sec)
```

In Abbildung 6.38 erkennen Sie, dass der letzte Datensatz in den beiden letzten Attributen jeweils `NULL` enthält. Diesen Aspekt können Sie beispielsweise nutzen, um eine Abfrage über alle Besitzer zu starten, die noch kein Forum erstellt haben. Das könnte beispielsweise so aussehen:

```
SELECT t1.besitzerID, name
FROM voBesitzer t1 LEFT JOIN voVoten t2
USING (besitzerID)
WHERE t2.besitzerID IS NULL;
```

Abb. 6.39: Ausgabe der nicht verbunden Datensätze

Durch den Zusatz `NATURAL` bestimmen Sie beim `LEFT JOIN`, dass alle gleichlautenden Attribute beider Tabellen auf Gleichheit geprüft werden. In unserem Beispiel ist das nur *besitzerID*, wodurch wir die folgende verkürzte Syntax verwenden können:

```
SELECT name,email,t1.besitzerID,t2.besitzerID,votenID
FROM voBesitzer t1 NATURAL LEFT JOIN voVoten t2;
```

Diese Beispiele zeigen, dass Sie bei sinnvoller Vergabe von Tabellen- und Spaltennamen sich eine Menge Schreibarbeit ersparen können.

Mehrfache Joins

Alle vorangehenden Beispiele bezogen sich darauf, zwei Tabellen zu verbinden. In einer `SELECT`-Anweisung dürfen Sie aber auch mehrere Tabellen miteinander verbinden. Auch die `JOIN`-Typen dürfen unterschiedlich sein. Fragen Sie uns nicht, ob es eine Obergrenze für Verbindungen gibt! Aber eigentlich ist das auch uninteressant. Sollte Ihr `SELECT-JOIN` mehr als einige wenige Tabellen haben, überprüfen Sie zunächst Ihr Datenmodell.

Sie stellen Datensätze der in der Tabelle gewählten Fragen und Antworten so dar, dass *Antwort* und *Frage* im Klartext ausgedruckt werden.

Die Tabelle *woWahl* ist über das Attribut *votenID* indirekt mit *voVoten* verknüpfbar. Aus dieser Verbindung erhalten Sie die *Frage*. Die *Antwort* lesen Sie aus Tabelle *voAntworten*, über die Attribute *votenID* und *AntwortNr*.

Für eine übersichtliche Bildschirmausgabe sollen hier nur die ersten 15 Zeichen von *Frage* und *Antwort* ausgedruckt werden.

```
SELECT LEFT(t2.Frage,15),LEFT(t3.Antwort,15)
FROM voWahl t1
INNER JOIN voAntworten t3 USING (votenID,AntwortNr)
INNER JOIN voVoten t2 USING (votenID);
```

Abb. 6.40: Alle gewählten Antworten und zugehörige Fragen

```
mysql> SELECT LEFT(t2.Frage,15),LEFT(t3.Antwort,15)
    -> FROM voWahl t1
    -> INNER JOIN voAntworten t3 USING (votenID,AntwortNr)
    -> INNER JOIN voVoten t2 USING (votenID);
+-------------------+---------------------+
| LEFT(t2.Frage,15) | LEFT(t3.Antwort,15) |
+-------------------+---------------------+
| Wieviel Zeit ve   | In der Regel tä     |
| Wieviel Zeit ve   | In der Regel tä     |
| Wieviel Zeit ve   | In der Regel tä     |
| Wieviel Zeit ve   | Etwa jeden zwei     |
| Wieviel Zeit ve   | Etwa jeden zwei     |
| Wieviel Zeit ve   | Ein bis zweimal     |
| Wieviel Zeit ve   | Ein bis zweimal     |
| Wieviel Zeit ve   | Ein bis zweimal     |
| Wieviel Zeit ve   | Ein bis zweimal     |
| Wieviel Zeit ve   | Ein bis zweimal     |
| Wieviel Zeit ve   | Selten, eher un     |
| Wieviel Zeit ve   | Selten, eher un     |
| Wieviel Zeit ve   | Selten, eher un     |
+-------------------+---------------------+
13 rows in set (0.01 sec)
```

HINWEIS

Sie können nahezu alle Elemente der `SELECT`-Anweisung miteinander kombinieren. Wenn Sie sich vorstellen, drei verbunden Tabellen, die teilweise vielleicht noch `GROUP BY`, `HAVING`, Aggregat-Funktionen und `WHERE`-Anweisungen besitzen, passiert es schnell, dass SQL-Anweisungen sehr lang und auch unübersichtlich werden.

Sie sollten in diesem Fall überlegen, ob Sie den SQL-Befehl eventuell in zwei unabhängige Befehle aufspalten, die Zwischenergebnisse entweder in temporären Tabellen zwischenspeichern oder vom Client verarbeiten lassen.

Das kann letztendlich manchmal schneller sein, da komplexe SQL-Befehle auf dem Datenbankserver auch viel CPU-Zeit benötigen und in diesem Fall andere Prozesse behindern.

6.7 Daten in Tabellen ändern

Sind Daten einmal in Tabellen drin, heißt das nicht, dass sie für immer und ewig Bestand haben müssen. In SQL besteht die Möglichkeit, einzelne (oder alle) Datensätze komplett oder spaltenweise zu modifizieren. Es ist nicht notwendig, einen Datensatz zu löschen, um ihn dann wieder einzufügen.

Sie manipulieren Datensätze mit dem SQL-Kommando `UPDATE` mit dieser Syntax:

```
UPDATE tbl_name SET Spalte1=Wert1 [,Spalte2=Wert2, ...] [WHERE
Bedingung];
```

Sie setzen in *tbl_name* den Tabellennamen der Tabelle ein, in der Sie Datensätze manipulieren. Die zu ändernden Spalten werden bei `UPDATE` nach dem Schlüsselwort `SET` gemäß dem Schema *Attributname=Wert* angegeben.

In den meisten Fällen beziehen sich Updates einer Tabelle nur auf einen oder wenige Datensätze. Welche das sind, wird wie in `SELECT` mit Hilfe der `WHERE`-Bedingungen festgelegt.

Das Zuweisen eines Wertes zu einem Attribut kann neben diskreten Werten auch durch Rückgabewerte von MySQL-Funktionen erfolgen (vgl. Abschnitt 6.6.6 und folgende).

In der Tabelle *voBesitzer* ändert Hans Mustermann seine E-Mail-Adresse auf *muster@mogelpower.de*. Die *BesitzerID* ist 4.

```
UPDATE voBesitzer
SET email='muster@mogelpower.de'
WHERE besitzerID=4;
```

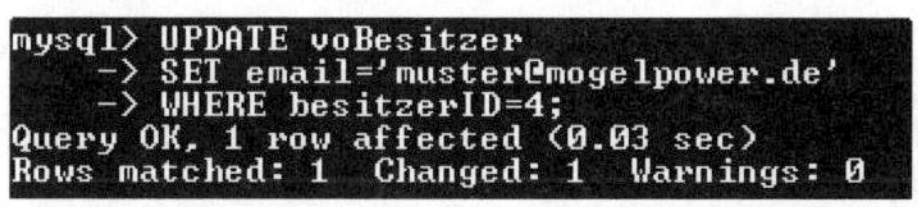

```
mysql> UPDATE voBesitzer
    -> SET email='muster@mogelpower.de'
    -> WHERE besitzerID=4;
Query OK, 1 row affected (0.03 sec)
Rows matched: 1  Changed: 1  Warnings: 0
```

Abb. 6.41: Ändern einer E-Mail-Adresse in voBesitzer

MySQL-Monitor zeigt nach dem Ausführen des Befehls an, wie viele Datensätze gefunden (`Rows matched`) und wie viele verändert wurden (`Changed`). Wenn Sie diese Anweisung anschließend gleich noch einmal ausführen, sehen Sie in der Ausgabe dagegen: `Changed: 0`.

Auch mit *phpMyAdmin* können Sie Datensätze verändern. Dazu geben Sie entweder den `UPDATE`-Befehl direkt in das SQL-Fenster auf der Datenbank-Seite ein ...

... oder Sie verfahren so:

- ✘ Sie wechseln in die Tabellenansicht der Tabelle, die Sie verändern wollen.
- ✘ Sie klicken auf ANZEIGEN (BROWSE) oder TEILWEISE ANZ. (SELECT), um ein Tabellenlisting zu erhalten.

- Sie klicken im gewünschten Datensatz auf ÄNDERN und tragen die zu ändernden Attribute in das Formular ein (vgl. Abbildung 6.42).
- Sie klicken auf *Speichern*.

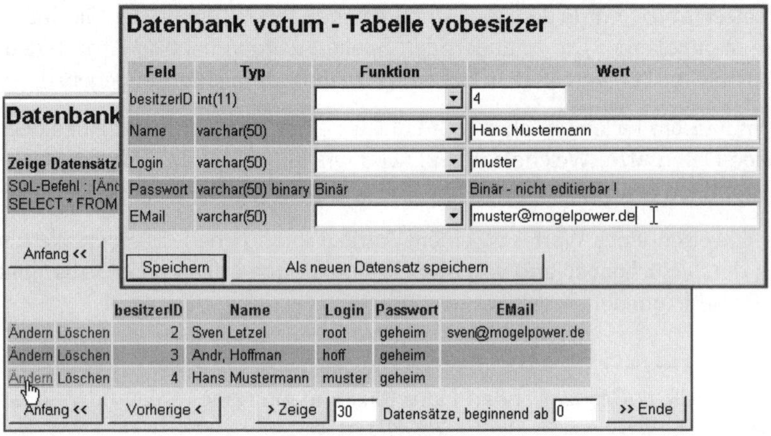

Abb. 6.42: Ändern von Attributen mit phpMyAdmin

Zusätzliche Optionen

Ebenso wie `INSERT` besitzt `UPDATE` den Zusatz `LOW_PRIORITY`, um `UPDATE` erst dann auszuführen, wenn die Tabelle von keinem Client mehr in Benutzung ist.

Der Zusatz `IGNORE` (hinter `UPDATE`) lässt `UPDATE` nicht abbrechen, wenn aus irgendeinem Grund das Update eines Datensatzes fehlschlägt.

Durch den Zusatz von `LIMIT Wert` können Sie festlegen, wie viele Datensätze höchstens verändert werden dürfen. Die Sortieranweisung `ORDER BY` legt fest, in welcher Reihenfolge MySQL Datensätze verändert.

Leider ist es nicht möglich, `UPDATE` mit einem `JOIN` zu kombinieren. Dadurch ist es mit einer einzelnen Anweisung nicht möglich, eine Aktualisierung in Abhängigkeit von Werten einer verbundenen Tabelle durchzuführen oder Werte direkt aus dieser zu übernehmen.

6.8 Daten aus Tabellen löschen

Zum Löschen von Daten aus Tabellen zeigt sich der SQL-Befehl `DELETE` verantwortlich. `DELETE` funktioniert ähnlich wie `UPDATE`, nur dass `SET` entfällt.

Syntax:

```
DELETE FROM tbl_name WHERE Bedingung;
```

Setzen Sie für *tbl_name* den Namen der Tabelle ein, in der Sie Datensätze löschen wollen. Die `WHERE`-Bedingung bestimmt, welche Datensätze gelöscht werden.

Wie bei `UPDATE` kann bei `DELETE` die `WHERE`-Bedingung entfallen. In diesem Fall werden alle Datensätze der Tabelle unwiderruflich gelöscht.

Sie können den `WHERE`-Befehl um `LIMIT Wert` erweitern, um die maximale Anzahl Datensätze festzulegen, die gelöscht werden sollen.

Löschen von Hans Mustermann aus der Tabelle *voBesitzer*.

```
DELETE FROM voBesitzer WHERE besitzerID=4;
```

```
mysql> DELETE FROM voBesitzer WHERE besitzerID=4;
Query OK, 1 row affected (0.11 sec)
```

Abb. 6.43: Löschen von Datensätzen

MySQL-Monitor zeigt nach dem Löschen an, wie viele Datensätze gelöscht wurden.

PhpMyAdmin ist natürlich auch in der Lage, Datensätze zu löschen. Sie gehen genauso vor wie beim Ändern von Datensätzen, nur dass Sie eben auf LÖSCHEN klicken (vgl. Abbildung 6.42).

Wie bei `UPDATE`, ist auch der `DELETE`-Befehl nicht in der Lage, mit anderen Tabellen zu verbinden, um Löschbedingungen von Datensätzen anderer Tabellen abhängig zu machen.

6.9 Fragen

1. Worin besteht in SQL der Unterschied zwischen 0 und NULL?
2. Wozu werden Datentypen benötigt?
3. Welche Gruppe von Datentypen verbraucht wenig Speicherplatz?
4. Was passiert, wenn Sie in eine numerische Zelle einen Zellenwert eintragen, der größer ist als Zelle aufnehmen kann?
5. Was ist unter einer ungepackten Zahl zu verstehen?
6. Welcher Datentyp eignet sich, um die letzte Änderung eines Datensatzes zu erfassen?
7. Was ist ein synthetischer Schlüssel?
8. Welchen Sinn hat AUTO_INCREMENT?
9. Wie können Sie veranlassen, das beim Vergleichen von Zeichenketten zwischen Groß- und Kleinschreibung unterschieden wird?
10. Wieviele Dateien werden wo erzeugt, wenn Sie eine MyISAM-Tabelle anlegen?
11. Sie haben eine Tabelle mit Daten. Eine Spalte enthält Daten, die nicht eindeutig sind. Was passiert, wenn Sie für diese Spalte einen Befehl zum Erzeugen eines eindeutigen Index senden?
12. Was passiert, wenn Sie eine Zelle mit dem Wert NULL füllen wollen, die Definition der zugehörigen Spalte aber den Zusatz NOT NULL enthält?
13. Ein Feld hat den Zusatz TIMESTAMP. Gibt es einen Unterschied, wenn Sie Zellenwerte mit der Funktion NOW() füllen oder NULL angeben?
14. Was ist eine Aggregatfunktion?

KAPITEL 7

PHP und MySQL

In diesem Kapitel werden Sie MySQL aus der Sicht von PHP betrachten. Wie kann in PHP eine Verbindung zur Datenbank aufgebaut werden? Wie werden Daten abgefragt und letztendlich dargestellt?

Eine Klasse für die MySQL-Aufgaben wird Ihnen erleichtern, mit der Datenbank zu kommunizieren. Auf der Grundlage der vorangegangenen Kapitel entwickeln wir in Verbindung mit dieser Klasse ein Administrations- und ein Benutzer-Frontend für das Votum.

7.1 MySQL-Funktionen für PHP

7.1.1 Verbindung zur Datenbank

Im vorangegangenen Kapitel haben Sie bereits eine große PHP-Applikation für MySQL kennen gelernt – nämlich *phpMyAdmin*.

Ebenso wie *phpMyAdmin* und auch *MySQL-Monitor* wird Ihr PHP-Programm vorgehen müssen, um Daten aus der Datenbank abzufragen.

Verbindung zum Datenbankserver

Im ersten Schritt benötigt PHP eine Verbindung zum Datenbankserver. Sie ist Voraussetzung, um eine bestimmte Datenbank auf dem Datenbankserver auszuwählen.

Zwei Funktionen stehen für diesen Zweck zur Verfügung: `mysql_connect()` und `mysql_pconnect()`. Der Unterschied zwischen diesen beiden Funktionen besteht darin, dass die Verbindung, die `mysql_pconnect()` erstellt, auch nach Ende des Programms bestehen bleibt (persistente Verbindung), die dann bei einem erneuten Aufruf von `mysql_pconnect()` wieder genutzt werden kann. Verbindungen, die `mysql_connect()` erstellt, verlieren nach Ablauf ihre Gültigkeit.

Syntax

```
resource mysql_connect(string host, string benutzer, string passwort);
```

Der Funktion werden drei Parameter übergeben, die den Namen des Datenbankservers, anzumeldenden Benutzer und sein Passwort bestimmen. Der Rückgabewert ist ein so genannter Link-Identifizierer, der für andere MySQL-Funktionen benötigt wird. Die Syntax von `mysql_pconnect()` ist gleich. Der Rückgabewert ist `FALSE`, wenn keine Verbindung zum Datenbankserver hergestellt werden konnte.

Die Parameter sind optional, Standardwerte sind host=localhost, benutzer=Benutzer des Skripts und Passwort=(keins).

BEISPIEL

Aufbauen einer Verbindung zum Datenbankserver auf dem Rechner *myhost* mit dem Benutzer *root* und dem Passwort *geheim*.

```
<?php
  $linkID = mysql_connect("myhost", "root", "geheim");
  if (!$linkID) die("Keine Verbindung zur Datenbank.");
?>
```

In diesem Beispiel speichert die Variable `$linkID` einen Identifizierer für die geöffnete Verbindung.

Auswählen der Datenbank

Auf der Grundlage einer bestehenden Verbindung kann das PHP-Programm eine Datenbank auf dem Datenbankserver auswählen. PHP bietet für diesen Zweck die Funktion `mysql_select_db()`;

Syntax

```
bool mysql_select_db(string db_name [, resource linkID]);
```

Sie übergeben als Parameter den Namen der Datenbank und den Rückgabewert der Funktion `mysql_connect()`. Diese Funktion liefert `FALSE` zurück, wenn die Datenbank nicht ausgewählt werden kann. Der Paramter *linkID* kann entfallen, PHP nutzt in diesem Fall den zuletzt erzeugten Link. Das gilt ebenso für alle anderen Funktionen, die LinkID als optionalen Parameter enthalten.

Die Datenbank Votum auswählen.

```
<?php
  $linkID = mysql_connect("myhost", "root", "geheim");
  if (!$linkID) die("Keine Verbindung zur Datenbank.");
  if (mysql_select_db("votum", $linkID))
    echo("Datenbank Votum ausgewählt.");
  else
    die("Fehler!");
?>
```

7.1.2 Befehle an die Datenbank schicken

Wenn Sie erfolgreich eine Verbindung zu einem Datenbankserver aufgebaut und eine Datenbank auf diesem ausgewählt haben, können Sie SQL-Befehle an die Datenbank schicken.

Es ist egal, ob Sie ein `INSERT`, `SELECT`, `UPDATE` oder sonstigen SQL-Befehl an MySQL schicken wollen, Sie verwenden nur eine einzige Funktion.

Syntax

```
resource mysql_query (string sql[, resource linkID]);
```

Sie übergeben der Funktion `mysql_query()`, eine SQL-Zeichenfolge und den Link-ID der Verbindung. Die SQL-Zeichenfolge sollte kein abschließendes Semikolon enthalten.

Der Rückgabewert ist eine ID, die Sie zum Abfragen der Ergebnismenge benutzen. Ist die SQL-Abfrage fehlerhaft oder Sie haben keinen Zugriff auf die entsprechenden Tabellen, dann gibt diese Funktion `FALSE` zurück.

Senden des SQL-Befehls *SELECT name,login FROM voBesitzer*:

```
<?php
  $linkID = mysql_connect("myhost", "root", "geheim");
  if (!$linkID) die("Keine Verbindung zur Datenbank.");
  if (mysql_select_db("votum", $linkID))
    echo("Datenbank Votum ausgewählt.");
  else
    die("Fehler!");
  $abfrage = "SELECT name,login FROM voBesitzer";
  $resID = mysql_query($abfrage, $linkID);
  if (!$resID) die("Fehler in der Abfrage.");
?>
```

7.1.3 Datensätze der Abfrage ermitteln

Nachdem Sie eine Abfrage mit `mysql_query()` zum Datenbankserver gesendet haben, benötigen Sie eine andere Funktion, um diese Daten vom Datenbankserver zu erhalten.

Diese Funktionen dürfen Sie nur benutzen, wenn die gesendete Abfrage auch eine Ergebnismenge zurückliefert. Das sind alle die SQL-Befehle, die ein Tabellenergebnis liefern, wenn Sie diese in MySQL-Monitor eintippen. Zumeist sind das SQL-Befehle, die mit `SELECT` beginnen.

Zum Abfragen der Daten eignet sich die Funktion `mysql_fetch_array()`.

Syntax

```
array mysql_fetch_array (resource resID[, int ErgTyp]);
```

Rufen Sie `mysql_fetch_array()` mit dem Rückgabewert der Funktion `mysql_query()` als ersten Parameter auf. Der zweite optionale Parameter bestimmt, ob das Array ein indiziertes Array (`MYSQL_NUM`), ein assoziatives Array (`MYSQL_ASSOC`) oder beides (`MYSQL_BOTH`) ist.

Der Rückgabewert der Funktion ist ein Array, das die Zelleninhalte eines Datensatzes enthält. Um mehrere Datensätze abzurufen, müssen Sie diese Funktion erneut aufrufen. Der Rückgabewert der Funktion ist `FALSE`, wenn kein weiterer Datensatz verfügbar ist.

HINWEIS

PHP bietet weitere Funktionen, um die Datensätze abzufragen, die hier nicht näher erläutert werden sollen. Der Vorteil dieser Funktion besteht darin, dass das zurückgegebene Array mit Indizes und assoziativ angesprochen werden kann. Nach Aussage der Entwickler sollen sich diese Funktionen in der Geschwindigkeit nicht spürbar unterscheiden.

BEISPIEL

Bildschirmausgabe der Datensätze von *SELECT name, login FROM voBesitzer*

\listing\7\bsp01.php

```
<?php
  $linkID = mysql_connect("myhost", "root", "geheim");
  if (!$linkID) die("Keine Verbindung zur Datenbank.");
  if (mysql_select_db("votum", $linkID))
    echo("Datenbank Votum ausgew&auml;hlt.<br><br>");
  else
    die("Fehler!");
  $abfrage = "SELECT name,login FROM voBesitzer";
  $resID = mysql_query($abfrage, $linkID);
```

```
    if (!$resID) die("Fehler in der Abfrage.");
    while ($zeile = mysql_fetch_array($resID,MYSQL_BOTH))
    {
      echo("Name: " . $zeile[0]);
      echo(" - Login: ". $zeile["login"] . "<br>\n");
    }
  ?>
```

Auf das erste Feld der Ergebnistabelle (Name) wird mit Hilfe des Indexes zugegriffen, auf das zweite Feld (Login) assoziativ.

Abb. 7.1: Bildschirmausgabe von bsp01.php

7.1.4 PHP-Funktionen für MySQL im Überblick

Ohne den Anspruch auf Vollständigkeit beschreiben wir an dieser Stelle einige wichtige PHP-Funktionen für MySQL-Datenbanken.

mysql_affected_rows

```
int mysql_affected_rows([resource resID])
```

Gibt die Anzahl der Datensätze zurück, die nach einem `UPDATE`-, `INSERT`- oder `DELETE`-Befehl betroffen waren. Der Parameter bestimmt eine Ergebnis-ID von `mysql_query()`.

mysql_close

```
bool mysql_close ([resource linkID])
```

Schließt eine mit `mysql_connect()` geöffnete Verbindung. Wird *linkID* weggelassen, wird die letzte geöffnete Verbindung geschlossen.

HINWEIS: Eine Verbindung eines PHP-Skripts wird automatisch geschlossen, wenn das Skript beendet ist.

mysql_connect, mysql_pconnect

vgl. Abschnitt 7.1.1.

mysql_create_db

```
int mysql_create_db (string dbname[, resource linkID])
```

Erstellt eine Datenbank mit dem Namen *dbName*.

HINWEIS: Der angemeldete Benutzer benötigt die entsprechenden Rechte.

mysql_data_seek

```
bool mysql_data_seek (resource resID, int znummer)
```

Bewegt den Datensatzzeiger der Abfrage in *resID* nach *zNummer*.

mysql_db_query

```
resource mysql_db_query (string database, string abfrage[, resource linkID])
```

Sendet einen SQL-Befehl, ermöglicht aber im Gegensatz zu `mysql_query()` zusätzlich die Angabe eines Datenbankservers (vgl. Abschnitt 7.1.2).

mysql_drop_db

```
bool mysql_drop_db (string dbname[, resource linkID])
```

Löscht die Datenbank in *dbname* in der Verbindung von *linkID*.

ACHTUNG: Sollten Sie nie aufrufen. :-)

mysql_errno

```
int mysql_errno ([resource linkID])
```

Gibt eine Fehlernummer der letzten MySQL-Operation der Verbindung *linkID* zurück. Der Rückgabewert ist `0`, wenn kein Fehler auftrat.

mysql_error

```
string ([resource linkID])
```

Gibt eine englische Klartext-Fehlermeldung der letzten MySQL-Operation zurück.

mysql_escape_string

```
string mysql_escape_string (string sql)
```

Maskiert Sonderzeichen in einem *SQL*-Befehl.

mysql_fetch_array

Vgl. Abschnitt 7.1.3.

mysql_fetch_assoc

Wie `mysql_fetch_array`, der Ergebnistyp ist aber ausschließlich ein assoziatives Array.

mysql_fetch_field

```
object mysql_fetch_field (resource resID[, int feldNr])
```

Liefert Informationen eines Feldes der Spalte *feldNr* einer Abfrage von *resID* als Objekt zurück. Wird *feldNr* weggelassen, werden Informationen über das nächste Feld zurückgegeben.

Tabelle 7.1: Eigenschaften des Rückgabewertes von mysql_fetch_field

Eigenschaft	Beschreibung
`Object->name`	Name des Feldes
`Object->table`	Name der Tabelle, aus der das Feld stammt
`Object->max_lenght`	Maximale Spaltenbreite
`Object->not_null`	Enthält `1`, wenn die Spalte keine `NULL`-Werte annehmen darf
`Object->primary_key`	Enthält `1`, wenn die Spalte Primärschlüssel ist
`Object->unique_key`	Enthält `1`, wenn die Spalte ein eindeutiger Schlüssel ist
`Object->multiple_key`	Enthält `1`, wenn die Spalte ein »gewöhnlicher« Schlüssel ist
`Object->numeric`	Enthält 1, wenn die Spalte numerisch ist
`Object->blob`	Enthält `1`, wenn die Spalte ein BLOB ist
`Object->type`	Datentyp der Spalte
`Object->unsigned`	Enthält `1`, wenn die Spalte keine negativen Zahlen speichern kann
`Object->zerofill`	Enthält `1`, wenn die Spalte den Zusatz `ZEROFILL` hat

mysql_fetch_object

Wie `mysql_fetch_array`, aber der Rückgabewert besitzt eine Objektstruktur (vgl. Abschnitt 7.1.3).

mysql_fetch_row

Wie `mysql_fetch_array`, aber der Rückgabewert ist ausschließlich ein indiziertes Array (vgl. Abschnitt 7.1.3).

mysql_insert_id

```
int mysql_insert_id ([resource linkID])
```

Gibt den letzten eingefügten Autowert wie bei `SELECT LAST_INSERT_ID()` der Verbindung *linkID* zurück.

ACHTUNG

Der Funktionsaufruf muss unmittelbar nach dem `INSERT`-Befehl erfolgen. Er funktioniert nicht, wenn die Autowert-Spalte den Datentyp *BIGINT* hat.

mysql_num_fields

```
int mysql_num_fields (resource resID)
```

Gibt die Anzahl der Spalten der Abfrage *resID* zurück.

mysql_num_rows

```
int mysql_num_rows (resource resID)
```

Gibt die Anzahl der Datensätze der Abfrage *resID* zurück, die eine `SELECT`-Abfrage war.

mysql_query

vgl. Abschnitt 7.1.3.

mysql_select_db

vgl. Abschnitt 7.1.1.

7.2 Eine PHP-Klasse für MySQL

7.2.1 Überlegungen

Werfen Sie einen Blick auf das folgende Listing:

```
<?php
  $linkID = mysql_connect("myhost", "root", "geheim");
  if (!$linkID) die("Keine Verbindung zur Datenbank.");
  if (mysql_select_db("votum", $linkID))
    echo("Datenbank Votum ausgew&auml;hlt.<br><br>");
  else
    die("Fehler!");
  $abfrage = "SELECT name,login FROM voBesitzer";
  $resID = mysql_query($abfrage, $linkID);
  if (!$resID) die("Fehler in der Abfrage.");
  while ($zeile = mysql_fetch_array($resID,MYSQL_BOTH))
  {
    echo("Name: " . $zeile[0]);
    echo(" - Login: ". $zeile["login"] . "<br>\n");
  }
?>
```

Dieses Listing haben Sie bereits im Abschnitt 7.1.3 kennen gelernt. Es führt die Abfrage *SELECT name.login FROM voBesitzer* aus und stellt das Ergebnis dar.

Mangelhaft ist Folgendes:

- ✘ 14 Zeilen Programm für diese Aufgabe sind recht viel.
- ✘ Datenbank, Benutzer, Passwort stehen in dem Skript. Es wird damit problematisch, wenn sich diese Parameter einmal ändern, denn dann benötigt jedes Skript eine Anpassung.
- ✘ Listing hat viel Overhead: Verbindung aufbauen, Datenbank auswählen, Fehlerkontrolle usw.

Ziel soll es sein, eine Klasse zu programmieren, die universell für verschiedene Datenbanken und unterschiedlichste Abfragen einsetzbar ist.

7.2.2 Anforderungen

Bevor an dieser Stelle wild losprogrammiert wird, überlegen wir uns, welche Anforderungen an die MySQL-Klasse gestellt werden.

- Die Klasse wird mit einem `include`-Befehl in ein PHP-Skript eingebunden.
- Nach dem Einbinden steht dem Programmierer automatisch ein Datenbank-Objekt zur Verfügung, das bereits zu einer Datenbank verbunden ist.
- Das Datenbank-Objekt besitzt Möglichkeiten zur Fehlerausgabe.
- Das Datenbank-Objekt verwaltet wichtige Parameter wie beispielsweise Link-Identifizierer und Ergebnis-Identifizierer selbst.

7.2.3 Die Klasse mysql_db

Auf der CD-ROM finden Sie die Datei \LISTING\7\MYSQLDB.PHP. Diese Datei enthält die in diesem Abschnitt beschriebene Klassendefinition.

Die Eigenschaften

```
class mysql_db
{
  var $link = false;
  var $resid = false;
  var $doerror = false;
  var $host = "myhost";
  var $user = "root";
  var $passwd = "";
  var $tables = "votum";
}
```

Der Rumpf der Klassendefinition enthält Variablen, die die Klasse intern benötigt, um die Funktionen auszuführen.

Tabelle 7.2: Bedeutung der Eigenschaften (Variablen)

Variable	Bedeutung
`$link`	Speichert die Verbindungs-ID zur Datenbank
`$resid`	Speichert die Ressourcen-ID des letzten Aufrufs von mysql_query()
`$doerror`	Hat den Wert TRUE, wenn die Klasse Fehlermeldungen ausgeben soll
`$host`	Hostname der MySQL-Datenbank
`$user`	Benutzername
`$passwd`	Passwort
`$tables`	Datenbankname

connect()

```
function connect()
// Verbindet zur Datenbank
{
  $temp = @mysql_connect
    ($this->host, $this->user, $this->passwd);
  if (!$temp)
  {
    $this->echoerror();
    return false;
  }
  $this->link = $temp;
  $temp = @mysql_select_db($this->tables, $temp);
  if (!$temp)
  {
    $this->echoerror();
    return false;
  }
  return $this->link;
}
```

Die Methode `connect()` stellt die Verbindung zum Datenbankserver her, wählt eine Datenbank aus und speichert die *LinkID* der Verbindung in der Eigenschaft *$link*.

Tritt ein Fehler auf, ruft `connect()` die Methode `echoerror()` auf, um einen Fehler auszugeben.

query()

```
function query($sql)
// Sendet eine Anfrage an die Datenbank
{
  if (!$this->link)
  {
    if ($this->doerror)
    {
      echo ("<b>Nicht verbunden.</b><br>");
      return false;
    }
  }
  if ($this->resid) @mysql_free_result($this->resid);
  $result = mysql_query($sql, $this->link);
  if (!$result) $this->echoerror();
  $this->resid = $result;
  return $result;
}
```

Die Methode query() sendet eine SQL-Befehlszeichenfolge an die Datenbank. Im Falle eines Fehlers ruft query() die Methode echoerror() auf. Der ID der Ressource wird in der Eigenschaft *resid* gespeichert.

echoerror()

```
function echoerror()
// erzeugt eine Fehlerausschrift
// wenn $doerror=TRUE
{
  if (!$this->doerror) return;
  if (!mysql_errno()) return;
  echo ("<font color=\"red\"><b>" . mysql_errno()");
  echo (": ". mysql_error() ." </b></font><br>");
}
```

Die Methode echoerror() gibt eine Fehlernummer mit Fehlermeldung in roter fetter Schrift aus. Wenn die Eigenschaft *doerror* den Wert FALSE hat oder mysql_errno() den Wert 0 zurückliefert, wird nichts ausgedruckt.

data()

```
function data()
// liefert einen Datensatz
{
  if (!$this->link)
  {
    if ($this->doerror)
      echo ("<b>Nicht verbunden!</b><br>");
    return false;
  }
  if (!$this->resid)
  {
    if ($this->doerror)
      echo ("<b>Keine Abfrage!</b><br>");
    return false;
  }
  $result = mysql_fetch_array($this->resid, MYSQL_BOTH);
  $this->echoerror();
  return $result;
}
```

Die Methode data() bedient sich der Funktion mysql_fetch_array(), um einen Datensatz zu übermitteln. Das zurückgegebene Array kann indiziert oder assoziativ abgefragt werden.

echoquery()

```
function echoquery($sql)
//Fragt die Datenbank ab und stellt die Abfrage dar
{
  $this->query($sql);
  echo("<table border cellpadding=\"3\"><tr>");
  $index = 0;
  echo("<th>record</th>");
  while ($field = mysql_fetch_field($this->resid))
    echo("<th>$field->name</th>");
  echo ("</tr>\n");
  $rec=0;
  while ($row = $this->data())
  {
    $rec++;
    echo("<tr><td>$rec</td>");
    for ($i=0; $i<mysql_num_fields($this->resid); $i++)
      echo("<td>".htmlentities($row[$i])." </td>");
    echo("</tr>\n");
  }
  echo ("</table>");
}
```

Die Methode `echoquery()` dient zu Testzwecken, wenn der Inhalt einer Tabelle ausgedruckt werden muss. Diese Methode benutzt `query()`, um die Abfrage auszuführen, sowie die Funktionen `mysql_num_fields()` und `mysql_fetch_field()`, um Informationen über die Tabellenstruktur zu erhalten und auszugeben.

set_doerror()

```
function set_doerror($boolvalue)
{
  $this->doerror = $boolvalue;
}
```

Die Methode `set_doerror()` schaltet Fehlermeldungen ein/aus.

mysql_db()

```
function mysql_db()
// Konstruktor
{
  $this->connect();
}
```

Der Konstruktor ist eine Methode, die automatisch aufgerufen wird, wenn eine Klasse erzeugt wird. Er wird hier verwendet, um die Verbindung zur Datenbank herzustellen.

7.2.4 Verwenden der Klasse

Am Ende der Datei MYSQLDB.PHP steht außerhalb der Klassendefinition die Anweisung

```
$db = new mysql_db;
```

Durch diese Anweisung wird sichergestellt, dass beim Einbinden der Klassendefinitionsdatei eine Instanz der Datenbankklasse mit dem Variablennamen `$db` erzeugt wird. Das führt zum Aufrufen des Konstruktors und somit zum Herstellen der Verbindung zur Datenbank.

Nach dem Einbinden der Klasse durch

```
include ("mysqldb.php");
```

steht Ihnen die Klasse `$db` damit gleich zum Abfragen bereit, sofern der Verbindungsaufbau zur Datenbank erfolgreich war.

BEISPIEL

Ein kleines Testprogramm, 1TEST.PHP, zeigt, wie einfach Sie die Klasse benutzen können.

1test.php

```
<?php
  include("mysqldb.php");
  $db->echoquery("select * from vofarbe");
?>
```

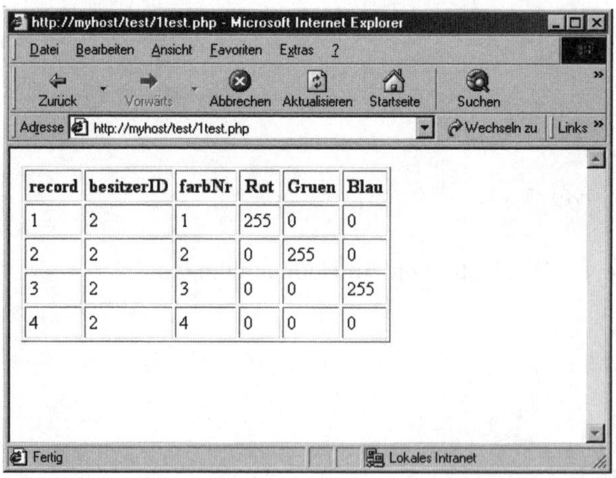

record	besitzerID	farbNr	Rot	Gruen	Blau
1	2	1	255	0	0
2	2	2	0	255	0
3	2	3	0	0	255
4	2	4	0	0	0

Abb. 7.2: Bildschirmausgabe von 1test.php

Auf das Trennen der Verbindung wird bewusst verzichtet, denn bei Skriptende wird die Verbindung automatisch getrennt. Zumeist wird die Verbindung sowieso über die gesamte Skriptzeit benötigt.

Im Normalfall kommt die Funktion `echoquery()` nur zu Testzwecken zum Einsatz, so dass Sie sich das Ergebnis der Abfrage betrachten können. Fast immer werden Sie die Methoden `query()` in Verbindung mit `data()` einsetzen, um die Ergebnisse einer Abfrage in das HTML-Layout einzubinden.

Die möglichen Antworten eines Votums sollen in den ihnen zugeordneten Farben zugewiesen werden.

Die *AntwortNr* muss mit der *FarbNr* übereinstimmen, die *BesitzerID* des Votums mit der *BesitzerID* der Tabelle *voFarbe*. Es werden dazu Informationen aus drei Tabellen benötigt, die miteinander zu verbinden sind: *voAntworten*, *voVoten* und *voFarbe*.

Die passende SQL-Anweisung könnte so sein:

```
SELECT Antwort,Rot,Gruen,Blau FROM voAntworten t1
INNER JOIN voVoten t2 ON t2.votenID=t1.votenID
INNER JOIN voFarbe t3 ON t3.besitzerID=t2.besitzerID
AND t1.AntwortNr=t3.FarbNr
WHERE t1.votenID=1;
```

```
mysql> select antwort,rot,gruen,blau from voantworten t1
    -> inner join vovoten t2 on t2.votenid=t1.votenid
    -> inner join vofarbe t3 on t3.besitzerid=t2.besitzerid
    -> and t1.antwortnr=t3.farbnr
    -> where t1.votenid=1;
+---------------------------------------------------+-----+-------+------+
| antwort                                           | rot | gruen | blau |
+---------------------------------------------------+-----+-------+------+
| In der Regel täglich - meist mehr als zwei Stunden | 255 |     0 |    0 |
| Etwa jeden zweiten Tag.                           |   0 |   255 |    0 |
| Ein bis zweimal in der Woche.                     |   0 |     0 |  255 |
| Selten, eher unregelmäßig.                        |   0 |     0 |    0 |
+---------------------------------------------------+-----+-------+------+
4 rows in set (0.02 sec)
```

Abb. 7.3: Abfrage der Farben zu den Antworten

In PHP

2test.php

```
<?php
  include("mysqldb.php");
  $db->query("select antwort,rot,gruen,blau from voantworten t1 inner
join vovoten t2 on t2.votenid=t1.votenid inner join vofarbe t3 on
t3.farbnr=t1.antwortnr and t3.besitzerid=t2.besitzerid where
t1.votenid=1");
```

```
  while (list($antwort,$rot,$gruen,$blau) = $db->data())
  {
    echo("<span style=\"color: rgb($rot,$gruen,$blau)\">");
    echo("<b>$antwort</b>");
    echo("</span><br>");
  }
?>
```

Das Programm führt die Abfrage entsprechend der Anweisung aus und stellt die Antworten farbig dar (vgl. Abbildung 7.4).

Abb. 7.4: HTML-Ausgabe von 2test.php

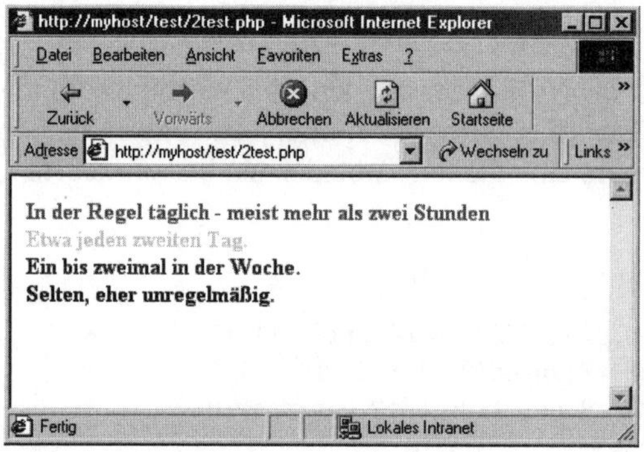

Nach dem Aufruf der Methode `query()` erledigt die Methode `data()` das Übertragen der Daten. Der Rückgabewert dieser Funktion ist ein Array. Wir verwenden in diesem Beispiel die PHP-Funktion `list`, um dieses Array in einzelne Variablen umzuwandeln

```
list($antwort,$rot,$gruen,$blau) = $db->data()
```

Im Anschluss an diese Anweisung stehen die Zellenwerte eines Datensatzes in den entsprechenden Variablen. Damit erspart man sich insbesondere die auf deutschen Tastaturen nur schwer erreichbaren Tasten [und] für den Zugriff auf ein Array.

7.3 Der Votum-Administrator

7.3.1 Anforderungen

Als Votum-Administrator bezeichnen wir den Teil des Votums, der für administrative Zwecke eingesetzt wird.

Der Votum-Administrator hat folgende Aufgaben:

- Erstellen eines Votums
- Erstellen der Antworten eines Votums
- Ändern der Voten und Antworten
- Ändern der persönlichen Daten, wie Passwort etc.
- Ändern der Farben
- Anmelden eines neuen Besitzers

Die Verwaltung der Voten soll ohne HTTP-Authentifizierung erfolgen. Die jeweiligen Besitzer speichern ein Passwort in der Tabelle *voBesitzer*.

Das Kennwort gibt der Besitzer auf der Startseite INDEX.PHP ein. Von dieser Seite wird INDEX2.PHP aufgerufen. Diese überprüft das Kennwort und legt eine Session an, die den zugreifenden Benutzer identifiziert. Dadurch ist keine zusätzliche Passworteingabe erforderlich.

Die Seite INDEX2.PHP listet zudem alle verfügbaren Voten auf und ermöglicht das Ändern der Farben, die durch Eingabe der RGB-Werte erfolgt. Dieses Formular verweist auf das Skript COLORCHANGE.PHP, das die Farben ändert, oder auf COLORDELETE.PHP, das einen Farbeintrag entfernt.

Die aufgelisteten Voten sind als Links dargestellt, die auf die Seite VOTUMEDIT.PHP verweist. Diese Seite ermöglicht es, den Frage-Text sowie Beginn- und Enddatum festzulegen. Der Knopf VOTUM ERSTELLEN/BEARBEITEN legt das Votum an, wenn es sich um ein neues Votum handelt, oder ändert es.

Nach dem Klick auf ANTWORTEN ERSTELLEN/BEARBEITEN gelangt der Benutzer auf die Seite VOTUMANSWERS.PHP. Auf dieser Seite werden alle Antworten aufgelistet, die hier bearbeitet, gelöscht oder hinzugefügt werden können. Ändern und Hinzufügen erledigt das Skript ANSWERCHANGE.PHP, während ANSWERDELETE.PHP eine Antwort löscht.

Die Seite SESSION.PHP wird in jede Seite eingebunden. Sie dient dazu, die Benutzerdaten der Session zu überprüfen.

Sämtliche Seiten des Votum-Administrators sind nur auf Funktionalität ausgerichtet. Es wird einfachstes Layout verwendet. Die Dateien befinden sich auf der CD-ROM im Verzeichnis \LISTING\7\VOTUM\ADMIN.

Abb. 7.5: Übersicht über die Dateistruktur des Votum-Administrators

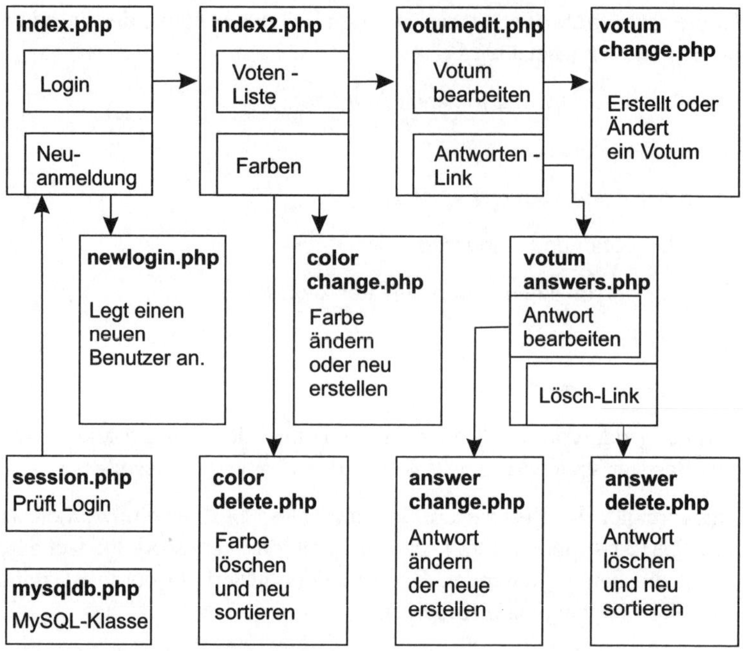

7.3.2 Die Startseite

Auf der Seite INDEX.PHP trägt der Besitzer sein Login und sein Kennwort ein. Handelt es sich um einen neuen Besitzer, kann dieser sich über das Formular anmelden.

Die Startseite gliedert sich in zwei Bereiche, die jeweils ein Formular enthalten. Formular 1 dient zum Anmelden eines bestehenden Besitzers, Formular 2 legt einen neuen Besitzer an.

Die Anmeldung eines existierenden Besitzers verzweigt auf die Seite INDEX2.PHP, die Anmeldung eines neuen Besitzers auf NEWLOGIN.PHP.

Obwohl die Startseite die Erweiterung .PHP trägt, enthält sie keine Zeile PHP-Programmcode.

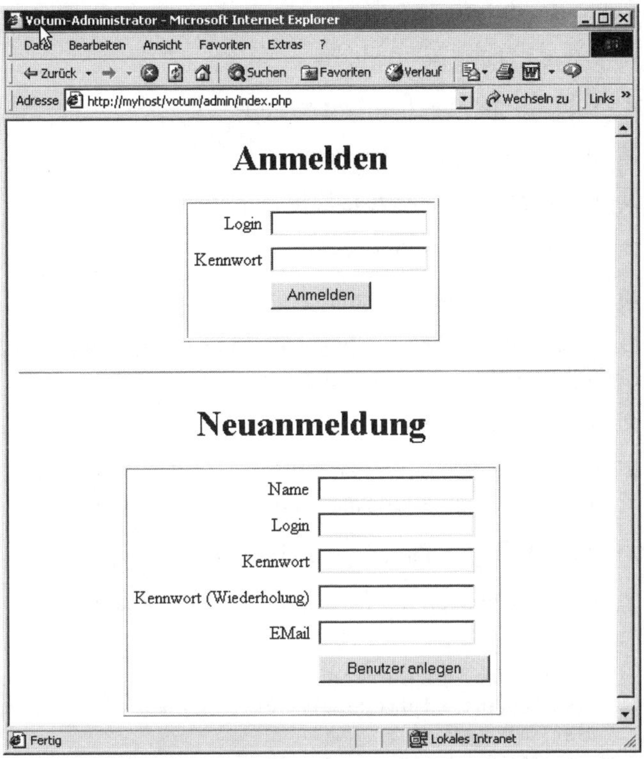

Abb. 7.6: Die Startseite des Votum-Administrators

7.3.3 Einen Besitzer hinzufügen

Nach der Eingabe der Anmeldedaten wird der anzumeldende Benutzer auf die Seite NEWLOGIN.PHP geleitet.

Aufgaben

- Prüfen, ob alle Felder ausgefüllt wurden.
- Prüfen, ob der gewünschte *Login*-Name noch nicht vergeben ist. Dazu fragt das Skript die Tabelle *voBesitzer* ab.
- Prüfen, ob *Kennwort1* und *Kennwort2* gleich sind.
- Übertragen der Daten in die Tabelle *voBesitzer*.
- Anlegen der Standardfarben in der Tabelle *voFarbe*.

Formulardaten

- `$name` – Name des Benutzers
- `$login` – gewünschter Login-Name
- `$passwd` – gewünschtes Kennwort
- `$passwd2` – Kennwortwiederholung
- `$email` – E-Mail-Adresse
- `$www` – Webseite des Benutzers

Das folgende Listing enthält die PHP-Anweisungen. Anfragen an den MySQL-Server sind hervorgehoben.

- **#1** – Anfrage, ob der gewünschte *Login*-Name bereits vergeben ist.
- **#2** – Hinzufügen des neuen Benutzers. Das Kennwort wird mit Hilfe der MySQL-Funktion `PASSWORD` verschlüsselt abgelegt.
- **#3** – Abfragen der erzeugten BenutzerID.
- **#4** – Hinzufügen der Farben (8 Standardfarben).

newlogin.php - Anlegen eines neuen Benutzers

```
<?php
  // Testen der Formulardaten
  if (strlen($name=trim($name))==0)
    die("Name fehlt.");
  if (strlen($login=trim($login))==0)
    die("Login fehlt.");
  if (strlen($passwd=trim($passwd))==0)
    die("Kennwort fehlt.");
  if (strlen($email=trim($email))==0)
    die("E-Mail fehlt.");
  if ($passwd!=$passwd2)
    die("Die Kennwörter stimmen nicht überein.");
  include("mysqldb.php");
  //Überprüfen, ob $login bereits existiert
  // #1
  $db->query("select count(*) from vobesitzer where login='$login'");
  list($anzahl) = $db->data();
  if ($anzahl>0)
    die("Login <b>$login</b> existiert bereits.");

  // Erzeugen des Benutzereintrags
  // #2
  $db->query("insert into vobesitzer (name,login,passwort,email)
  values('$name','$login',PASSWORD('$passwd'),'$email')");
  if (mysql_errno()) die("Fehler beim Anlegen des Benutzers.");
  echo("Benutzer wurde angelegt.<br>");
```

```
    // erzeugte BesitzerID ermitteln
    // #3
    $db->query("select last_insert_id()");
    list($besitzerid) = $db->data();

    // Erzeugen der acht Standardfarben
    // #4
    $db->query("insert into voFarbe values ($besitzerid,1,64,143,191)");
    $db->query("insert into voFarbe values ($besitzerid,2,130,150,170)");
    $db->query("insert into voFarbe values ($besitzerid,3,220,220,0)");
    $db->query("insert into voFarbe values ($besitzerid,4,110,150,30)");
    $db->query("insert into voFarbe values ($besitzerid,5,170,110,180)");
    $db->query("insert into voFarbe values ($besitzerid,6,225,115,105)");
    $db->query("insert into voFarbe values ($besitzerid,7,155,30,60)");
    $db->query("insert into voFarbe values ($besitzerid,8,108,65,80)");

    echo("Farben wurden angelegt.<br>");
    echo("Sie können sich jetzt <a href=\"index.php\">hier</a> anmelden.");
?>
```

7.3.4 Login und Anzeige der Foren

Ein in die Tabelle *voBesitzer* eingetragener Benutzer kann sich am Votum-Administrator anmelden. Diese Aufgabe übernimmt die Seite INDEX2.PHP.

Aufgaben

- Überprüfung des Kennworts des anmeldenden Benutzers
- Erzeugen einer Session für den Benutzer
- Auflisten der Voten des Besitzers
- Auflisten der Farben
- Formular zum Ändern, Löschen und Hinzufügen von Farben

Die Überprüfung des Kennworts erfolgt mit Hilfe einer Abfrage auf die Tabelle *voBesitzer*. Es ist dabei unwichtig, ob der *Login*-Name existiert oder nicht. Es wird die Kombination *Login* und *Kennwort* geprüft.

Mit der SQL-Anweisung

```
SELECT besitzerID FROM voBesitzer WHERE login='$login' and Pass-
wort=PASSWORD('$passwd');
```

werden die übereinstimmenden Zeilen ermittelt. Das Ergebnis dieser Abfrage kann nur ein oder kein Datensatz sein. Durch die Anweisung

```
list($besitzerID) = $db->data();
```

wird die BesitzerID in die Variable *besitzerID* übertragen.

Liefert das Abfrageergebnis einen Datensatz, erzeugt das Skript eine Session.

```
<?php
  // ...
  session_register("login");
  session_register("passwd");
  session_register("besitzerID");
  // ...
?>
```

Voten

Unter Verwendung der BesitzerID ermittelt das Skript die für den Benutzer verfügbaren Voten. Es übermittelt dazu diesen SQL-Befehl an die Klasse `$db`:

```
SELECT votenID,Frage,von,bis FROM voVoten WHERE besitzerID=$besitzerID
ORDER BY von DESC, bis;
```

In einer Schleife werden alle Datensätze als Hyperlink auf die Editierseite ausgegeben. Die Hyperlinks erhalten als Parameter die Variable *votenID*.

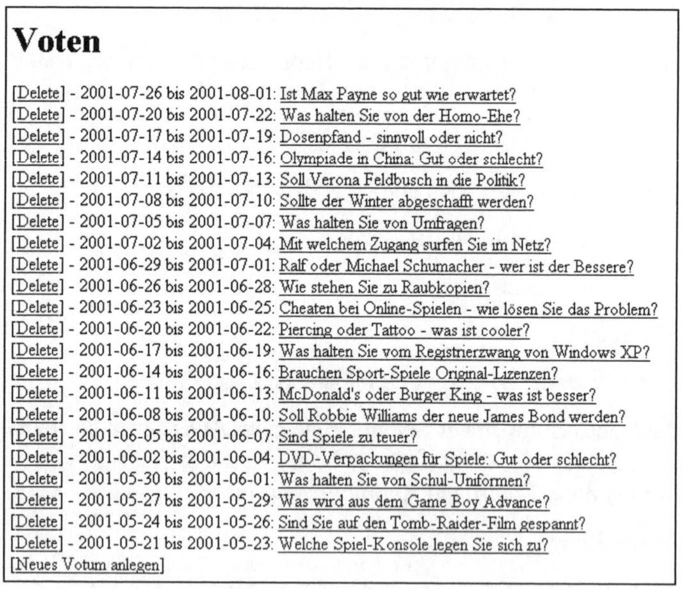

Abb. 7.7: Einen Überblick über die Voten gibt index2.php

Am linken Bildschirmrand zeigt das INDEX2.PHP einen Link an, über den Sie ein Votum löschen können; er verweist auf die Seite VOTUMDELETE.PHP

Farben

Im unteren Teil der Seite INDEX2.PHP werden die Farbeinstellungen angezeigt. Das PHP-Programm ermitteln die Farben mit dem SQL-Befehl:

```
SELECT Farbnr,rot,gruen,blau FROM voFarbe WHERE besitzerID=$besitzerID
ORDER BY FarbNr;
```

Alle Farben werden in einer Tabelle dargestellt, wobei jede einzelne Zeile ein Formular ist, das die Änderung der Farbe ermöglicht. Neben den Eingabefeldern für die Farbanteile Rot, Grün und Blau besitzt jede Zeile die unsichtbare Variable *Farbnr*, über die Zeilennummer (= *FarbNr*) an das Skript COLORCHANGE.PHP übergeben wird.

In der letzten Spalte steht ein Link zur Verfügung, der auf die Seite COLORDELETE.PHP verweist, welche dem Löschen eines Farbeintrags dient.

Die letzte Zeile dient dem Hinzufügen eines Farbeintrags.

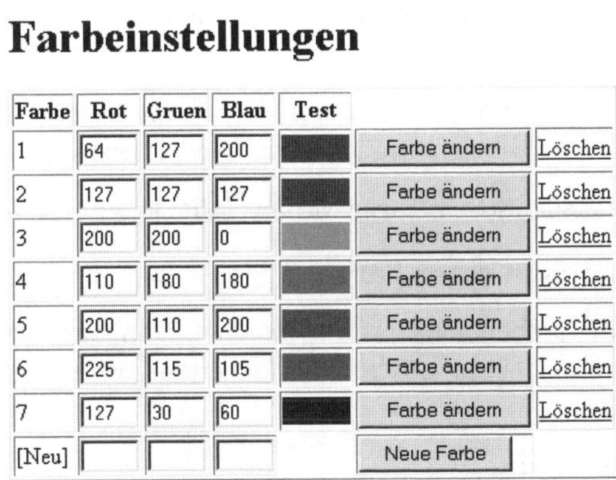

Abb. 7.8: Darstellung der Farbwerte auf index2.php

7.3.5 Ändern der Farbeinstellungen

Eine Farbe hinzufügen

Sie fügen eine Farbe hinzu, indem Sie auf der Seite INDEX2.PHP ganz unten in der letzten Zeile der Farbtabelle die jeweiligen Farbanteile Rot, Grün und Blau eingeben und dann auf NEUE FARBE klicken.

Das Formular übergibt der Seite COLORCHANGE.PHP die Variablen `$rot`, `$gruen` und `$blau`. Die Variable `$besitzerID` ermittelt das Skript aus der aktuellen Session.

Aufgaben

- ✘ Ermitteln einer neuen Farbnummer
- ✘ Einfügen der neuen Farbe

Bevor die neue Farbe hinzugefügt wird, ermittelt PHP die erforderliche Nummer des Farbeintrags durch Herausfinden des maximalen Farbwerts des gegenwärtigen Besitzers plus 1. Diesen Wert speichert das Programm der Variablen `$farbnr`.

```
SELECT MAX(FarbNr)+1 FROM voFarbe WHERE besitzerID=$besitzerID;
```

Das Einfügen der neuen Farbe ist mit dem Ändern einer bestehenden Farbe identisch.

Ändern einer bestehen Farbe

Das gleiche Skript wie zum Hinzufügen einer Farbe dient ebenso zum Ändern der Farbe, nur mit dem Unterschied, dass COLORCHANGE.PHP in diesem Fall die zusätzliche Variable `$farbnr` aus dem Formular der Seite INDEX2.PHP übermittelt bekommt.

Zum Ändern der Farbe verwenden wir `REPLACE INTO`. Dadurch kann der gleiche Befehl zum Einfügen oder Ändern verwendet werden.

```
REPLACE INTO voFarbe values ($besitzerID,$farbnr,$rot,$gruen,$blau)
```

Löschen einer Farbe

Sie löschen eine Farbe, indem Sie in der letzten Spalte der Tabelle auf INDEX2.PHP auf LÖSCHEN klicken, was zum Aufruf der Seite COLORDELETE.PHP führt.

Aufgaben

- ✘ Löschen des Farbeintrags
- ✘ Neuordnen der Farben

Die Seite INDEX2.PHP übermittelt die Variable `$farbnr`, die Variable `$besitzerID` erhält das Skript aus der aktuellen Session. Der Löschvorgang erfolgt mit dem Befehl

```
DELETE FROM voFarbe WHERE besitzerID=$besitzerID and farbNr=$farbnr;
```

Falls es sich nicht um die höchste Farbnummer des aktuellen Besitzers handelt, entsteht in der Farbliste eine Lücke, die wir durch Neusortierung der Farben beheben.

Das Skript COLORDELETE.PHP benötigt für diesen Zweck eine zweite Datenbankinstanz, denn die Klasse $db2 navigiert über alle Datensätze, währen die neu zu erzeugende Klasse $db die UPDATE-Anweisungen zum Ändern der Farbnummer ausführt.

Wurde die Datenbank-Klasse (MYSQLDB.PHP) einmal eingebunden, erzeugen Sie eine zweite Instanz der Klasse mit der Anweisung

```
$db2 = new mysql_db;
```

Das ermöglicht Ihnen, auf beiden Klassen zur gleichen Zeit unterschiedliche Abfragen an die Datenbank zu senden.

Neuordnen der Datensätze in color-delete.php

```
$Nr = 1;
$db2->query("SELECT FarbNr FROM voFarbe WHERE besitzerid=$besitzerID
ORDER BY FarbNr");
while (list($farbNr)=$db2->data())
{
  if ($farbNr!=$Nr) $db->query("update voFarbe SET farbnr=$Nr WHERE
besitzerID=$besitzerID and Farbnr=$farbNr");
  $Nr++;
}
```

7.3.6 Ändern der Voten

Wenn Sie auf einen Votum-Link auf der Seite INDEX2.PHP klicken, wird VOTUMEDIT.PHP aufgerufen und die Variable $votumid übergeben. Auf dieser Seite werden die Attribute dieses Votums mit dem Befehl

```
SELECT frage,von,bis FROM voVoten WHERE besitzerID=$besitzerID AND
votenID=$votenid;
```

abgefragt und in dem Formular angezeigt.

Die WHERE-Bedingung setzt sich aus zwei Schlüssel-Attributen zusammen. Um das Votum eindeutig zu identifizieren, genügt zwar die Abfrage nach *votenID*, doch durch Hinzufügen der *besitzerID*-Bedingung wird sichergestellt, dass nur der angemeldete Besitzer auf die Daten zugreifen kann. Die Variable $besitzerID erhält das Skript aus der Session.

HINWEIS

Wird die Seite VOTUMEDIT.PHP durch einen Klick auf NEUES VOTUM auf INDEX2.PHP ohne Parameter aufgerufen, zeigt die HTML-Seite ein leeres Formular an, das zum Erstellen eines neuen Votums dient.

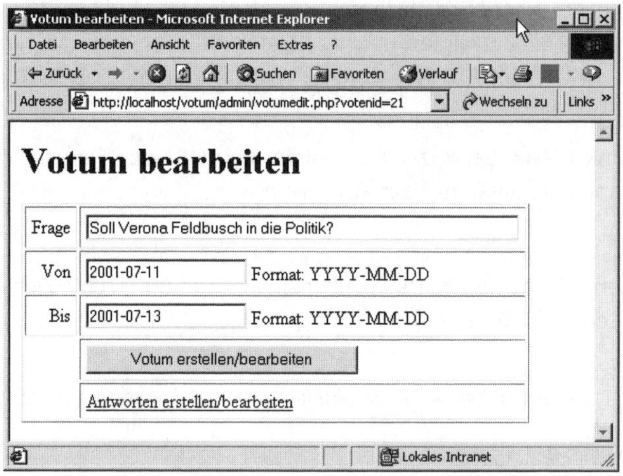

Abb. 7.9: Bearbeiten eines Votum-Eintrags

Hinzufügen oder Ändern eines Votums

Wenn Sie auf VOTUMEDIT.PHP eine neues Votum eingetragen haben, klicken Sie auf VOTUM ERSTELLEN/BEARBEITEN. Es wird die Seite VOTUMCHANGE.PHP aufgerufen, die die Variablen `$frage`, `$von` und `$bis` aus dem Formular übergeben bekommt. Die Variable `$besitzerID` erhält das Skript aus der Session. Beim Aufruf aus der Änderungsmaske wird zusätzliche die Variable `$votumid` übergeben.

Das Einfügen bzw. Ändern des Votum-Datensatzes erfolgt mit einer `REPLACE-INTO`-Anweisung, wodurch sich ein Befehl für zwei Aufgaben eignet. Soll ein neues Votum erzeugt werden, wird in das Attribut *votumId* der Wert `0` eingetragen, wodurch ein neuer Datensatz angelegt wird.

```
REPLACE INTO voVoten VALUES
($votenid,$besitzerID,'$frage','$von','$bis')
```

Wurde ein neues Votum erzeugt, ermittelt das Skript die neu eingefügte *votumID* mit dem Befehl

```
SELECT LAST_INSERT_ID()
```

Nach erfolgter Änderung wird automatisch auf die Seite VOTUMEDIT.PHP verzweigt.

Löschen eines Votums

Durch einen Klick auf DELETE links neben der Frage eines Votums in der Votenliste auf der Seite INDEX2.PHP wird VOTUMDELETE.PHP aufgerufen, das ein Votum löscht.

Aufgaben

- Löschen des Votums
- Löschen der Antworten
- Löschen der Stimmen

Bevor ein Votum gelöscht wird, überprüft das Skript, ob das zu löschende Votum dem aktuellen Besitzer gehört. Dazu wird folgender Befehl verwendet:

```
SELECT * from vovoten WHERE  votenID=$votenid and
besitzerID=$besitzerID;
```

Anschließend werden diese Befehle an MySQL geschickt:

Löschen des Votums

```
DELETE FROM voVoten WHERE votenID=$votenid;
```

Löschen der zugehörigen Antworten

```
DELETE FROM voAntworten WHERE votenID=$votenid;
```

Löschen der für dieses Votum abgegebenen Stimmen

```
DELETE FROM voWahl WHERE votenID=$votenid;
```

7.3.7 Bearbeiten der Antworten

Durch einen Klick auf ANTWORTEN ERSTELLEN/BEARBEITEN auf der Seite VOTUMEDIT.PHP öffnet sich die Seite VOTUMANSWERS.PHP – die zentrale Antwortseite.

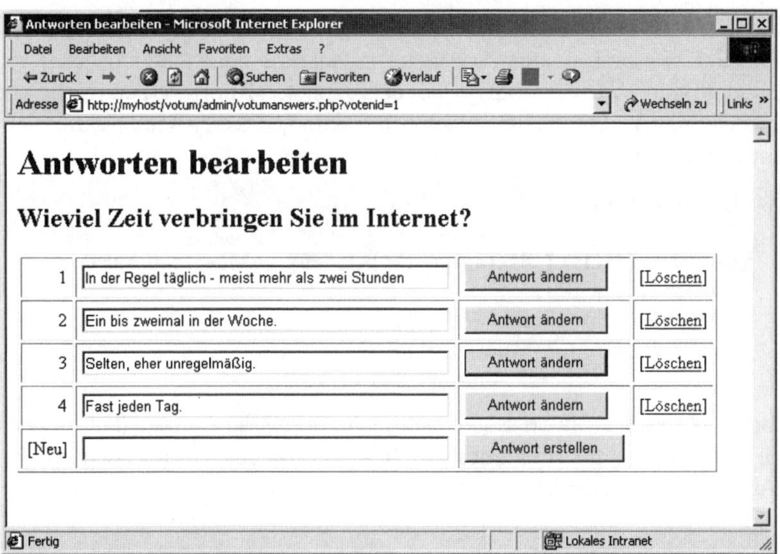

Abb. 7.10: Die Antworten pflegen Sie auf votumanswer.php

Die Seite bekommt als Parameter die Variable `$votenid` übergeben. Die BenutzerID wird über die Session weitergegeben.

War die Benutzer-Authentifizierung in SESSION.PHP erfolgreich, erfolgt zunächst die Darstellung der Frage durch die Abfrage

```
SELECT frage FROM vovoten WHERE votenid=$votenid;
```

Anschließend fragt VOTUMANSWERS.PHP die passenden Antworten zu dem gewählten Votum ab.

```
SELECT AntwortNr,Antwort FROM voAntworten t1 INNER JOIN voVoten t2
USING(votenid) WHERE besitzerID=$besitzerID and t1.votenID=$votenid
ORDER BY AntwortNr;
```

In einer Schleife wird jede Antwort in einem Editierfeld, das zu einem Formular gehört, tabellarisch dargestellt. Jedes Formular enthält neben der Variablen `$Antwort`, die durch das Editierfeld bestimmt wird, die unsichtbaren Variablen `$votenid` und `$antwortNr`. Das Formular selbst verweist auf VOTUMCHANGE.PHP.

Neben dem Formular erscheint ein Link, der dem Löschen einer Antwort dient und ANSWERDELETE.PHP mit den Parametern *votenid* und *antwortnr* aufruft.

Die letzte Tabellenzeile bietet ein Eingabefeld, um eine neue Antwort hinzuzufügen. Das Formular in dieser Zeile unterscheidet sich gegenüber den anderen Zeilen nur darin, dass hier die unsichtbare Variable `$antwortNr` fehlt.

Hinzufügen einer Antwort

Das PHP-Programm ANSWERCHANGE.PHP fügt eine neue Antwort hinzu, wenn auf der Seite VOTUMANSWERS.PHP auf den untersten Knopf ANTWORT HINZUFÜGEN geklickt wurde. Das Skript erkennt dies daran, dass die Variable `$antwortnr` undefiniert ist.

```
if (!$antwortnr)
{
  $db->query("SELECT MAX(AntwortNr)+1 FROM voAntworten WHERE
  votenid=$votenid");
  list($antwortnr) = $db->data();
  if (!$antwortnr) $antwortnr=1;
}
```

Bevor die neue Antwort erstellt wird, wird durch die Abfrage (fett im Listing) die folgende Antwortnummer ermittelt. Besitzt das Votum noch gar keine Antworten, wird die Variable `$antwortnr` mit dem Wert 1 initialisiert.

Das Hinzufügen der Antwort erledigt das Programm unter Verwendung einer REPLACE-INTO-Anweisung:

```
REPLACE INTO voAntworten values ($votenid,$antwortnr,'$antwort');
```

Nach dem Einfügen der Antwort kehrt das Programm zu VOTUMANSWERS.PHP zurück.

Ändern einer Antwort

Ein Klick auf ANTWORT ÄNDERN ruft ebenfalls ANSWERCHANGE.PHP auf, aber erhält aus dem Formular den zusätzlichen Parameter `$antwortnr`.

Da VOTUMCHANGE.PHP eine REPLACE-INTO-Anweisung verwendet, eignet sich das Skript auch zum Ändern einer bestehenden Antwort.

Löschen einer Antwort

Sie löschen eine Antwort, indem Sie die Seite ANSWERDELETE.PHP mit den Parametern *antwortnr* und *votumid* aufrufen. Die passenden Links befinden sich auf der Seite VOTUMANSWERS.PHP.

Vor dem tatsächliche Löschen prüft das Skript, ob die von der Session übergebene BesitzerID zum Besitzer des Votums der zu löschenden Antwort passt. Ist das der Fall, erfolgt das Löschen mit

```
DELETE FROM voAntworten WHERE votenid=$votenid AND  antwortnr=$antwortnr;
```

Nach dem Löschen einer Antwort erfolgt das Neuordnen der Antworten, falls im Attribut *AntwortNr* eine Lücke entsteht. Dieser Vorgang ähnelt dem Neuordnen der Farben aus Abschnitt 7.3.5 und wird hier nicht näher erläutert.

7.3.8 Erweiterungen

Der Votum-Administrator besitzt alle Fähigkeiten, Besitzer, Voten, Antworten und Farben zu verwalten. Doch die Administrationsseiten bieten auch allerhand Möglichkeiten, zusätzliche Merkmale einzubauen, die ein benutzerfreundlicheres Verwalten ermöglichen.

An dieser Stelle geben wir Ihnen einige Anregungen, die Sie vielleicht an dem einen oder anderen verregneten Wochenende umsetzen können (und die Lösung uns dann zuschicken :-)).

Layout

- Mit HTML und/oder Styles erhalten die Administrationsseiten ein ansprechendes Layout.

Farben

- ✗ Auswählen mehrerer Farbschemata ermöglichen
- ✗ Beim Ändern einer Farbe wird eine Vorschau angezeigt
- ✗ Umordnen der Farben ermöglichen

Voten

- ✗ Plausibilitätsprüfungen für den Zeitraum; beispielsweise muss das Attribut *Bis* immer größer sein als *Von*.
- ✗ Beim Anlegen eines Votums soll das Attribut *Von* nicht in der Vergangenheit liegen.
- ✗ Die Antworten eines gerade aktiven Votums sollen nicht mehr geändert werden.
- ✗ Die Antworten können in Ihrer Reihenfolge verändert werden.

7.4 Das Votum-Frontend

7.4.1 Neue Daten

Auf unserer CD-ROM halten wir eine Datenbank-Dumpdatei mit ausgewählten Beispielvoten, die auf *http://www.mogelpower.de/* erschienen, bereit. Diese anonymen Beispieldaten stammen aus realen Voten.

HINWEIS

Sie dürfen diese Daten zu Lehr- und Testzwecken verwenden. Die Daten werden Ihnen ermöglichen, aussagekräftige Testbeispiele parat zu haben. Eine Veröffentlichung dieser Voten gestatten wir nicht. Die IP-Adressen wurden verschleiert.

So importieren Sie die Daten in die Datenbank

- ✗ Starten Sie MySQL-Monitor mit `mysql -h myhost -u root -p votum`. Passen Sie Host, Benutzer und Datenbanknamen gegebenenfalls an.
- ✗ Löschen Sie die vorhandenen Tabellen mit: `drop table vobesitzer, vofarbe,voantworten,vovoten,vowahl`.
- ✗ Rufen Sie das Skript auf: `\. h:\sql\votum_stand2.sql`. Ersetzen Sie `h` durch den Laufwerksbuchstaben des CD-ROM-Laufwerks.

In dieser Datenbank gehören alle Voten nur einem Besitzer. Dieser Besitzer hat folgende Daten:

- Name: *Sven Letzel*
- Login: *root*
- Passwort: *geheim*
- E-Mail: *sven@mogelpower.de*

Sie können dies belassen oder Besitz übernehmen mit:

```
REPLACE INTO voBesitzer VALUES(1, 'Ihr Name', 'Ihr Login', PASS-
WORD('Ihr Kennwort'), 'Ihre EmailAdresse');
```

7.4.2 Anforderungen an das Benutzer-Frontend

Besucher Ihrer Website stellen an das Votum-Frontend zwei Hauptanforderungen:

1. Der Besucher kann seine Stimme abgeben.
2. Der Besucher kann sich Auswertungen des Votums/der Voten ansehen.

Stimmabgabe

Die Abgabe der Stimme erfolgt durch Auswahl eines Optionsfeldes (Radiobutton). Durch Klick auf einen Knopf, Grafik oder Ähnliches wird die Stimme der Datenbank hinzugefügt.

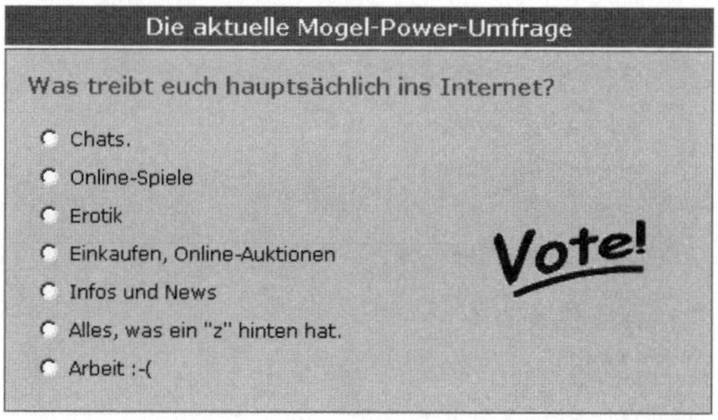

Abb. 7.11: Beispiel für die Stimmabgabe eines Votums auf http://www.mogel-power.de

Folgende Voraussetzungen sind sinnvoll:

- Fragen gestalten Sie so, dass der Besucher es interessant findet, darüber abzustimmen.
- In diesem Zusammenhang erweist es sich als günstig, den Besuchern eine Möglichkeit zu geben, selbst Umfragen vorzuschlagen. Dadurch erfahren Sie, was die Besucher Ihrer Seite interessant finden.

- Erstellen Sie nicht zu viele Antworten. Wenige Antwortmöglichkeiten sollen einen Großteil der Besucher abdecken.
- Ein Besucher darf nur einmal wählen.
- Bauen Sie keine Hürden – wie Registrierung, E-Mail-Adresse angeben oder Ähnliches - ein, um eine Stimme abzugeben.
- Verstecken Sie das Votum nicht.

Auswertungen

Ein Besucher soll sich über verschiedene Ergebnisse der Voten informieren können. Beachten Sie folgende Anmerkungen:

- Zwingen Sie den Besucher nicht mit einer Stimmabgabe, bevor er sich Auswertungen oder Statistiken ansehen darf.
- Erstellen Sie eine aussagekräftige grafische Auswertung.
- Ermöglichen Sie dem Besucher, sich Auswertungen vergangener Abstimmungen anzusehen.
- Liefern Sie den Besuchern interessante Statistiken wie beispielsweise:
  - In welcher Umfrage stimmten die meisten Besucher ab?
  - In welcher Umfrage gab es die eindeutigste Antwort?

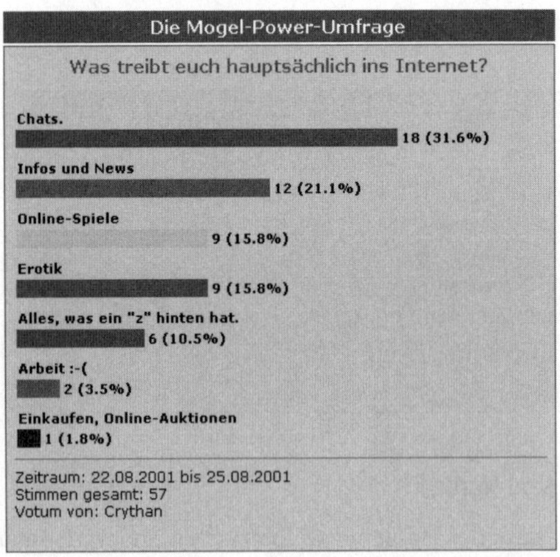

Abb. 7.12: Beispiel für eine Votumsauswertung auf http://www.mogel-power.de/

7.4.3 Darstellung der Umfragen

Abgesehen von den eigenen Umfragen werden Umfragen anderer Besitzer auf anderen Webseiten dargestellt, deren Layout wir nicht kennen. Die Verbindung zur Datenbank erfolgt aus sicherheitsrelevanten und technischen Bedingungen aber stets von Ihrem Server.

Die bestmöglichen Anpassungen an die eigene Seite kann ein Besitzer vornehmen, wenn die Ausgabe der Voten als JavaScript-Befehle realisiert werden.

Der Besitzer eines Votums möchte die Frage einer aktuellen Umfrage an einer beliebigen Stelle seiner Seite einbinden.

HTML_Seite des Besitzers

```
<html><head><title>Besitzerseite</title></head>
<body>
Hier steht beliebiger Homepage-Text.
<p>
Meine aktuelle Umfrage <font color="red"><b>
<script language="JavaScript" src="http://www.IhreSeite.de/votum/fra-
ge.php?besitzerID=1"></script></b></font> ist doch nett.
<p>
Hier geht es weiter mit beliebigem Text.
</body>
```

Auf dem Votum-Server befindet sich die Seite FRAGE.PHP, die die Datenbankabfrage ausführt:

frage.php auf Ihrem Server

```
<?php
  include("mysqldb.php");
  $db->query("SELECT frage FROM voVoten WHERE " .
    "besitzerID=$besitzerID ORDER BY Von DESC LIMIT 1");
  list($frage) = $db->data();
  echo("document.write('$frage')");
?>
```

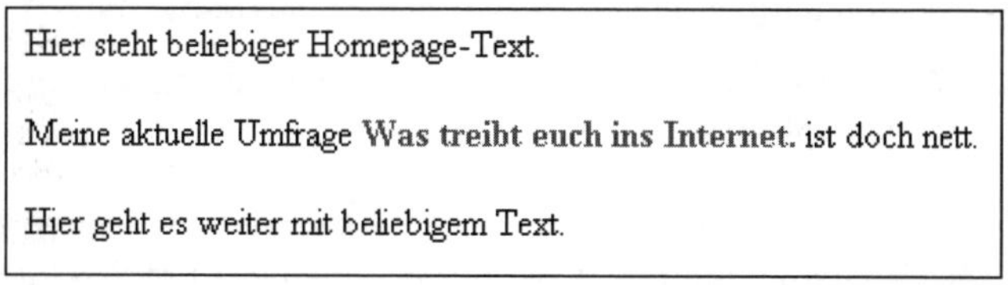
Hier steht beliebiger Homepage-Text.

Meine aktuelle Umfrage **Was treibt euch ins Internet.** ist doch nett.

Hier geht es weiter mit beliebigem Text.

Abb. 7.13: So erfolgt die Ausgabe auf der Seite des Besitzers

Dieses kleine Beispiel verdeutlicht, wie die zukünftigen Programme grundsätzlich funktionieren. Hier ein Überblick über die verschiedenen Programme:

- FRAGE.PHP – gibt die aktuelle Frage als Text zurück. Erwartet als Parameter *id* die BenutzerID.
- FRAGELINK.PHP – gibt die aktuelle Frage als Link zurück, wobei auf den URL des Parameters *link* zuzüglich *?votenid=Nr* verlinkt wird. Erwartet außerdem *id* (BenutzerID) als Parameter. Wird *link* weggelassen, erfolgt die Verlinkung auf die eigene Seite WAHLFORM.PHP, die das Formular anzeigt.
- WAHL.PHP – erstellt das Formular zur Stimmabgabe. Erwartet als Parameter *votenid* die ID des Votums und als Parameter *link* einen URL einer Seite, die nach der Stimmabgabe aufgerufen wird. Wird *link* weggelassen, erfolgt die Verlinkung auf die eigene Seite VOTES.PHP, die das Zwischenergebnis anzeigt.
- FRAGEALTLINK.PHP – gibt eine Liste aller beendeten Umfragen mit `<br>` getrennt als Link zurück, wobei auf den URL des Parameters *link* zuzüglich *?votenid=Nr* verlinkt wird. Erwartet außerdem *id* (BenutzerID) als Parameter. Wird *link* weggelassen, erfolgt die Verlinkung auf die eigene Seite VOTES.PHP, die das Ergebnis anzeigt.

HINWEIS

Sinn des Paramter *link* in *fragelink.php* und *fragealtlink.php* ist es, dem Besitzer zu ermöglichen, eine eigene Seite aufzurufen, die dann beispielsweise das Forumular WAHL.PHP via JavaScript einbindet.

Die entsprechenden Programme finden Sie auf der CD-ROM im Verzeichnis \LISTING\7\VOTUM.

frage.php und fragelink.php

Beide Programme erzeugen JavaScript-Code, der die aktuelle Frage als Text oder Link ausgibt. Die aktuelle Frage ermitteln Sie mit dem Befehl

```
SELECT votenid,frage FROM vovoten WHERE besitzerid=$id AND (NOW() BETWEEN von AND Bis)
```

HINWEIS

Die Programme unterstützen nur eine aktuelle Frage. Unterstützung mehrerer Voten gleichzeitig ist eine denkbare Erweiterung

fragealtlink.php

Mit dem SQL-Befehl

```
SELECT votenid,frage FROM vovoten WHERE besitzerid=$id AND NOW()>bis
ORDER BY Von DESC;
```

ermittelt das Programm die vergangenen Voten und gibt diese durch <br> getrennt als JavaScript-Code aus.

wahl.php

Die Antworten zu einer speziellen Umfrage stellt das Programm WAHL.PHP in einem Formular dar. Die Antworten werden mit folgendem SQL-Befehl ermittelt:

```
SELECT AntwortNr,Antwort FROM voAntworten WHERE votenid=$votenid ORDER
BY AntwortNr;
```

Das Skript WAHL.PHP gibt die Votum-Fragen in Tabellenform aus. Für die Zellen werden HTML-Style-Angaben verwendet. Ein Beispiel für die Verwendung der Styles zeigt die Standardseite WAHLFORM.PHP.

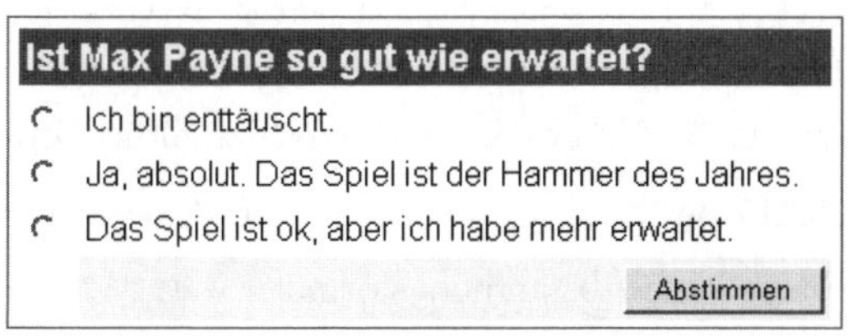

Abb. 7.14: Mit Style-Sheets gesteuerte benutzerdefinierte Bildschirmausgabe von wahlform.php

7.4.4 Stimmabgabe

Wichtig für den Erfolg einer Umfrage ist, dass viele Besucher abstimmen, aber jeder nur einmal, so dass keine Manipulationen möglich sind.

IP-Adressen

Einen Besucher identifizieren Sie anhand seiner IP-Adresse, die in der PHP-Variablen `$REMOTE_ADDR` gespeichert ist. So überprüfen Sie, ob der Besucher bereits gewählt hat. Allerdings hakt die Sache etwas, denn viele Internetler erhalten bei jeder Einwahl eine neue IP-Adresse. Doch dagegen sind Sie relativ machtlos.

Ein anderes Problem ist, dass die IP-Adresse eines Benutzers, der gewählt hat, dann nicht mehr online ist und an einen anderen Benutzer wieder neu vergeben wird. Der neue Benutzer könnte dann bei Ihnen nicht abstimmen.

Ein weiteres Problem stellt die Einwahl über einen Proxy-Server dar, da die Webserver dann dessen IP-Adresse sehen, und in der Regel gibt es Proxy-Server genau dann, wenn viele Benutzer über eine Internet-Verbindung surfen. Für diesen Fall gibt es aber eine einfache Lösung, denn in PHP steht die zusätzliche Variable `$HTTP_X_FORWARDED_FOR` zur Verfügung, die die IP-Adresse des Benutzers speichert, falls sie nicht verschleiert wird.

vote.php

Die Seite VOTE.PHP führt die Stimmabgabe aus. Sie wird durch das von WAHL.PHP erzeugte Formular aufgerufen. Vom Formular erhält das Programm die Parameter *votenid* und *antwortnr*. Die IP-Adresse ermittelt auf der Grundlage der eben angestellten Überlegungen mit

```
$ip = $REMOTE_ADDR;
if ($HTTP_X_FORWARDED_FOR)
  $ip .= " ($HTTP_X_FORWARDED_FOR)";
```

Als Zeit wird die aktuelle Systemzeit `NOW()` verwendet.

Bevor die Stimmabgabe erfolgen kann, überprüft VOTE.PHP, ob in den vergangenen zwei Stunden bereits ein Benutzer mit der gleichen IP-Adresse gewählt hat. In diesem Fall wird die Stimme nicht gezählt. Dazu dient der SQL-Befehl

```
SELECT * FROM vowahl WHERE votenid=$votenid and ipadresse='$ip' and
Zeit+INTERVAL 2 HOUR>NOW();
```

Liefert die Abfrage keine Datensätze zurück, erfolgt die Abstimmung mit

```
INSERT INTO vowahl VALUES($votenid,$antwortnr,$ip,NOW());
```

Wurde dem Abstimmungsformular WAHL.PHP ein Parameter *link* übergeben, ruft VOTE.PHP diesen anschließend auf, anderenfalls die Standardseite VOTES.PHP.

7.4.5 Grafische Auswertungen

Eine gelungene grafische Auswertung einer Umfrage wertet diese wesentlich auf. Einen Teil der Arbeit erledigen die Votenbesitzer selbst, indem sie Farben für die Ausgabe definieren. Diese Farben sollten harmonisch aufeinander abgestimmt sein.

Balkendiagramme

Die Auswertung soll mit Hilfe eines waagerechten Balkendiagramms erfolgen (vgl. Abbildung 7.12). Das Verwenden solch eines Balkendiagramms weist den Vorteil auf, dass für die Darstellung keine Grafiken berechnet werden müssen. Es genügt eine HTML-Tabelle mit gefärbten Zellen.

```
<table border width="200"><tr>
  <td width="150" bgcolor="#00ffff"> </td>
  <td width="50"> 75%</td>
</tr></table>
<table border width="200"><tr>
  <td width="50" bgcolor="#800080"> </td>
  <td width="150"> 25%</td>
</tr></table>
```

Schauen Sie sich oben stehendes HTML-Listing an. Es enthält zwei Tabellen mit jeweils einer Zeile und zwei Spalten. Beide Tabellen sind 200 Pixel breit. Der Wert 200 entspricht in diesem Beispiel 100 Prozent.

Die Zeile der ersten Tabelle besitzt die Aufteilung: 1. Spalte = 150 und 2. Spalte = 50. In der zweiten Tabelle ist die Aufteilung umgekehrt.

Wenn jeweils jede Tabelle für eine Antwortmöglichkeit steht und die linke Spalte jeweils mit der entsprechenden Farbe eingefärbt wird, erhalten wir ein Balkendiagramm (vgl. Abbildung 7.15).

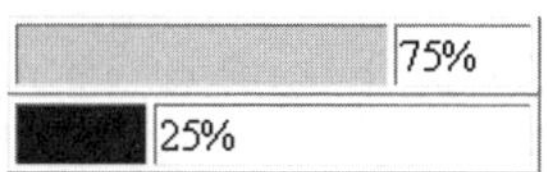

Abb. 7.15: Balkendiagramme im Tabellenformat

Ergebnisse abfragen

In der Tabelle *voWahl* werden die Stimmen der einzelnen Besucher gespeichert. Auf diese Tabelle greifen wir primär zu.

votenID	AntwortNr	Zeit	IPAdresse
1	1	2001-08-01 11:10:01	100.1.19.1
1	2	2001-08-01 11:20:00	20.256.26.2
1	1	2001-08-01 11:21:00	212.17.1.1

Tabelle 7.3: Struktur der Tabelle voWahl

Für die Darstellung des Ergebnisses interessieren uns nur die beiden ersten Spalten. Zeit der Abstimmung und IP-Adresse des Besuchers sind hierfür uninteressant.

Auf einer Seite stellen wir immer nur das Ergebnis eines bestimmten Votums dar. Das bedeutet in Bezug auf die SQL-Syntax: es gibt ein

```
WHERE votenid=???
```

Damit filtern wir alle Abstimmungen eines Votums. Für das Ergebnis benötigen wir allerdings nicht die einzelnen Zeilen des Votums, sondern die Anzahl der Stimmen bezüglich jeder Antwort. Diese Aufgabe lösen wir, indem wir die Funktion `COUNT(AntwortNr)` einsetzen und nach *AntwortNr* gruppieren:

```
SELECT AntwortNr, COUNT(AntwortNr) FROM voWahl
WHERE votenid=??? GROUP BY AntwortNr;
```

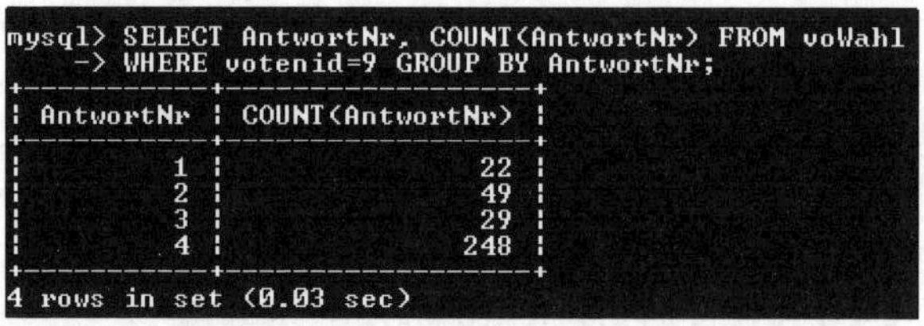

```
mysql> SELECT AntwortNr, COUNT(AntwortNr) FROM voWahl
    -> WHERE votenid=9 GROUP BY AntwortNr;
+-----------+------------------+
| AntwortNr | COUNT(AntwortNr) |
+-----------+------------------+
|         1 |               22 |
|         2 |               49 |
|         3 |               29 |
|         4 |              248 |
+-----------+------------------+
4 rows in set (0.03 sec)
```

Abb. 7.16: Abfrage der Antworten für Votumid=9

Sortieren (1)

Durch Anhängen von

```
ORDER BY AntwortNr
```

Zusätzlich sortieren wir nach *AntwortNr*. Diese Sortierung hat den Vorteil, dass der Besucher die Balken in der Auswertung in der gleichen Reihenfolge sieht wie im Abstimmungsformular.

Sortieren (2)

Eine andere Möglichkeit ist, Sie sortieren die Ergebnisse nach der Zahl der Stimmen – die meisten zuerst. Das erfordert Sortieren nach der Aggregat-Funktion `COUNT(). Wir` benutzen dafür einen Alias *CtAnt* (kurz für *CountAntworten*). Es ergibt sich folgender Befehl:

```
SELECT AntwortNr, COUNT(AntwortNr) AS CtAnt FROM voWahl
WHERE votenid=??? GROUP BY AntwortNr ORDER BY CtAnt DESC;
```

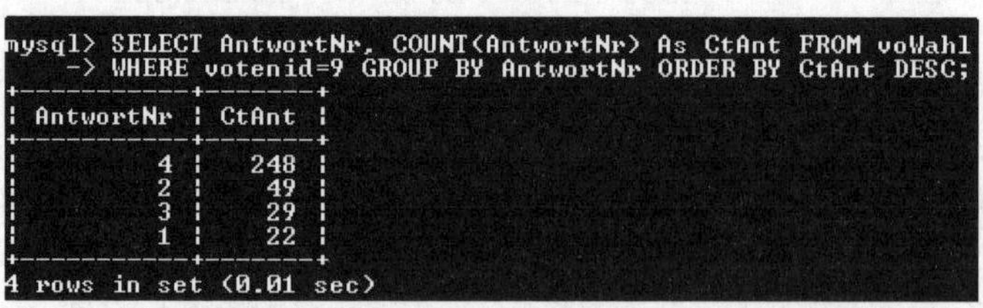

```
mysql> SELECT AntwortNr, COUNT(AntwortNr) As CtAnt FROM voWahl
    -> WHERE votenid=9 GROUP BY AntwortNr ORDER BY CtAnt DESC;
+-----------+-------+
| AntwortNr | CtAnt |
+-----------+-------+
|         4 |   248 |
|         2 |    49 |
|         3 |    29 |
|         1 |    22 |
+-----------+-------+
4 rows in set (0.01 sec)
```

Abb. 7.17: Abfrage der Stimmen sortiert nach der Anzahl der Stimmen

Diese Sortierung hat den Vorteil, dass der Favorit immer ganz oben steht. Bezüglich unseres Systems ist nachteilig, dass sich durch das spätere Verbinden von *AntwortNr* und *FarbNr* die Reihenfolge der Farben verändert, was unschön aussehen kann. Das Problem lösen Sie, indem Sie die Farben starr lassen, dafür den Antworten unterschiedliche Farben zuweisen.

Beides gefällt uns nicht so gut, so dass wir in unserem Beispiel Variante 1 (Sortierung nach *AntwortNr*) verwenden.

Prozente

Damit Sie die abgefragten Ergebnisse ins Verhältnis setzen können, benötigen Sie die Anzahl der Gesamtstimmen bezüglich eines Votums, die sich mit folgendem SQL-Befehl ermitteln lassen:

```
SELECT COUNT(*) FROM voWahl WHERE votenid=???;
```

100%

Bevor Sie die Breite der Balken berechnen, benötigen Sie noch die maximale Breite eines Balkens. Wir legen fest, dass unsere Balken höchstens 300 Punkte breit sein sollen. Entspricht dieser Wert nun 100 Prozent?

Das ist eine Möglichkeit, aber nicht unbedingt die beste, denn angenommen, Sie haben eine Umfrage mit sechs Antworten, für die etwa gleich verteilt gestimmt wurde, dann haben Sie sechs Balken mit nur 50 Pixel Breite. Das ist zwar richtig, aber grafisch nicht elegant.

Die andere Möglichkeit ist, die Antwort mit den meisten Stimmen herauszusuchen und die Anzahl der Stimmen als 100%-Wert für den Balken zu verwenden.

Beträgt die maximale Balkenbreite 300 Punkte, errechnet sich die virtuelle 100%-Breite so:

```
virtMaxBreite = 300 * GesStimmen / MaxAntwStimmen
```

Mit anderen Worten: Sie teilen die Anzahl der Gesamtstimmen durch die höchste Stimmenzahl und multiplizieren mit 300. Das Ergebnis entspricht dem 100% -Wert, den Sie verwenden, um die anderen Balken zu berechnen. Etwa so:

```
Breite = 300 * AntwStimmen / GesStimmen
```

oder in Worten: Balkenbreite gleich 300 multipliziert mit der Anzahl der Stimmen der Antwort geteilt durch die Gesamtstimmenzahl.

Die Antwort mit der höchsten Stimmenanzahl ermitteln Sie so:

```
SELECT AntwortNr, COUNT(AntwortNr) AS CtAnt FROM voWahl
WHERE votenid=??? GROUP BY AntwortNr ORDER BY CtAnt DESC
LIMIT 1;
```

Farben

Für die Darstellung der Balken benötigen Sie neben der Balkenbreite die passenden Farbinformationen, die in der Tabelle *voFarbe* gespeichert sind. Die Tabelle *voFarbe* steht bezüglich eines Votums mit der Tabelle *voWahl* in einer 1:1-Beziehung verknüpft bezüglich der Attribute `FarbNr=AntwortNr`.

Diese Überlegungen münden in folgenden SQL-Befehl:

```
SELECT AntwortNr, COUNT(AntwortNr) As CtAnt, Rot, Gruen, Blau FROM
voWahl INNER JOIN voFarbe ON (FarbNr=AntwortNr) WHERE votenid=??? GROUP
BY AntwortNr ORDER BY AntwortNr;
```

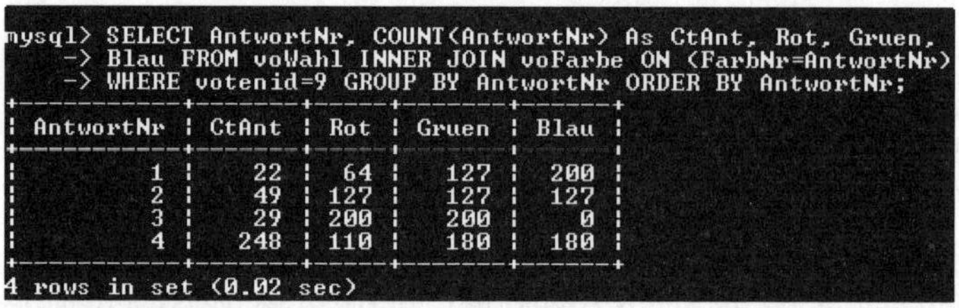

```
mysql> SELECT AntwortNr, COUNT(AntwortNr) As CtAnt, Rot, Gruen,
    -> Blau FROM voWahl INNER JOIN voFarbe ON (FarbNr=AntwortNr)
    -> WHERE votenid=9 GROUP BY AntwortNr ORDER BY AntwortNr;
+-----------+-------+-----+-------+------+
| AntwortNr | CtAnt | Rot | Gruen | Blau |
+-----------+-------+-----+-------+------+
|         1 |    22 |  64 |   127 |  200 |
|         2 |    49 | 127 |   127 |  127 |
|         3 |    29 | 200 |   200 |    0 |
|         4 |   248 | 110 |   180 |  180 |
+-----------+-------+-----+-------+------+
4 rows in set (0.02 sec)
```

Abb. 7.18: Die Farben sind an die Antworten geknüpft

Klartext hinzufügen

Schauen Sie auf unsere bisherigen Abfrageergebnisse (vgl. Abbildung 7.18). Sie wissen, welche Antwort wie viele Stimmen hat, und mit welcher Farbe wird diese dargestellt.

Interessant für das Ergebnis ist mit Sicherheit auch, welche Antworten sich im Klartext hinter den Antwortnummern verbergen. Um an diese Informationen zu gelangen, blicken wir in die Tabelle *voAntworten*, die sich unter Verwendung der Attribute *AntwortNr* und *VotenId* mit der Tabelle *voWahl* verbinden lässt.

Es entsteht ein recht komplexer SQL-Befehl, der drei Tabellen miteinander verbindet:

```
SELECT t1.AntwortNr, COUNT(t1.AntwortNr) as CtAnt, Antwort, Rot, Gruen,
Blau FROM voWahl t1
INNER JOIN voAntworten USING (AntwortNr, votenID)
INNER JOIN voFarbe on (t1.AntwortNr=FarbNr)
WHERE t1.votenID=9 GROUP BY t1.AntwortNr
ORDER BY t1.AntwortNr;
```

```
mysql> SELECT t1.AntwortNr, COUNT(t1.AntwortNr) as CtAnt,
    -> LEFT(Antwort,30), Rot, Gruen, Blau FROM voWahl t1
    -> INNER JOIN voAntworten USING (AntwortNr, votenID)
    -> INNER JOIN voFarbe on (t1.AntwortNr=FarbNr)
    -> WHERE t1.votenID=9 GROUP BY t1.AntwortNr
    -> ORDER BY t1.AntwortNr;
+-----------+-------+--------------------------------+-----+-------+------+
| AntwortNr | CtAnt | LEFT(Antwort,30)               | Rot | Gruen | Blau |
+-----------+-------+--------------------------------+-----+-------+------+
|         1 |    22 | Ich kaufe vorwiegend ältere Sp |  64 |   127 |  200 |
|         2 |    49 | Mir egal, ich besorge mir Kopi | 127 |   127 |  127 |
|         3 |    29 | Der Preis ist ok.              | 200 |   200 |    0 |
|         4 |   248 | Ja! 80 Mark und mehr, wer kann | 110 |   180 |  180 |
+-----------+-------+--------------------------------+-----+-------+------+
4 rows in set (0.01 sec)
```

Abb. 7.19: Die Abfrage mit drei verbundenen Tabellen (Spalte Antwort gekürzt)

Die passende Votum-Frage könnte theoretisch auch an diese Tabelle angebunden werden. Da die Frage aber nur einmal benötigt wird, verkompliziert das diesen SQL-Befehl nur unnötig. Die Frage wird durch eine zusätzlich Anfrage zuvor ermittelt:

```
SELECT frage FROM voVoten WHERE votenid=9;
```

```
mysql> SELECT frage FROM voVoten WHERE votenid=9;
+-----------------------+
| frage                 |
+-----------------------+
| Sind Spiele zu teuer? |
+-----------------------+
1 row in set (0.01 sec)
```

Abb. 7.20: Die passende Frage zu den Antworten

Das Programm

Die Ausgabe des Ergebnisses eines Votums erfolgt ähnlich wie die anderen Aufgaben.

Das Programm VOTERESULT.PHP erzeugt JavaScript-Code, der das Ergebnis in Tabellenform darstellt. VOTERESULT.PHP erwartet die Nummer des Votums im Parameter *votenid*.

Die Programme finden Sie selbstverständlich auf der CD-ROM im Verzeichnis \LISTING\7.

- ✘ VOTES.PHP – Einbinden der Votumergebnisse ohne Formatierung (vgl. Abbildung 7.22)
- ✘ VOTESRESULT.PHP – Erzeugen des JavaScript-Codes zum Einbinden in eine Webseite (vgl. Abbildung 7.21)
- ✘ VOTESFORMAT.PHP – Einbinden der Votumergebnisse, Formatierung mit StyleSheets (vgl. Abbildung 7.23)

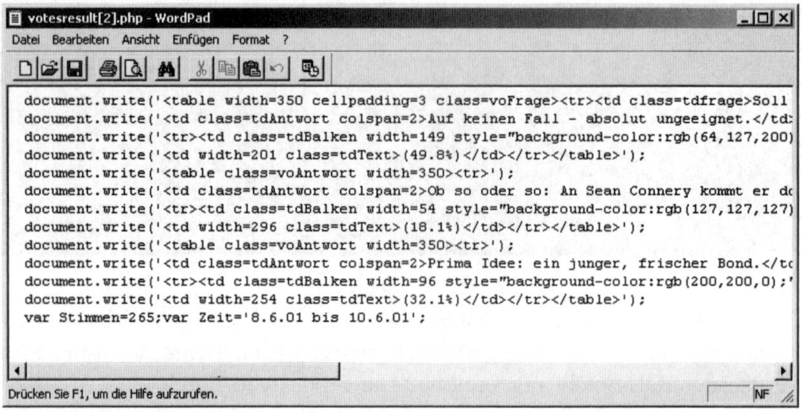

Abb. 7.21: Dieser JavaScript-Code wird von votesresult.php erzeugt

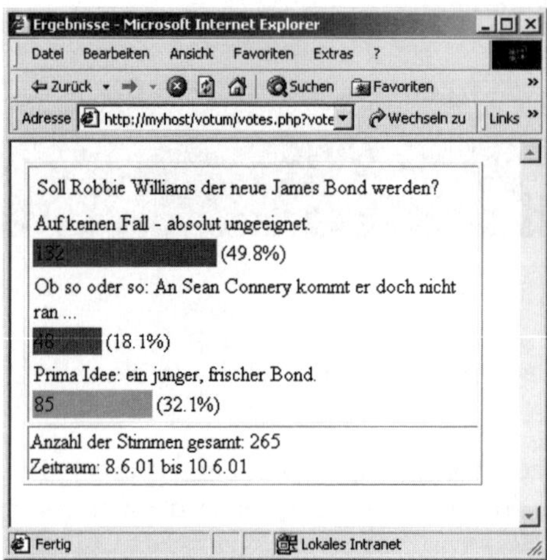

Abb. 7.22: Ergebnisse des Votums eingebunden durch votes.php (unformatiert)

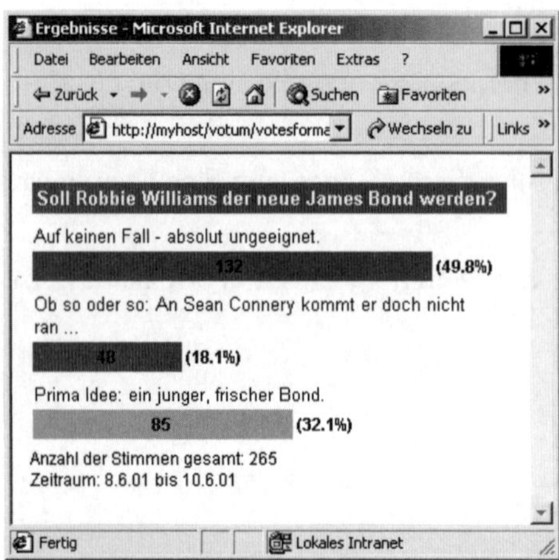

Abb. 7.23: Möglichkeiten der Formatierung mit Style-Sheets (votesformat.php)

Beispielhaft bindet die Seite VOTES.PHP den JavaScript-Code ein.

```
<html><head><title>Ergebnisse</title></head><body>
<table border>
<tr><td>
<script language="JavaScript"
src="votesresult.php?votenid=<?php echo($votenid);?>"
type="text/javascript"></script>
</td></tr>
<tr><td>
<script language="JavaScript" type="text/javascript">
<!--
  document.write('Anzahl der Stimmen gesamt: ');
  document.write(Stimmen);
  document.write('<br>Zeitraum: ');
  document.write(Zeit);
-->
</script>
</td></tr></table>
</body></html>
```

7.4.6 Erweiterungen

Die vorgefertigten HTML-Seiten, Datenstrukturen und PHP-Programme bieten viele Möglichkeiten, das Votum zu erweitern. Sie haben keine Ideen?

- Für einen Besitzer darf es mehr als ein aktuelles Votum geben.
- Der Besitzer kann wahlweise nach *AntwortNr* oder nach der Anzahl der Stimmen sortieren.
- Schaffen Sie bessere Gestaltungsmöglichkeiten!
- Fügen Sie Statistiken hinzu wie beispielsweise:
  - In welchem Votum gab es das eindeutigste Ergebnis?
  - An welchem Tag haben die meisten Besucher gewählt?
  - Welche Umfrage hatte den größten Zuspruch (Zuspruch/Tag)?

7.5 Fragen

1. Welche Schritte sind nötig, bevor ein PHP-Befehl zum Abfragen von Daten verwedet werden kann?
2. Unterscheiden sich SQL-Zeichenfolgen, die sich in MySQL-Monitor eintippen von denen, die Sie mit PHP schicken?
3. Auf welche Art und Weise erhalten Sie die Inhalte der Datensätze, wenn Sie einen SELECT-Befehl an die Datenbank gesendet haben?
4. Wie können Sie ermitteln, ob ein Befehl an die MySQL-Datenbank einen Fehler verursacht hat?
5. Welchen Vorteil bietet eine Klasse zum Zugriff auf die MySQL-Datenbank?
6. Was passiert beim Aufruf des Votum-Administrators, wenn Sie das Session-Modul nicht richtig initialisieren?
7. Warum erfolgt die Ausgabe der Voten in unserem Beispiel mit Hilfe von JavaScript?

Kapitel 8

Weiterführende MySQL-Techniken

Mit den bisherigen Kapiteln haben Sie alle Grundlagen kennen gelernt, die für den Umgang mit PHP und MySQL notwendig sind. Der nun folgende abschließende Abschnitt führt Sie in tiefer gehende Bereiche, die Sie nicht zwingend beherrschen müssen. Sie erhalten beispielsweise einen Überblick über die verschiedenen Tabellentypen, wie Transaktionen funktionieren und wie Sie Daten im- und exportieren.

8.1 Tabellentypen

Sie legen den Typ einer Tabelle beim Erzeugen unter Verwendung der Option `TYPE=`*`tabtype`* fest. Einige Tabellentypen können mit Hilfe der `ALTER`-Anweisung ineinander umgewandelt werden.

8.1.1 MyISAM-Tabellen

Syntax:

```
TYPE=MYISAM
```

Seit Version 3.23 wurde der *MyISAM*-Tabellentyp zum Standard-Tabellentyp in MySQL gekrönt.

Die MyISAM-Tabelle basiert auf dem Code der ISAM-Tabellen und besitzt ihr gegenüber zahlreiche Erweiterungen, die wir an diese Stelle nicht näher beleuchten wollen, da sie meist technischer Natur sind.

Wichtig für den Datenbankentwickler an dieser Stelle:

- Unterstützung für Attribute mit variable Länge – zum Beispiel VARCHAR bis 65535 Byte
- Alle CHAR-Felder mit fester Länge und mehr als vier Zeichen Länge konvertiert MySQL automatisch in ein Format variabler Länge
- Sie können Tabellen komprimiert ablegen, um Speicherplatz zu sparen
- Tabellen größer als 4 Gbyte, wenn vom Dateisystem unterstützt

Komprimieren

Komprimierte Tabellen erzeugen Sie mit dem Hilfsprogramm *MyISAMPack*, das Sie im BIN-Unterverzeichnis der MySQL-Installation vorfinden.

Eine mit MyISAMPack erzeugte komprimierte Tabelle ist READ-ONLY. Sie können demnach keine Daten mehr einfügen

Komprimieren der Tabellen, ist nicht mit Hilfe von MySQL-Monitor möglich. Um MyISAMPack auszuführen, benötigen Sie direkten Dateizugriff auf das MyISAM-Datenverzeichnis, was bei einer Internet-Datenbank sicher nie der Fall sein wird.

In unserem Votum-Beispiel könnten Sie die Stimmabgaben abgeschlossener Umfragen in einer komprimierten Tabelle ablegen, zum Beispiel *voWahl_Alt*, die die gleiche Struktur wie die Tabelle *voWahl* hat. Wenn MySQL im Verzeichnis C:\WEB\MYSQL installiert ist, dann packt folgender Befehl die Tabelle *voWahl_Alt*:

```
myisampack c:\web\mysql\data\votum\vowahl_alt.myi
```

Im Anschluss daran erstellen Sie den Index neu:

```
myisamchk -rq c:\web\mysql\data\votum\vowahl_alt
```

und teilen MySQL die geänderten Daten mit

```
mysqladmin -p flush-tables
```

Reparieren und optimieren

Beim Löschen von Datensätzen in Tabellen mit variabler Länge entstehen Löcher, so genannte Fragmente. Sie belegen nicht nutzbaren Speicherplatz. *Ph-*

pMyAdmin zeigt diesen Speicherplatz als Überhang an. Das Programm *MyISAMChk* löscht derartige Lücken. Weitere Aufgaben des Programms:

- Fehler in Tabellen aufspüren und diese reparieren
- Mit *MyISAMPack* gepackte Tabellen wieder entfalten
- Index prüfen und neu erstellen
- Datensätze anhand eines Index sortieren

8.1.2 ISAM-Tabellen

Syntax:

```
TYPE=ISAM
```

Der Tabellentyp ISAM war Standard bis zur Version 3.22. Er besitzt gegenüber MyISAM keine Vorteile; aus diesem Grund sollten Sie ihn nicht mehr verwenden.

8.1.3 MERGE-Tabellen

Syntax:

```
TYPE=MERGE UNION(Tabelle1, Tabelle2, ...)
```

Seit Version 3.23.25 bietet MySQL den Tabellentyp MERGE an. Dieser ist kein eigentlicher Tabellentyp. MERGE erstellt eine virtuelle Tabelle auf der Grundlage von mindestens zwei gleich strukturierten bereits physisch vorhandenen MyISAM-Tabellen.

Im Abschnitt 8.1.1 wurde aus der Tabelle *voWahl* die gepackte Tabelle *voWahl_Alt* erstellt, die archivierte Datensätze enthält. Die Tabelle *voWahl* enthält die noch aktiven Umfragen. Möchten Sie auf beide Tabellen in einer Einheit zugreifen, bietet sich der MERGE-Typ an.

Erstellen Sie wie folgt eine Tabelle *voWahl_Gesamt*

```
CREATE TABLE voWahl_Gesamt (VotenID INT NOT NULL, AntwortNr TINYINT NOT
NULL, IPAdresse char(35), Zeit DATETIME) TYPE=MERGE UNION(voWahl,
woWahl_Alt);
```

Der Tabellentyp MERGE besitzt folgende Besonderheiten beziehungsweise Einschränkungen:

- Sie können sehr große Tabellen in kleinere zerteilen, um auf die Teiltabellen effizienter zuzugreifen.

Die MERGE-Tabelle kann größer als 4 Gbyte sein, auch wenn sie nicht vom Dateisystem unterstützt wird.

- `INSERT` funktioniert nicht mit diesen Tabellen.
- Zugriffsrechte erbt die MERGE-Tabelle von den Quelltabellen.
- `DELETE FROM` löscht nur, wenn Sie eine Einschränkung mit `WHERE` vornehmen.

8.1.4 HEAP-Tabellen

Syntax:

```
TYPE=HEAP
```

HEAP-Tabellen gibt es nur im Arbeitsspeicher. Der Zugriff auf die Datensätze erfolgt mit einem sehr schnellen Hash-Index. Bei einem Crash des Servers gehen alle Daten dieser Tabelle unwiderruflich verloren. Damit eignet sie sich gut für temporäre Tabellen mit kurzer Lebensdauer.

Allerdings benötigen diese Tabellen reichlich Arbeitsspeicher. Aus diesem Grund sind HEAP-Tabellen bei Internet-Providern oft deaktiviert.

Für HEAP-Tabellen gelten folgende Besonderheiten:

- Indizes werden in HEAP-Tabellen nur bei Vergleichen = sowie <=> benutzt.
- Jeder Datensatz besitzt immer eine feste Länge.
- BLOB- und TEXT-Datentypen sind nicht erlaubt.
- `AUTO_INCREMENT` wird nicht unterstüzt.

8.1.5 BDB-Tabellen (Berkeley-Tabellen)

Syntax:

```
TYPE=BDB
```

Die wohl wichtigste Eigenschaft des Tabellentyps BDB ist die Unterstützung von Transaktionen. Sie benötigen mindestens die Version 3.23.34, um BDB zu nutzen. Wenn Sie eine Binärdistribution verwenden, müssen Sie MYSQLD-MAX verwenden, andernfalls ist BDB nicht verfügbar.

BDB-Tabellen unterstützen die in Abschnitt 8.2 besprochenen BEGIN-COMMIT-ROLLBACK-Befehle für Transaktionen. Die MySQL-Dokumentation bezeichnet den BDB-Programmcode als Beta. Damit sollte er in Produktionsumgebungen nur »mit einem besonderen Auge drauf« eingesetzt werden.

In Verbindung mit Transaktionen unterstützen BDB-Tabellen Transaktionssperren. Unserer Meinung nach sind die Sperren der InnoDB-Tabellen ausgeklügelter.

Diese Besonderheiten gelten bei BDB-Tabellen:

- Obwohl jede Tabelle einen Primärschlüssel besitzen sollte, kommen Sie bei BDB nicht drum herum. Erstellen Sie keinen, erzeugt MySQL einen synthetischen Primärschlüssel.
- Transaktionssperren beziehen sich auf ganze Tabellen.
- `SELECT COUNT(*)` arbeitet bei BDB-Tabellen langsamer, da MySQL die Anzahl der Datensätze erst ermittelt.

8.1.6 InnoDB-Tabellen

Syntax:

```
TYPE=INNODB
```

Ebenso wie BDB ist der Tabellentyp InnoDB ein transaktionsbasierter Typ. Sie benötigen Version 3.23.35. Im Gegensatz zu BDB unterstützt InnoDB sehr intelligente Transaktionssperren auf Datensatzebene. Wie BDB befindet sich auch der InnoDB-Code im Beta-Stadium.

InnoDB-Unterstützung ist in Binärdistribution in mysqld-max enthalten, erfordert gegenüber BDB einen höheren Konfigurationsaufwand (vgl. Kapitel 2).

Besonderheiten bei `InnoDB`:

- Maximale Logdateigröße (Speicherplatz) ist (derzeit) 4 Gbyte, aber es können bis zu 4 Billionen Logdateien zu einer Datenbank zusammengefasst werden.
- Unterstützung von Multi Versioning (Stände der Datenbank).
- `INSERT DELAYED` wird nicht unterstützt.
- Maximale Größe der Datenbank muss beim Installieren festgelegt werden. Eine Veränderung der Größe ist nur durch Backup, Neuanlegen der Datenbank und Zurückspielen möglich.

8.1.7 GEMINI-Tabellen

Syntax:

```
TYPE=GEMINI
```

Aus der offiziellen MySQL-Dokumentation wurden alle Verweise auf GEMINI-Tabellen entfernt. Der GEMINI-Typ wird seit Version 3.23.40 nicht mehr als Open Source vertrieben. Die Gemini-Dokumentation befindet sich jetzt unter *http://www.mysql.org*.

8.2 Transaktionen

8.2.1 Einführung

Eine Transaktion ist eine logische Einheit, die eine oder mehrere SQL-Anweisungen enthält. Die Auswirkungen dieser SQL-Befehle, die eine Transaktion beschreiben, werden entweder gemeinsam festgeschrieben oder rückgängig gemacht.

Das Festschreiben einer Transaktion erfolgt durch `COMMIT`, das Widerrufen mit `ROLLBACK`.

Während Sie eine Transaktion einleiten, werden auf den Tabellen Transaktionssperren gesetzt, so dass Daten, die sich innerhalb Ihrer Transaktion befinden, von keinem anderen Benutzer verändert werden dürfen. Ebenso sind die geänderten Daten anderen Benutzern so lange nicht sichtbar, bis die Transaktion mit `COMMIT` bestätigt wurde. Bei einem `ROLLBACK` werden die Änderungen ignoriert und die Transaktionssperren aufgehoben.

Pro Transaktion

Aus diesem Transaktionsmechanismus folgen einige Vorteile:

- SQL-Befehle, die Sie zum Test eintippen, können Sie durch `ROLLBACK` sehr leicht rückgängig machen.
- Bricht die Verbindung zur Datenbank bei einer laufenden Transaktion ab, erfolgt automatisch ein `ROLLBACK`, so dass die Daten in einem definierten Zustand bleiben.
- Transaktionssperren erhöhen die Datenintegrität.

8.2.2 MySQL und Transaktionen

MySQL unterstützt auf den Standardtabellen-Typen *ISAM* und *MyISAM* keine Transaktionen. Wenn Sie Unterstützung für Transaktionen wünschen, ist es erforderlich, Tabellen in anderen Tabellentypen wie beispielsweise *BDB* oder *innoDB* anzulegen.

Sie können sich sicher vorstellen, dass ein Transaktion basiertes Mehrbenutzersystem sehr aufwendig zu implementieren ist. Neben dem Speicherplatz für Tabellen und Indizes benötigt das DBMS Speicherplatz und Ressourcen, um die Transaktionen samt Datenmengen, Sperren und was alles dazugehört zu verwalten.

Verzichtet man dagegen auf Transaktionen, werden diese Ressourcen gespart und führen zu einer Erhöhung der Leistungsfähigkeit des Datenbanksystems bezüglich Datenabfrage und Updates. Die MySQL-Entwickler sprechen von einem Verhältnis 1:4.

In fast allen Fällen werden Sie ohne transaktionsbasierte Systeme auskommen; in den restlichen Fällen gibt es Workarounds, die ein transaktionsähnliches Verhalten simulieren, aber nicht auf Kosten des Ressourcenverbrauchs. Und bei Tabellen, die wirklich sehr sensible Daten enthalten, können Sie dennoch auf einen Transaktionen unterstützenden Typ ausweichen.

Kontra Transaktion

Diese Dinge sprechen gegen den Transaktions-Mechanismus

- ✗ Tabellentypen, die auf Transaktionen basieren, sind ressourcenhungriger und zudem noch im Entwicklungsstadium. Obwohl die Entwicklung schon fortgeschritten ist, sind diese Tabellentypen noch nicht als stabil eingestuft.
- ✗ Jeder SQL-Befehl, den Sie auf eine Tabelle anwenden, die keine Transaktionen unterstützt, ist atomar. Das heißt, ein SQL-Befehl, der einmal an der Datenbank angekommen und dessen Bearbeitung begonnen hat, kann nicht von einem anderen unterbrochen oder gestört werden.
- ✗ Sollen auf Standardtabellen-Typen mehrere Befehle in einer Einheit betrachtet werden, die auch nicht unterbrochen werden dürfen, besitzt MySQL einen einfachen Lock-Mechanismus, um Tabellen zu sperren.

8.2.3 Sperren in MySQL

Für einfache Transaktionen besitzt MySQL einen Lock-Mechanismus, der es erlaubt, Tabellen für andere Datenbankverbindungen zu sperren, um das Unterbrechen mehrerer SQL-Befehle zu verhindern. Freilich handelt es sich hier nicht um eine richtige Transaktion, da diese nicht rückgängig gemacht werden kann.

Read-Only-Sperre

Richten Sie eine Read-Only-Sperre ein, um sicherzustellen, dass eine Tabelle nur gelesen werden darf. Die Read-Only-Sperre gilt auch für den Thread, der sie erstellt.

```
LOCK TABLES tbl_name READ;
```

Für *tbl_name* geben Sie den Namen der Tabelle an, die einen Lock erhalten soll. Die Sperre bleibt so lange aktiv, bis Sie `UNLOCK TABLES;` aufrufen.

HINWEIS

Wenn Sie die `READ`-Sperre um den Zusatz `LOCAL` erweitern, erlaubt MySQL das Einfügen von Datensätzen in die Tabelle, die nicht im Konflikt mit der `READ`-Sperre geraten. Die neu eingefügten Datensätze dürfen auch mit `UPDATE` geändert oder `DELETE` gelöscht werden.

Sie können mit einer `LOCK`-Anweisung mehrere Tabellen sperren, zum Beispiel `LOCK TABLES tbl_name1 READ, tbl_name2 READ LOCAL;`

Exclusiv-Sperre

Eine andere Möglichkeit, eine Sperre einzurichten, ist, eine Tabelle exklusiv für alle anderen Threads zu sperren, um somit dem aufrufenden exklusive Lese- und Schreibrechte zu gewähren. Verwenden Sie dazu

```
LOCK TABLES tbl_name WRITE;
```

Für *tbl_name* geben Sie den Namen der Tabelle an, die einen Lock erhalten soll. Die Sperre bleibt so lange aktiv, bis Sie `UNLOCK TABLES;` aufrufen.

HINWEIS

Ebenso wie bei `READ` können Sie auch bei `WRITE` mehrere Tabellen sperren, auch gemischt.

Verwenden Sie bei `WRITE` den Vorsatz `LOW PRIORITY`, um einer `WRITE`-Sperre weniger Priorität zu erteilen als einer `READ`-Sperre.

Allgemeine Hinweise zu LOCKs

- READ-Locks und WRITE-Locks werden in unterschiedlichen Wartenschlangen platziert. Ein WRITE-Lock hat höhere Priorität. Das bedeutet, wenn ein READ-Lock wartet, wird ein WRITE-Lock bevorzugt, wenn er eintrifft, während eine andere Sperre aktiv ist.
- Mit `FLUSH TABLES WITH READ LOCK;` können Sie alle Tabellen aller Datenbanken sperren.
- Verwenden Sie `LOCK TABLES` nicht auf Tabellentypen, die Transaktionen unterstützen.
- `UNLOCK TABLES` hebt alle Sperren des aktuellen Threads auf. Die Sperren werden auch aufgehoben, wenn die Verbindung beendet wird oder abbricht. Vorsicht bei persistenten Verbindungen!
- Im Allgemeinen sollten Sie sparsam mit LOCKs umgehen.

Wenn ein Votum und dessen Antworten angelegt werden, geschieht das mit folgenden Befehlen:

```
INSERT INTO voVoten VALUES ...
SELECT @votenID:=LAST_INSERT_ID();
INSERT INTO voAntworten VALUES (@votenID, 1,  ...
INSERT INTO voAntworten VALUES (@votenID, 2, ...
```

Jeder einzelne Befehl ist zwar atomar, aber vom Zeitpunkt des Anlegens des Votums bis zum letzten Einfügen einer Antwort besteht eine gewisse Inkonsistenz, da die Antworten des Votums nicht komplett sind. Diese kann ein WRITE-Lock auf der Tabelle *voVoten* beheben:

```
LOCK TABLES voVoten WRITE;
INSERT INTO voVoten VALUES ...
SELECT @votenID:=LAST_INSERT_ID();
INSERT INTO voAntworten VALUES (@votenID, 1,  ...
INSERT INTO voAntworten VALUES (@votenID, 2, ...
UNLOCK TABLES;
```

Eine Sperre auf der Tabelle *voAntworten* halten wir nicht für sinnvoll, da eine Antwort normalerweise erst dann gelesen wird, wenn die Frage (aus Tabelle *voVoten*) bekannt ist.

8.2.4 Richtige Transaktionen

Auf neuen Tabellentypen wie beispielsweise Berkeley-Tabellen (BDB) oder InnoDB-Tabellen unterstützt MySQL »richtige« Transaktionen.

Während BDB-Tabellen älter und damit ausgereifter sind, unterstützen InnoDB-Tabellen bessere Mechanismen für Transaktionssperren. Ein Nachteil der InnoDB-Engine ist, dass Sie sich beim Installieren von MySQL auf den maximalen Platz des InnoDB-Speichers festlegen müssen, den Sie freilich ausreichend groß wählen können. Doch dieser Platz wird sofort fest vergeben. Ein Anpassen des Speichers ist nur durch Neuinitialisieren der InnoDB-Engine möglich (Datenbankexport, Datenbankimport notwendig).

Welche Typen

Beachten Sie, dass MySQL nicht in allen Versionen Unterstützung für diese Tabellentypen beinhaltet. Ebenso kann ein Tabellentyp nicht installiert sein. Sie erfahren das, indem Sie

```
SHOW variables LIKE 'have_%';
```

aufrufen.

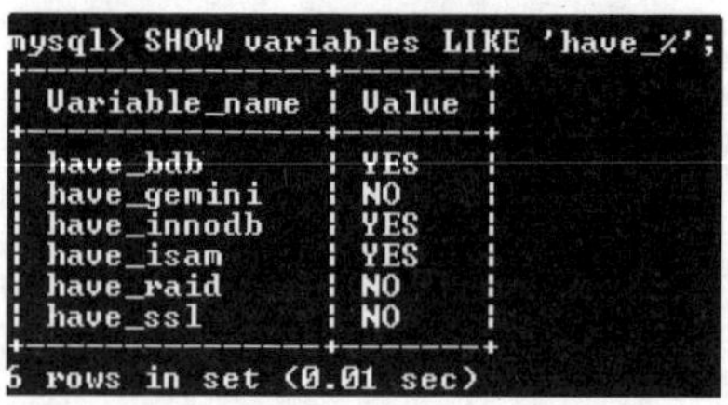

```
mysql> SHOW variables LIKE 'have_%';
+---------------+-------+
| Variable_name | Value |
+---------------+-------+
| have_bdb      | YES   |
| have_gemini   | NO    |
| have_innodb   | YES   |
| have_isam     | YES   |
| have_raid     | NO    |
| have_ssl      | NO    |
+---------------+-------+
6 rows in set (0.01 sec)
```

Abb. 8.1: Anzeige unterstützter Tabellentypen

In diesem Beispiel ist als transaktionsgeeigneter Typ nur InnoDB und Berkeley (BDB) vorhanden, demnach können auch keine anderen Tabellentypen verwendet werden. Vergleichen Sie dies mit den Installationsanweisungen am Anfang des Buches.

Tabellen erzeugen

In einem kleinen Szenario sollen die Tabellen *voVoten* und *voAntworten* in InnoDB-Tabellen überführt werden. In diesem Fall genügen zwei `ALTER`-Anweisungen:

```
ALTER TABLE voVoten TYPE=InnoDB;
ALTER TABLE voAntworten TYPE=InnoDB;
```

Auch, wenn diese beiden Anweisungen sehr einfach strukturiert sind, hat MySQL ganze Arbeit zu leisten, da die Tabellen in einem neuen Speicherbereich neu anzulegen sind. Im Datenverzeichnis von MySQL sind nur noch die

.frm-Dateien vorhanden. Daten und Index gibt es für diese beiden Tabellen dort nicht mehr.

Sie können leicht überprüfen, ob die Befehle bei Ihnen ausgeführt wurden, indem Sie

```
SHOW CREATE TABLE voAntworten;
```

eintippen, um sich die Tabellen-Create-Definition anzusehen. Die Tabellen wurden erfolgreich umgewandelt, wenn am Ende der Definition `type=InnoDB` zu sehen ist.

Sie können Tabellen gleich als InnoDB-Tabelle anlegen, indem Sie beim Erzeugen der Tabellen dem `CREATE`-Befehl `type=InnoDB` anhängen.

8.2.5 Transaktionen steuern

MySQL startet eine Transaktion automatisch, wenn Sie einen Befehl bezüglich einer passenden Tabelle starten. Standardmäßig arbeitet MySQL aber im `AUTOCOMMIT`-Modus, so dass jeder Befehl automatisch eine abgeschlossene Transaktion darstellt.

Sie können das verhindern, indem Sie

```
BEGIN;
```

eingeben. Dieser Befehl startet in MySQL eine lange Transaktion, die erst durch ein `COMMIT` oder `ROLLBACK` abgeschlossen wird. Vorher sehen andere Benutzer keine Änderungen.

Die Funktionsweise der Transaktionen wollen wir in einem kleinen Beispiel erläutern. Voraussetzung ist, dass die Tabelle *voVoten* eine InnoDB-Tabelle ist.

- ✗ Starten Sie MySQL-Monitor #1 mit Zugriff auf die Datenbank Votum.
- ✗ Starten Sie einen weiteren MySQL-Monitor #2, auch mit Zugriff auf die Datenbank Votum (kann mit dem gleichen Benutzer erfolgen).
- ✗ Geben Sie im MySQL-Monitor #1 ein:

```
SELECT COUNT(*) FROM vovoten;
+----------+
| count(*) |
+----------+
|       22 |
+----------+
1 row in set (0.03 sec)
```

- Geben Sie im MySQL-Monitor #2 ein:

```
SELECT COUNT(*) FROM vovoten;
+----------+
| count(*) |
+----------+
|       22 |
+----------+
1 row in set (0.03 sec)
BEGIN;
Query OK, 0 rows affected (0.02 sec)
INSERT INTO vovoten VALUES (0,0,'Testfrage',0,0);
Query OK, 1 row affected (0.01 sec)
SELECT COUNT(*) FROM vovoten;
+----------+
| count(*) |
+----------+
|       23 |
+----------+
1 row in set (0.03 sec)
```

- Geben Sie im MySQL-Monitor #1 ein:

```
SELECT COUNT(*) FROM vovoten;
+----------+
| count(*) |
+----------+
|       22 |
+----------+
1 row in set (0.03 sec)
```

Beide Fenster zeigen in diesem Moment eine unterschiedliche Anzahl Datensätze an.

- Geben Sie im MySQL-Monitor #2 ein:

```
COMMIT;
Query OK, 0 rows affected (0.01 sec)
```

- Geben Sie im MySQL-Monitor #1 ein:

```
SELECT COUNT(*) FROM vovoten;
+----------+
| count(*) |
+----------+
|       23 |
+----------+
1 row in set (0.03 sec)
```

- ✘ Der Befehl COMMIT im Monitor #2 bewirkte, dass Monitor #1 den eingefügten Datensatz »sieht«.
- ✘ Geben Sie im MySQL-Monitor #1 ein:

```
BEGIN;
Query OK, 0 rows affected (0.01 sec)
DELETE FROM vovoten WHERE frage='Testfrage';
Query OK, 1 rows affected (0.01 sec)
SELECT COUNT(*) FROM vovoten;
+----------+
| count(*) |
+----------+
|       22 |
+----------+
1 row in set (0.03 sec)
```

- ✘ Geben Sie im MySQL-Monitor #2 ein:

```
DELETE FROM vovoten WHERE frage='Testfrage';
```

- ✘ Es erfolgte keine Ausgabe; der bereits im anderen Monitor gelöschte Datensatz ist zwar für alle anderen Clients noch abfragbar, aber nicht bearbeitbar. Er besitzt eine Transaktionssperre.
- ✘ Geben Sie im MySQL-Monitor #1 ein:

```
COMMIT;
Query OK, 0 rows affected (0.01 sec)
```

- ✘ Wechseln Sie in den MySQL-Monitor #2 (ohne etwas einzugeben)

```
Query OK, 0 rows affected (23.31 sec)
```

- ✘ Die Eingabe von `COMMIT;` im Monitor #1 hat die Änderungen festgeschrieben und die Transaktionssperren gelöst. Die Abfrage wurde für Monitor #2 ausgeführt, aber ohne zu löschen.

Wenn Sie nicht explizit `BEGIN;` eintippen wollen, um eine lange Transaktion einzuleiten, ermöglicht es die Anweisung

```
SET AUTOCOMMIT=0;
```

Damit schalten Sie in MySQL den `AUTOCOMMIT`-Modus aus, und Änderungen werden für andere Benutzer grundsätzlich erst nach der Eingabe von `COMMIT;` sichtbar.

Für PHP-Programme birgt der abgeschaltete `AUTOCOMMIT`-Modus ein Risiko. Wenn Sie `COMMIT;` vergessen, und das Skript wird beendet, wird die Transaktion widerrufen und automatisch `ROLLBACK;` ausgeführt. Ausserdem können bei abgeschaltetem AUTOCOMMIT-Modus sehr lange Transaktionen entstehen, mit denen einige Tabellentypen (zumal noch im Betastadium) nicht optimal umgehen können.

Wenn Sie eine Transaktion nicht abschließen und erneut `BEGIN;` eingeben, wird die offene Transaktion mit `COMMIT;` festgeschrieben.

8.2.6 Daten auf Transaktionen vorbereiten

Solange verschiedene offene Transaktionen keine Daten verändern, leben sie alle in einem friedlichen Nebeneinander. Sobald eine Transaktion einen oder mehrere Datensätze ändert, erzeugt MySQL Transaktionssperren für alle anderen Verbindungen bezüglich dieser Datensätze.

Die Sperren arbeiten datensatzorientiert. Das heißt, verschiedene Verbindungen dürfen gleichzeitig an unterschiedlichen Datensätzen Änderungen vornehmen.

Eine Sperre wird erst dann eingerichtet, wenn Daten geändert werden. Um sicherzugehen, dass bei Auswahl eines Datensatzes aus einer Tabelle kein anderer Benutzer diesen verriegelt, können Sie Datensätze bereits bei `SELECT` sperren, vorausgesetzt, Sie haben mit `BEGIN;` eine Transaktion eröffnet.

Fügen Sie am Ende des `SELECT`-Befehls `LOCK IN SHARE MODE` an. Das veranlasst MySQL, die übereinstimmenden Datensätze so zu sperren, dass andere Benutzer diese zwar noch Lesen können, bei einem Schreibzugriff aber zurückgewiesen werden. Das bedeutet, Datensätze, die Sie so sperren, sind am Ende der Transaktion noch so vorhanden, wie Sie sie vorgefunden haben. Sinnvoll ist diese Variante insbesondere dann, wenn Sie Daten einer anderen Tabelle in Abhängigkeit von der gesperrten Tabelle ändern wollen (referenzielle Integrität).

Wenn Sie am Ende eines `SELECT`-Befehls die Anweisung `FOR UPDATE` anfügen, bedeutet das, dass andere Benutzer diesen Datensatz erst dann lesen dürfen, wenn die Transaktion abgeschlossen ist. Wenn Sie die Änderung eines Datensatzes auf diese Weise einleiten, können Sie sichergehen, dass ein anderer Benutzer mit dem Lesen warten muss, bis Sie die Transaktion abgeschlossen haben. In diesem Fall gehen Sie sicher, dass andere Benutzer die geänderten Daten vorher zu Gesicht bekommen, und das verhindert konkurrierendes Schreiben.

Erinnern Sie sich an das Hinzufügen einer Antwort im Votum. Hier ist das Attribut *AntwortNr* kein Autowert, sondern die nächste *AntwortNr* wird durch die MAX-Funktion ermittelt.

```
SELECT @NextAntw:=MAX(AntwortNr)+1 FROM voAntworten WHERE
votenID=$votenID;
INSERT INTO voAntworten($votenID,@NextAntw,'$Antwort');
```

Sollte der Fall eintreten, dass zwei Benutzer Antworten für eine Umfrage erstellen (was wir freilich aus logischer Sicht für sinnlos halten), kann es passieren, dass beide Benutzer zur gleichen Zeit eine Antwort abschicken. Die Befehle sind einzeln zwar atomar, wenn die Skripts aber zeitlich so ablaufen, dass beide SELECT-Befehle gleichzeitig ausgeführt werden, dann erhalten beide Benutzer die gleiche *AntwortNr*. Das bedeutet, dass ein Benutzer beim Einfügen mit INSERT eine Verletzung der Schlüsselbedingung hervorruft. Werden die Daten mit REPLACE INTO eingefügt, erfolgt zwar keine Fehlermeldung, aber die von dem anderen Benutzer erzeugte Antwort wird unbemerkt überschrieben.

Unter solchen Bedingungen ist es wichtig, dass der zweite Benutzer den MAX-Wert erst ermitteln darf, wenn kein Änderungsprozess auf der Tabelle ausgeführt wird. Sicherheit erhalten Sie in diesem Fall durch die Verwendung von FOR UPDATE.

```
BEGIN;
SELECT @NextAntw:=MAX(AntwortNr)+1 FROM voAntworten WHERE
votenID=$votenID FOR UPDATE;
INSERT INTO voAntworten($votenID,@NextAntw,'$Antwort');
COMMIT;
```

8.2.7 Transaktionen und ihre Tücken

Transaktionen helfen, die Datenintegrität zu erhöhen, aber nur, wenn Sie richtig angewendet werden. Insbesondere sind folgende Dinge zu beachten:

- ✘ Wenn zwei Benutzer eine Transaktion eröffnen und ein UPDATE auf ein und demselben Datensatz ausführen, »gewinnt« derjenige, der als Letztes COMMIT; sendet. Abhilfe: Datensatz vorher mit FOR UPDATE lesen.
- ✘ Werden Datensätze gesperrt mit beispielsweise SELECT * from vovoten WHERE votenID>10 FOR UPDATE;, dann kann auch kein anderer Benutzer Datensätze einfügen, denn ein neuer Datensatz würde eine *VotenID>10* erzeugen.
- ✘ Ein SELECT ... FOR UPDATE ohne Einschränkung mit WHERE sperrt die ganze Tabelle.

- Programmieren mit PHP erfordert besondere Wachsamkeit bei der Verwendung von Transaktionen beziehungsweise Sperren, da bei einem Abbruch der Verbindung die Sperre möglicherweise etwas länger bestehen bleibt, als Ihnen lieb ist.

8.3 MySQL und Schlüssel

8.3.1 Indizieren von Attributen

MySQL findet Datensätze schneller, wenn diese indiziert sind. Der Index ist ein intelligenter, oft in Baumstrukturen organisierter Datenbereich, der alternative Wege beschreibt, einen Datensatz aufzusuchen. Der Begriff »Schlüssel« (Key) ist dem Indexbegriff gleichzusetzen.

MySQL kennt drei verschiedene Indextypen:

1. MUL – Der Multiple Value Index ist sozusagen ein gewöhnlicher Schlüssel. Verwenden Sie ihn, um Attribute zu indizieren, die in verschiedenen Datensätzen mehrfach auftauchen (können). In diese Kategorie fällt auch der Fulltext-Index.
2. UNI – Der Unique Value Index indiziert Attribute, die in jedem Datensatz einen anderen Wert haben (müssen).
3. PRI – Der Primary Key ist der Primärschlüssel, der automatisch auch ein Unique Value Index ist.

> HINWEIS
>
> Das nachträgliche Erstellen eines UNI-Schlüssels scheitert, wenn es mindestens einen Datensatz gibt, der gegen diese Bedingung verstößt.
>
> Besteht ein UNI-Schlüssel bereits, verwehrt MySQL das Einfügen eines doppelten Datensatzes bezüglich dieses Attributs.
>
> MySQL verwendet den UNI-Schlüssel unter anderem, um bei einer `REPLACE-INTO`-Anweisung einen eventuell vorhandenen Datensatz aufzufinden.

MySQL nutzt die Anweisung

```
CREATE [UNIQUE|FULLTEXT] INDEX IndexName ON TblName
(AttributName[(Laenge)],... );
```

um einen Index zu erstellen.

Verwenden Sie die Option `FULLTEXT`, wenn Sie ein Attribut indizieren möchten, auf dem eine Volltextsuche erfolgt. Sinnvoll ist dieser Index bei langen `TEXT`-Attributen, da diese keinen anderen Index unterstützen.

Durch die optional Angabe von *Laenge* hinter dem Attributnamen bewirken Sie, dass MySQL nur einen Teil des Attributs indiziert. Das ist sinnvoll bei Attributen vom Typ `CHAR` und `VARCHAR` anzuwenden, bei `TEXT`-Typen sogar Pflicht.

Das Attribut *BesitzerID* der Tabelle *voVoten* erhält einen MUL-Index.

```
CREATE INDEX ind_besId ON voVoten (besitzerID);
```

8.3.2 Wählen geeigneter Schlüssel

Ein Index belegt viel Speicherplatz, manchmal mehr als die eigentlichen Daten der Tabelle. Schon allein aus diesem Grund sollten Sie einen Index richtig wählen.

Weiterhin ist zu beachten, dass mit jeder Änderung eines Attributs, das indiziert ist, MySQL auch einen neuen Index erstellt. Das bedeutet, viele Indizes führen zu schlechter Performance auf Tabellen, in denen oft Werte geändert oder hinzugefügt werden.

Indizieren Sie ein Attribut grundsätzlich nur,

- wenn Sie Datensätze auch in Abhängigkeit von den Werten dieses Attributs anzeigen.
- wenn die Tabelle sehr viele Datensätze besitzt.
- wenn die Anzahl der Datensätze, die ein Abfrageergebnis liefert, im Gegensatz zu der Gesamtanzahl der Datensätze sehr klein ist.

Das Indizieren der Spalte *besitzerID* in der Tabelle *voVoten* ist sinnvoll, da die verschiedenen Umfragen in der Regel immer auf einen Benutzer bezogen angezeigt werden.

```
SELECT frage,von,bis from vovoten WHERE besitzerID=1;
```

Beim Ausführen dieser Abfrage verwendet MySQL die Indizierung des Attributs *besitzerID*.

Erfolgt eine Abfrage auf ein Attribut, das nicht indiziert ist, vergleicht MySQL jeden Datensatz mit dem Suchwert. Diese Art der Suche heißt Fulltable-Scan.

Schlüssel über mehrere Felder

Ein einziger Schlüssel kann gleichzeitig mehr als eine Spalte indizieren. Das ist dann sinnvoll, wenn Sie eine Abfrage ausführen, die mehrere Bedingungen im WHERE-Abschnitt enthält.

BEISPIEL

In der Tabelle *voWahl* erfolgt eine Abfrage nach den *IP-Adresse* und der Zeit, wann diese Besucher gewählt haben, etwa so:

```
SELECT * from voWahl WHERE Zeit LIKE '2001-07-20%' and IPAdresse LIKE
'*.93.64%';
```

In diesem Beispiel erfolgt ein Filtern nach den Attributen *Zeit* und *IPAdresse* gemeinsam. Ein Schlüssel über diesen beiden Feldern kann die Geschwindigkeit erhöhen.

```
CREATE INDEX Zeit_ip ON voWahl (Zeit, IPAdresse(10));
```

In IP-Adresse werden nur die ersten zehn Zeichen indiziert, um Speicherplatz und den Indizieraufwand zu verringern.

MySQL verwendet mehrstufige Indizes unter bestimmten Umständen auch, wenn nicht nach allen Attributen eine Suche erfolgt.

Oben erstellter Index *Zeit_ip* wird ebenso in Abfragen wie

```
SELECT * from vowahl WHERE Zeit < '2001-08-01';
```

verwendet oder wie

```
SELECT * from vowahl WHERE Zeit < '2001-08-01' and AntwortNr=1;
```

Dagegen kann folgende Abfrage den Index nicht verwenden, da der Hauptschlüssel auf dem Attribut Zeit erstellt ist.

```
SELECT * from vowahl WHERE IPAdresse LIKE '*.93.64%';
```

Die Reihenfolge der Nennung der Attribute ist entscheidend.

MySQL verwendet Schlüssel auch unter anderen Bedingungen:

- Bei Verwendung der Funktionen MIN() und MAX()
- Beim Sortieren mir ORDER BY
- Beim Gruppieren mit GROUP BY

8.3.3 Prüfen der Schlüssel

Vor allem, wenn Sie zunächst wenig Daten besitzen, sind Auswirkungen eines Schlüssels nicht zu bemerken.

MySQL besitzt einen Befehl, der anzeigt, welche Schlüssel MySQL benutzt. Dazu formulieren Sie in MySQL-Monitor den zu prüfenden SQL-Befehl und fügen vorn (ganz links) `EXPLAIN` an.

Prüfen des Schlüssels *besID* der Tabelle *voVoten* auf dem Attribut *besitzerID:*

```
EXPLAIN SELECT * FROM vovoten WHERE besitzerID=1;
```

```
mysql> EXPLAIN SELECT * FROM vovoten WHERE besitzerid=1;
+---------+------+---------------+------+---------+------+------+------------+
| table   | type | possible_keys | key  | key_len | ref  | rows | Extra      |
+---------+------+---------------+------+---------+------+------+------------+
| vovoten | ALL  | besID         | NULL |    NULL | NULL |   27 | where used |
+---------+------+---------------+------+---------+------+------+------------+
1 row in set (0.11 sec)
```

Abb. 8.2: EXPLAIN liefert Informationen, welche Schlüssel eine Abfrage verwendet

Vergleichen Sie mit Abbildung 8.2! In *possible_keys* sehen Sie die Schlüssel, die in Frage kommen. Die Spalte *Extra* zeigt an, ob ein Schlüssel benutzt wird.

8.4 Sicherheit

8.4.1 Einführung

MySQL besitzt ein umfangreiches Sicherheitskonzept, das Benutzern aus den Weiten des Internets differenzierte Zugriffsrechte gibt. Nach der Installation von MySQL sind die Zugriffsrechte auf den MySQL-Host alles andere als differenziert, denn der Benutzer *root*, der unabhängig von einem Systemnutzer *root* ist, hat administrativen Zugriff ohne Passwort von überall. In diesem Fall ist es nicht weit her mit Sicherheit.

Dieser Abschnitt gibt Ihnen einen Überblick über das Privilegiensystem von MySQL, das zwar anfangs etwas wirr erscheint, aber dennoch klar strukturiert ist.

MySQL verwaltet Benutzerrechte in einer eigens dafür vorhandenen Datenbank, die den Namen *mysql* trägt. Diese Datenbank besitzt in der derzeitigen Version fünf Tabellen mit den Namen *user*, *db*, *host*, *tables_priv* und *columns_priv*.

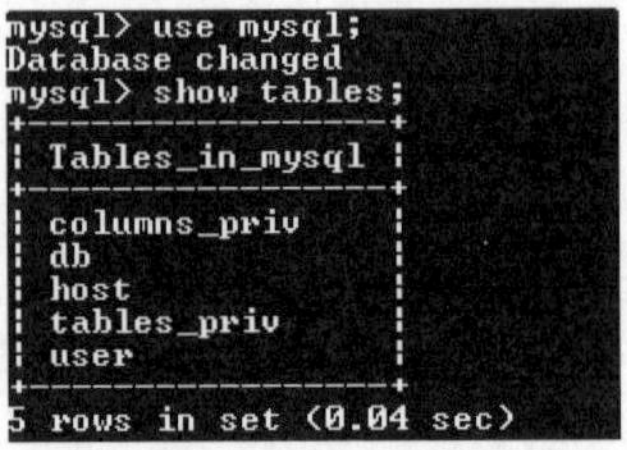

```
mysql> use mysql;
Database changed
mysql> show tables;
+-----------------+
| Tables_in_mysql |
+-----------------+
| columns_priv    |
| db              |
| host            |
| tables_priv     |
| user            |
+-----------------+
5 rows in set (0.04 sec)
```

Abb. 8.3: Tabelle der Datenbank mysql

Da diese Tabellen wesentlichen Einfluss auf die Sicherheit der Datenbank haben, sollten »gewöhnliche« Benutzer in diese Tabellen auch keinen Einblick haben. Wie das funktioniert, werden Sie jetzt erfahren.

8.4.2 Sicherheit auf Verbindungsebene

Die Überprüfung eines sich verbindenden Benutzers kann nur erfolgen, wenn die Voraussetzungen des Betriebssystems vorhanden sind. Wir gehen davon aus, dass ein Benutzer eine Verbindung zu diesem Rechner und MySQL überhaupt herstellen darf. Sie prüfen das, indem Sie in eine Kommandozeile

```
telnet myhost 3306
```

eingeben und die Dinge betrachten, die passieren. Wenn eine Fehlermeldung erscheint, dass eine Verbindung nicht erfolgt, ist entweder der Zugriff auf den Host nicht gestattet oder MySQL läuft auf dem System.

Tabelle 8.1: Beschreibung der Tabelle user

Feld	Bedeutung
Host	Der/Die Host(s), von dem/denen sich der Benutzer verbinden darf.
User	Ein Benutzername, der sich verbinden darf.
Password	Das Kennwort, das der Benutzer verwenden muss.
Select_priv	Der Benutzer darf Daten aus Tabellen auswählen.
Insert_priv	Der Benutzer darf Daten in Tabellen einfügen.
Update_priv	Der Benutzer darf Daten in Tabellen ändern.
Delete_priv	Der Benutzer darf Daten in Tabellen löschen.
Index_priv	Der Benutzer darf die Indizierung einer Tabelle ändern.
Alter_priv	Der Benutzer darf die Struktur der Tabelle ändern.
Create_priv	Der Benutzer darf Tabellen oder Datenbanken erzeugen.
Drop_priv	Der Benutzer darf Tabellen oder Datenbanken löschen.
Grant_priv	Der Benutzer darf Zugriffsrechte vergeben.
References_priv	Reserviert.

Feld	Bedeutung
Reload_priv	Der Benutzer darf administrative Kommandos wie beispielsweise *Benutzertabellen neu laden* ausführen
Shutdown_priv	Der Benutzer darf die Datenbank herunterfahren.
Process_priv	Der Benutzer hat Zugriff auf den MySQL-Prozess.
File_priv	Erlaubt Lesen und Schreiben von Dateien auf dem Server, insbesondere die Kommandos LOAD DATA INFILE, etc.

Um eine Verbindung eines Benutzers zu überprüfen, verwendet MySQL ausschließlich die Informationen, die in der Tabelle *user* gespeichert sind. Ein Benutzer identifiziert sich grundsätzlich mit drei Parametern:

- ✘ dem Benutzernamen
- ✘ dem Passwort
- ✘ dem Hostnamen, von dem der Verbindungsaufbau initiiert wurde

Konnte sich ein Benutzer identifizieren, werden ihm die globalen Zugriffsrechte, wie in den *priv*-Spalten angegeben, zugeteilt. Diese Zugriffsrechte gelten allerdings systemweit für alle Datenbanken. Der Wert `Y` erteilt das Recht, hingegen versagt `N` das Recht.

Sie werden zudem Möglichkeiten kennen lernen, wie Sie Zugriffsrechte für einzelne Datenbanken vergeben. Die Zugriffsrechte, die in der Tabelle *user* vergeben werden, sollten aus diesem Grund nur tatsächliche Superuser erhalten. Anderen Benutzer erteilen Sie hier besser gar keine Rechte.

Für Einträge bezüglich der Spalten *Host*, *User*, *Password* gelten folgende Besonderheiten:

- ✘ Das Passwort verschlüsseln Sie mit der MySQL-Funktion `PASSWORD()`.
- ✘ Speichert die Spalte *Password* eine leere Zeichenkette, darf der entsprechende Benutzer kein Passwort bei der Verbindung angeben.
- ✘ Bleibt die Spalte *User* leer, bedeutet das: Jeder Benutzername passt.
- ✘ Die Spalte Host darf nicht leer bleiben, möglich sind aber die Platzhalterzeichen `%` und _, um eine Gruppe Hosts zuzulassen.
- ✘ Die Spalte *Host* darf Hostnamen oder IP-Adressen enthalten. IP-Adressen dürfen durch die Syntax *Netzwerkadresse/Subnet-Mask* gruppiert werden.

BEISPIEL

Sie möchten einen Benutzer mit dem Benutzernamen *neibe* und dem Kennwort *bier* anlegen, der sich von einem T-Online-Zugang zur Datenbank verbindet. Der Benutzer erhält keine globalen Rechte.

```
INSERT INTO user VALUES
('%.dip.t-dialin.net','neibe',PASSWORD('bier'),'N', 'N', 'N', 'N',
'N', 'N', 'N', 'N', 'N', 'N', 'N', 'N', 'N', 'N');
```

Um das Kennwort für den vordefinierten Benutzer *root* zu ändern, verwenden Sie

```
UPDATE user set password=PASSWORD('ganzgeheim') where user='root';
```

Der neu eingetragene Benutzer wird erst wirksam, wenn MySQL die Benutzertabellen erneut eingelesen hat. Dazu dient der SQL-Befehl

```
FLUSH PRIVILEGES;
```

Alternativ verwenden Sie von Kommandozeile

```
mysqladmin -p reload
```

Enthält die Tabelle *user* mehrere Einträge, kann es passieren, dass mehrere Datensätze auf den sich anmeldenden Benutzer passen. In diesem Fall steht MySQL vor dem Problem, sich einen geeigneten Datensatz auszuwählen, was natürlich nicht willkürlich erfolgt.

Tabelle 8.2: Beispiel 1 für eine user-Tabelle

Host	User
%.inter.net	robic
host1.inter.net	
%.inter.net	
%	robic

Nehmen wir an, die Tabelle *user* hat Datensätze wie in Tabelle 8.2. Wenn MySQL diese Tabelle liest, wird eine Sortierung zunächst nach der *Host*-Spalte vorgenommen. Die Sortierung erfolgt so, dass genauer spezifizierte Datensätze »oben« stehen. Anschließend wird nach dem gleichen Prinzip die Spalte *User* sortiert. Daraus resultiert die in Tabelle 8.3 abgebildete Sortierung.

#	Host	User
1	host1.inter.net	
2	%.inter.net	robic
3	%.inter.net	
4	%	robic

Tabelle 8.3: Von MySQL sortierte Tabelle aus Beispiel 1

MySQL vergleicht nun von »oben« nach »unten«, bricht bei Übereinstimmung ab und erteilt dem Nutzer die in dem Datensatz enthaltenen Rechte.

In diesem Beispiel gehen wir davon aus, dass ein richtiges Kennwort angegeben wurde.

- Verbindet sich der Benutzer *robic* vom Rechner *host1.inter.net*, dann passt Datensatz #1, weil ein leerer Benutzer auf *robic* passt. Auch jeder andere Benutzer von diesem Host erhält diese Rechte.
- Verbindet sich *robic* von einem anderen Rechner der Domäne *inter.net,* erhält er die Rechte aus Datensatz #2. Ein anderer Benutzer der Domäne erhält dagegen die Rechte aus Datensatz #3.
- Verbindet sich *robic* von einem beliebig anderen Rechner, erhält er die Rechte von Datensatz #4.
- Der Benutzer *robic* kann nie die Rechte aus Datensatz #3 erhalten.
- Ein beliebiger Benutzername ist nur von Hosts der Domäne *inter.net* möglich.

8.4.3 Sicherheit auf Datenbankebene

Voraussetzung, dass ein Benutzer eine bestimmte Datenbank benutzen darf, ist zunächst, dass er erfolgreich eine Verbindung zum Datenbanksystem hergestellt hat (siehe Abschnitt 8.4.2).

Hat dieser Benutzer bereits Superuser-Rechte aus der Tabelle *user* erhalten, können Sie ihm diese jetzt nicht mehr wegnehmen. Globale Rechte, die der angemeldete Benutzer aus dieser Tabelle erhalten hat, können aber auf Datenbankebene erweitert werden.

Für diesen Zweck kommt die Tabelle *db* und gegebenenfalls die Tabelle *host* zum Einsatz.

Tabelle 8.4: Beschreibung der Tabelle db

Feld	Bedeutung
Host	Der/Die Host(s), der/die eine Datenbank auswählen darf/dürfen.
Db	Die auszuwählende Datenbank.
User	Der Benutzer,der diese Datenbank auswählen darf.
Select_priv	Der Benutzer darf Daten aus Tabellen dieser Datenbank auswählen.
Insert_priv	Der Benutzer darf Daten in Tabellen dieser Datenbank einfügen.
Update_priv	Der Benutzer darf Daten in Tabellen dieser Datenbank ändern.
Delete_priv	Der Benutzer darf Daten in Tabellen dieser Datenbank löschen.
Index_priv	Der Benutzer darf die Indizierung einer Tabelle dieser Datenbank ändern.
Alter_priv	Der Benutzer darf die Struktur der Tabelle dieser Datenbank ändern.
Create_priv	Der Benutzer darf Tabellen dieser Datenbank erzeugen.
Drop_priv	Der Benutzer darf Tabellen dieser Datenbank löschen.
Grant_priv	Der Benutzer darf Zugriffsrechte seiner Tabellen an andere vergeben.

Tabelle 8.5: Beschreibung der Tabelle host

Feld	Bedeutung
Host	Der/Die Host(s), der/die eine Datenbank auswählen darf/dürfen.
Db	Die auszuwählende Datenbank.
Select_priv	Der Benutzer darf Daten aus Tabellen dieser Datenbank auswählen.
Insert_priv	Der Benutzer darf Daten in Tabellen dieser Datenbank einfügen.
Update_priv	Der Benutzer darf Daten in Tabellen dieser Datenbank ändern.
Delete_priv	Der Benutzer darf Daten in Tabellen dieser Datenbank löschen.
Index_priv	Der Benutzer darf die Indizierung einer Tabelle dieser Datenbank ändern.
Alter_priv	Der Benutzer darf die Struktur der Tabelle dieser Datenbank ändern.
Create_priv	Der Benutzer darf Tabellen dieser Datenbank erzeugen.
Drop_priv	Der Benutzer darf Tabellen dieser Datenbank löschen.
Grant_priv	Der Benutzer darf Zugriffsrechte seiner Tabellen an andere vergeben.

Wenn Sie die Strukturen der Tabellen *db* und *host* vergleichen, sehen Sie, dass beide Tabellen fast gleich sind.

Für die Tabellen gelten folgende Regeln:

- Die Platzhalterzeichen % und _ erlauben Gruppierungen.
- Das Zeichen % in *Host* bedeutet: jeder Host.
- Das Zeichen % oder eine leere Zeichenkette im Feld *Db* bedeutet: eine beliebige Datenbank.
- Die leere Zeichenkette in *User* bedeutet: anonymer Zugang.
- Die leere Zeichenkette in *Host* bedeutet: Die Tabelle *host* wird hinzugezogen.

Der Benutzer *neibe* darf alles auf der Datenbank *Votum*, wenn er sich direkt am Server (localhost) anmeldet, andernfalls darf er nur Daten lesen. Dies realisieren Sie beispielsweise durch zwei Einträge in der Tabelle *db*:

```
INSERT INTO db VALUES ('localhost','Votum','neibe','Y', 'Y', 'Y', 'Y',
'Y', 'Y', 'Y', 'Y', 'Y');
INSERT INTO db VALUES ('%','Votum','neibe','Y', 'N', 'N', 'N', 'N',
'N', 'N', 'N', 'N');
```

Zweifellos funktioniert das auf diese Art und Weise; falls Sie jedoch viele Benutzer, die auf viele Datenbanken mit unterschiedlichen Rechten in Abhängigkeit von dem Host zugreifen, verwalten, ist diese Variante nicht sehr elegant. Ziehen Sie die Tabelle *Host* hinzu.

Löschen Sie zunächst den Benutzer *neibe* aus *db*:

```
DELETE FROM db where user='neibe' and db='Votum';
```

und fügen Sie den Tabellen folgende Einträge hinzu:

```
INSERT INTO db VALUES ('','Votum','neibe','N', 'N', 'N', 'N', 'N', 'N',
'N', 'N', 'N');
INSERT INTO host VALUES ('localhost', '%',
'Y','Y','Y','Y','Y','Y','Y','Y','Y');
INSERT INTO host VALUES ('%', '%',
'Y','N','N','N','N','N','N','N','N');
```

Die durchgeführten Einträge der Tabelle *host* lassen sich wie folgt interpretieren:

- Ein Benutzer, der sich lokal an einer Datenbank anmeldet, hat volle Rechte.
- Ein Benutzer, der sich von sonst wo an einer Datenbank anmeldet, darf nur Daten auswählen.

- Diese beiden Einträge der *Host*-Tabelle treffen noch keine Aussage darüber, welche Benutzer sich an welcher Datenbank anmelden dürfen, aber es gilt für alle Benutzer, die in der Tabelle *db* einen Treffer erzeugen und die *Host*-Spalte dort eine leere Zeichenkette enthält.

Dieses Beispiel zeigt, wie vielfältig die Möglichkeiten der drei Tabellen ist. In diesem Fall regelt

- die Tabelle *user*, welche Benutzer von welchem Host sich mit welchem Passwort anmelden und welche globalen Rechte sie erhalten.
- die Tabelle *host*, welche Rechte alle Benutzer auf ihren Datenbanken in Abhängigkeit von dem Host besitzen, von dem sie sich anmelden.
- die Tabelle *db*, welche Datenbank ein bestimmter Benutzer verwenden darf.

8.4.4 Sicherheit auf Objektebene

Voraussetzung für diese Prüfungen sind, dass ein bestimmter Benutzer sich an einem Datenbankserver angemeldet und Zugriff (auch eingeschränkten) auf die Datenbank hat.

MySQL bietet erweiterte Zugriffsmöglichkeiten, die sich auf Tabellen oder gar Spalten beziehen. Diese Informationen werden in den Tabellen *tables_priv* und *columns_priv* abgelegt.

Tabelle 8.6: Struktur der Tabellen tables_priv und columns_priv

Feld	Bedeutung
Host	wie in Tabelle Db
Db	wie in Tabelle Db
User	wie in Tabelle Db
Table_name	Name der Tabelle, für die Rechte erteilt werden
Column_name	Name der Spalte, für die Rechte erteilt werden (nur columns_priv)
Grantor	Benutzer, der das Recht vergibt (nur in tables_priv)
Timestamp	Zeitstempel der Änderung
Table_Priv	Set an Benutzerrechten für die Tabelle (nur tables_priv)
Column_priv	Set an Benutzerrechten für die Spalte(n)

Der Unterschied zwischen beiden Tabellen liegt darin, dass die Tabelle *column_priv* Benutzerechte auf Spalten erlaubt, während *tables_priv* nur ganze Tabellen betrachtet.

Sie speichern die Benutzerechte in den Spalten *Table_priv* und *Column_priv*. Sie sind als SET definiert, der folgende Werte annehmen kann:

column_priv: 'Select', 'Insert', 'Update', 'References'.

table_priv in Tabelle *tables_priv*: 'Select', 'Insert', 'Update', 'Delete', 'Create', 'Drop', 'Grant', 'References', 'Index', 'Alter'.

table_priv in Tabelle *columns_priv*: 'Select', 'Insert', 'Update', 'References'.

8.4.5 Vergeben und Entziehen von Benutzerrechten

Alle Benutzerrechte werden in den Tabellen *user*, *db*, *host*, *tables_priv* und *columns_priv* abgelegt. Eine Möglichkeit, diese Benutzerrechte zu ändern, haben Sie bereits kennen gelernt. Sie manipulieren diese Tabellen mit `INSERT`, `UPDATE` und `DELETE` direkt und veranlassen das Neuladen der Privilegien-Tabellen.

Um Benutzerrechte auf einem alternativen Weg zu vergeben, verwenden Sie die Kommandos `GRANT` (Benutzerrecht erteilen) und `REVOKE` (Benutzerrecht entziehen). Verwenden Sie dazu folgende Syntax:

```
GRANT Privilegien ON Wo TO Benutzer;
REVOKE Privilegien ON Wo FROM Benutzer;
```

- Für *Privilegien* setzen Sie eine Liste an Rechten durch Komma getrennt ein. Hinter jedem Recht darf optional ein Spaltenname stehen, für den das Recht gilt. Gültige Werte für diese Privilegien sind: `ALL PRIVILEGES`, `FILE`, `RELOAD`, `ALTER`, `INDEX`, `SELECT`, `CREATE`, `INSERT`, `SHUTDOWN`, `DELETE`, `PROCESS`, `UPDATE`, `DROP`, `REFERENCES`, `USAGE`. Nicht immer sind alle Privilegien in jedem Kontext sinnvoll.
- Für *Wo* setzen Sie den Ort ein, für den das Recht gilt. Gültige Werte sind:
  - ein Tabellenname
  - ein Datenbankname gefolgt durch .* (alle Tabellen einer Datenbank)
  - * und *.* für globale Rechte
- Für *Benutzer* verwenden Sie einen oder mehrere Benutzer durch Komma getrennt. Optional darf einem Benutzer beim `GRANT`-Befehl der Zusatz `IDENTIFIED BY('ein passwort')` folgen.
- Fügen Sie am Ende des `GRANT`-Befehls `WITH GRANT OPTION` an, um zu erlauben, dass der Benutzer seine Rechte weitergeben darf.

BEISPIEL

Alles dreht sich erneut um den Benutzer mit dem Namen *neibe* und dem Kennwort *bier*. In diesem Beispiel erhält der Benutzer Zugriff auf die Votum-Datenbank von allen Hosts, die er nur lesen (SELECT) darf. Ausschließlich auf die Tabelle *voBesitzer* erhält *neibe* volle Rechte.

Durch direkte Manipulation der Zugriffstabellen kommt man ganz schön ins Grübeln. Mit GRANT geht es fix!

```
GRANT SELECT ON votum.* TO neibe@"%" IDENTIFIED BY 'bier';
GRANT UPDATE,INSERT,DELETE ON votum.vobesitzer TO neibe@"%";
```

Diese beiden Befehle führen dazu, dass ein Eintrag ohne Rechte in die Tabelle *user* vorgenommen wird. Über die Tabelle *db* vergibt MySQL das SELECT-Recht an den Benutzer. Die Schreibrechte auf *vobesitzer* erfolgen durch einen Eintrag in der Tabelle *tables_priv*.

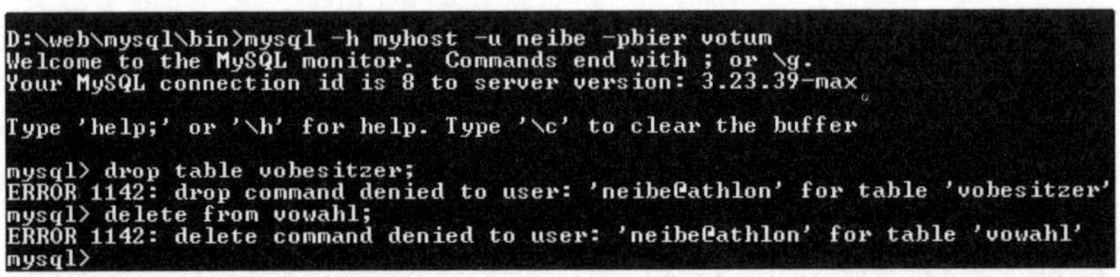

Abb. 8.4: Die Sicherheitseinstellungen sind wirksam

8.4.6 Anzeige der Benutzerechte

Wenn Sie mit GRANT Rechte vergeben haben, ist es gegebenenfalls praktisch zu erfahren, ob die Rechte auch dem entsprechen, was Sie erreichen wollten. Es ist natürlich möglich, die Tabellen der Systemdatenbank *mysql* zu untersuchen, es sei denn, Sie haben Zugriff darauf.

Eine einfache Möglichkeit, die Rechte anzuzeigen, bietet der Befehl

```
SHOW GRANTS FOR Benutzer[@Host];
```

HINWEIS

Jeder Benutzer, der zu einem MySQL-Datenbanksystem verbunden ist, darf sich seine eigenen Rechte ansehen. Zugriffsrechte fremder Benutzer dürfen nur die Benutzer sehen, die Zugriff auf die Systemdatenbank *mysql* besitzen.

✘ Anzeige der Benutzerrechte von *neibe*.

```
SHOW GRANTS FOR neibe;
```

```
mysql> show grants for neibe;
+-----------------------------------------------------------------------------------+
| Grants for neibe@%                                                                |
+-----------------------------------------------------------------------------------+
| GRANT USAGE ON *.* TO 'neibe'@'%' IDENTIFIED BY PASSWORD '6569f1285d233c8b'       |
| GRANT SELECT ON votum.* TO 'neibe'@'%'                                            |
| GRANT INSERT, UPDATE, DELETE ON votum.vobesitzer TO 'neibe'@'%'                   |
+-----------------------------------------------------------------------------------+
3 rows in set (0.01 sec)
```

Abb. 8.5: Benutzerrechte für ***neibe***

8.5 Datensicherung

8.5.1 Warum Datensicherung?

Irgendwann stellt sich die Frage, wie Sie Ihre Datenbank sichern, also ein Backup erzeugen können. Bei den meisten Providern werden automatisch Sicherungen erstellt, entweder durch Raid-Systeme oder Bandsicherungssysteme oder auch beides.

Im Allgemeinen dient Datensicherung nicht nur dazu, vor physikalischen Defekten gewappnet zu sein, sondern bestenfalls auch dazu, Benutzerfehler durch fehlerhafte Abfragen oder auch Hackerzugriffe weitestgehend zu überstehen, um nicht vor dem Nichts zu stehen.

Stellen Sie sich vor, Sie möchten die Stimmabgaben für ein Votum löschen, etwa so:

```
DELETE FROM voAntworten WHERE votenID=10;
```

um die Stimmen für Votum Nummer *10* zu löschen. Dumm gelaufen, wenn Sie `WHERE votenID=10` vergessen oder aus Versehen `WHERE not votenID=10` oder Ähnliches eintippen. Ein Großteil der Daten verschwindet im Nirwana.

Wenn Sie sich mit Ihrem Problem an den Provider wenden, scheint es fraglich, ob er dafür überhaupt ein offenes Ohr hat, denn das Rückspielen einer Bandsicherung ist zumeist für einzelne Dateien extrem aufwendig. Mit etwas Glück bietet Ihnen der Provider ein Dumpfile von gestern an, wenn er überhaupt so schnell reagiert. Möglicherweise wollen Sie zu Test- und Programmierzwecken einfach nur eine lokale Kopie Ihrer Internet-Datenbank besitzen.

Was ist überhaupt ein Dumpfile? Mit einem Müllhaufen hat das offensichtlich nichts gemeinsam. Im Allgemeinen verstehen wir darunter das Abbild eines

Speichers in der Datei, in diesem Fall der Datenbank, natürlich mit dem Zweck, diese Datei – bestenfalls auch auszugsweise – wieder in die Datenbank zurückzuspielen.

8.5.2 Dumpfiles

MySQL versteht unter einem Dumpfile sogar etwas mehr. Es ist nicht nur ein Abbild des Speichers, sondern eine Textdatei, die alle SQL-Befehle enthält, die Sie theoretisch auch in MySQL-Monitor eintippen könnten, um die Datenbank auf den exakt gleichen Stand zu bringen, den Sie zum Zeitpunkt des Erzeugens besaß.

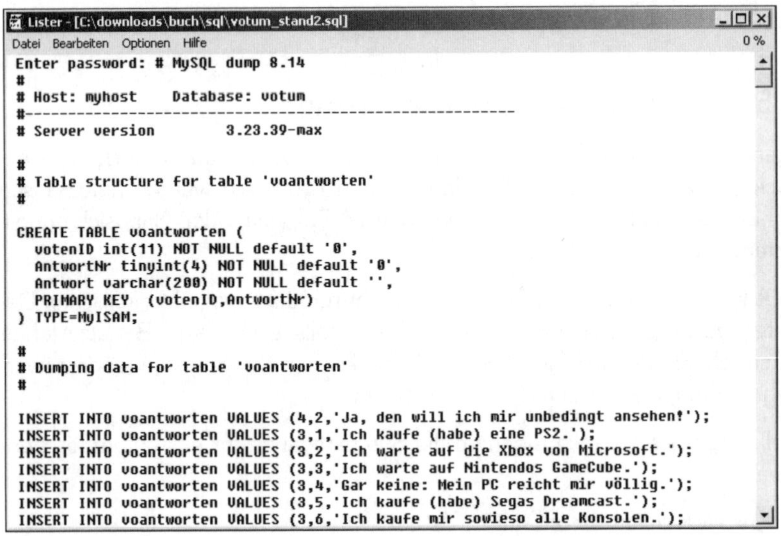


```
Enter password: # MySQL dump 8.14
#
# Host: myhost    Database: votum
#--------------------------------------------------------
# Server version        3.23.39-max

#
# Table structure for table 'voantworten'
#

CREATE TABLE voantworten (
  votenID int(11) NOT NULL default '0',
  AntwortNr tinyint(4) NOT NULL default '0',
  Antwort varchar(200) NOT NULL default '',
  PRIMARY KEY  (votenID,AntwortNr)
) TYPE=MyISAM;

#
# Dumping data for table 'voantworten'
#

INSERT INTO voantworten VALUES (4,2,'Ja, den will ich mir unbedingt ansehen!');
INSERT INTO voantworten VALUES (3,1,'Ich kaufe (habe) eine PS2.');
INSERT INTO voantworten VALUES (3,2,'Ich warte auf die Xbox von Microsoft.');
INSERT INTO voantworten VALUES (3,3,'Ich warte auf Nintendos GameCube.');
INSERT INTO voantworten VALUES (3,4,'Gar keine: Mein PC reicht mir völlig.');
INSERT INTO voantworten VALUES (3,5,'Ich kaufe (habe) Segas Dreamcast.');
INSERT INTO voantworten VALUES (3,6,'Ich kaufe mir sowieso alle Konsolen.');
```

Abb. 8.6: Ein MySQL-Dumpfile

Anhand der Abbildung erkennen Sie, dass diese Dumpfiles wesentlich größer sind als die Daten selbst, manchmal mehr als doppelt so groß, denn ein Befehl wie beispielsweise

```
INSERT INTO voAntworten VALUES(10, 1, '192.168.143.105', '2001-08-21');
```

ist im Anweisungsteil größer als die Daten selbst. Der Vorteil dieser Art Dumpfiles ist aber weitgehende Unabhängigkeit zwischen verschiedenen Versionen von MySQL untereinander und auch zu Datenbanksystemen anderer Hersteller.

Eine andere von MySQL unterstützte Variante sind CSV-Dateien. CSV steht für **C**omma **S**eperated **V**alues. Bei diesem Typ handelt es sich ebenfalls um eine Textdatei. In dieser entspricht in der Regel jede Zeile einem Datensatz.

Die Attributwerte sind jeweils durch Kommata getrennt. Zeichenketten-Attribute stehen in Anführungszeichen. Manchmal stehen in der ersten Zeile die Feldnamen.

Obwohl dieser Standard scheinbar sehr schlicht definiert ist, stecken hier die Tücken im Detail:

- Linux-/Unix-Systeme haben ein anderes ASCII-Format bezüglich des Zeilenendes.
- Manche Systeme schließen auch numerische Attribute in Anführungszeichen ein.
- Andere wiederum verwenden Semikola als Trennzeichen.
- Wie werden Sonderzeichen gespeichert, zum Beispiel wenn eine Zeichenkette ein Anführungszeichen innerhalb besitzt?

Aus diesen Gründen ist es vorteilhaft, wenn die jeweiligen Programme für den Im- oder Export – bestenfalls für beide – entsprechende Optionen bieten, diese Besonderheiten zu konfigurieren. Der Vorteil der CSV-Dateien ist, dass diese kleiner werden als MySQL-Dumpfiles. Das kann insbesondere dann wichtig sein, wenn diese Sicherungsdateien über Modem- oder ISDN-Verbindungen übertragen.

8.5.3 Verarbeiten von SQL-Dumps

Mit SQL-Dumpdateien sind Sie in anderen Kapiteln dieses Buches bereits in Berührung gekommen – zum Beispiel bei Einspielen der Votum-Datenbank. Eine Dumpdatei können Sie auf unterschiedlichen Wegen erstellen.

mysqldump

Im Installationsverzeichnis von MySQL und dem Unterverzeichnis *bin* befindet sich das Dienstprogramm *MySQLdump*, das in der Lage ist, SQL-Dumpdateien zu erzeugen. Voraussetzung, um dieses Programm zu nutzen, ist Fernzugriff auf den Datenbankserver mit TCP/IP, was bei vielen Providern auch aus Sicherheitsgründen nicht der Fall ist.

Das Programm *MySQLdump* arbeitet Kommandozeilen-orientiert. Alle Optionen teilen Sie ihm daher als Kommandozeilen-Parameter mit.

```
mysqldump –h Host –u Benutzer –p Datenbank [Tabellen]
```

Die wichtigsten Parameter sind die, die Sie auch bei MySQL-Monitor angeben müssen, um eine Verbindung zur Datenbank herzustellen. Alternativ können Sie ein Dump einer kompletten Datenbank erstellen oder auch nur einzelner Tabellen.

Die Besonderheit ist, dass MySQL das Datenbank-Dump standardmäßig nicht in einer Datei speichert, sondern am Bildschirm anzeigt. Da das in der Regel nicht Sinn der Sache ist, geben Sie eine Umleitung in eine Datei an.

BEISPIEL

Erzeugen eines Dumps für die Votum-Datenbank

```
mysqldump -h myhost -u root -p Votum > c:\votumdump.sql
```

Insbesondere, wenn Sie größere Datenmengen aus dem Internet »dumpen«, kann das jetzt etwas länger dauern, und es hat den Anschein, das Programm sei eingefroren.

Tabelle 8.7: Wichtige Optionen von MySQLDump

Option	**Bedeutung**
-A	Erstellt ein Dump für alle Datenbanken
-a	Verwendet alle MySQL-spezifischen `CREATE-TABLE`-Optionen
-c	Verwendet vollständige `INSERT`-Anweisungen (mit Attributliste)
-C	Benutzt Datenkomprimierung zwischen Server und *MySQLDump*, was insbesondere bei langsamen Verbindungen sehr beschleunigt
-e	Verwendet verkürzte `INSERT`-Befehle (mehrere Datensätze mit einem `INSERT`)
--add-drop-table	Vor dem Erzeugen der Tabellen eine bestehende löschen
--add-locks	Tabellen sperren bei `INSERT`
-f	Dump bis zum Ende erzeugen, auch wenn Fehler zwischenzeitlich auftreten
-h Host	Hostname des DBMS
-t	`CREATE TABLE` weglassen
-d	Keine Daten
-p Kennwort	Kennwort verwenden, nur `-p` fordert zur Kennworteingabe auf
-P Port	Portnummer des DBMS
-r Datei	Dump in Datei ausgeben
-T Verzeichnis	Speichert für jede Tabelle jeweils eine SQL-Datei mit der Tabellendefinition und eine TAB-getrennte Datei mit den Daten in diesem Verzeichnis
-u Benutzer	Verwendet Benutzer zum Verbinden
-opt	vereinigt -a -e --add-drop-table --add-locks

phpMyAdmin

Insbesondere, wenn Sie keine direkte Verbindung zur Datenbank besitzen, hilft Ihnen *phpMyAdmin* aus der Patsche. Auf der Startseite für die Datenbank können Sie ein Dump für die komplette Datenbank erstellen. Wählen Sie dazu *Struktur und Daten*. Das Aktivieren von *Senden* bewirkt, dass das Dumpfile heruntergeladen wird.

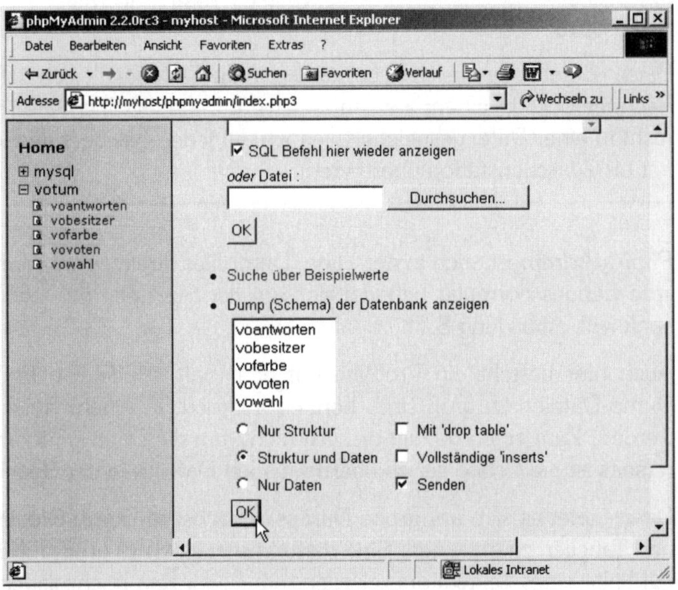

Abb. 8.7: Dumpfile mit phpMyAdmin erzeugen

Wenn PHP im Safe Mode ausgeführt wird, kann das Erstellen und Senden der Dumpfiles problematisch sein, da nicht genügend Zeit bleibt.

Einspielen der Dumpfiles

Wenn Sie eine direkte Verbindung zur Datenbank besitzen, stellt auch das Einspielen der Dumpfiles kein Problem dar. Der einfachste Weg ist der Aufruf von MySQL-Monitor mit einer Eingabeumleitung.

Erzeugen einer Kopie der Votum-Datenbank in der Datenbank VotumKopie. Das Dumpfile wurde im letzten Beispiel bereits erzeugt:

```
mysqladmin -p create VotumKopie
mysql –h myhost –u root –p VotumKopie < c:\votumdump.sql
```

Wenn Sie nur eine Kopie (ohne Datei) erstellen wollen, geht das auch so:

```
mysqldump –h myhsot –u root -p Votum | mysql –h myhost –u –root –p
VotumKopie
```

Dieser Befehl eignet sich aber nur, wenn die Datenbank sich auf dem lokalen Rechner oder in einem lokalen Netzwerk befindet. Die Daten werden zwar nicht in einer Datei gespeichert, jedoch auf jeden Fall über den lokalen Rechner als Zwischenstation übertragen.

PhpMyAdmin ist auch in der Lage, Dumpfiles direkt zu verarbeiten. Ein entsprechendes Formular befindet sich auf der Startseite der jeweiligen Datenbank (vgl. Abbildung 8.7).

Auch hier besteht ein Problem mit dem Safe Mode von PHP. Wenn die Dump-Dateien zu groß sind, können sie nicht in einem Rutsch verarbeitet werden. Zum einen genügt die Zeit nicht, um die Datei zu übertragen, andererseits ist die Größe der zu übertragenden Dateien in der Regel beschränkt.

Dann bietet es sich an, große Dumps zunächst in Dump-Dateien der einzelnen Tabellen zu erzeugen. Sind diese immer noch zu groß, müssen Sie diese mit Hilfe eines Texteditors zerteilen, um sie einzeln hochzuladen, was sicherlich eine undankbare Aufgabe ist.

8.5.4 Arbeiten mit CSV-Dateien

Durch Komma separierte Dateien sind insbesondere dann sinnvoll, wenn Sie die Daten in ein anderes Datenbanksystem übertragen wollen, das aber nicht mit der SQL-Syntax von MySQL zurecht kommt. Oder andersherum: Sie haben Ihre Daten in solch einer Datei und wollen diese in eine Tabelle übertragen.

CSV-Dateien erzeugen

CSV-Dateien können Sie mit *MySQLDump* oder mit Hilfe eines speziellen `SELECT`-Befehls erzeugen. In beiden Fällen werden die CSV-Dateien allerdings direkt in einem Verzeichnis auf dem Server erzeugt. Im Falle eines MySQL-Servers im Internet sind diese Funktionen aus diesem Grund relativ unbrauchbar.

Es funktioniert in diesem Falle nur, wenn folgende Punkte zutreffen:

1. WebServer mit PHP und MySQL müssen auf der gleichen Maschine laufen, denn mit Hilfe eines PHP-Programms benötigen Sie Zugriff auf die erzeugten Dateien.
2. MySQL benötigt entsprechende Schreibrechte, um die Dateien anzulegen. Da der MySQL-Thread meist nur eingeschränkte Rechte besitzt, wäre hier auf jeden Fall das `TEMP`-Verzeichnis ein Versuch Wert. Welches das temporäre Verzeichnis ist, können Sie mit `phpinfo()` ermitteln.
3. PHP darf nicht im Safe Mode laufen, da es sonst die von MySQL erzeugten Dateien nicht lesen kann. Anderenfalls kopiert das PHP-Programm die Dateien vom temporären Verzeichnis in das eigene Homeverzeichnis, von dem Sie sie herunterladen können.

Um CSV-Dateien der Votum-Datenbank mit Hilfe von MySQLDump zu erzeugen, verwenden Sie beispielhaft folgenden Befehl:

```
mysqldump -h myhost -u root -p -T /tmp --fields-terminated-by=;
--fields-enclosed-by=' --fields-escaped-by=\ --lines-terminated-by=\n
votum
```

um anzugeben, dass die CSV-Datei wie folgt aufgebaut ist:

- Attribute sind durch Semikola getrennt (`--fields-terminated-by`)
- Attribute sind in einfache Anführungszeichen eingeschlossen (`--fields-enclosed-by`)
- Escape-Zeichen in Zeichenketten ist der Backslash (`--fields-escaped-by`)

Zeilen werden mit dem Zeichen `\n` (Zeilenvorschub) abgeschlossen (`--lines-terminated-by`)

Die Dateien werden im Verzeichnis /tmp angelegt. Das Verzeichnis muss bereits existieren. Die Dateien dürfen es nicht.

SELECT INTO OUTFILE

- Einen `SELECT`-Befehl zu verwenden ist eine andere Möglichkeit, solch eine Datei anzulegen. MySQL hält hierfür eine spezielle Syntax bereit:

```
SELECT Spalte1,Spalte2 INTO OUTFILE 'Dateiname' Optionen FROM Tabelle
...
```

Für *Optionen* setzen Sie optional ein:

```
FIELDS TERMINATED BY ';'
[OPTIONALLY] ENCLOSED BY '\''
ESCAPED BY '\\'
LINES TERMINATED BY '\n'
```

Diese Optionen haben die gleiche Bedeutung wie bei *MySQLDump*.

phpMyAdmin

Falls Sie nicht in der Lage sind, auf diese Weise CSV-Dateien zu erzeugen, ist noch nicht alles verloren.

PhpMyAdmin geht anders vor und besitzt eine eigene Routine, um diese Dateien zu erzeugen. Wahlweise zeigt *phpMyAdmin* diese auf der Webseite an oder lädt sie herunter.

Die entsprechenden Knöpfe finden Sie auf der EIGENSCHAFTEN-Seite einer Tabelle. Wollen Sie CSV-Dateien von mehreren Tabellen erzeugen, müssen Sie jede Tabelle einzeln behandeln.

Abb. 8.8: CSV-Dateien in phpMyAdmin

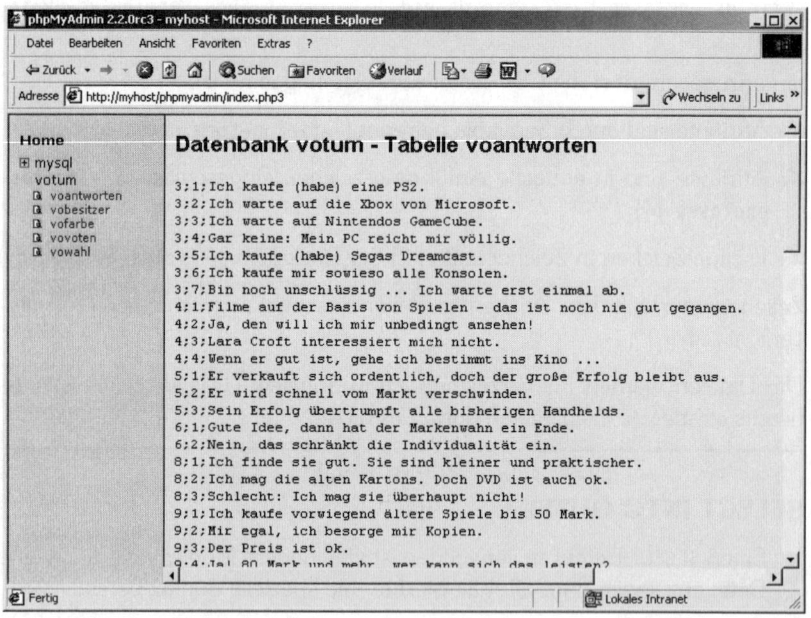

Importieren

Auch für den Import hält MySQL ein Kommandozeilen-Programm und einen SQL-Befehl bereit. Das Programm heißt *MySQLImport*. Es besitzt im Wesentlichen die gleichen Optionen wie *MySQLDump*, funktioniert aber in der umgekehrten Richtung.

```
mysqlimport -h myhost -u user -r votum t1.txt t2.txt
```

Hier würde ein Import in die Tabellen *t1* und *t2* erfolgen, die mit diesem Namen existieren müssen. Die Dateien müssen in diesem Fall vom Client erreichbar sein.

Der SQL-Befehl, um die Daten zu importieren, lautet

```
LOAD DATA [LOCAL] INFILE 'dateiname' INTO TABLE tbl_name Optionen;
```

Für *Optionen* setzen Sie ein:

```
FIELDS TERMINATED BY ';'
[OPTIONALLY] ENCLOSED BY '\''
ESCAPED BY '\\'
LINES TERMINATED BY '\n'
```

Verwenden Sie `LOCAL`, um anzugeben, dass die Datei im Verzeichnissystem des Client gesucht wird.

8.6 MS Access lernt MySQL

Wenn Sie sich eher in der grafisch unterstützten Windows-Welt heimisch fühlen, können Sie ihre MySQL-Datenbank auch von hier aus pflegen. Das Vorgehen sei exemplarisch an dem weit verbreiteten Datenverwaltungssystem Microsoft Access beschrieben.

8.6.1 Die ODBC-Schnittstelle

Möglich wird der grenzüberschreitende Datentransfer durch die von Microsoft entwickelte Standardschnittstelle **O**pen **Data**ba**se** **C**onnectivity – oder kurz ODBC –, die mittlerweile von praktisch allen bedeutenden relationalen Datenbanken unterstützt wird.

Die ODBC-Treiber werden – soweit sie nicht bereits in Windows enthalten sind – in der Regel kostenlos von den Anbietern der Datenbanken zur Verfügung gestellt.

ODBC ist im Kern nichts anderes als ein Übersetzer, der die Feinheiten des jeweiligen Datenbankformats kennt und an fest definierten Punkten Daten an die Datenbank weiterreicht oder aus der Datenbank zurückgibt.

Aus der Sicht von MS Access betrachtet, ist es also weitgehend egal, welche Datenbank sich hinter einem ODBC-Treiber liegt und wo genau sich diese befindet. Access spricht immer nur ODBC an. Alle spezifischen Informationen der Datenbank wie der Standort und der Name werden bei der Einrichtung der ODBC-Verbindung festgelegt und alle Fehlermeldungen der Datenbank werden vom ODBC-Treiber gemeldet.

Installation von MyODBC

Die Installation des ODBC-Treibers für MySQL - konsequenterweise heißt er hier *MyODBC* - sei im Folgenden grob skizziert.

- ✘ Sie starten das Setup-Programm des Treibers. Damit werden alle grundlegenden Dateien für seine Funktion in Windows integriert.
- ✘ Sie rufen die *Systemsteuerung* von Windows auf.
- ✘ Sie wählen den Eintrag ODBC-DATENQUELLEN aus. Daraufhin öffnet sich der ODBC-DATENQUELLEN-ADMINISTRATOR.

Abhängig von Ihrer Windows-Version kann dieser Eintrag auch 32-BIT-ODBC heißen oder er verbirgt sich hinter VERWALTUNG. Zudem zeigen sich nun leicht unterschiedliche Menüs. In jedem Fall sollte jetzt unter dem Registerblatt TREIBER der Eintrag MYSQL zu finden sein.

Jetzt müssen Sie eine individuelle ODBC-Verbindung zu Ihrer MySQL-Datenbank einrichten.

- ✘ Sie wählen im ODBC-Datenquellen-Administrator das Registerblatt SYSTEM-DNS (**D**ata **S**ource **N**ame) aus. Sie dürfen auch BENUTZER-DNS verwenden. In diesem Fall existiert die Verbindung nur für den angemeldeten Benutzer.
- ✘ Sie gehen auf HINZUFÜGEN und suchen in der Liste der vorhandenen ODBC-Treiber den Eintrag MYSQL und vollenden die Auswahl mit FERTIG STELLEN.
- ✘ Anschließend werden Sie mit den Konfigurationsmenü von MyODBC für diese Verbindung beglückt.

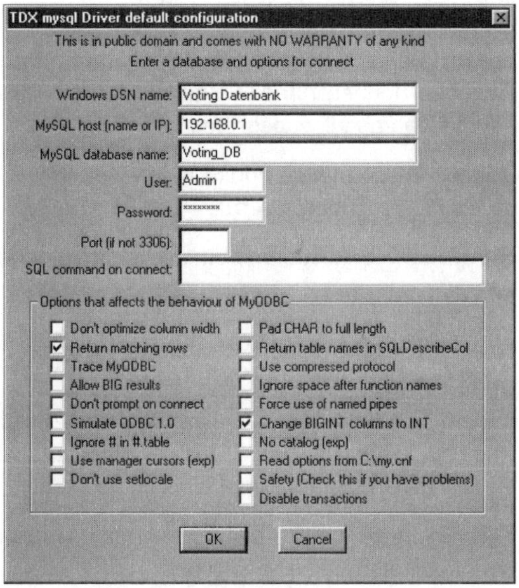

Abb. 8.9: Beispielkonfiguration von MyODBC

- Im oberen Teil der Maske sind zunächst die WINDOWS DSN und die Angaben zum Verbindungsaufbau mit der Datenbank einzutragen.
- Die WINDOWS DSN stellt den Namen dieser Verbindung dar. Über sie wird später die Datenbank angesprochen. Diesen Namen können Sie frei bestimmen. Wenn Sie ihn aber nachträglich ändern, müssen Sie das auch in ihrer Frontend-Software – also in MS Access – tun, damit die Datenbank weiterhin gefunden wird.
- Die Angaben zum Datenbankstandort richten sich natürlich – schon weit weniger wahlfrei – nach Ihren individuellen Bedingungen.
- Im unteren Teil der Maske bietet MyODBC eine Reihe von Optionen an, die aktiviert werden können, um Systemkompatibilität herstellen oder Leistungsoptimierungen vornehmen zu können.

Wenn Sie noch mit MS Access 2.0 arbeiten sollten, müssen im Optionsfeld die Punkte SIMULATE ODBC 1.0 und RETURN MATCHING ROWS aktiviert werden.

Sollten Sie mit MS Access 95 arbeiten, ist im Optionsfeld der Punkt RETURN MATCHING ROWS zu aktivieren.

- Nachdem Sie die Angaben gespeichert haben, finden Sie in der Liste der System-DSN einen neuen Eintrag.

Test der ODBC-Schnittstelle

Leider gibt es bei MyODBC kein triviales Verfahren, um die Richtigkeit der Angaben zu überprüfen (einige ODBC-Treiber erlauben einen Schnelltest, ob auf die Datenbank zugegriffen werden kann).

Daher müssen Sie die Funktion in einer Anwendung, für unsere Zwecke also in MS Access, überprüfen.

Sie öffnen MS Access mit einer Datenbank oder legen eine neue an.

Sie gehen in das Registerblatt TABELLEN des Datenbankfensters. Anschließend öffnen Sie das Menü DATEI, dort den Menüpunkt EXTERNE DATEN und zuletzt entweder die Funktion IMPORTIEREN oder TABELLEN VERKNÜPFEN.

In dem sich öffnenden Dateiauswahlfenster wählen Sie als Dateityp den Eintrag ODBC-DATENBANKEN. Das Dateifenster schließt sich und ein neues Fenster DATENQUELLE AUSWÄHLEN wird eingeblendet.

Sie wählen im Registerblatt COMPUTERDATENQUELLE den Eintrag mit Ihrem zuvor angelegten DSN-Namen aus.

Sie erhalten im Erfolgsfall eine Liste mit den Tabellen und Abfragen (Sichten), die in Ihrer MySQL-Datenbank enthalten sind. Nach Auswahl einer oder mehrerer Einträge wählen Sie OK, und die Tabellen werden je nach Ihrer Auswahl entweder importiert oder verknüpft.

Wenn die Datenbank nicht gefunden werden kann, präsentiert Ihnen MyODBC noch einmal die Angaben, die Sie während der Installation vorgenommen haben. Nach einer Korrektur der Daten können Sie den Zugriffsversuch wiederholen.

8.6.2 Datenzugriff mit MS Access

Besteht die Verbindung, können Sie Datenbankinhalte abrufen und bearbeiten.

Zwei der offensichtlichsten Methoden wurden bereits erwähnt: der Import und die Verknüpfung von Tabellen. Beide Formen legen im Registerblatt *Tabellen* des MS-Access-Datenbankfensters Tabelleneinträge an, die sich rein äußerlich allenfalls in einem leicht veränderten Symbol von normalen Access-Tabellen unterscheiden.

Import

Der Import einer MySQL-Tabelle überträgt die Originaldaten nach MS Access. Diese Daten können Sie anschließend ohne Verbindung zur MySQL-Datenbank weiterverarbeiten. Änderungen der Daten in MS Access wirken sich allerdings nicht in der Originaldatenbank aus. Schließlich arbeiten Sie hier nur mit einer Kopie der Daten.

Lokal gespeicherte (also importierte) Tabellen können von MS Access sehr schnell verarbeitet werden. Der Import von Daten ist daher besonders zur Beschleunigung von Auswertungen mit einer komplexen Struktur und hohem Datendurchsatz geeignet.

Der Import übernimmt nur die Tabellenstruktur und die Daten. Beziehungen und Abhängigkeiten zwischen den Tabellen (z.B. referentielle Integrität, Aktualisierungs- und Löschweitergaben) müssen Sie in MS Access nachbilden, wenn diese für die korrekte Funktion des Frontends notwendig sind.

Verknüpfung

Die Verknüpfung erzeugt in MS Access eine Art Verlinkung zur MySQL-Datenbank. Daher muss stets eine Verbindung zur Datenbank vorhanden sein (was es bei Internet-Datenbanken oder beim mobilen Einsatz des Access-Frontends zu bedenken gilt).

Verknüpfte Tabellen verkörpern innerhalb von MS Access die bequemste (weil einzige direkte) Möglichkeit zum freien Schreiben in MySQL-Tabellen jenseits aller SQL-Befehle (die selbstverständlich trotzdem angewendet werden können). Die Bearbeitung von Daten ist natürlich stets den Bedingungen, Regeln und Abhängigkeiten unterworfen, die von der zugrunde liegenden MySQL-Datenbank auferlegt werden.

MS Access benötigt bei Verknüpfungen ständig die Verbindungsdaten zur MySQL-Datenbank. Daher speichert es die Zugangsdaten in den Eigenschaften der Tabellenverknüpfung ab. Benutzernamen und Passwort können zwar nicht ohne weiteres direkt ausgelesen werden, aber die Tabellen sind – soweit eingebunden – natürlich in ihrem vollen Umfang verfügbar.

Wenn Sie einer fremden Person ein Access-Frontend mit bestimmten Funktionen (z.B. einem bestimmten Datenauszug) zur Verfügung stellen und verhindern wollen, dass es sich Zugriff auf andere Informationen der Datenbank verschafft, sollten Sie es unbedingt gegen direkte Zugriffe auf die grundlegenden Funktionen und Elemente von MS Access schützen.

Hier seien exemplarisch genannt: die Konvertierung der MDB-Datei in das geschützte MDE-Format, die ausschließliche Benutzerführung in selbstdefinierten Formularen, die Ausblendung des Datenbankfensters in MS Access sowie die Unterbindung der Access-Spezialtasten und -Menüs und des Starts mit gedrückter [⇧]-Taste.

Einige nützliche Hinweise hierzu finden Sie zum Beispiel in der MS Access FAQ auf *www.donkarl.com*.

Die importierten oder verknüpften Tabellen können selbstverständlich mit Abfragen direkt weiterverarbeitet werden.

Pass-Through-Abfragen

Es ist in MS Access möglich, Abfragen direkt an die MySQL-Datenbank zu richten. Diese so genannten Pass-Through-Abfragen werden von Access unbesehen an die MySQL-Datenbank durchgereicht. Dort kann der SQL-Server seine Arbeit verrichten und das Ergebnis an MS Access zurückliefern.

Diese »Nichteinmischung« von MS Access macht Pass-Through-Abfragen unter bestimmten Bedingungen zu einem der schnellsten Abfragetypen in MS Access.

Der Geschwindigkeitsvorteil einer solchen Abfrage ist besonders spürbar, wenn aus einer sehr großen Grunddatenmenge in der MySQL-Datenbank nur eine kleine Ergebnismenge abgerufen wird. Zudem ist die übertragene Datenmenge verhältnismäßig gering, wodurch das Netzwerk entlastet wird und bei einer schmalbandigen Verbindung zur MySQL-Datenbank ein weiterer Geschwindigkeitsvorteil entsteht.

Allerdings erkauft man sich die Vorteile mit einem schlechteren Komfort – Pass-Through-Abfragen können nicht in der grafisch aufbereiteten Entwurfsansicht des Abfrageeditors bearbeitet werden, sondern müssen direkt als SQL-String definiert werden.

Eine Pass-Through-Abfrage erstellen Sie wie folgt:

Sie gehen im MS-Access-Datenbankfenster auf das Registerblatt ABFRAGEN.

Mit der Schaltfläche NEU starten Sie den Abfrageassistenten. Anschließend wählen Sie ENTWURFSANSICHT.

Im nächsten Fenster zur Tabellenauswahl gehen Sie auf SCHLIEßEN, ohne eine Tabelle auszuwählen.

Jetzt haben Sie eine leere Abfragemaske vor sich.

Sie rufen in der Menüleiste den Menüpunkt ABFRAGE, anschließend die Unterauswahl SQL-SPEZIFISCH und zu guter Letzt den Befehl PASS-TROUGH auf.

Daraufhin ändert sich die Abfragemaske in eine leeres Fenster für den SQL-Befehl mit dem Namen SQL Pass-Through-Abfrage.

Sie definieren in dem Fenster die SQL-Zeichenkette, die von MySQL ausgeführt werden soll.

Jetzt müssen Sie noch die ODBC-Verbindungsdaten in der Abfrage definieren, da sich diese direkt an die MySQL-Datenbank wendet. Der Eintrag erfolgt in den Eigenschaften der Abfrage. Wenn das Eigenschaften-Fenster noch nicht offen sein sollte, müssen Sie es zunächst aufrufen.

Sie gehen jetzt in der Menüleiste auf den Menüpunkt Ansicht und anschließend auf den Befehl Eigenschaften.

Ist die MyODBC-Verbindung korrekt einrichtet, so genügt es, wenn Sie in den Feldern ODBC Verbindung und Liefert Datensätze Angaben machen.

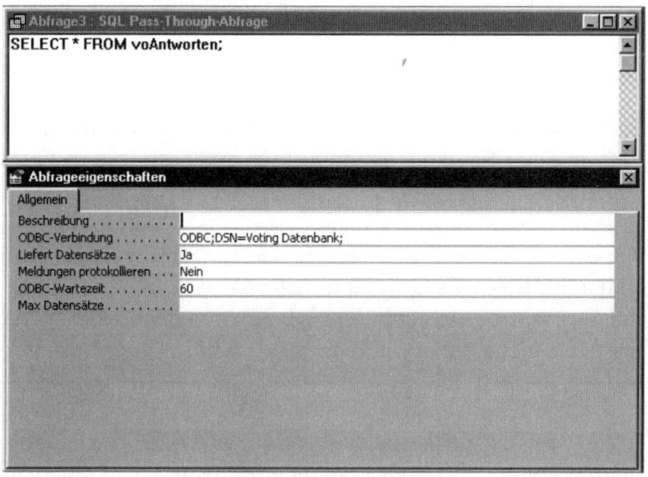

Abb. 8.10: Einfaches Beispiel einer Pass-Trough-Abfrage

Im Feld ODBC Verbindung ergänzen Sie hinter dem Eintrag ODBC die ODBC-Verbindungsdaten, soweit dies bei Ihnen nötig ist. Die einzelnen Einträge werden stets durch ein Semikolon getrennt. MyODBC versteht die folgenden Schlüsselnamen:

DSN=*DSN-Name*
SERVER=*Servername*
PORT=*3306*
OPTION=*0*
DATABASE=*Datenbankname*
USER=*UserName*
PASSWORD=*Passwort*

Die Reihenfolge der Angaben ist beliebig. Sie können nicht benutzte Schlüsselnamen weglassen.

Namen (DSN-Name, Servername usw.) stehen immer »nackig«, also ohne die String-typischen Anführungszeichen in der Zeichenkette.

Der Eintrag könnte im einfachsten Fall z.B. so aussehen.

```
ODBC;DSN=Voting Datenbank;
```

Die Angabe LIEFERT DATENSÄTZE teilt MS Access mit, ob es sich um eine Aktionsabfrage (z.B. *Update* oder *Delete*) ohne Datenrücklauf oder um eine Auswahlabfrage (*Select*) mit einer Ergebnisdatenmenge handelt.

Alle andere Angaben sind unkritisch und können im Normalfall so belassen werden.

Testen Sie die Abfrage, indem Sie in die Datenblattansicht umschalten. Alternativ können Sie die Abfrage auch zuerst abspeichern und anschließend im Datenbankfenster öffnen.

Aktionsabfragen werden ohne weitere Vorwarnung ausgeführt. Sie sollten damit also sehr vorsichtig hantieren. Schon manch einer wünschte sich hinterher, die *Delete*-Aktionsabfrage hätte nicht so »gut« funktioniert :-).

Leider sind die Fehlermeldungen von MYODBC nicht sehr ausführlich. Immerhin können Sie aber erkennen, ob es sich um einen Verbindungsfehler (durch eine ungültige Verbindungsangabe) oder um einen Fehler im SQL-Befehl (den der SQL-Server nicht verarbeiten kann) handelt.

8.6.3 Datenexport nach MySQL

Einige Access-eigene Möglichkeiten, Daten selektiv in MySQL zu bearbeiten, haben Sie mit der TABELLENVERKNÜPFUNG und PASS-THROUGH-AKTIONSABFRAGEN bereits kennen gelernt.

Geht es um die ganzheitliche Übertragung von Tabellen nach MySQL, haben die Programmierer bei dieser Funktionalität seinerzeit offenbar Feierabend gemacht. Zwar gestattet es MS Access, Daten an eine ODBC-Datenquelle zu exportieren – aber, zumindest auf MySQL bezogen, funktioniert das nur sehr eingeschränkt.

Daher ist hier Eigeninitiative in Form von VBA-Code (= **V**isual **B**asic for **A**pplications) gefragt, der die Tabellen in MS Access ausliest und nach MySQL schafft. Glücklicherweise wurde das Rad bereits erfunden und so können Sie auf existierende Lösungen zurückgreifen.

Wir stellen Ihnen zu diesem Zweck zwei Lösungen vor. Die eine überträgt die Daten »online« über MyODBC an MySQL. Die andere Lösung erstellt ein SQL-Skript, das in MySQL eingelesen werden kann. Es eignet sich also speziell für die Fälle, wo keine direkte Verbindung zur Datenbank aufgebaut werden kann.

MyAccess

MyAccess ist ein Zusatzprogramm für MS Access. Es ist derzeit für MS Access 97 und 2000 verfügbar und im Internet unter *www.accessmysql.com* zu finden. Nach Eingabe der 30 US-$ teuren Seriennummer für eine Single-Lizenz verzichtet das ansonsten vollfunktionsfähige Programm auch auf die lästige Registrierungs-Gedenkstunde. Wir haben die derzeit aktuelle Version auf unserer CD-ROM im Verzeichnis \CLIENT\MYACCESS hinterlegt.

Die Installation von MyAccess gestaltet sich recht einfach. Es ist als Add-In ausgelegt und wird über den Add-In-Manager in MS Access installiert.

- Sie entpacken die ZIP-Datei in ein beliebiges Verzeichnis.
- Sie starten MS Access mit einer beliebigen Datenbank.
- Sie rufen in der Menüleiste den Menüpunkt EXTRAS, anschließend die Unterauswahl ADD-INS und zu guter Letzt den Befehl ADD-IN MANAGER auf.
- Es öffnet sich ein Fenster mit den bereits installierten Add-Ins. Sie wählen nun den Befehl HINZUFÜGEN.
- In dem sich nun öffnenden Dateiauswahlfenster stellen Sie den Datentyp auf *.MDE ein und wählen das Verzeichnis aus, in das Sie die ZIP-Datei entpackt haben. Rufen Sie die Datei *MyAccess97.mde* oder *MyAccess2000.mde* auf (je nachdem, was Sie benötigen).

Nach der Bestätigung erscheint ein neuer Eintrag in der Liste der installierten Add-Ins. Damit ist die Installation abgeschlossen.

Das Add-In starten Sie nun wie folgt.

- Sie starten MS Access mit einer beliebigen Datenbank.
- Sie rufen in der Menüleiste den Menüpunkt EXTRAS und anschließend die Unterauswahl ADD-INS auf.
- Hier sollte nun ein Eintrag mit dem Namen MYACCESS zu finden sein. Diesen wählen Sie aus. Anschließend startet das Programm.

MyAccess arbeitet mit ODBC. Folglich müssen Sie als Erstes im Programm die DSN auswählen, mit der Sie die Verbindung zur MySQL-Datenbank herstellen wollen (siehe Abschnitt Installation von MyODBC).

Wenn der Zugriff geglückt ist, listet MyAccess die in der MySQL existierenden Tabellen auf.

Diese können Sie nun öffnen und bearbeiten oder löschen. Damit eignet sich MyAccess auch recht gut als Administrationstool für MySQL.

Abb. 8.11: MyAccess

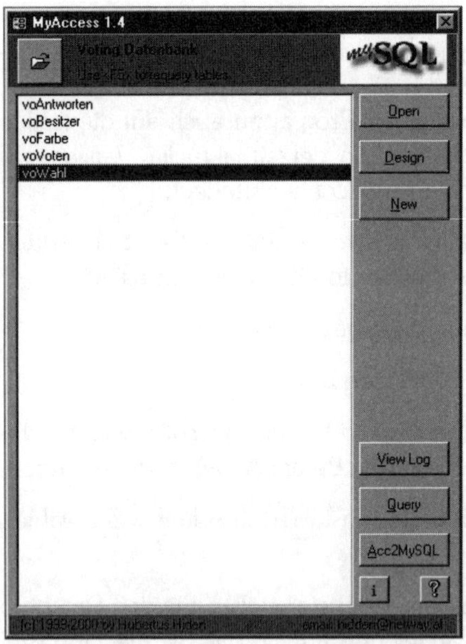

Für unsere momentanen Zwecke wichtiger ist jedoch die Funktion ACC2MYSQL, die Sie unten rechts im Hauptfenster finden. Mit ihrer Hilfe können Sie Tabellen von MS Access nach MySQL transferieren.

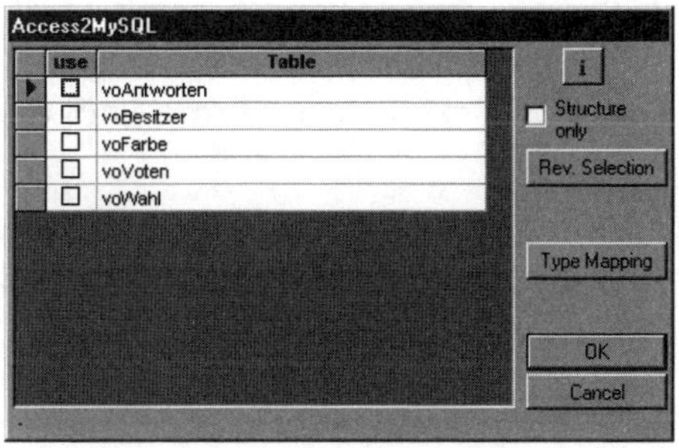

Abb. 8.12: Datenexport nach MySQL

Wie in Abbildung 8.12 dargestellt, genügt es, die zu exportierenden Tabellen zu markieren und den Export zu starten. MyAccess erlaubt es über die Option STRUCTURE ONLY, lediglich die Tabellenstruktur (also ohne Daten) zu übertragen.

Der Export übergibt nicht alle Details der Tabellen. Indizes, Schlüssel und Tabellenbeziehungen müssen anschließend in MySQL nachgebaut werden.

Sind die Tabellen in MySQL bereits vorhanden, überschreibt MyAccess diese nicht, sondern versucht, die Daten an die existierenden anzuhängen.

---

exportSQL

Die zweite Exportmethode erlaubt es, die Daten aus MS Access »offline«, also ohne direkte Verbindung zur MySQL-Datenbank, zu übertragen.

Diesmal handelt es sich nicht um eine in sich geschlossene Anwendung für MS Access, sondern lediglich um einen VBA-Codeblock, in MS Access auch unter der Bezeichnung MODUL geläufig. Sie finden es im Internet unter *www.cynergi.net/exportsql*. Auf unserer CD-ROM haben wir die derzeit aktuelle Version als \CLIENT\EXPORTSQL\EXPORTSQL2.BAS hinterlegt.

Zur Ausführung von exportSQL gehen Sie wie folgt vor:

- Sie kopieren den gesamten VBA-Code in die Zwischenablage.
- Sie öffnen MS Access mit der Datenbank, deren Tabellen Sie ausgeben möchten.
- Sie gehen im MS-Access-Datenbankfenster auf das Registerblatt MODULE.
- Sie legen mit NEU ein neues Modul an. Wenn darin die Zeilen OPTION COMPARE DATABASE und/oder OPTION EXPLIZIT erscheinen, löschen Sie diese.
- Sie fügen den VBA-Code aus der Zwischenablage in das leere Modul ein.

- Sie schließen und speichern das Modul. Der Name, den Sie dafür vergeben können, darf von Ihnen weitgehend frei gewählt werden, jedoch nicht mit einer existierenden Prozedur (Sub) oder Funktion (Function) gleichlauten.
- Sie öffnen das Modul erneut, gehen mit dem Cursor auf eine beliebige Stelle innerhalb der Prozedur (Sub) EXPORTSQL und starten sie anschließend mit der Taste [F5].

HINWEIS: Das Modul gibt keine Fertig-Meldung aus. Ihnen bleibt also nur die Beobachtung des Mauszeigers, um das Ende der Berechnungen zu ermitteln.

- *exportSQL* gibt nun sowohl die Tabellenstruktur als auch die Daten der MS-Access-Datenbank als SQL-Skript in zwei Dateien aus. Nach dem erfolgreichen Abschluss der Berechnungen finden Sie im Verzeichnis C:\TEMP die Dateien ESQL_ADD.TXT und ESQL_DEL.TXT.

Diese können Sie anschließend mit MySQL-Monitor auf dem MySQL-Server ausführen lassen. Zuvor sollten Sie jedoch, wie im Abschnitt »Grundloser Schreibkonflikt« beschrieben, ein TIMESTAMP-Feld zu jeder Tabelle hinzufügen.

ACHTUNG: Zwar kann *exportSQL* offiziell auch die Tabellenstrukturen übertragen, derzeit generiert es diesen Skriptteil aber nicht fehlerfrei. Somit eignet es sich im Augenblick in der Praxis lediglich zur Übertragung der Tabelleninhalte.

8.6.4 Inkompatibilitäten und andere Probleme

MYSQL und MS Access sind zwar beide relationale Datenbanken, aber dennoch verschieden genug, um Sie mit diversen Problemen zu beglücken.

Datentyp BIGINT

MS Access unterstützt den MySQL-Datentyp BIGINT (64 Bit) nicht im vollen Werteumfang.

In MyODBC können Sie zwar die Option CHANGE BIGINT TO INT aktivieren, so dass die BIGINT-Felder von MS Access immerhin gelesen werden können, aber dann müssen die darin enthaltenen Werte dem Wertebereich des MS-Access-Datentyps *Long Integer* (32 Bit: -2.147.483.648 bis 2.147.483.647) entsprechen. Werte, die außerhalb dieses Bereichs liegen, werden in MS Access falsch dargestellt und bei Datenaktualisierungen auch falsch wieder nach MySQL zurückgeschrieben.

Sollten gar Primärschlüsselfelder den Datentyp BIGINT besitzen, ist bei MS Access der Ofen ganz aus, da es BIGINT-Primärschlüsselfelder auch mit der aktivierten MyODBC-Option CHANGE BIGINT TO INT nicht verarbeiten kann.

Nach Möglichkeit sollten Sie daher auf den Datentyp BIGINT in MySQL verzichten, wenn Sie die Tabelle in MS Access einbinden wollen.

Keine Schreiberlaubnis

Wenn Sie die Freizügigkeiten von MS Access bezüglich der Schreibrechte in Tabellen gewohnt sind, mag es Sie vielleicht überraschen, wenn Sie eine eingebundene MySQL-Tabelle zwar wie der Teufel auslesen können, aber keine Datensätze zuzufügen oder zu ändern vermögen (vorausgesetzt natürlich, dass prinzipiell Schreibrechte bestehen).

Bei per ODBC eingebundenen Tabellen benötigt MS Access grundsätzlich einen Schlüssel, der jeden Datensatz der Tabelle eindeutig identifiziert. Das kann ein ohnehin vorhandenes Primärschlüsselfeld sein. Alternativ ist auch eine Zusammensetzung aus mehren Feldern möglich, solange sie insgesamt (also kombiniert) ein eindeutiges Merkmal des Datensatzes bilden.

Sollte das Problem bestehen, obwohl Sie Primärschlüsselfelder definiert und in MS Access eingebunden haben, kann der Primärschlüssel eine Überprüfung der Datentypen weiterführen. Wie bereits erwähnt, verträgt MS Access den Datentyp BIGINT als Primärschlüssel überhaupt nicht aber der Datentyp CHAR und alle Fließkommadatentypen (REAL, FLOAT und DOUBLE) bereiten MS Access Kopfschmerzen.

Grundloser Schreibkonflikt

Wenn Sie in verknüpften Tabellen einer MySQL-Datenbank eine Datenänderung vornehmen, kann die Fehlermeldung *"Schreibkonflikt - Dieser Datensatz wurde seit Beginn der Bearbeitung von einem andern Benutzer geändert"* erscheinen, obwohl kein anderer Benutzer den Datensatz bearbeitet hat.

Dieses Problem tritt auf, wenn die eingegebenen Daten serverseitig von MySQL verändert werden. Das passiert z.B. in folgenden Fällen:

- Es wurden in einem neuen Datensatz keine Daten in ein Textfeld eingegeben, das keine Nullwerte enthalten darf (NOT NULL bei der Tabellenerstellung), für das aber kein Default-Wert definiert wurde.
- Es wurde eine Eingabe in ein *CHAR*-Feld gemacht, die von MySQL bis zur angegebenen Feldlänge mit Leerzeichen aufgefüllt wurde.
- Es wurden Eingaben in ein Fließkomma-Feld gemacht, die von MySQL anders gerundet werden.

In diesen Fällen stellt MS Access zu Recht fest, dass der Datensatz von einem anderem Benutzer (nämlich der MySQL-Datenbank selbst) geändert wurde.

Das Problem können Sie umgehen, indem Sie in allen MySQL-Tabellen ein TIMESTAMP-Feld einsetzen. Dann vergleicht Access beim Update der Daten nur noch den Primärschlüssel und das TIMESTAMP-Feld und stört sich nicht an den Änderungen, die MySQL an den Daten vornimmt.

Zugleich hat dieses Vorgehen den angenehmen Nebeneffekt, dass sich bei sehr breiten Tabellen (mit vielen Feldern) die Leistung geringfügig verbessert.

Benutzername und / oder Passwort werden nicht gespeichert

Zuweilen vergisst Access das Passwort und/oder den Benutzernamen für den Zugriff auf die MySQL-Datenbank.

In diesem Fall müssen Sie die Tabellen neu einbinden. Wenn Sie das regelmäßig vornehmen möchten oder müssen, können Sie das folgende Codebeispiel anwenden:

```
Sub reconnectMySQL()

Dim db As DAO.Database
Set db = CurrentDb()

db.TableDefs("Tabellenname").Connect = _
"ODBC;DSN=DSN-Name;SERVER=Servername;" & _
"PORT=3306;OPTION=0;" & _
"DATABASE=DBName;USER=UserName;" & _      "PASSWORD=Passwort"

db.TableDefs("Tabellenname").RefreshLink

Set db = Nothing
End Sub
```

HINWEIS

Der Wert für OPTION definiert die MyODBC-Optionen, die beim Zugriff auf die Daten verwendet werden. Wenn Sie an dieser Stelle Optionen vorgeben, werden im Setup der DSN vorgenommene Einstellungen ignoriert.

8.7 Fragen

1. Welchen Vorteil und welchen Nachteil haben gepackte (komprimierte) Tabellen?
2. Verändert eine Transaktion Daten?
3. Worin besteht der Unterschied zwischen einem LOCK und einer Transaktionssperre?
4. Können bestehende Tabellen in eine transaktionsunterstützende Tabelle umgewandelt werden?
5. Welches Schlüsselwort beendet eine Transaktion?
6. Was passiert, wenn eine offene Transaktion besteht und Sie BEGIN eingeben?
7. Ist es gut, wenn eine Tabelle ganz viele Indizes besitzt, so dass der Speicherplatzbedarf für den Index größer ist als für die Daten?
8. Wann macht es Sinn, einen Index zu erstellen, der gleichzeitig mehrere Spalten indiziert?
9. Ist es sinnvoll, dass der Administrator Zugriff auf Datentabellen der Benutzer hat?
10. Benötigen die Benutzer Zugriff auf die Systemdatenbank *mysql*?
11. Was ist beim Ändern von Benutzerrechten zu beachten?
12. Darf ein Benutzer Zugriffsrechte sehen, wenn er keinen Zugriff auf die Systemdatenbank *mysql* hat?
13. Was ist ein Dumpfile?
14. Mit Hilfe welcher Schnittstelle kann Microsoft Access auf MySQL zugreifen?
15. Wo werden ODBC-Treiber installiert?

Antworten zu den Fragen am Ende der Kapitel

Kapitel 2

1. Wozu dienen IP-Adresse und Subnet Mask?

   Die IP-Adresse identifiziert einen Computer in einem TCP/IP-Netzwerk, also im Internet oder Intranet. Die IP-Adresse ist in einem Netzwerk einmalig.

   Die Subnet-Mask bestimmt, welche IP-Adressen zu einem Netzwerk gehören. Verknüpft man die IP-Adresse mit der Subnet-Mask binär mit der AND-Operation, erhält man die Netzwerk-Adresse. Alle Computer mit der gleichen Netzwerkadresse können direkt miteinander kommunizieren, die anderen benötigen einen Router.

2. Wie heißen die beiden Methoden des HTTP-Protokolls, die ein Dokument anfordern, und worin unterscheiden sie sich?

   Die Methoden heißen GET und POST. Sie unterscheiden sich in der Art, wie sie die Daten zum Server übermitteln.

3. Wozu dienen Media-Typen?

   Der Webserver teilt mit Hilfe des Media-Typs dem Webbrowser den Dokumenttyp mit, so dass der Webbrowser eine geeignete Methode zum Anzeigen des Dokuments auswählen kann.

4. Worin unterscheidet sich PHP zu konventionellen Programmiersprachen?

   PHP ist eine Programmiersprache, die nicht in einen für den Computer ausführbaren Programmcode (= Objektcode) übersetzt wird. PHP wird sozusagen interpretiert, ist also plattformunabhängig und lässt sich damit leicht in Webseiten integrieren.

5. Wie wird der Apache-Webserver konfiguriert?

   Die Konfiguration des Apache-Webservers erfolgt mit Hilfe einer Textdatei. Sie heißt HTTPD.CONF und befindet sich im Verzeichnis CONF der Apache-Installation.

6. Bei welchen Dateierweiterungen ruft der Webserver das PHP-Modul auf, um den PHP-Code zu verarbeiten?

   Üblicherweise ist das die Erweiterung .PHP. Das geschieht aber nicht automatisch, sondern der Webserver muss diesbezüglich konfiguriert werden. Im Falle des Apache-Webservers geschieht das durch die Anweisungen *AddType* in der Datei HTTPD.CONF.

7. Welche Dateien der Festplatte können von dem Webserver auf Anforderung ins Internet übertragen werden?

   Es betrifft alle Dateien, die sich direkt oder in Unterverzeichnissen des sogenannten Document-Root stehen. Im Falle des Apache-Webservers wird dieses Verzeichnis durch den Eintrag DOCUMENTROOT in der Datei HTTPD.CONF festgelegt. Außerdem können alle Verzeichnisse und Unterverzeichnisse angesprochen werden, für die ein Alias vergeben wurde.

Kapitel 3

1. Woran erkennt der Webserver, dass in einem HTML-Dokument PHP-Code beginnt?

   Abschnitte, die in <?php und ?> eingeschlossen sind, werden vom PHP-Modul verarbeitet. Alternative Möglichkeiten sind <? und ?> oder <% und %>.

2. Welcher Unterschied besteht zwischen den Kommentarzeichen // und /* ?

   Beide Zeichengruppen leiten Kommentare ein, Kommentare mit // enden am Zeilenende, /* leitet einen mehrzeiligen Kommentar ein, der mit */ beendet wird.

3. Wie werden Variablen gekennzeichnet?

   Variablen beginnen mit dem $-Zeichen.

4. Was bedeutet NULL?

   NULL heißt einfach »Nichts«. Durch Prüfen einer Variablen auf den »Wert« NULL kann man testen, ob eine Variable einen Wert enthält.

5. Welcher Unterschied besteht zwischen einer Ganzzahl und einer Fließkommazahl?

   Ganzzahlen speichern Werte wie 1, 2, 3 oder auch –1, –2 usw. Ganzzahlen werden immer »genau« gespeichert. Fließkommazahlen ermöglichen das Speichern von Kommazahlen. Da der Speicherbedarf einer Fließkommazahl nicht unendlich ist, werden diese Zahlen oft ungenau gespeichert. Bei Rechenoperationen wie insbesondere Division und Multiplikation, kann sich das Komma verschieben, was bedeutet, die Anzahl der Stellen nach dem Komma verändert sich.

6. Welcher Unterschied besteht zwischen logischer und binärer Operation?

   Logische Operatoren verknüpfen die Wahrheitswerte zweier Variablen, binäre Operatoren verknüpfen einzelne Bits zweier Variablen.

7. Was bedeutet »cast«?

   Ein sogenannter »cast«-Operator erzwingt das Umwandeln eines Datentyps in einen anderen.

8. Welche Zeichen definieren einen Anweisungsblock?

   Ein Anweisungsblock beginnt mit { und endet mit }.

9. Welcher Unterschied besteht zwischen indizierten und assoziativen Arrays?

   Der Zugriff auf die Elemente eines indizierten Arrays erfolgt mit Hilfe eines numerischen Wertes. Man kann davon ausgehen, das das Element mit dem Index 4 im Speicher direkt auf das Element mit dem Index 3 folgt. Bei assoziativen Arrays geschieht der Zugriff auf die Elemente mit Hilfe eines Schlüssels, der auch als *Hashwert* bezeichnet wird. Die Reihenfolge der Elemente eines assoziativen Arrays ist nicht bestimmt.

10. Welche Bedeutung haben reguläre Ausdrücke?

    Mit Hilfe von regulären Ausdrücken erstellt der Programmierer Suchmuster. Die Besonderheit liegt darin, dass mit einem regulären Ausdruck Suchabweichungen definiert werden können.

11. Wozu dient die Zeichenkombination »->«?

    Diese Zeichnkombination erlaubt das Zugreifen auf Eigenschaften oder Methoden eines Objektes.

Kapitel 4

1. Wie werden Werte eines Formulares an ein PHP-Script übergeben?

   Rein technisch gibt es die Methoden GET und POST. Für den PHP-Programmierer ist das aber transparent. Der NAME-Wert eines Formularelementes steht im aufgerufenen Skript als Variable zur Verfügung.

2. Wie kann eine Variable in einem Formular übergeben werden, ohne dass sie in einem Formular zu sehen ist?

   Sie verwenden das Formularelement `<input type=hidden ...>`.

3. Wie kann der Programmierer überprüfen, ob Formulardaten mit der Methode »POST« übergeben wurden?

   Sie prüfen, ob die Variable $HTTP_POST_VARS gültig ist.

4. Was ist bei der Erstellung eines Formulares zu beachten, wenn Sie Dateiupload realisieren möchten?

   Im HTML-Tag des Formulars geben Sie den Zusatz `ENCTYPE=multipart/form-data` an.

5. Was ist die GD-Bibliothek?

   Die GD-Bibliothek stellt Funktionen bereit, um in PHP Grafiken zu erstellen oder zu bearbeiten. Unter Windows sind die Funktionen automatisch verfügbar. Unter Linux ist zusätzlicher Funktionsaufwand notwendig.

6. Was ist bei Verwendung der Funktion header() zu beachten?

   Da diese Funktion Informationen zum folgenden Dokument an den Browser sendet, muss sie aufgerufen werden, bevor das Dokument an den Browser gesendet wird. Praktisch bedeutet das, bevor jegliche Bildschirmausgabe (HTML-Ausgabe) erfolgt.

7. Wozu brauchen Sie Sockets?

   Sockets ermöglichen auf Netzwerkebene auf einen anderen Server (oder auf den gleichen) eine Verbindung aufzubauen. Diese Verbindung wird mit Hilfe von Dateifunktionen verwendet. Um eine Socketverbindung zu erstellen, benötigen Sie eine IP-Adresse (oder Hostnamen) sowie eine Portadresse.

8. Welchen Sinn hat der »Safe Mode«?

   Zunächst scheint der »Safe Mode« nur Einschränkungen zu bringen. Sie dürfen zum einen verschiedene Funktionen nicht mehr aufrufen, und auch mit den Dateizugriffsrechten prüft PHP etwas genauer. Der Vorteil liegt allerdings darin, dass fremde PHP-Programme auch Ihre Daten nicht mehr lesen dürfen. Da bei einem Provider meist mehrere Webpräsenzen auf einem Server liegen, ist der »Safe Mode« ein Muss.

Kapitel 5

1. Was ist der Unterschied zwischen einer Datenbank und einem Datenbank-Managementsystem?

   Das Datenbank-Managementsystem ist eine Software, die Funktionen zum Verwalten, Speichern und Abfragen von Daten zur Verfügung stellt. Die Datenbank sind die Daten selbst. Im engeren Sinne bezeichnet eine Datenbank gerade die Daten, die miteinander in einem Kontext stehen.

2. Wie heißen die beiden Grundelemente des Entity-Relationship-Modells und worin unterscheiden sie sich?

   Wie der Name bereits aussagt, heißen die beiden Grundelemente Entities und Relationships. Während Entities »greifbare« Objekte darstellen, bezeichnen Relationships Beziehungen zwischen Objekten.

3. Wann ist ein Entity-Typ oder Relationship-Typ »schwach«?

   Der Entity-Typ ist schwach, wenn die Entities nur durch Zuhilfenahme von Entities eines anderen Entity-Typen genau bestimmt werden können. Ein Relationship-Typ ist schwach, wenn er mindestens einen schwachen Entity-Typ in Beziehung setzt.

4. Welche Besonderheit hat die n:m-Beziehung?

   Die n:m-Beziehung kann im relationalen Datenbankmodell nur mit Hilfe einer Zwischentabelle aufgelöst werden.

5. Wozu werden Schlüssel benötigt?

   Schlüssel dienen zum (schnellen) Auffinden von Datensätzen.

6. Wozu werden Primärschlüssel benötigt?

   Der Primärschlüssel dient zum Auffinden genau eines Datensatzes und jeder Datensatz sollte einen Primärschlüssel besitzen.

7. Wann besteht der Primärschlüssel nach den Regeln des relationalen Datenbank-Modells aus mehr als einem Feld?

   Der Primärschlüssel einer Relation setzt sich aus mehr als einem Feld zusammen, wenn die Relation einen schwachen Entity-Typ abbildet oder wenn sie aus einer Zwischentabelle hervorgeht, die durch Abbildung einer n:m-Beziehung entstanden ist.

8. Welche Ziele verfolgt die Normalisierung?

   Die Normalisierung hat die Aufgabe, Daten einfach zu strukturieren und redundanzfrei zu speichern mit dem Ziel, logische Fehler weitestgehend zu vermeiden.

9. Was ist der MySQL-Monitor?

   Der MySQL-Monitor ist ein textbasiertes Programm, das eine Verbindung zum MySQL-Datenbank-Managementsystem aufbaut. Es ermöglicht das Senden von SQL-Befehlen und die damit verbundene Abfrage von Daten.

10. Welche Angaben benötigen Sie, um Verbindung mit einer Datenbank aufzunehmen?

    Sie benötigen den Namen der Datenbank, den Namen oder die IP-Adresse des Datenbank-Servers, den Port, auf dem der Datenbank-Server »hört« (Standard ist 3306) sowie die Kombination von Benutzernamen und Passwort mit passenden Zugriffsrechten auf die gewünschte Datenbank.

11. Was ist phpMyAdmin?

    Hierbei handelt es sich um eine Sammlung von PHP-Skripten, die eine webbasierte (grafische) Administration- und Abfragemöglichkeit der MySQL-Datenbank bietet?

Kapitel 6

1. Worin besteht in SQL der Unterschied zwischen 0 und NULL?

   Die Zahl 0 ist der Wert Null, während NULL bedeutet, es existiert kein Wert.

2. Wozu werden Datentypen benötigt?

   Anhand von Datentypen weiß MySQL, wie viel Speicherplatz ein Zellenwert benötigt und welche charakteristischen Operationen mit dem Zellenwert möglich sind.

3. Welche Gruppe von Datentypen verbraucht wenig Speicherplatz?

   Die numerischen Datentypen verbrauchen im allgemeinen weniger Speicherplatz als Zeichenketten und Datum/Zeit-Typen.

4. Was passiert, wenn Sie in eine numerische Zelle einen Zellenwert eintragen, der größer ist als Zelle aufnehmen kann?

   Der Zelleninhalt erhält in diesem Fall den größtmöglichen Wert, den der Datentyp erlaubt.

5. Was ist unter einer ungepackten Zahl zu verstehen?

   Die Datentypen NUMERIC bzw. DECIMAL repräsentieren die sogenannten ungepackten Typen. Die Besonderheit liegt darin, dass eine Zeichenkette an Stelle eines Bitmusters verwendet wird, um diesen Typ abzuspeichern. Daraus folgt, dass Sie für diesen Typ die Anzahl der Stellen vorgeben können, die die Zahl haben kann.

6. Welcher Datentyp eignet sich, um die letzte Änderung eines Datensatzes zu erfassen?

   Dieser Datentyp heißt TIMESTAMP.

7. Was ist ein synthetischer Schlüssel?

   Ein Schlüssel wird als synthetischer Schlüssel bezeichnet, wenn er einzig dem Zweck dient, den Datensatz zu identifizieren, ohne eine nähere Bedeutung bezüglich der Daten zu haben.

8. Welchen Sinn hat AUTO_INCREMENT?

   Ein numerisches Feld mit dem Zusatz AUTO_INCREMENT bewirkt, dass beim Einfügen eines neuen Datensatzes der Zellenwert einen automatischen (höchsten) Wert zugewiesen bekommt.

9. Wie können Sie veranlassen, dass beim Vergleichen von Zeichenketten zwischen Groß- und Kleinschreibung unterschieden wird?

   Sie verwenden den Zusatz BINARY.

10. Wieviele Dateien werden wo erzeugt, wenn Sie eine MyISAM-Tabelle anlegen?

    MySQL erzeugt drei Dateien (Tabellendefinition, Daten und Index). Sie befinden sich in einem Unterverzeichnis, das den Namen der Datenbank trägt.

11. Sie haben einen Tabelle mit Daten. Eine Spalte enthält Daten, die nicht eindeutig sind. Was passiert, wenn Sie für diese Spalte einen Befehl zum Erzeugen eines eindeutigen Index senden?

    Sie erhalten einen Fehlermeldung. MySQL kann erst einen eindeutigen Index erzeugen, wenn Sie dafür gesorgt haben, dass tatsächlich alle Datensätze dieser Spalte verschiedene Werte haben.

12. Was passiert, wenn Sie eine Zelle mit dem Wert NULL füllen wollen, die Definition der zugehörigen Spalte aber den Zusatz NOT NULL enthält?

    Eine Spalte, die als NOT NULL definiert ist, besitzt immer einen DEFAULT-Wert (Standardwert). Dieser wird an Stelle verwendet. Hat die Spalte zusätzlich den Zusatz AUTO_INCREMENT, wird stattdessen der höchste Zellenwert der Spalte um eins erhöht. Handelt es sich um ein

TIMESTAMP-Feld, wird die aktuelle Datum-/Zeitinformation eingetragen.

13. Ein Feld hat den Zusatz TIMESTAMP. Gibt es einen Unterschied, wenn Sie Zellenwerte mit der Funktion NOW() füllen oder NULL angeben?

    Ja, wenngleich auch nur einen kleinen, der insbesondere dann zum Tragen kommt, wenn die Anweisungen viele Datensätze verändert. Die Variante mit NOW() ermittelt Datum und Zeit und trägt diesen Wert in alle betroffenen Datensätze ein. Bei der Verwendung von NULL wird praktisch für jeden einzelnen Datensatz ein NOW() ausgeführt. Insbesondere wenn die Ausführung des Befehls länger dauert, können sich unterschiedliche Datensätze unterscheiden.

14. Was ist eine Aggregatfunktion?

    Eine Funktion wird als Aggregatfunktion bezeichnet, wenn zur Berechnung eines Ergebnisses mehrere Datensätze herangezogen werden.

Kapitel 7

1. Welche Schritte sind nötig, bevor ein PHP-Befehl zum Abfragen von Daten verwendet werden kann?

   Es muss eine Verbindung zur Datenbank hergestellt und die Datenbank ausgewählt werden.

2. Unterscheiden sich SQL-Zeichenfolgen, die sich in MySQL-Monitor eintippen von denen, die Sie mit PHP schicken?

   Nur ein wenig. Die SQL-Befehle, die Sie mit PHP senden, benötigen kein abschließendes Semikolon.

3. Auf welche Art und Weise erhalten Sie die Inhalte der Datensätze, wenn Sie einen SELECT-Befehl an die Datenbank gesendet haben?

   Sie benötigen eine Funktion zum Abholen der Daten, zum Beispiel: mysql_fetch_array(). Der Rückgabewert ist ein Array (Feld), das die Daten eines Datensatzes in der Reihenfolge enthält, wie sie bei SELECT angegeben wurden oder entsprechend der Felddefinition. Nach dem Abrufen bzw. Weiterverabeiten der Daten benötigen Sie für jeden weiteren Datensatz einen erneuten Aufruf von `mysql_fetch_array()`.

4. Wie können Sie ermitteln, ob ein Befehl an die MySQL-Datenbank einen Fehler verursacht hat?

   Die Funktion `mysql_errno()` liefert einen Rückgabewert. Im Fehlerfall ist dieser ungleich Null.

5. Welchen Vorteil bietet eine Klasse zum Zugriff auf die MySQL-Datenbank?

   Sie können den sogenannten Overhead beim Programmieren an die Klasse binden, und müssen somit nicht jedes Mal die Schritte ausführen wie *Verbinden zur Datenbank* usw. Sie sparen sich eine Menge Programmierarbeit, und das Programm wird weniger anfällig für Fehler.

6. Was passiert beim Aufruf des Votum-Administrators, wenn Sie das Session-Modul nicht richtig initialisieren?

   Die Session-Daten können nicht gespeichert werden. Damit erhalten Sie keine gültige Anmeldung und gelangen damit auch nicht auf die anderen Administratorseiten.

7. Warum erfolgt die Ausgabe der Voten in unserem Beispiel mit Hilfe von JavaScript?

   Die Ausgabe mit JavaScript ermöglicht dem Benutzer des Votum-Dienstes die große Flexibilität bezüglich der Seitengestaltung.

Kapitel 8

1. Welchen Vorteil und welchen Nachteil haben gepackte (komprimierte) Tabellen?

   Gepackte Tabellen belegen weniger Speicherplatz. Nachteilig ist, dass Daten in gepackten Tabellen nicht mehr geändert werden können.

2. Verändert eine Transaktion Daten?

   Nein, nicht unbedingt. Eine Transaktion ist lediglich eine Gruppe von SQL-Befehlen.

3. Worin besteht der Unterschied zwischen einem LOCK und einer Transaktionssperre?

   Eine Sperre, die durch den Befehl LOCK erzeugt wird, bezieht sich immer auf ganze Tabellen. Transaktionssperren sperren dagegen meistens nur die betroffenen Datensätze. Außerdem werden Transaktionssperren automatisch aufgehoben, wenn die Transaktion beendet ist.

4. Können bestehende Tabellen in eine transaktionsunterstützende Tabelle umgewandelt werden?

   Ja, und zwar mit einer ALTER TABLE-Anweisung.

5. Welches Schlüsselwort beendet eine Transaktion?

   Es gibt zwei, in Abhängigkeit davon, ob die Transaktion gültig wird: COMMIT oder ROLLBACK, wenn die Transaktion rückgängig gemacht werden soll.

6. Was passiert, wenn eine offene Transaktion besteht, und Sie BEGIN eingeben?

   Die vorherige Transaktion wird mit COMMIT beendet.

7. Ist es gut, wenn eine Tabelle ganz viele Indizes besitzt, so dass der Speicherplatzbedarf für den Index größer ist als für die Daten?

   Ja und nein. Ein großer Index wirkt sich nachteilig aus, wenn sich Daten häufig ändern, da dann auch der Index neu erstellt werden muss. Andererseits kann der Index Suchanfragen wesentlich beschleunigen.

8. Wann macht es Sinn, einen Index zu erstellen, der gleichzeitig mehrere Spalten indiziert?

   Wenn es häufige Suchanfragen gibt, die nach Kriterien aus diesen beiden Spalten selektiert.

9. Ist es sinnvoll, dass der Administrator Zugriff auf Datentabellen der Benutzer hat?

   Nein. Es sei denn, er wirkt auch unterstützend für die Benutzer.

10. Benötigen die Benutzer Zugriff auf die Systemdatenbank *mysql*?

    Nein, sie speichert die Zugriffsrechte. Nur die Administrator und MySQL selbst sollen Zugriff auf diese Datenbank haben.

11. Was ist beim Ändern von Benutzerrechten zu beachten?

    MySQL erfährt von den Änderungen unter Umständen erst, wenn Sie MySQL dazu veranlassen, die Systemtabellen zum Beispiel mit FLUSH PRIVILEGES neu zu lesen.

12. Darf ein Benutzer Zugriffsrechte sehen, wenn er keinen Zugriff auf die Systemdatenbank *mysql* hat?

    Ja, aber nur seine eigenen.

13. Was ist ein Dumpfile?

    Ein Dumpfile enthält einen Abzug der Datenbank.

14. Mit Hilfe welcher Schnittstelle kann Microsoft Access auf MySQL zugreifen?

    Microsoft Access kann mit Hilfe von ODBC auf MySQL zugreifen.

15. Wo werden ODBC-Treiber installiert?

    Auf dem Rechner von dem auf die Datenbank zugegriffen wird.

Stichwortverzeichnis

$db 270
$ftp_delete() 157
$HTTP_COOKIE_VARS 118
$HTTP_GET_VARS 118
$HTTP_POST_VARS 118
$QUERY_STRING 123
& 121
.htaccess 191
? 121
1:1-Beziehung 166
1:n-Beziehung 166
1TEST.PHP 270
2test.php 271

A
ABS 236
abs($a) 88
Acc2MySQL 346
acos($a) 88
Add-In 345
addslashes($string) 91
Aggregatfunktion 244, 360
Alias 246
ALTER TABLE 217
Änderungs-Anomalie 172
answerchange.php 285
answerdelete.php 285
Anweisungsblock 355
Anwendungsschicht 17
Apache
– Authentication 191
– Installation 28
– Linux-Installation 38
Apache-Webserver 354
arithmetische Operatoren 57
ARPANET 16
Array 53
– assoziativer 355
– indizierter 355
array_count_values($array) 86
array_diff($array1, $array2, _) 86
array_filter($array, function) 86
array_flip($array) 86
array_keys($array) 86
array_merge($array1, $array2) 86
array_merge_recursive($array) 86
array_multisort($array) 86
array_pad($array, Länge, Standardwert) 86
array_pop($array) 86
array_reverse($array) 86
array_shift($array) 86
array_slice($array, $schluessel, $anzahl) 86
array_splice($array, $schluessel, $anzahl, $array2) 86
array_sum($array) 86
array_unique($array) 86
array_values($array) 86
Arrays 77
arsort($array) 82
ASC 234
asin($a) 88
asort($array) 82
Assoziative Arrays 79
atan($a) 88
atan2($a) 88
Attribut
– ändern 218
– hinzufügen 217
– löschen 219
AUTO_INCREMENT 210, 226, 359

B
base_convert($zahl, $ausgangsbasis, $zielbasis) 88
basename($pfad) 106
BDB 211
BDB-Tabelle 304
Benutzerrechte 362
– in Tabellen 327
Berkeley-Tabelle 304
BIGINT 198, 348
BINARY 201, 210, 234, 359

bindec($a) 88
Bit-Operatoren 61
BLOB 201
Boolean 53
break 68, 73

C
case 67
cast-Operator 355
Cast-Operatoren 61
ceil($a) 88
CEILING 236
CGI 25
CHANGE 218
CHAR 201
chdir($verzeichnis) 106
checkdate($monat, $tag, $jahr) 96
checkdnsrr() 152
chop($string) 91
chr($ascii) 90
clearstatcache() 106
closedir($verzeichnis) 106
COLORCHANGE.PHP 279
COLORDELETE.PHP 280
Comma Seperated Values 330
COMMIT 361
Common Gateway Interface 25
compact(Variablenname, ...) 86
CONCAT 237
CONFIG.INC.PHP3 188
continue 73
Cookies 128
copy($datei, $zieldatei) 103
cos($a) 88
COUNT 245
count($array) 84
CREATE DATABASE 206
CREATE TABLE 211
CROSS JOIN 248
CSV-Dateien 330, 334
current($array) 84

D
DATE 204
date(Argumente 96
DATE_ADD() 242
DATE_FORMAT() 240
DATE_SUB() 242
Datei-Upload 123
Dateiupload 356
Daten
– abfragen 229
– ändern 252
– beschränken 235
– einfügen 222
– einschränken 232
– ersetzen 223
– gruppieren 245
– löschen 255
– sortieren 234
Datenbank
– abfragen mit PHP 259
– anlegen 206
– Anomalien 172
– auswählen mit PHP 258
– Geschichte 161
– Redundanz 176
– verbinden mit PHP 257
Datenbank-Managementsystem 162, 357
Datenbanksystem 162
Datensicherung 329
Datentypen 53, 358
– Datum und Zeit 204
– numerisch 197
– numerische 358
– String 200
– TIMESTAMP 359
– Umwandlung 56
– ungepackt 200
– Zeichenketten 200
DATETIME 204
DBMS 162
decbin($a) 88
dechex($a) 88
DECIMAL 199
decoct($a) 88
default 67
deg2rad($a) 88
DELAYED 224
DELETE 255
DESC 216, 234
dir($verzeichnis) 106
dirname($pfad) 106
diskfreespace($pfad) 106
do while 69

DOUBLE 198
double 53
DROP 219
DROP DATABASE 207
DROP TABLE 216
Dumpfile 330, 362

E
each($array) 84
echo($string) 90
Eine-zu-vielen-Beziehung 166
Einfüge-Anomalie 172
Eins-zu-eins-Beziehung 166
else 65
elseif 65
EMail senden 154
E-Mail-Adresse prüfen 152
end($array) 84
endif 66
endwhile 69
Entity 163
– schwach 164
Entity-Relationship-Modell 163
Entity-Relationship-Modells 357
Entity-Typ 163
– schwach 164
ENUM 201, 202
ereg 102
eregi 102
ER-Modell 163
Escape-Zeichen 203
EXP 236
exp($a) 88
explode($zeichen, $string) 92
exportSQL 347
externes Skript 213

F
FALSE 53
fclose($handle) 103
Feld 357
feof($handle) 103
fgetc($handle) 103
fgetcsv($handle, $laenge, $zeichen) 103
fgets($handle, $laenge) 103
fgetss($handle, $laenge) 103
File Transfer Protocol 155
file($handle) 103
file_exists($datei) 106
fileatime($datei) 106
filectime($datei) 106
filegroup($datei) 106
fileinode($datei) 106
filemtime($datei) 106
fileowner($d9atei) 106
fileperms($datei) 106
filesize($datei) 106
filetype($datei) 106
FLOAT 198
flock($handle, $status) 104
FLOOR 236
floor($a) 88
flush() 90
fopen($datei, $modus) 104
for 70
foreach 71
Formatzeichen 240
Formulardaten 356
Formularelement 356
fpassthru($handle) 104
fputs($handle, $string) 104
frage.php 289
fragealtlink.php 290
fragelink.php 290
fread($handle, $laenge) 104
Fremdschlüssel 170
fseek($handle, $offset) 104
fsockopen() 149
ftell($handle) 104
FTP 19, 155
ftp_cdup() 156
ftp_chdir() 156
ftp_connect() 156
ftp_fget() 156
ftp_fput() 156
ftp_get() 156
ftp_login() 156
ftp_mkdir() 156
ftp_nlist() 156
ftp_pasv() 156
ftp_put() 156
ftp_pwd() 156
ftp_quit() 157
ftp_rawlist() 156
ftp_rename() 157

ftp_rmdir() 156
ftp_site() 157
ftp_size() 156
ftp_systype() 156
Full-Tablescan 206
function 74
Funktionen 74
– mysql_errno() 360
– header() 356
fwrite($handle, $string) 104

G
Ganzzahl 355
GD-Bibliothek 137, 356
GEMINI 211
GEMINI-Tabelle 306
GET 21, 115, 353
get_meta_tags(datei 94
getdate($zeitstempel) 97
gethostbyaddr() 151
gethostbyname() 151
gethostbynamel() 151
getimagesize() 138
getmxrr() 152
getrandmax() 89
gettimeofday() 98
gmdate(Argumente 97
gmmktime(Stunde, Minute, Sekunde, Monat, Tag, Jahr 98
GROUP BY 245
Gruppierung 245

H
Hashwert 355
HAVING 246
HEAD 21
Header 146
HEAP 211
HEAP-Tabelle 304
hexdec($a) 88
htmlentities($string) 91
htmlspecialchars($string) 91
htpasswd 192
HTTP 19, 20
HTTP_X_FORWARDED_FOR 292
HTTP-Request 22
HyperText Transfer Protokoll 20

I
if 64
IGNORE 224, 254
IIS 34
imagearc() 138
imagechar() 138
imagecharup() 138
imagecolorallocate() 138
imagecolorat() 138
imagecolorclosest() 138
imagecolorexact() 138
imagecolorforindex() 138
imagecolorresolve() 138
imagecolorset() 138
imagecolorstotal() 138
imagecolortransparent() 138
imagecopyresized() 138, 146
imagecreate() 139, 146
imagecreatefromjpeg() 146
imagedashedline() 139
imagedestroy() 139
imagefill() 139
imagefilledpolygon() 139
imagefilledrectangle() 139
imagefilltoborder() 139
imagefontheight() 139
imagefontwidth() 139
imageinterlace() 139
imagejpeg() 146
imageline() 139
imageloadfont() 139
imagepng() 139
imagepolygon() 139
imagepsbbox() 139
imagepsencodefont() 139
imagepsfreefont() 139
imagepsloadfont() 139
imagepstext() 139
imagerectangle() 139
imagesetpixel() 139
imagestring() 139
imagestringup() 140
imagesx() 140
imagesy() 140
implode($zeichen, $array) 93
IMS 161
Index 206, 359, 362
– mehrere Spalten 362

index2.php 277
Indizieren
– von Arrays 77
– von Attributen 316
Information Management System 161
INNER JOIN 249
InnoDB 211
InnoDB-Tabelle 305
INSERT 222
INT 198
INTEGER 198
integer 53
Internet 15
Internet Information Server 34
Internetschicht 17
IP-Adresse 18, 19, 353
is_array() 54
is_dir($datei) 106
is_executable($datei) 106
is_numeric 54
is_object() 54
is_readable($datei) 106
is_string() 54
is_writeable($datei) 106
ISAM 211
ISAM-Tabelle 303

J
Join 247
join($zeichen, $array) 93
JPEG-Bilder
– Vorschau 144

K
Kapselung 108
karthesischer Join 248
Key 206
key($array) 84
Kommentarzeichen 354
Konstanten 52
Kreuz-Join 248

L
LAST_INSERT_ID() 226
LCASE 238
LEFT 238
LEFT JOIN 250
LIKE 233
LIMIT 235
list($Variable1, $Variable2, ...) = $array 86
LOCATE 237
LOCK (Befehl) 361
LOCKs 309
LOG 236
log($a) 88
LOG10 236
log10($a) 88
logische Operatoren 60
LONGBLOB 201
LONGTEXT 201
Lösch-Anomalie 172
LOW PRIORITY 224
LOW_PRIORITY 254
ltrim($string) 91

M
mail() 154
mathematische Funktionen 236
MAX 245
max($a, $b, $c, _) 88
MAX_FILE_SIZE 125
Media-Typ 24, 140, 353
MEDIUMBLOB 201
MEDIUMINT 198
MEDIUMTEXT 201
Mehrfachjoin 251
MERGE 211
– Tabelle 303
Methode 109
Microsoft Access 362
microtime() 98
MIN 245
min($a, $b, $c, ...) 88
mkdir($name, $modus) 107
mktime(Stunde, Minute, Sekunde, Monat, Tag, Jahr 98
MODIFY 218
mt_getrandmax() 89
mt_rand($min, $max) 89
mt_srand($argument) 89
MUL 220, 316
multipart/form-data 124
MyAccess 345
MyISAM 211

MyISAMChk 303
MyISAMPack 302
MyISAM-Tabelle 301, 359
MyODBC 338
MySQL
– Installation 36
– Linux-Installation 41
mysql_affected_rows() 261
mysql_close() 261
mysql_connect() 257
mysql_create_db() 262
mysql_data_seek() 262
mysql_db_query() 262
mysql_drop_db() 262
mysql_errno() 262
mysql_error() 263
mysql_escape_string() 263
mysql_fetch_array() 260
mysql_fetch_assoc() 263
mysql_fetch_field() 263
mysql_fetch_object() 264
mysql_fetch_row() 264
mysql_insert_id() 264
mysql_num_fields() 264
mysql_num_rows() 264
mysql_pconnect() 257
mysql_query() 259
mysql_select_db() 258
MYSQLDB.PHP 266
MySQL-Monitor 185, 358
– Befehle 187
– Kommandozeilenparameter 187
MySQL-Variable 227

N
n:m-Beziehung 167, 357
NATURAL 251
Netzwerk 19
Netzzugangsschicht 17
NEWLOGIN.PHP 275
next($array) 84
nl2br($string) 91
Normalform 173
– dritte 175
– erste 173
– zweite 174
Normalisierung 172, 358
NOT LIKE 233
NOT NULL 210
NOW() 239
NULL 53, 197, 355, 358
number_format($zahl, $nachkomma, $kommazeichen, $tausenderzeichen) 88
NUMERIC 199

O
Object 53
Objekte 108
Objektorientierung 108
octdec($a) 88
ODBC 337, 362
– Datenquellen-Administrator 338
– Treiber 337, 362
– Verbindung 338
opendir($verzeichnis) 107
Operator 56, 231
– binärer und logischer 355
ORDER BY 234
OUTER JOIN 250

P
Parameterübergabe 120
parse_url() 149
Pass-Through-Abfragen 342
PHP 27, 43
– Formulare 113
– Installation 27, 32
– Linux-Installation 39
– Session-Funktionen 135
phpMyAdmin 188, 333, 358
– Advanced Authentication 190
– Funktionsweise 190
– Installation 188
– Sicherheit 190
PHP-Quellcode 44
PI 236
Polymorphie 108
POP3 19
Port 18
pos($array) 84
POST 21, 353
pow($a, $b) 89
prev($array) 84
PRI 220, 316

Primärschlüssel 169, 206, 357
Primärtabelle 170
PRIMARY KEY 206
print($string) 90
printf($argumente, $a, $b, ...) 90

Q
quotemeta($string) 91

R
rad2deg($a) 89
RAND 236
rand($min, $max) 89
rawurldecode 95
rawurlencode 95
readdir($verzeichnis) 107
readfile($datei) 104
Read-Only-Sperre 308
REAL 198
reguläre Ausdrücke 355
relationale Datenbanken
- Geschichte 162
relationales Datenmodell 168
Relationen 168
Relationship 165
Relationship-Typ 165
REMOTE_ADDR 291
RENAME TABLE 217
rename($datei, $datei_neu) 104
REPLACE 223, 238
Reset($array) 84
rewind($handle) 104
rewinddir($verzeichnis) 107
RIGHT 238
RIGHT JOIN 250
rmdir($verzeichnis) 107
ROLLBACK 361
ROUND 236
round($a) 89
rsort($array) 82
rtrim($string) 91

S
Safe Mode 158, 356
Schlüssel 357
- anzeigen 220
- bei Tabellen 317
- erstellen 219
- löschen 221
- synthetischer 359
Schreibkonflikt 349
Sekundärtabelle 170
SELECT 230, 360
Server Pages 26
session_decode() 135
session_destroy() 135
session_encode() 135
session_get_cookie_params() 135
session_id() 135
session_is_registered() 135
session_name() 135
session_register() 135
session_save_path() 135
session_set_cookie_params() 135
session_start() 135
session_unregister() 135
session_unset() 135
session_write_close() 135
Session-Modul 361
Sessions 132
SET 201, 202
setcookie() 130
SGML 45
SHOW COLUMNS 216
SHOW DATABASES 207
SHOW INDEX 220, 221
SHOW TABLES 215
shuffle($array) 86
Sicherheit
- bei Datenbanken 323
- bei Objekten 326
- in MySQL 319
SIGN 236
signifikante Stellen 199
SIN 236
sin($a) 89
size_of($array) 84
SMALLINT 198
SMTP 19
Socket 18, 356
Sonderzeichen 197
sort($array) 82
sprintf($argumente, $a, $b, ...) 90
SQL 195
- Geschichte 162
- Schreibweisen 196

sqrt($a) 89
srand($argument) 89
stable 212
stat() 106
str_replace($string, $string_was, $string_neu) 91
strcasecmp($string1, $string2) 94
strchr($string1, $string2 94
strcmp($string1, $string2) 94
strcspn($string1, $string2) 94
String 53
– Operatoren 57
strip_tags($string) 91
stripslashes($string) 91
strnatcasecmp($string1, $string2 94
strnatcmp($string1, $string2) 94
strpos($string, $suche, $pos) 94
strrchr($string, $char) 94
strrev($string) 92
strrpos($string, $char) 94
strspn($string1, $string2) 94
strstr($string1, $string2) 94
strtok($string, $trenner) 93
strtok($trenner) 93
strtolower($string) 92
strtoupper($string) 92
Subnet Mask 19, 353
substr($string, $start, $laenge) 94
SUBSTRING 237
switch 67

T

Tabellen
– Ändern 217
– Anlegen 211
– Anzeigen 215
– Definition 216
– komprimierte 361
– Löschen 216
– Umbenennen 217
– Verbinden 247
Tabellentypen 301
tan($a) 89
TCP/IP 16
TEMPORARY 211
TEXT 201
TIME 204
time(Argumente 98
TIMESTAMP 204, 205
TINYBLOB 201
TINYINT 198
TINYTEXT 201
TO_DAYS 239
Transaktion 162, 361
– von SQL-Anweisungen 306
Transportschicht 17
TRIM 238
trim($string) 91
TRUE 53
TRUNCATE 236

U

uasort($array, function) 82
UCASE 238
ucfirst($string) 92
ucwords($string) 92
UDP 17
uksort($array, function) 82
ungepackt 197
UNI 220, 316
unlink($datei) 104
UNSIGNED 199
UPDATE 253
upload_max_filesize 125
URI 21
URL 21
urldecode() 122
urlencode() 122
USE 207
usort($array, function) 82

V

VALUES 222
VARCHAR 201
Variablen 48, 354
VBA-Code 345
Vererbung 108, 111
Vergleichsoperatoren 59
verschiedene Funktionen 244
Viele-zu-vielen-Beziehung 167
vote.php 292
Voten 361
voteresult.php 297
votes.php 292
votesformat.php 297

Votum
- ändern 281
- Anforderungen 179
- Antwort ändern 285
- Antwort hinzufügen 284
- Antwort löschen 285
- Antworten bearbeiten 283
- Auswertungen 288
- Benutzer anlegen 275
- Darstellungen 289
- Datentypen 184
- Entities 180
- Ergebnisse abfragen 293
- ER-Modell 180
- Farben ändern 279
- Frontend 286
- Grafik 292
- hinzufügen 282
- Login 277
- löschen 282
- Relationen 182
- Relationships 180
- Stimmabgabe 287
- Voten anzeigen 278

Votum-Administrator 273
VOTUMCHANGE.PHP 282
votumdelete.php 282
votumedit.php 281, 283

W

wahl.php 290
wahlform.php 291
Wert 358
WHERE 232
while 69

X

XML 44

Y

YEAR 204

Z

Zahl
- ungepackte 359
Zeichenketten-Funktionen 237
Zelle 358
ZEROFILL 199